주주 대표소송론

Treatise on the Shareholder Derivative Suit

권재열

정독
DEEP READING

이 저서는 2016년 정부(교육부)의 재원으로 한국연구재단의 지원을 받아 수행된 연구임(NRF－2016S1A6A4A01018442).

머리말

사실 저자는 대학시절부터 민사소송법에 관심을 많이 가졌었다. 대학원 재학시절에도 민사소송법 강의를 매 학기 수강하였다. 소송절차가 마치 온 세상의 삼라만상(森羅萬象)을 모두 다 반영하고 있는 것처럼 느꼈었다. 이런 연유로 대학원 재학시절에 평생 공부할 세부전공을 무엇으로 삼을지를 결정할 때 회사법과 민사소송법 중에 갈등한 기억이 있다. 막상 회사법을 전공하기는 하였지만, 민사소송법에 대한 관심이 사그라지지 않다 보니 자연스럽게 회사법과 소송법이 함께 얽혀 있는 주주대표소송에 관하여 여러 논문을 발표하였으며 오늘까지 끊임없이 연구해 온 것 같다.

주주대표소송은 미국에서는 1855년 이후 소송의 중요한 모습으로 인식되어 온 것으로서 회사 경영진에 대한 최고의 규제수단으로 평가되고 있다. 한국의 주주대표소송제도는 1962년 상법을 제정하는 과정에서 미국법상의 그것을 수용한 결과물이다. 그러나 매우 긴 기간 동안 상법상 주주대표소송제도는 사문화되었다고 치부될 정도로 이용이 저조하였다. 때문에 주주대표소송이 실무자와 법학자의 주목은 받게 된 시점은 비교적 최근에 지나지 않는다. 게다가 2020년 12월 한국 상법이 세계적으로 유래가 없을 정도로 완화된 다중대표소송을 도입함에 따라 일부에서는 주주대표소송의 새로운 장(章)이 펼쳐질 것을 기대하는 분위기가 발견된다.

저자가 대학에서 교편을 잡은 지도 꽤 오래 되었다. 정년까지 계속 선생으로서 활동을 한다고 하면 10년이 남았을 뿐이다. 이젠 저자가 그동안 연구해 온 것을 차분히 정리하여야 할 때라고 스스로에게 말하곤 한다. 저자가 오랫동안

회사법학을 깊이 있게 천착해 오기는 하였지만, 단행본 전공서적을 출간하는 것은 힘에 겨운 벅찬 작업이기도 하다. 머리가 많이 둔해지는 시점에서 참신한 연구를 할 깜냥이 되지 않기 때문이다. 그러나 주주대표소송만큼은 저자가 평생의 연구주제로 삼았기에 이에 관해 뭔가 조그만 업적을 세상에 상재하는 것이 도리라고 생각하여 과감하게 졸저를 출간한다. 내용이 많이 미흡하고 오류가 있더라도 독자제현의 양해를 간절히 구하고자 한다.

끝으로 어려운 출판환경 속에서도 흔쾌히 출간을 마다하지 않으신 도서출판 정독의 김중용 사장님과 심성보 이사님을 비롯한 여러 관계자 분에게 감사의 말씀을 드린다. 코로나19가 빨리 종식되어 과거와 같은 일상으로 복귀하기를 고대하며 그때까지 모든 분들이 건강하기를 기원한다.

2021년 4월

저자 씀

차 례

프롤로그

□ '주주대표소송'은… 3
□ 국내 주주대표소송 관련 연구동향은… 5
□ 본서의 연구방법론은… 6
□ 본서에서 논의의 범위는… 9

제 1 편 (단순)대표소송론

제 1 장 총 설

제 1 절 주주대표소송의 연혁 13
제 2 절 주주대표소송의 의의 15
Ⅰ. 주주대표소송의 정의 · 15
Ⅱ. 직접소송과의 구별 · 17
제 3 절 주주대표소송의 법적 성격 17
Ⅰ. 학 설 · 17
Ⅱ. 판 례 · 19
Ⅲ. 검 토 · 20

제 4 절 주주대표소송의 기능 ········· 22
Ⅰ. 주요 기능 • 22
Ⅱ. 다른 감시·감독 수단과의 비교 • 24
제 5 절 외국의 입법례 ········· 27
Ⅰ. 개 관 • 27
Ⅱ. 대륙법계 국가의 입법례 • 27
Ⅲ. 보통법계 국가의 입법례 • 30

제 2 장 이사의 권한과 의무

제 1 절 논의의 범위 ········· 35
제 2 절 이사와 대표이사의 권한 ········· 36
Ⅰ. 이사의 권한 • 36
Ⅱ. 대표이사의 권한 • 39
제 3 절 이사의 선량한 관리자의 주의의무 ········· 47
Ⅰ. 기초적 법리 • 47
Ⅱ. 선관주의의무의 파생의무 • 49
제 4 절 이사의 충실의무 ········· 54
Ⅰ. 기초적 법리 • 54
Ⅱ. 충실의무의 구체적 유형 • 55
제 5 절 이사의 비밀유지의무 ········· 61
Ⅰ. 의 의 • 61
Ⅱ. 취 지 • 61
Ⅲ. 영업비밀의 정의 • 62
제 6 절 이사의 의무위반과 주주대표소송의 기능 ········· 64

제 3 장 주주의 열람·등사청구권

제 1 절 논의의 범위 ········· 68
제 2 절 이사회 의사록에 대한 열람·등사청구권 ········· 69
Ⅰ. 이사회 의사록의 의의 • 69
Ⅱ. 이사회 의사록 열람·등사 청구의 요건 • 70

제 3 절 주주명부에 대한 열람·등사청구권 72
Ⅰ. 주주명부의 의의 • 72
Ⅱ. 이사의 주주명부 비치의무 • 73
Ⅲ. 주주명부 열람·등사 청구의 요건 • 73
제 4 절 회계장부 등에 대한 열람·등사청구권 76
Ⅰ. 회계장부의 의의 • 76
Ⅱ. 회계장부 등 열람·등사청구권의 기능 • 76
Ⅲ. 회계장부 등 열람·등사 청구의 요건 • 77
Ⅳ. 다중회계장부열람청구권의 도입론 검토 • 81
제 5 절 보 론 85

제 4 장 대표소송의 당사자

제 1 절 논의의 범위 88
제 2 절 원고적격 89
Ⅰ. 기본요건 • 89
Ⅱ. 기타 원고적격 유무 검토 • 97
Ⅲ. 보론: 근로자의 원고적격 인정론 검토 • 118
제 3 절 피고적격 120
Ⅰ. 기본요건 • 120
Ⅱ. 구체적 유형 • 121

제 5 장 주주의 제소청구

제 1 절 논의의 범위 123
제 2 절 상법상 제소청구의 법리 124
Ⅰ. 제소청구의 의의 • 124
Ⅱ. 제소청구의 원인 • 126
Ⅲ. 제소청구의 상대방 • 127
Ⅳ. 제소청구의 면제 • 128
제 3 절 제소청구의 흠결 129
Ⅰ. 학설의 태도 • 129

Ⅱ. 판례 동향 • 130
Ⅲ. 입법례 • 132
Ⅳ. 검 토 • 137
제 4 절 제소청구 상대방의 오인 140
Ⅰ. 제소청구 상대방을 오인한 경우의 효력 • 140
Ⅱ. 관련 논의의 검토 • 140

제 6 장 대표소송의 절차적 구조

제 1 절 논의의 범위 145
제 2 절 관할 및 소송목적의 값 145
Ⅰ. 관 할 • 145
Ⅱ. 소송목적의 값 • 146
제 3 절 중복제소의 금지 147
Ⅰ. 중복제소금지의 의의 • 147
Ⅱ. 주주대표소송 관련 중복제소의 금지 • 148
제 4 절 원고주주의 담보제공제도 148
Ⅰ. 담보제공제도의 의의 • 148
Ⅱ. 담보제공제도의 요건 • 151
제 5 절 회사에 대한 소송고지 155
Ⅰ. 상법의 입장 • 155
Ⅱ. 최근의 논의 • 156
제 6 절 회사의 소송참가 158
Ⅰ. 소송참가의 의의 • 158
Ⅱ. 주주대표소송에서 회사의 원고측에의 소송참가 • 161
Ⅲ. 주주대표소송에서 회사의 피고측에의 소송참가 • 166
제 7 절 주주대표소송에서의 소송승계 172
Ⅰ. 소송승계의 취지와 유형 • 172
Ⅱ. 주주대표소송에서의 소송승계 • 174
제 8 절 주주대표소송에서의 화해 179
Ⅰ. 분쟁해결 방법으로서 화해의 기능 • 179
Ⅱ. 주주대표소송에서 화해의 가부 • 183

Ⅲ. 법원의 화해허가(승인) 기준 • 192
제9절 판결의 효력과 소송비용의 부담 ······ 197
Ⅰ. 판결의 효력 • 197
Ⅱ. 소송비용의 부담 • 197
제10절 승소시 강제집행 ······ 201
Ⅰ. 논의의 범위 • 201
Ⅱ. 학설과 판례의 동향 • 202
Ⅲ. 검 토 • 204
제11절 재심의 소 ······ 205
제12절 벌 칙 ······ 206

제7장 이사의 항변

제1절 논의의 범위 ······ 207
제2절 경영판단의 원칙의 의의 및 적용범위 ······ 208
Ⅰ. 의 의 • 208
Ⅱ. 적용범위 • 209
제3절 경영판단의 원칙의 취지 ······ 210
Ⅰ. 기본취지 • 210
Ⅱ. 부수적 효과 • 210
제4절 경영판단의 원칙에 터잡은 이사의 항변 ······ 211
Ⅰ. 판례의 흐름 • 211
Ⅱ. 의사결정과정 관련 항변 • 211
Ⅲ. 의사결정과정 및 내용 관련 항변 • 212
제5절 미국의 경영판단의 원칙과의 비교 ······ 213
Ⅰ. 미국의 경영판단의 원칙의 법리 • 213
Ⅱ. 한국과 미국의 경영판단의 원칙의 비교 • 216

제8장 주식통모인수인에 대한 차액청구의 소

제1절 논의의 범위 ······ 222
제2절 신주발행의 종류 ······ 222

제 3 절 주식통모인수인의 차액지급책임의 의의 223
Ⅰ. 취 지 • 223
Ⅱ. 법적 성격 • 224
제 4 절 주식통모인수인에 대한 차액청구의 소 225
Ⅰ. 당사자 • 225
Ⅱ. 소의 원인 • 226
Ⅲ. 소의 효과 • 227

제 9 장 공여이익반환청구의 소

제 1 절 논의의 범위 228
제 2 절 이익공여금지의 입법배경과 취지 229
Ⅰ. 이익공여금지의 입법배경 • 229
Ⅱ. 이익공여금지 규정의 취지 • 230
제 3 절 공여이익반환청구의 소 234
Ⅰ. 당사자 • 234
Ⅱ. 소의 원인 • 234
Ⅲ. 소의 효과 • 236

제 2 편 다중대표소송론

제 1 장 다중대표소송제도의 약사(略史)

제 1 절 논의의 범위 241
제 2 절 2020년 개정상법 이전 242
Ⅰ. 정부와 국회의 입법시도 • 242
Ⅱ. 학계에서의 도입 주장 • 246
Ⅲ. 사법부의 입장 • 247
제 3 절 2020년 개정상법상의 다중대표소송제도 250

제 2 장 다중대표소송제도의 입법례와 운영동향

제 1 절 논의의 범위 …… 252
제 2 절 미국의 입법례와 운영동향 …… 252
Ⅰ. 서 언 • 252
Ⅱ. 다중대표소송의 연혁 • 254
Ⅲ. 성문법의 동향 • 255
Ⅳ. 이중대표소송 관련 판례의 동향 • 256
제 3 절 일본의 입법례와 운영동향 …… 266
Ⅰ. 판례의 동향 • 266
Ⅱ. 학계에서의 논의 • 269
Ⅲ. 입법동향 • 270
제 4 절 영국의 입법례와 운영동향 …… 274
제 5 절 홍콩의 입법례와 운영동향 …… 275
Ⅰ. 다중대표소송 인정 판례 • 275
Ⅱ. 2012년 회사조례 • 276

제 3 장 다중대표소송제도 검토

제 1 절 논의의 범위 …… 278
제 2 절 원고적격 관련 검토 …… 279
Ⅰ. 주주평등 위반 우려 • 279
Ⅱ. 모회사 주주와 자회사 주주 사이의 이익충돌 우려 • 280
Ⅲ. 법인격부인론과의 충돌 • 282
제 3 절 주주의 제소청구 관련 …… 292

에필로그

□ 주주대표소송의 일반론 …… 297
□ 주주대표소송의 당사자와 제소전 단계 …… 297
□ 주주대표소송의 절차 …… 299
□ 이사의 항변: 경영판단의 원칙 …… 300
□ 다중대표소송제도의 시행 …… 301

참고문헌 …… 303
찾아보기 …… 325

프롤로그

□ '주주대표소송'은 …

한국의 회사법은 상법전 속에 들어 있으며, 그 회사법[1]은 소유와 경영의 분리를 전제로 하여 주주는 일반적으로 회사의 경영에 직접 참여하지 않는 것을 상정하고 있다.[2] 이처럼 회사법은 이사회가 경영상의 권리 중 대부분을 행사할 수 있도록 설계하였다.[3] 하지만 이사는 주주와의 기능과 역할상의 분리에 터잡아 회사를 위하여 성실하게 일할 법률상의 의무를 부담하기는 하지만 이사가 자신의 권한을 남용하여 주주의 이익을 해할 가능성은 항상 존재한다.

이사와 회사 간의 관계가 위임계약에 기초하므로(상법 제382조 제2항),[4] 이사의 의무위반에 대해서는 회사 자신이 그 책임을 추궁하여야 한다. 그러나 회사와 이사 사이의 특수한 관계로 인하여 회사가 적극적으로 이사의 책임을 추궁하는 경우를 사실상 찾아보기 어렵다. 회사의 실체적인 운영은 이사회가 담당하는 것이어서 이사회가 그 구성원인 이사의 책임을 추궁하는 것을 기대하기가 쉽지 않은 것이다.

이사의 책임을 추궁하지 않는다는 것은 이사의 임무해태 또는 부정행위를 방관하는 것과 다름이 없지만, 회사 내에서 그 책임을 추궁할 만한 자(者) 내지 기관을 모색하는 것이 용이한 일은 아니다. 이에 상법은 주주와 이사 사이에는 직접적인 법률관계가 없음에도 불구하고 주주가 이사에 대하여 회사를 위해 책임을 물을 수 있음을 명시적으로 규정하고 있다. 말하자면, 상법은 회사의 이익이 침해된 경우 간접적으로 손해를 보는 주주가 대표소송을 제기할 수 있도록 설계한 것이다. 이처럼 주주가 회사를 대신하여 회사를 위해 이사의 책임을 추궁하는 수단이 바로 주주대표소송[5]이다.

---

1) 이하 '회사법'이라 함은 '상법 제3편 회사'를 의미한다.

2) J.A.C. Hetherington, *Fact and Legal Theory: Shareholders, Managers, and Corporate Social Responsibility*, 21 Stanford Law Review 248, 250~255(1969).

3) Frank H. Easterbrook & Daniel R. Fischel, *Corporate Control Transactions*, 91 Yale Law Journal 698, 700(1982).

4) 본서에서 괄호 속에 특별히 법명을 언급하지 않는 한 상법을 인용한 것임을 밝힌다.

5) 본서에서는 '주주대표소송'과 '대표소송'이라는 용어를 혼용하여 사용한다.

상법은 주주대표소송의 공정성과 최후수단성을 확보하기 위해 몇 가지 규정을 별도로 두고 있다. 예컨대, 주주는 회사에 대해 이사의 책임을 추궁할 소(訴)를 제기할 것을 청구하여야 한다(제394조 제1항). 상법 제394조 제1항에 따르면 문언상으로 회사가 이사를 상대로 소를 '제기'하는 경우에 감사가 단순히 회사를 '대표'하는 것으로 보이지만, 실제로는 소송의 전단계(前段階)에서 제소할지 여부를 결정하는 것으로부터 이미 제기한 소를 취하(取下)하는 것도 감사의 권한에 속한다.

주주대표소송은 이미 발생한 손해의 회복을 위한 사후적(事後的) 구제수단이다. 대표소송의 주요한 목적이 이사의 의무위반에 대한 책임추궁에 있다는 점에서 이는 이사에게 회사에 대한 손해배상책임(compensation)을 부담하게 하고 나아가 이사의 의무위반행위가 발생하거나 반복되는 것을 억제(deterrence)함으로써 이사가 성실하게 회사를 경영하게 하는 효과가 있다.[6] 이러한 점에서 소송을 통한 경영진에 대한 감시·감독은 결과적으로 경영진이 회사와 (궁극적으로는) 주주에 대한 충성심(loyalty)을 확보하는 데 기여한다.

이상에서 살펴본 바와 같이 대표소송은 회사(A)에 근무하는 이사(甲)가 자신의 의무를 위반하여 A에 손해를 끼친 경우에 A가 甲의 책임을 추궁하는 것이 마땅하지만 만약 그러한 책임추궁을 해태하는 경우에 A의 소수주주가 A를 위하여 甲의 책임을 추궁하는 소송을 의미한다. 상법 제403조의 대표소송은 지배·종속회사 간에는 적용할 수 없는 가장 단순하고도 전통적인 대표소송이어서, 이를 단일대표소송(single derivative suit) 또는 단순대표소송(simple derivative suit)이라고 일컬어진다. 그러나 현실적으로 A의 자회사(B)의 이사(乙)가 행한 의무위반에 대하여 A가 B의 법인주주로서 상법 제403조에 근거하여 乙의 책임을 추궁하여야 함에도 불구하고 A가 그 책임추궁을 게을리한다면 乙의 부정행위를 제대로 억제하기란 난망(難望)하다. 그리하여 현행 상법에서는 A와 B가 별개의 법인으로 존재하는 것과 무관하게 A의 소수주주가 乙에 대하여 대표소송을 제기하는 것을 허용하고 있다(제406조의2, 제542조의6 제7항).[7] 미국과 일본을

6) 通商産業省 産業政策局産業資金課 編, 「株主代表訴訟の現狀と課題」 別册 商事法務 No. 173(商事法務硏究會, 1995), 3頁.

7) 대법원 2004. 9. 23. 선고 2003다49221 판결은 구 상법하에서는 이중대표소송이 인정되지 않는다고 판시하였으나, 2020년 12월 9일 개정된 상법은 모회사의 주주가 자회사 내지 손

비롯한 여러 국가에서도 지배회사와 종속회사 간 주식소유의 관계를 바탕으로 하여 지배회사 주주가 종속회사의 이사의 부정행위로 인한 손해회복을 위한 수단으로서 다중대표소송(multiple derivative suit; multi-tier derivative suit) 내지 중복대표소송을 인정하고 있다. 그 중에서 모회사의 주주가 자회사의 이사를 상대로 제소하는 이중대표소송(double derivative suit)은 다중대표소송의 가장 단순한 유형이다. 현행 상법 제342조의2가 “다른 회사의 발행주식의 총수의 100분의 50을 초과하는 주식을 모회사 및 자회사 또는 자회사가 가지고 있는 경우 그 다른 회사는 이 법의 적용에 있어 그 모회사의 자회사로 본다”고 규정하고 있어 사실상 국내에는 모회사의 주주가 손자회사의 이사를 상대로 삼중대표소송(triple derivative suit)을 제기하는 것도 가능하다.

□ 국내 주주대표소송 관련 연구동향은 …

비교법적인 시각에서 살펴보면 한국의 회사법은 고유한 입법이라기보다는 외국의 관련 법을 참조하여 제정되었다. 현행 상법상의 대표소송제도는 1962년 상법을 제정하면서 미국법상의 그것을 수용한 것이다.[8] 상법 제정 당시 대표소송을 계수한 이유는 제정상법이 이사회에 강력한 권한을 부여하는 반면에 주주총회의 권한을 축소시키는 지배구조를 취하였기에, 주주가 회사의 운영에 관한 감독과 시정할 수 있는 권한을 가지도록 하여 궁극적으로 주주의 지위를 강화할 필요성이 있었기 때문이다.[9]

상법이 제정된 이래 오늘에 이르기까지 주주대표소송 관련 규정은 단 3회에 걸쳐 개정되었을 뿐이다. IMF 외환위기 이후인 1998년에 주주대표소송의 원

자회사의 이사를 상대로 하는 다중대표소송을 명문으로 인정하고 있다.

8) 1962년 제정상법의 제3편(회사)은 독일법을 계수한 일본법을 대폭 참고하여 영미회사법이 시행하고 있는 일부 제도를 수용한 것이다. 임홍근, 「한국 상법전 50년사」(법문사, 2013), 125면.

9) 강위두, “한국 상법에 있어서의 영미 회사법의 계수에 관한 연구”(동아대학교 박사학위논문, 1980), 102면.

고적격과 관련하여 지주율을 완화하는 개정, 회사가 이사에 대하여 제기하는 소송의 취하, 청구의 포기·인낙·화해에도 법원의 허가를 요구하는 내용의 개정, 그리고 2020년 12월 다중대표소송제도를 공식적으로 도입하기 위한 개정이 전부다.

1997년 당시 한보그룹과 기아그룹의 주거래은행이었던 제일은행의 전(前) 경영진을 상대로 제기한 주주대표소송이 한국에서의 최초의 대표소송으로 기록되어 있다.[10] 그 후 여러 주주대표소송이 제기됨에 따라 새로운 법리를 담은 다양한 판례가 많이 쌓여 정교한 법리가 축적되어 가는 상황이다. 그리고 주주대표소송에 대한 항변사유로서 경영판단의 원칙이 판례상 인정되고 있다.

상법학계에서는 주주대표소송과 관련하여 이미 상당한 연구결과물이 저서와 논문의 형태로 발표되고 있다. 이처럼 주주대표소송에 대한 학계의 논의가 활발하게 된 것은 위에서 살펴본 바와 같이 예전에 비하여 주주대표소송이 제기되는 빈도가 늘어났다는 사실에 기인한다. 추가적으로 이사의 책임을 사실상 부인하는 효과가 있는 경영판단의 원칙에 관한 논의도 크게 증가하였다. 이와 같이 상법상의 주주대표소송 관련 법규정과 판례의 내용에 대하여 실무자는 물론이요 법학자의 관심이 증폭되다 보니 그러한 수요에 대한 실무 및 학계에서의 응답으로써 다양한 연구활동이 이루어졌고, 다양한 시기에 따라 개별적으로 논란이 되는 상황에 대해서는 유관학회들에서의 학술대회나 개별 연구자들의 논문을 통하여 나름대로의 합리적인 해석의 방향이 제시되어 온 것이다.

□ 본서의 연구방법론은 …

본서에서는 주주대표소송에 관하여 비교법적인 고찰을 하고자 한다. 본서는 주로 미국과 일본을 비롯한 여러 국가에서의 논의를 참고하여 한국 상법상의 주주대표소송과의 비교분석을 진행하고자 한다.

10) 송옥렬, "기업경영에서 법치주의의 확산 – 외환위기 이후 회사법의 발전을 중심으로 –", 「서울대학교 법학」 제55권 제1호(서울대학교, 2014), 82면.

‘비교’(Vergleichung)라는 방법은 그 기초가 무엇인가를 물을 필요도 없이 연구대상의 보다 정확한 인식을 위해서 매우 유용하다. 사실 “견주어 보아 좋은 것을 택한다”는 것이 인간이 가지는 기본적인 욕구임을 생각해 볼 때,[11] 법학에서의 비교도 다른 학문의 그것과 마찬가지로 오랜 역사를 가지고 있다.

법학에서의 비교, 즉 ‘비교법’(comparative law)이 단지 법학 연구의 한 방법에 지나지 않는가 아니면 법학의 독립된 분과로 될 수 있는가에 관하여 의견이 분분하지만, 하여간 비교법은 세계의 다양한 법질서가 가지는 공통점과 상이점을 과학적으로 비교하고 나아가 법의 일반원칙을 발견하는 데에서 그 의의를 찾을 수 있다. 그러므로 비교법은 반드시 둘 이상의 법제도 또는 법원칙의 존재를 전제로 한다.[12]

비교법은 성격상 법사학, 법철학, 법사회학, 법인류학 등의 기초법학 분야와 밀접한 협력관계를 구축하고 있을 뿐만 아니라 비교법이 가지는 역사적, 문화적, 사회적, 자연적 다면성(多面性) 때문에 인접학문인 역사학, 철학, 종교학, 언어학, 심리학, 문화인류학, 경제학, 정치학, 생물학, 기상학 등과도 연계되어 있다.[13] 그러므로 완전한 의미의 비교법으로 되기 위해서는 다각적인 측면에서 법제도와 법원칙을 고찰하는 것이 요구된다.

비교법 영역에서 일반적으로 논의되는 구체적인 연구방법은 다음과 같다. 먼저 가장 전통적인 것으로서 주로 실정법상의 법제도를 비교하고 연구하는 제도적 비교방법이 있으며, 그 다음으로는 제도적 비교방법의 한계를 타파하고 더 나아가 법규 내지 법제도에 관한 역사적 배경과 그것이 기능하는 환경을 고찰하여 법규의 동태적 측면을 인식하는 기능적 비교방법이 있다. 마지막으로 법학과 사회학의 결합된 시각에서 접근하는 법사회학적 비교방법도 있다.

비교법적 연구는 다음과 같은 기능을 한다.[14] 첫째, 입법에 대하여 자료를

11) 이상면, “비교법학적 방법론”, 「서울대학교 법학」 제24권 제1호(서울대학교, 1983), 58면.

12) Rodolfo Sacco, *Legal Formants: A Dynamic Approach To Comparative Law*, 39 American Journal of Comparative Law 1, 4-5(1991).

13) 眞田芳憲, “基礎法学と比較法”, 「比較法の方法と今日的課題」(中央大学出版部, 1990), 3~4頁.

14) Zweigert와 Kötz는 주로 실무적 입장에서 비교법의 목적을 논하고 있는데 그것은 첫째, 입법의 자료가 되는 비교법, 둘째, 해석의 도구로서의 비교법, 셋째, 법학교육상 유용한 비교법, 넷째, 초국가적 법통일에 기여하는 비교법 등이다(Korad Zweigert/Hein Kötz, Einfuehrung in die Rechtsvergleichung, Bd.1(1971) SS. 15-17). 이하는 4가지 목적 중에서

제공한다. 이는 비교법적 연구가 가지는 최고(最古)이자 최고(最高)의 목적이라 할 수 있다. 근대적 의미에서의 비교법은 주로 입법의 개선을 목적으로 하여 발달하였다고 해도 과언이 아니다.[15] 이에 관하여 영국의 역사법학파 학자에 속하는 Maine도 "비교법학의 주요한 목적은 입법과 법의 실체적 개선을 용이하게 하는 데 있다"고 주장한 바 있다.[16] 비록 오늘날 입법에 대한 비교법의 효용에 관하여 의문을 제기하는 학자가 있기는 하나, 비교법은 입법자가 법을 만드는 데 있어 직면하는 필요성에 관한 정책적 문제와 입법이 필요한 경우 그 입법내용에 관한 실체적 판단의 문제, 그리고 이러한 입법정책과 실체적 판단을 위한 법기술의 사용에 관한 문제 등에 대하여 여러 가지 각도에서 도움을 주는 유용한 자료가 됨을 부인할 수 없다.[17] 입법에 있어서 비교법을 유용하게 이용하기 위해서는, 입법자는 법을 만들기 전에 먼저 모델이 되는 외국의 입법례와 입법과정, 특히 사회적 요인에 관하여 살펴보아야 한다.[18] 나아가 비교법적 연구를 통하여 입법 후의 장래를 예상하여야 함은 물론이고 그러한 법이 사회에 미치는 영향까지 파악하여야 한다. 사실 외국에서 좋은 기능을 발휘하고 있는 법제도라고 해서 자국 내에서 반드시 동일한 효과를 발휘한다는 보장이 없기 때문에 이 경우 비교사회학적 연구도 요구됨은 당연하다.

둘째, 비교법적 연구는 자국의 법률을 해석하는 데 크게 기여한다. "법 해석의 목표는 어디까지나 법적 안정성을 저해하지 않는 범위 내에서 구체적 타당성을 찾는 데에 두어야 한다. 그리고 그 과정에서 가능한 한 법률에 사용된 문언의 통상적인 의미에 충실하게 해석하는 것을 원칙으로 하고, 나아가 법률의 입법 취지와 목적, 제·개정 연혁, 법질서 전체와의 조화, 다른 법령과의 관계 등을 고려하는 체계적·논리적 해석방법을 추가적으로 동원함으로써, 법 해

앞의 2가지 목적만 소개한다.

15) 澤木敬郎, "法の繼受", 「外國法と日本法」(岩波書店, 1966), 120頁.

16) Henry S. Maine, Village−Communities in the East and West; Six Lectures Delivered at Oxford 3(3rd ed., 1881).

17) Sarah Biddulph & Pip Nicholson, *Expanding the Circle: Comparative Legal Studies in Transition*, in Examining Practice, Interrogating Theory: Comparative Legal Studies in Asia Penelope 9, 14−15(Penelope (Pip) Nicholson & Sarah Biddulph eds., 2008).

18) Edward J. Eberle, *The Method and Role of Comparative Law*, 8 Washington University Global Studies Law Review 451, 452−453(2009).

석의 요청에 부응하는 타당한 해석이 되도록 하여야 할 것이다."[19] 여기서 더 나아가 어느 한 나라의 법을 해석할 때 이와 동일하거나 유사한 법조항을 가진 다른 나라의 경험으로부터 도움을 받을 수 있다. 어느 법조문의 의미가 확실하지 않거나 법의 흠결이 있는 경우에 비교법의 유용성이 두드러지게 나타난다. 특히 한국 회사법상의 여러 규정이 외국법의 계수(繼受)를 통해 작성된 것이 많다는 사실을 고려할 때, 법의 흠결이 존재하는 경우 비교법의 도움을 받은 해석이 가능하다는 것이다. 그러나 비교법적 — 좀 더 넓게 이해하자면 보편적 — 해석방법은 무제한적으로 이용될 수 있는 것은 아니므로 법실무에 있어서 비교법의 역할은 한계가 있다는 점에 유의하여야 한다. 회사법이 명문의 규정을 두고 있고 또 그 규정이 현저하게 정의에 반하지 않는 경우에는 비교법적 해석방법이 적용될 여지가 좁아질 수밖에 없다. 게다가 자국의 법질서의 기본구조를 파괴할 수 있는 성격을 지닌 비교법적 해석방법은 당연히 허용되지 않는다. 그러나 당초 제정상법상 주주대표소송제도가 일본법을 통해 간접적으로 미국법을 수용하여 이루어진 것임을 생각하면 비교법적 해석방법이 중요한 의의를 가지는 것은 물론 앞으로도 이 같은 연구방법이 한층 더 확대될 것으로 예상한다.

□ 본서에서 논의의 범위는 …

주주대표소송은 상법과 민사소송법의 분야에 두루 걸쳐 있는 법영역이다. 상법상 주주대표소송 관련 규정은 주식회사에서 이사의 회사에 대한 책임을 추궁하는 소송으로 마련된 것이기는 하지만(제403조~제406조의2, 제542조의6 제6항·제7항), 발기인, 업무집행지시자, 집행임원, 감사, 감사위원회 위원 및 청산인의 책임을 추궁하는 경우(제324조, 제401조의2 제1항, 제408조의9, 제415조, 제415조의2 제7항, 제542조 제2항) 및 불공정한 가격으로 신주를 인수한 자, 전환사채를 인수한 자 및 신주인수권부사채를 인수한 자의 책임을 추궁하는 경우(제424

19) 대법원 2020. 8. 27. 선고 2019도11294 전원합의체 판결.

의2, 제516조 제1항, 제516조의11), 그리고 주주권의 행사와 관련하여 이익을 공여받은 자의 책임을 추궁하는 경우(제467의2)에도 준용된다. 더 나아가 유한책임회사에서 업무집행자의 책임을 추궁하는 경우(제287조의22 제2항)와 유한회사에서 이사의 책임을 추궁하는 경우(제565조)에도 준용된다.

본서는 다음과 같이 주주대표소송이 제기되는 특정한 경우를 상정하여 심층적으로 논의하고자 한다. 먼저 본서에서의 많은 논의는 이사와 대표이사를 상대방으로 하여 주주대표소송을 제기하는 것을 전제로 상법과 민사소송법의 관계를 고려한 통섭적 분석을 전개하되, 초학자가 쉽게 이해할 수 있을 정도로 평이한 문체로 저술하고자 한다. 이처럼 이사의 책임추궁을 위한 주주대표소송에 한정하는 것은 발기인, 업무집행지시자, 집행임원, 감사, 감사위원회 위원 및 청산인의 역할이 주식회사의 기관 혹은 이에 준하는 것으로 볼 수 있는 만큼 그 피고가 발기인, 업무집행지시자, 집행임원 감사, 감사위원회 위원 및 청산인으로 바뀐 것으로 이해해도 무난하기 때문이다. 유한책임회사의 업무집행자와 유한회사의 이사도 마찬가지이다. 하지만 이와 같이 기관 혹은 이에 준하는 자에 대한 책임추궁소송과는 거리가 있는 통모인수인에 대한 차액청구의 소(제424조의2 제2항)와 공여이익반환청구의 소(제467조의2 제4항)에 대해서는 보다 자세하게 서술하고자 한다.

본서는 프롤로그와 에필로그 및 2개의 편(編)으로 구성된다. 프롤로그에서는 주주대표소송의 의의와 본서에서 사용되는 연구방법 및 연구범위를 소개한다. 제1편에서는 단순대표소송을 전제로 하여 이사(대표이사 포함)가 의무위반을 함에 따라 주주가 소를 제기하고 수행하는 각 단계에 있어서 적용되는 실체법과 절차법 모두를 다룬다. 물론 이 과정에서 피고인 이사가 활용할 수 있는 경영판단의 원칙에 의한 항변도 함께 고찰한다. 아울러 통모인수인에 대한 차액청구의 소와 공여이익반환청구의 소로서의 주주대표소송을 검토한다. 제2편에서는 2020년 12월 국회 문턱을 넘어 새롭게 상법에 도입된 다중대표소송제도를 살펴본다. 특히 다중대표소송의 의의와 절차에 관련된 논의를 비판적인 시각에서 비교법적으로 논한다. 마지막의 에필로그에서 본서의 제1편과 제2편에서 다루었던 논의사항을 간단히 요약하고 정리한다.

제 1 편

(단순)대표소송론

제1장

총 설

제1절 주주대표소송의 연혁

한국은 1962년 제정상법에서 점령군사령부의 압력에 의하여 미국법[1])을 받아들인 1950년의 일본 상법을 수용함에 따라 자연스럽게 주주대표소송제도를 도입하였다.[2]) 미국에서의 주주대표소송은 본래 신탁(trust)에 터잡아 출현하였다.[3]) 즉, 미국 회사법[4])에 따르면 주주는 이사에게 주주의 최고이익을 위하여

1) 미국법은 연방법(federal law)과 주법(state law)으로 구성되어 있다. 연방과 주는 각각의 입법부에 의해 독자적인 제정법(statute)을 제정할 수 있는 권한을 가진다. 이처럼 각 주의 정부는 독자적인 헌법을 가지고 있으므로 미국에는 1개의 연방헌법(聯邦憲法)과 50개의 주헌법(州憲法)이 있어 총 51개의 헌법전이 존재하고 총 51개의 다른 법역(法域)이 있다. 미국의 경우 법원이 과거의 판결례를 법원(法源)으로 하기 때문에 완전히 새로운 사건이 제기되는 경우에는 유연하게 대처할 수 없는 문제가 발생한다. 그러다 보니 미국에서도 1900년대에 들어서서 시대적 요청도 있고 아울러 경제적·사회적 평등을 추구하는 차원에서 연방과 주의 입법부가 성문법을 제정하는 경우가 많아졌다. 미국에서의 성문법의 제정은 주로 법 또는 법제(法制)의 개선을 그 목적으로 한다. 그러한 목적을 구체적으로 살펴보면 첫째, 법체계의 근본이 되는 보통법(common law)에 수정을 가하거나, 둘째, 선례로부터 도출된 규범을 법전화(codification)하여 법의 통일화를 도모하거나, 셋째, 보통법이 취급하지 않는 분야를 보충하는 기능을 수행한다.

2) 한국 상법은 1933년 미국 일리노이주 회사법(Illinois Business Corporation Act)의 제도를 계수한 1950년의 일본 개정상법을 수용함으로써 결과적으로 미국법을 간접적으로 수용하였다고 하더라도 과언이 아니다. 이철송, 「회사법강의」 제29판(박영사, 2021), 25면.

3) Bert S. Prunty, Jr., *The Shareholders' Derivative Suit: Notes on its Derivation*, 32 New York University Law Review 980, 991－992(1992).

4) 미국은 50개의 주(州)로 구성되어 있으며 주법(州法)도 통일되어 있지 않다는 점에서 '미

회사를 경영하도록 회사경영권을 신탁한 것으로 간주되었다. 마찬가지로 주주대표소송을 창출한 초기의 판례에서도 이사와 주주 간의 신탁관계에 초점을 두고 사건을 풀어 나가고 있다. 또한 미국에서의 주주대표소송은 원고주주가 자기와 동일한 입장에 있는 주주 전원을 대표하여 소송하는 형태를 갖추고 있다.

미국에서 대표소송의 존재를 확인한 초기판례 중의 하나인 1832년의 Robinson v. Smith 사건[5]에서 뉴욕주 법원은 3인의 소수주주가 회사의 자본을 유용한 이사에 대하여 제기한 소송을 인용하였다. 이와 유사한 취지의 연방판례로 1855년의 Dodge v. Woolsey 사건[6]도 있다. 이 사건의 사실관계를 간단히 요약하면 다음과 같다. 어느 은행의 주주가 오하이오주가 그 은행에 세금을 부과한 것이 위헌(違憲)이라고 주장하였고 그 은행의 이사도 주주가 주장한 바대로 주세부과(州稅賦課)를 위헌이라고 생각했음에도 불구하고 그 부과된 세금을 납부하는 것에 대하여 아무런 이의를 제기하지 않았다. 이에 연방대법원은 이사가 주세를 납부한 것은 주주에 대한 경영상의 약속(managerial promise)을 저버린 것으로 판시하면서 주주대표소송을 인정하였다.[7]

대표소송이 점차 발전함에 따라 법원은 대표소송의 중요한 요소로 회사가 피해당사자라는 인식을 갖게 되었다. 또한 법원은 회사가 입은 피해에 대한 제소권이 주주가 아니라 회사에 속하는 것으로 인정하였다. 그리하여 대표소송은 회사의 손실을 회복하기 위하여 주주가 대신 제소하는 형식으로 자리잡게 되었다.[8] 이처럼 주주대표소송이 회사의 권리를 제2차적 또는 파생적으로 행사한다는 개념이 생겨남에 따라 회사의 권리를 대위(代位)한다는 것이 특징으로 제시되었다.

미국 회사법상 주주대표소송 제기권은 단독주주권이다. 델라웨어주 회사법

국 회사법'이라는 용어는 정확한 표현이 아니다. '미국 회사법'은 확정적이고 체계적인 영역을 가지고 있는 단행법이 아니라는 것이다. 그러므로 본서에서의 '미국 회사법'이라 함은 미국의 대부분의 주에서 일반적으로 인정된 법원칙이나 보편적으로 규정하고 있는 성문법규를 의미하는 정도로 이해하면 된다.

5) 3 Paigh Ch. 222(N.Y. 1832).

6) 59 U.S.(18 How.) 331(1855).

7) Dodge, 59 U.S. 331, 345(1885).

8) George D. Hornstein, *The Shareholder's Derivative Suit in the United States*, 1967 Journal of Business Law 282, 285(1967).

(Delaware General Corporation Law) 제327조[9]에서 보듯이 주주대표소송의 남용을 방지하기 위한 차원에서 이른바 주식동시소유의 요건이 요구되고 있다. 이 요건은 주주대표소송의 제소권자는 소송에서 문제가 되는 행위가 있은 시점에 이미 주식을 소유하였던 주주 또는 그 시기에 주식을 소유하였던 주주로부터 법의 작용(operation of law)[10]에 의하여 주식을 양수한 자(者)로 한정한다는 법리를 가리킨다.

미국에서의 주주대표소송과 관련해서는 연방민사소송규칙(Federal Rules of Civil Procedure)도 지도적인 역할을 하고 있다. 연방민사소송규칙 제23.1조는 대표소송의 전제조건으로서 "본조는 회사 또는 법인격 없는 사단이 본래 주장하여야 할 권리의 행사를 태만히 하고 있는 경우에 1인 또는 그 이상의 주주 혹은 구성원이 대표소송을 제기할 때 적용한다. 대표소송은 원고가 회사 또는 법인격 없는 사단이 권리를 행사함에 있어 유사한 상황에 처한 주주 혹은 구성원의 이익을 공정하면서도 적절하게 대표하는 것으로 밝혀지지 않으면 대표소송은 유지될 수 없다"고 적고 있다. 델라웨어주 민사소송규칙(Delaware Rules of Civil Procedure) 제23.1조에도 연방민사소송규칙 제23.1조와 동일한 내용을 규정하고 있다.

제2절 주주대표소송의 의의

I. 주주대표소송의 정의

본래 회사에 대한 이사의 책임은 이사가 회사의 수임인이라는 점에서 회사

9) 델라웨어주 회사법 제327조는 "회사의 주주에 의해서 제기되는 대표소송에 있어서 소장에 원고는 자기가 불만을 호소하는 거래를 할 당시에 회사의 주주였던 사실 또는 그 주주의 주식은 그 후에 법의 작용(operation of law)에 의해서 자신에게 귀속하였다는 사실이 주장되어야 한다"고 규정하고 있다.

10) 이는 당사자의 의사에 상관없이 법에 의해서 권리나 의무가 발생하는 것을 의미한다. Black's Law Dictionary 1124(8th ed. 2004).

자신이 추궁하여야 하지만 현실적으로 회사가 그러한 책임을 추궁할 것을 기대하는 게 쉽지 않다. 만약 어느 회사가 거래상대방의 계약위반을 이유로 하여 그 상대방에게 소송을 제기하고자 한다면 그 제소 여부의 판단은 그 회사의 이사회가 한다. 그러나 회사의 수임인으로서의 지위를 지닌 이사의 위법행위가 있을 때에 그 책임의 추궁 여부를 이사회의 판단에 맡기는 것은 현실적으로는 합리성이 떨어진다. '구조적 편견'(structural bias),[11] 즉 "이사회의 구성원 사이에서 자연스럽게 형성되는 직업적·사회적 관계가 독립적인 의사결정을 방해하는 것이다."[12] 게다가 만약 이사 전원의 책임을 추궁하여야 하는 경우에는 스스로의 행동을 문제삼는 것과 다를 바 없어 그러한 책임추궁은 현실성이 없다.

회사가 책임추궁을 하지 않으면 이는 회사의 이익이 침해되는 것을 방관하는 것과 사실상 차이가 없다. 따라서 회사의 제소해태 가능성으로 말미암아 회사의 이익이 침해되는 것을 방지할 필요가 있다. 이사회가 이사의 책임을 묻는 소의 제기를 회피한다면 이는 궁극적으로 주주의 손해로 직결된다. 이에 상법은 (소수)주주로 하여금 회사를 위하여 이사의 책임을 추궁하기 위한 소송을 제기할 수 있도록 규정하고 있는데, 이를 주주대표소송이라 한다.[13] 요약하자면, 회사(위임인)에 대한 이사(수임인)의 책임은 이사에게 권한을 부여한 회사가 추궁하는 것이 논리적으로 타당하지만 현실적으로 회사는 타인기관[14]에 의하여 경영되는 만큼 회사가 직접 이사의 책임을 추궁하는 것은 실효성이 떨어진다. 이 때문에 이사와 직접적으로는 아무런 관계가 없는 주주가 나서서 이사의 책임을 추궁할 수 있도록 길을 터놓은 것이 바로 주주대표소송(제403조)이다.

상법은 애초 주주대표소송제도를 일본법을 통해 미국으로부터 간접적으로

---

11) '구조적 편견'이라 함은 "이사회의 구성원이 서로간에 또는 경영진 모두를 편애한다는 편견"을 의미한다. Julian Velasco, *Structural Bias and the Need for Substantive Review*, 82 Washington University Law Quarterly 821, 824(2004). 구조적 편견에 관하여 자세한 것은 이태종, "주주의 대표소송에 관한 연구 — 사문화와 남소의 방지를 위한 절차를 중심으로 —" (서울대학교 박사학위논문, 1997), 133~134면 참조

12) Beam *ex rel.* Martha Stewart Living Omnimedia, Inc. v. Stewart, 845 A.2d 1040, 1050, 1050 – 1051(Del. 2004).

13) 加藤良三/吉田直/田中裕明, 「株式會社法の理論 2」(中央經濟社, 1995), 269頁.

14) '타인기관'이라 함은 기관자격과 사원자격이 일치하지 않는 것을 의미한다. 이사회의 구성원은 주주로서의 자격을 요건으로 하지 않으므로 타인기관은 주로 이사회를 의미한다. 이철송, 앞의 책, 493면.

계수하면서 그 남용을 우려하여 몇 가지 방지책을 함께 신설하여 오늘에 이르고 있다. 그러한 방지책으로 현행 상법은 ① 대표소송을 제기할 권한을 소수주주에게 인정하며, ② 제소 후에도 원고는 1주 이상의 주식을 계속하여 보유하여야 하며, ③ 원고주주의 악의가 소명되는 경우 법원의 담보제공 명령을 내릴 수 있으며, ④ 주주가 패소한 경우 주주는 회사에 대하여 손해배상책임을 부담할 수 있다는 것 등을 규정하고 있다.

Ⅱ. 직접소송과의 구별

법원은 주주가 이사를 상대로 개인적 권리를 주장하는 직접소송(direct suit)을 제기하는 것도 허용한다(제401조 제1항). 대표소송과 직접소송을 어떻게 구별하여야 하는가? 그 기준은 소송을 통한 구제를 하여야 하는 당사자가 누군인지를 기준으로 한다. 말하자면, 소의 청구원인사실이 회사의 손해인 경우에 주주가 제기하는 소송은 대표소송이 되나, 손해가 회사의 것이 아니고 원고주주의 것이면 직접소송으로 된다. 예컨대, "주식회사의 주주가 이사의 악의 또는 중대한 과실로 인한 임무해태행위로 직접 손해를 입은 경우에는 이사에 대하여 상법 제401조에 의하여 손해배상을 청구할 수 있는데,"[15] 이 때 소송을 통해 손해배상청구를 한다면 그 소송이 바로 직접소송인 것이다.

제3절 주주대표소송의 법적 성격

Ⅰ. 학 설

주주대표소송의 성격에 관해서는 대위소송으로 풀이하는 견해(대위소송설),[16]

15) 대법원 2012. 12. 13. 선고 2010다77743 판결.
16) 민형기, "주주의 대표소송", 「회사법상의 제문제(하)」 재판자료 제38집(법원행정처, 1987),

대표소송으로서의 성격을 가진다는 견해(대표소송설),[17] 그리고 대위소송과 대표소송의 성격을 함께 가진다는 견해(겸병설)[18]가 각각 제시되어 있다. 각 견해의 핵심적인 사항을 간단히 살펴보기로 한다.

대위소송설은 주주를 일종의 경제적인 채권자로 보아 대표소송의 제기권을 채권보전을 위한 채권자대위권(민법 제404조)으로 파악한다. 즉, 주주대표소송은 주주의 이익배당청구권(채권)을 보전하는 것을 목적으로 회사자본금의 충실을 도모하기 위해 주주가 의무를 해태한 이사를 상대로 회사가 가진 손해배상청구권을 대위행사하는 것으로 이해한다.[19] 이 견해에서는 이사의 책임 추궁을 위한 대표소송 제기권은 주주가 회사의 기관으로서 권한을 행사한 것이 아니라 주주의 경제적 이익을 목적으로 하는 권리, 즉 자익권(selbstnützíges Recht)을 행사한 것으로 풀이한다.[20]

대표소송설은 주주대표소송을 미국의 집단소송(class action)에 비견하여 파악하는 입장이다. 이 입장에서는 주주대표소송은 그 법형식에도 불구하고 단체의 구성원이 단체를 위하여 모든 주주를 대표하여 제기되는 소송으로 풀이된다. 즉, 대표소송제기권은 회사가 권리를 제대로 행사하지 않는 경우에 회사의 구성원이 회사에 그 건전한 운영을 요구하는 권리의 일환으로서 행사할 수 있는 공익권(gemeinnüziges Recht)이라는 것이다.[21]

179면.

17) 일본에는 대표소송성을 강조하는 견해가 제시되어 있다고 한다. 山田泰弘, "株主代表訴訟の法的構造と会社および原告株主の地位—会社の訴訟参加と和解の考察を通して—,"「名古屋大学法政論集」171号(名古屋大学, 1997), 235~236頁. 국내에서 대표소송설에 가까운 견해는 김건식/노혁준/천경훈,「회사법」제5판(박영사, 2021), 507면에서 발견된다.

18) 김효정, "주주대표소송에 관한 연구-국내 및 국제소송상의 쟁점을 중심으로-"(연세대학교 박사학위논문, 2017), 16면; 양석완, "주주의 대표소송에 관한 연구",「제주대학교 논문집(인문·사회과학편)」제33집(제주대학교, 1991), 1136면.

19) 최건호, "주주대표소송과 회사의 참가-대법원 2002. 3. 15. 선고 2000다9086 판결-", 민사판례연구회 편「민사판례연구」, XXVI(박영사, 2004), 476면.

20) 피정현, "주주대표소송에서 회사의 소송참가",「원광법학」제25권 제1호(원광대학교, 2009), 235~236면. 일본에는 소수설로서 주주의 대표소송제기권을 주주의 자익권으로 풀이하는 입장이 있다. 주식의 본질을 이익배당청구권으로 보는 학자들은 주주를 회사에 대하여 이익배당청구권을 가진 채권자라고 본다. 주주는 이 채권을 보전하기 위하여 채권자대위권을 가지는 것인데, 상법은 이를 주식회사법적으로 변용하여 규정하여 주주의 대표소송제기권을 인정하였으므로 자익권이라는 것이다. 이에 관해서는 土田亮, "株主代表訴訟制度の法構造",「名城法学」第53巻第1号(名城大学, 2003), 233~236頁 참조.

이상과 같은 견해가 존재함에도 불구하고 국내의 일반적인 입장은 상법상 주주대표소송은 대위소송성과 대표소송성을 함께 가지고 있는 것으로 풀이한다. 즉, 이 견해에 따르면 주주대표소송은 그 실질에 있어서 주주가 회사의 대표기관적인 지위에서 소송을 수행하는 것이면서도 원고주주가 받은 판결의 효력이 회사에 확장되는 특징을 지닌다. 그리하여 이 입장에서는 단순히 형식에 있어서만 주주대표소송은 타인인 회사를 위하여 법률에 의하여 원고적격을 부여받는 이른바 제3자의 소송담당(Prozeßstandschaft des Dritten)의 성격을 지니고 있다는 것이다.

강학상 '제3자의 소송담당'이라 함은 제3자가 권리관계의 주체가 아님에도 불구하고 법률의 규정에 의하여 인정되는 관리처분권에 따라 자기의 이름으로 소송을 수행할 수 있는 당사자적격을 갖는 경우를 의미한다.[22] 제3자의 소송담당에는 법률상 당연히 인정되는 법정소송담당(gesetzliche Prozeßstandschaft)과 본래의 권리·의무의 귀속주체의 승인에 의하여 행해지는 임의적 소송담당(gewillkürte Prozeßstandschaft)이 있다. 이 중에서 법정소송담당은 제3자가 자신의 이익 또는 자신이 대표하는 자의 이익을 위하여 소송물인 권리·의무에 관한 관리처분권(Verfügungsrecht)을 인정하고 이것에 기하여 소송담당이 허용되는 경우인데, 주주대표소송이 이에 속하는 대표적인 예이다.[23]

II. 판 례

주주대표소송의 법적 성격을 분명하게 밝힌 대법원 판결을 찾아보기 어렵다. 대법원 판결 중에는 주주대표소송이 상법에 의하여 주주에게 인정되는 특별한 권리라는 점을 밝힌 것만 존재한다. 이 판결을 살펴보면, 대법원의 원칙적인 입장은 주주는 회사의 재산관계에 대하여 단순히 사실상, 경제상 또는 일반적, 추상적인 이해관계만을 가지는 것에 지나지 않아 구체적 또는 법률상의 이

21) 竹内昭夫, "株主の代表訴訟", 「法学協会雑誌100周年記念論文集」 第三巻(有斐閣, 1984), 208頁.
22) 장재형, "법정소송담당과 중복소제기 금지의 통일적 법리", 「법학연구」 제19집 제1호(인하대학교, 2016), 323면.
23) 정동윤/유병현/김경욱, 「민사소송법」 제7판(법문사, 2019), 221면.

해관계가 없다는 것이다.24) 이처럼 주주는 회사 경영에 직접 참여할 수는 없지만 주주총회의 결의를 통하거나 감독권을 행사하여 회사의 영업에 영향을 미칠 수 있는 지위에 있을 뿐이다. 즉, 대법원 판결에 따르면 주주는 직접 제3자와의 거래관계에 개입하여 회사가 체결한 계약의 무효를 주장할 수 없지만 일정한 요건에 따라 이사를 상대로 그 이사의 행위에 대하여 유지청구권을 행사하여 그 행위를 유지시키거나, 또는 대표소송에 의하여 그 책임을 추궁하는 소를 제기하는 것만이 가능하다.25)

주주대표소송의 성격을 설시하고 있는 하급심 판결은 몇몇 있다. 구체적으로 살펴보면, 예컨대, "상법상 주주대표소송은 이사, 감사 등이 그 임무를 해태하여 회사에 손해를 입혔음에도 회사와의 특수한 관계 때문에 이를 게을리하여 회사 또는 주주 전체의 이익을 해하는 것을 막기 위하여 주주들에게 회사를 대신하여 그 소송을 제기할 권능과 자격을 부여한 제도이므로, 회사가 그 소를 제기할 권능을 가질 것을 전제로 하고 있다"는 판결26)과 주주대표소송은 "주주의 간접적 이익추구 혹은 간접적 손해회복을 목적으로 한 공익권적인 고유권에 기한 것으로서 판결의 효력이 직접 제3자인 회사에게 미치므로 제3자를 위한 소송담당의 성격을 갖고 있다"고 풀이하는 판결27)이 있다. 이러한 하급심 판결은 대체적으로 겸병설의 범주에 속하는 것으로 정리된다.

Ⅲ. 검 토

한국 상법에는 대위소송성에 바탕을 둔 조문과 대표소송성에 바탕을 둔 조문이 함께 발견되고 더 나아가 그러한 조문을 바탕으로 한 여러 법리가 전개되어 왔다는 점에 비추어 보면 대표소송의 성격을 겸병설에 근거하여 바라보는 것이 타당하다. 그러므로 이 같은 입장을 견지하고 있는 하급심 판례의 입장도 흠잡을 곳이 없다. 겸병설의 근거가 되는 법리를 살펴보기로 한다.

---

24) 대법원 1979. 2. 13. 선고 78다1117 판결.
25) 대법원 2001. 2. 28. 자 2000마7839 결정.
26) 대구지방법원 2000. 4. 14. 선고 98가합24390 판결.
27) 서울중앙지방법원 2008. 6. 20. 선고 2007가합43745 판결.

먼저 상법상 대위소송성을 뒷받침하는 법리를 찾아보면, 주주대표소송은 주주 개인이 회사의 권리를 자기의 이름으로 회사를 위하여 재판상 행사하는 것이라는 점(제403조 제3항)과 권리행사의 효과가 회사에 귀속된다는 점(민사소송법 제218조 제3항)을 들 수 있다. 다음으로, 주주대표소송은 문자 그대로 아래와 같은 여러 이유로 인하여 대표소송성을 지니는 것으로 평가된다. 첫째, 만약 주주대표소송이 전형적인 대위소송이라면 승소하는 경우에 획득 가능한 이익을 소가(訴價)로 보아야 할 것이지만 현행 「민사소송 등 인지규칙」 제15조 제1항은 주주의 대표소송은 소가를 산출할 수 없는 소송으로 보고 있다. 대표소송에서 회사의 소가산정을 할 수 없다는 것은 제소주주가 회사의 구성원으로서 감독권을 행사하는 것을 의미하는 것으로 풀이할 수 있다. 둘째, 상법 제403조 제6항이 제소주주가 법원의 허가를 얻지 아니하고는 소의 취하, 청구의 포기·인낙·화해를 할 수 없다고 규정한 것은 주주 개인의 만족을 위하여 제기되는 채권자대위소송과는 성격이 다르다는 것을 시사한다. 셋째, 주주대표소송에서 원고인 주주가 소를 제기하고 종국판결을 받아내고자 하는 유인(incentive)이 크지 않다는 점에서 대표소송에 단지 대위소송성만 존재한다고 풀이하기 어렵다. 넷째, 주주대표소송에서는 원고의 이익이 회사의 이익과 실제로 대립하거나 상이한 경우가 많다는 점을 대위소송성만으로 설명하기 곤란하다.[28)]

요약하자면, 상법이 주주가 이사의 회사에 대한 책임을 추궁하는 소송을 '대표소송'(representative suit)으로 명명(命名)하는 것(제403조)은 대표소송에서 주주가 실질상 회사의 대표기관적 지위에 있다는 점에 중점을 둔 것이다. 아울러 주주가 이 소송을 제기하여 수행할 수 있는 자격은 회사의 제소권에서 유래한다는 점에서 '대위소송,' '전래소송,' 또는 '파생소송'(derivative suit)의 성격을 함께 가지고 있다.[29)]

28) 피정현, 앞의 논문, 234면.
29) 김건식, "주주대표소송의 활성화와 관련된 몇 가지 문제점 – 일본의 경험을 참고로 하여 –", 「서울대학교 법학」 제37권 2호(서울대학교, 1996), 169면.

제4절 주주대표소송의 기능

I. 주요 기능

주주대표소송은 이사로 하여금 자신의 행동에 대하여 책임을 지게 하여 책무를 성실하게 수행하도록 하는 데 그 의의가 있다. 그리하여 주주대표소송은 스스로가 충성하여야 하는 대상인 회사와의 관계를 남용하거나 회사의 자산을 관리하는 데 주의를 기울일 의무를 간과한 이사의 책임을 추궁하는 제도이다.

주주대표소송에는 이사가 법률이나 정관상의 규정에 반하여 행위를 한 결과 회사가 입은 손해에 대하여 그 배상을 요구하는 기능과 함께 주주가 권리행사의 주체인 회사를 대신하여 제소함으로써 회사경영의 적법성을 확보하는 기능이 있다. 말하자면, "주주대표소송제도는 회사가 이사들의 위법행위에 의하여 손해를 입고도 손해배상청구 등의 조치를 취하지 않는 경우, 이는 회사의 손해일 뿐만 아니라 간접적으로 전체 주주의 손해가 되므로, 이를 방지하기 위하여 주주로 하여금 회사가 가지는 권리를 행사할 수 있도록 함으로써 회사의 손해를 회복함과 동시에 이사로 하여금 자신의 책무를 성실하게 수행하도록 감시 또는 통제하는 경영감독의 기능을 발휘할 수 있도록 상법이 인정하고 있는 제도"[30]인 것이다. 이처럼 주주대표소송은 손해전보기능과 의무위반억제기능(감독시정기능)을 수행한다.[31]

상설하자면, 여기서 '손해전보기능'이라 함은 이사의 의무위반행위로 인하여 회사가 입은 손해를 메우는 기능을 의미한다. 즉, 소송을 통한 "손해배상제도는 피해자에게 생긴 구체적인 현실의 손해를 전보하는 것을 목적으로 하는 것"[32]이다. 한편, '의무위반억제기능'이라 함은 이사의 의무위반행위에 대하여

30) 서울동부지방법원 2016. 8. 11. 선고 2015가합108763 판결.

31) 中根茂, "株主代表訴訟と和解", 「国士舘法研論集」 第6号(国士舘大学, 2005), 87頁.

32) 대법원 1988. 3. 22. 선고 87다카1958 판결. 이 밖에 대표소송의 목적은 이사의 권한남용으로부터 소수주주를 보호하는 데 있다고 하는 견해도 있다. George W. Dent, Jr., *The Power of Directors to Terminate Shareholder Litigation: The Death of the Derivative Suit?*, 75 Northwestern Law Review 96, 110(1980). 하지만 이러한 목적만을 강조하는 것은 대표

손해배상책임이 부과됨에 따라 비슷한 유형의 행위를 예방하고 억제하는 기능을 말한다. 이 기능은 손해배상의 대상이 되는 의무위반행위를 통해 얻을 수 있는 편익과 그 행위에 대한 소송에서 패소함으로써 잃게 되는 비용을 비교하여 잠재적 의무위반자가 의무위반을 하는 것이 경제적인 측면에서 손해가 되는 비용구조를 구축하여 억제력을 발생시키는 것이다. 이러한 '손해전보기능'은 주주대표소송의 대위소송성에 반영되어 있으며, '의무위반억제기능'은 이 소송의 대표소송성에 포섭되어 있다.

이상과 같은 대표소송의 주요 기능과 관련하여 대표소송의 주요한 목적은 원고주주의 손실의 회복에 있다는 견해가 있다. 즉, 이 견해는 대표소송은 이사의 부주의한 행위로 인하여 발생한 손해에 대하여 원고인 주주에게 배상을 강제하는 것을 목적으로 한다고 본다.[33] 그러나 손해전보를 대표소송의 주요 목적으로 삼는 이 견해는 타당하지 않다. 예컨대, 회사가 당한 피해가 반드시 주주가 당한 피해와 동일하다고는 할 수 없기 때문이다. 특히 단순히 이사가 권한을 남용할 가능성만 있더라도 시장의 힘에 의하여 회사주식의 가치가 떨어질 수 있는데 이러한 부가적인 손실은 주주가 대표소송으로부터 간접적으로 획득하는 배상액 속에는 반영되지 않는다.[34] 주주대표소송에서 승소하는 경우 회사에 귀속되는 손해배상액을 전체적인 측면에서 보면 클지는 몰라도 그 금액을 주수(株數)만큼 나누어 보면 각 주주에게 간접적으로 돌아가는 사실상의 배상액은 보잘 것 없다는 점에서 원고주주의 손실회복은 그다지 의미가 없다.[35] 따라서 주주의 손실회복이 대표소송의 주요 기능이라고 이해하는 것은 완전하지 않다. 이에 대표소송은 이사의 의무위반에 의한 손해를 사후적으로 회복하는 것보다는 오히려 대표소송의 제기 가능성을 통해 이사의 의무위반을 억지하는 데 더 많은 비중을 두는 것으로 풀이하여야 한다. 더구나 대표소송에서 승소하더라도 그 소송의 결과물이 당연히 회사에 귀속된다는 점에서도 원고가 대표소송

소송의 일부 기능에만 초점을 둔 것이라는 점에서 수긍하기 어렵다.

33) John C. Coffee, Jr. & Donald E. Schwartz, *The Survival of the Derivative Suit: An Evaluation and a Proposal for Legislative Reform*, 81 Columbia Law Review 261, 302–303(1981).

34) *Id.*

35) *Id.* at 304. 1944년의 Wood 보고서에 의하면 Winkelman v. General Motors Corp. 사건에서 승소한 주주가 받은 이익은 단돈 8센트였다고 한다. Franklin S. Wood, Survey and Report Regarding Stockholders' Derivative Suits 49–50(1944).

을 제기할 유인이 크지 않기 때문에 사실상 대표소송의 손해전보기능은 상대적으로 의미가 작을 수밖에 없는 것이다.[36]

Ⅱ. 다른 감시·감독 수단과의 비교

대표소송은 현대기업의 소유와 경영의 분리에 따라 자연스럽게 발달하였다. 이미 1930년대에 Berle와 Means는 소유와 경영의 분리를 기업이론의 한 부분으로 인식하면서 소유와 경영은 회사에 있어서 서로 다르게 기능한다고 결론을 맺었다.[37] 그들은 주주가 회사의 경제적 소유자이기는 하나 실질적으로 회사경영에 참여하지 않는 대신 이사가 회사를 경영하는 것을 현대의 회사의 한 가지 특징으로 보았다. 소유와 경영의 분리가 효과적으로 기능하기 위해서는 이사가 자신의 권리를 책임 있게 행사하여야 하는데, 이를 위해서는 감시·감독(monitor) 또는 통제가 필요하다. 따라서 대표소송은 소유와 경영의 분리에 기인하는 문제점에 현실적으로 대응하기 위한 수단으로서 발전하였다.[38]

이사의 행위를 감시·감독할 수 있는 수단으로서 주주대표소송 이외에도 이사에 대한 주주의 직접소송, 위임장행사(proxy mechanism) 그리고 회사지배권 시장(market for corporate control) 등이 있다.[39] 주주의 직접소송은 이사의 행위에 대한 감시·감독 수단으로서 제한적인 기능만을 수행한다. 왜냐하면 이사에 대한 주주의 직접소송은 주주가 이사로부터 직접적인 피해를 입은 경우에만 제기할 수 있기 때문이다.

36) 오성근, 「회사법」 제2판(박영사, 2021), 757면.

37) Adolf A. Berle & Gardiner C. Means, The Modern Corporation and Private Property(1932)는 Berle와 Means가 제시한 소유와 경영의 분리론을 구체적인 검증을 통하여 정리하여 발표한 문헌이다.

38) Berle와 Means의 이론이 세상에 나온 후에 이에 관한 많은 비판적인 논문들이 출판되었다. Berle와 Means의 이론과는 구별되는 계약론(contractual theory)으로 불리는 새로운 이론도 전개되었다. 계약론의 이론적 근거는 회사는 이사, 주주, 회사가 만들어 내는 재화의 구매자(소비자) 사이의 다자간의 임의계약관계로 구성되어 있다는 것이다. Henry N. Butler, *The Contractual Theory of the Corporation*, 11 George Mason University Law Review 99, 110(Summer 1989). 계약론에 따르면, 대표소송이란 이사의 행동에 대한 감시·감독을 통하여 대리인비용을 줄이는 기능이 있다.

39) Coffee & Schwartz, *supra* note 33, at 264.

주주의 직접소송의 경우 대표소송보다 절차가 단순하다는 장점이 있다. 그러나 직접소송의 요건이 엄정할 뿐만 아니라[40] 주주가 승소하더라도 자신의 소송비용을 회사에 청구할 수 없으므로 소송을 제기하고자 하는 유인은 소송비용을 회사로부터 받아 낼 수 있는 대표소송(제405조 제1항)에 비해서 상대적으로 작다.

위임장대결(proxy fight) 내지 위임장경쟁(proxy contest)이라 함은 지배권을 획득하기 위한 수단으로써 의결권대리행사에 필요한 의결권 위임장을 차지하려는 행위를 의미한다. 그러나 이 같은 위임장대결이나 위임장경쟁은 이사의 행위를 감시·감독하는 수단으로서 제대로 기능하지 못하고 있다. 그 이유는 다음과 같다. 예컨대, 기존의 비효율적인 이사를 해임하거나 새로운 후보를 이사회에 추천하는 데 위임장대결이라는 방법을 사용할 수 있다. 그러나 위임장대결에는 막대한 비용이 들기 때문에[41] 주주가 소량의 주식을 가지고 있는 경우에는 엄두를 내지 못한다. 게다가 집단행동문제(collective action problem)와 무임승차문제(free-riding problem)로 인하여 많은 주주들은 위임장대결에 쉽게 끼어들려 하지 않는 경향이 있다.[42] 결론적으로 말하자면, 위임장대결에 소요되는 거액의 비용으로 인하여 위임장대결이 이사에 대한 중요한 감시·감독 수단으로 사용되지 못하는 처지에 있다.

---

40) 대법원 2012. 12. 13. 선고 2010다77743 판결.

41) 미국의 경우 위임장대결을 종식하는 데 들어가는 평균비용은 1천 71만 달러라는 분석도 있다. Nickolay M. Gantchev, The Costs of Shareholder Activism: Evidence from a Sequential Decision Model 47(unpublished doctoral dissertation, University of Pennsylvania, 2011). 예를 들면 1990년 록히드사(Lockheed Corporation)의 지배권을 놓고 위임장대결이 벌어졌는데 주주들은 동 회사의 이사들을 갈아 치우려는 데 600만 달러를 투입하였고 반대로 동 회사는 이러한 도전에 대응하기 위하여 800만 달러를 지출하였다. George White, *War of Words over Lockheed*, Los Angeles Times, March 28, 1990, at D1.

42) '집단행동문제'라 함은 다수의 분산된 주주가 대리인비용을 줄일 경우에 직면하는 문제이다. 소수의 주식만을 가진 주주들은 자신들의 소규모 투자액을 한도로 책임을 지게 되므로 적극적으로 많은 비용을 들여 이사의 행위를 감시·감독하기보다는 자신이 가지고 있는 주식을 매도할 수 있는 권리를 행사하여 자신의 회사경영에 대한 불만을 해소하려는 행태를 보이고 있다. '무임승차문제'는 내가 아니라도 남이 하겠지 하는 행태를 뜻한다. 즉, 이사의 행위를 감시·감독하는 데 들어가는 비용을 지출하지 않은 채 타인의 노력에 편승하고자 하는 것을 가리킨다. Kenju Watanabe, *Control Transaction Governance: Collective Action and Asymmetric Information Problems and Ex post Policing*, 36 Northwestern Journal of International Law & Business 45, 67－68(2016).

기업인수를 통하여 지배권의 매매가 이루어는 회사지배권시장이 활성화되는 경우 이사는 자신의 뜻에 상관없이 기업이 인수되어 자신의 일자리를 잃어버리지 않도록 하기 위해 기업의 경영효율성을 높이려는 유인을 가진다. 상당히 많은 문헌들은 회사지배권시장이 이사의 권한남용에 대한 견제장치로서 충분하게 역할을 수행할 수 있기 때문에 대표소송은 필요가 없다고 한다.[43] 이론적인 시각에서 볼 때, 회사지배권시장은 이사로 하여금 회사의 주식의 가격에 관하여 관심을 가지도록 강제하기 때문에 이사가 자신의 사적인 이익을 주주의 이익보다 먼저 생각하는 것을 금하게 하는 효과가 있다.[44] 그러나 이 같은 장점에도 불구하고 한국에서는 현재 회사지배권시장이 제대로 형성되지 않아 완전한 기능을 발휘하지 못하고 있다. 이 밖에 회사지배권시장 자체의 불완전성으로 인하여 효과적인 감시·감독 수단으로서 기능하지 못한다는 견해도 있다. 즉, 적대적 인수합병(hostile takeover)에는 너무 많은 비용이 소요되므로 실제로는 이론처럼 빈번히 발생하는 것이 아니라서 이사가 이로 인한 위험(risk)을 거의 느끼지 않을 수 있다는 것이다.[45] 몇몇 경우에는 비효율적으로 운영되는 기업이 아니라 효율적으로 운영되는 기업을 적대적 인수합병의 대상으로 삼기 때문에 회사지배권시장은 이사의 권한남용의 방지라는 본래의 역할을 벗어나기도 한다는 견해[46]도 있다.

앞에서 살핀 바와 같이 이사에 대한 주주의 직접소송은 감시·감독수단으로서 극히 제한적인 역할만을 수행하고 있고, 위임장제도와 회사지배권시장은 비용 등으로 인하여 제대로 기능을 하지 못하고 있는 실정이다. 따라서 이상의

---

43) 회사지배권시장 외에도 '재화와 용역시장'(market for goods and services)을 이론적인 측면에서 보아 효과적인 감시·감독 수단으로 간주하는 문헌도 있다. Note, *Shareholder's Derivative Suits and Shareholders' Welfare: An Evaluation and a Proposal*, 77 Northwestern University Law Review 856, 868(1983).

44) Butler, *supra* note 38, at 111.

45) Melvin A. Eisenberg, *The Modernization of Corporate Law: An Essay for Bill Cary*, 37 University of Miami Law Review 187, 204(1983). 회사지배권시장에 관한 이론은 어느 회사가 적대적 인수합병의 대상으로 될 가능성이 어느 정도인지에 관한 자세한 수치를 제시하지 못하고 있다는 점에서 동 시장이 이사의 행위에 대한 감시·감독효가 불분명하다는 비판이 제기될 여지도 있다.

46) John C. Coffee, Jr., *Regulating the Market for Corporate Control: A Critical Assessment of the Tender Offer's Role in Corporate Governance*, 84 Columbia Law Review 1145, 1212(1984).

3종류의 도구에 비하면 대표소송은 비용이 적게 드는 효율적인 감시·감독수단이라 할 것이다. 그러나 다른 감시·감독수단과 마찬가지로 대표소송에서도 집단행동문제와 무임승차문제는 여전히 발생한다.

제5절 외국의 입법례

I. 개 관

법계(legal system)를 대륙법계와 영미법계(보통법계)로 구분하는 경우 대륙법계에서는 법률로써 대표소송을 마련하고 있는 국가와 그렇지 않은 국가가 혼재하고 있다. 미국법과 동일한 법계에 속하는 보통법 국가에서는 대표소송이 성문법과 (혹은) 판례법에 의하여 실시되고 있다. 대체적으로 미국을 제외한 보통법계에 속하는 여러 국가에서 주주가 대표소송을 제기하기 위해서는 사전적으로 법원의 허가 혹은 승인을 얻어야 한다는 점이 특징이다.

II. 대륙법계 국가의 입법례

1. 독 일

독일에서는 2005년 7월 8일 「기업의 성실성 및 취소권의 현대화를 위한 법률」(Das Gesetz zur Unternehmensintegrität und Modernisierung des Anfechtungsrechts (UMAG))이 제정됨으로 인하여 주식법(Aktiengesetz)이 개정되었다. 개정된 주식법에 따르면 회사 자본의 1%에 상당하는 의결권 있는 주식을 보유하거나 보유주식의 시장가격이 10만 유로에 상당하는 주식을 보유하는 주주는 자기명의로 회사를 대표해 회사를 위하여 이사의 책임을 추궁하는 소송을 제기할 수 있다(독일 주식법 제148조 제1항). 제소주주는 제소에 앞서 법원에 대하여 제소의 허가를 신청하여야 한다. 법원은 그러한 소의 합리성을 평가하는 권한을 가진다.

만약 법원이 합리성이 없다고 판단하면 그 소를 각하한다.

제소주주가 법원으로부터 제소 허가를 얻기 위해서는 다음의 4가지 요건을 증명하여야 한다. 즉, ① 주주는 제소의 원인이 된 이사의 의무위반행위가 발생하기 이전부터 주식을 보유할 것, ② 회사에 일정한 기간 내에 제소할 것을 청구하였지만 회사가 그 기간 내에 제소를 하지 않을 것, ③ 주주가 해당 이사의 불성실한 행위 또는 중대한 법령 또는 정관위반의 행위가 회사에 손해를 야기한 사실, ④ 주주가 해당 제소를 우월하는 회사 이익(overriding interests of the company)이 존재하지 않는다는 사실을 주장 내지 증명해야 한다. 이상의 4가지 요건이 충족되어야만 해당 주주는 이사의 책임추궁소송을 제기하는 것이 인정된다. 그러나 이상의 요건을 주장 내지 증명하여야 하는 것은 막중한 부담으로 작용할 뿐만 아니라 제소에 필요한 소유주식의 요건이 높아 주주가 이사의 책임추궁소송을 제기하기가 용이하지 않다. 이 때문에 실제 독일에서 이 유형의 소송 사례는 거의 찾아보기 어렵다. 그럼에도 불구하고 남용 가능성을 우려하여 이를 제지할 필요성이 강조되고 있는 형편이다.[47)]

2. 프랑스

프랑스에서는 주주가 이사의 회사에 대한 책임을 추궁하는 방법으로 다음의 3가지가 있다.[48)]

첫째, 프랑스 상법이 정한 회사소권의 개별적 행사제도(action sociale ut singuli)가 있다. 이사가 주식회사에 적용되는 법령 또는 정관을 위반하거나 업무집행상 과실(faute)[49)]이 있는 경우 회사 또는 제3자에 대해서 책임을 부담한다(프랑스 상법 제L225-251조 제1항). 회사가 손해를 입은 경우 해당 회사는 회사소권(action sociale)을 행사하여 소송을 통해 이사의 책임을 추궁할 수 있다.[50)] 그

---

47) 葉玉匡美, 「会社法制のあり方に関する研究報告－ドイツにおける会社法制の運用実態と比較して－」(21世紀政策研究所, 2011), 45頁(葉玉匡美/安原和臣 담당 부분).

48) 이하의 논의는 葉玉匡美, 「多重代表訴訟についての研究報告—米・仏の実地調査を踏まえて—」(21世紀政策研究所, 2012), 21－26頁(清水円香 담당 부분)을 정리한 것임을 밝힌다.

49) faute란 고의, 해태(négligence) 또는 경솔(imprudence)하여 계약상의 의무 또는 타인에게 손해를 일으키게 하지 않은 의무에 반하는 태도를 의미하는 프랑스법 특유의 개념이라 한다.

50) 이를 회사소권의 포괄적 행사(action sociale ut universi)라 한다.

러나 회사를 대표해 회사소권을 행사하는 자가 다른 이사여야 하므로, 사실상 동료인 이사에 대해 책임을 추궁하는 것을 기대하기가 어렵다. 이에 프랑스에서는 19세기 후반부터 판례를 통해 주주가 회사소권을 행사하여 이사의 책임을 추궁하는 것을 인정하고 있다. 이를 가리켜 '회사소권의 개별적 행사'라 하는데 1966년에 법률로 명문화되었다. 현행 상법 제L225-252조에서 "주주는 스스로 피해를 입은 손해의 배상을 청구하는 소권 이외에 개별적으로 제L225-120조에서 규정한 요건을 충족하는 사단(association)에 의하거나 또는 국무원(Conseil d'État)의 정령(décret)에 따라 정해진 조건을 갖춘 집단의 구성원인 경우에는 이사에 대해 책임을 추궁하는 회사소권을 행사할 수 있다"고 규정하고 있다. 이는 한국의 주주대표소송제도와 유사하다.

두 번째로, 프랑스 민법의 일반 규정에 기초하는 방법이다. 민법 제1843-5조는 "1인 또는 복수의 사원은 자신이 입은 손해의 배상을 요구하는 소권 이외에 업무집행자(gérant)에 대해 그 책임을 추궁하는 회사소권(l'action sociale)을 행사할 수 있다. 청구자는 회사(société)가 입은 손해의 배상을 청구할 수 있다. 책임이 인정되는 경우 회사에 손해배상을 하여야 한다"고 규정하고 있다.

마지막으로 프랑스 형사소송법상 형사절차에 따라 이사의 책임을 소추하는 것이다. 형사소송법에 따라 이사의 책임을 추궁하는 경우 피해자인 회사는 형사소송에 부대하여 이사의 민사책임을 추궁하는 제소, 즉 이른바 부대사소(附帶私訴)를 제기할 수 있다(프랑스 형사소송법 제2조). 주주가 회사를 위해서 부대사소를 제기하는 것도 인정된다.

3. 일 본

주주대표소송을 제기할 수 있는 주주는 6개월 전부터 계속하여 주식을 가진 주주에 한한다(일본 회사법 제847조 제1항). 이 조건을 충족하는 경우 그가 가진 주식의 수는 불문한다. 소를 제기하고자 하는 주주는 먼저 회사에 대하여 서면으로 회사가 이사의 책임을 추궁하는 소를 제기하도록 청구하여야 하며, 청구가 있은 날부터 60일 이내에 회사가 소송을 제기하지 않을 경우 그 주주가 소송을 제기할 수 있다(일본 회사법 제847조 제1항·제3항). 예외적으로 이 기간의 경과로 인하여 회사에 회복할 수 없는 손해가 발생할 우려가 있는 경우에는 주주는 즉시 소를 제기할 수 있다(일본 회사법 제847조 제5항). 주주대표소송은 회사의 본점 소재지의 지방법원의 전속관할이다(일본 회사법 제848조). 또한 주주대표소송은 소송목적의 가액산정과 관련하여 재산권상의 청구가 아닌 청구에 관한 소로 보는 까닭에(일본 회사법 제848조 제8항), 소의 제기에 즈음하여 법원에 납부하는 수수료는 일률적으로 13,000엔이다(일본 민사소송비용 등에 관한 법률 제3조 제1항, 제4조 제2항).

4. 중 국

2005년 중국 회사법은 제149조에서 이사 또는 감사역, 고급관리직원이 자신의 의무를 이행하는 과정에서 법령 및 정관위반으로 인하여 발생한 손해에 대하여 책임을 부담한다는 내용을 규정하고 있으며, 그 책임추궁을 위하여 주주대표소송제도를 마련하고 있다(중국 회사법 제152조). 주주대표소송의 원고적격은 주식회사의 주주가 대표소송을 제기하는 경우 단독으로 또는 그 외의 주주와 합계로 회사의 발행 주식수의 1% 이상의 주식을 보유함과 동시에 그 보유기간이 180일 이상인 주주여야 한다.[51]

Ⅲ. 보통법계 국가의 입법례

1. 영 국

(1) 보통법상의 주주대표소송

영국의 경우 1843년 Foss v. Harbottle 사건[52]에서 회사의 손해회복은 회사 스스로가 하여야 한다는 원칙이 확립되었다. 이 사건에서 피고이사들의 행위로 인한 손해는 원고주주에 대한 것이 아니라 회사에 대한 것이므로 주주가 소송을 제기하는 것은 인정되지 않는 까닭에 회사가 소송을 제기하여야 한다는 입장이 정립된 것이다. 이 때문에 이사의 의무위반 책임 추궁을 위해서는 당연히

51) 宣偉華, “中国における株主代表!訴訟の現状及び問題点”(アジア株主代表訴訟セミナー~変革期を迎コえた株主代表訴訟の沿革と実情~参考資料), 「ICD NEWS」 第36号(法務省法務総合研究所国際協力部, 2008), 55頁.

52) 2 Hara 461, 67 Eng. Rep. 189 (Ch. 1843).

회사(이사)가 제소를 결정하여야만 하였다. 이를 '원고적격의 원칙'(proper plaintiff principle)이라 한다. 이 사건에서 '내부운영의 원칙'(internal management principle)도 형성되었다. 내부운영의 원칙은 회사운영 과정에서 내부적인 규정이 지켜지지 않은 경우에 적용된다. 구체적으로는 단순한 내부규정을 준수하지 않는 것(internal irregularity)이 회사 구성원의 다수에 의해 지지되고 있다면 법원은 개별 주주나 소수파의 청구가 있더라도 사법적(司法的)으로 개입하지 않는다는 입장을 의미한다. 따라서 Foss 사건에서 법원은 내부규정에 위반되는 운영문제와 관련하여 그것이 사후적으로 회사 스스로에 의하여 내부기관의 조율에 따라 치유될 수 있으므로 소권(訴權)을 개별 구성원, 특히 소수의 반대주주에게는 인정하지 않는다는 취지를 설시한 것이다. 이와 같이 영국의 법원은 가급적이면 회사의 경영정책에는 적극적으로 개입하지 않으려는 경향이 있다.[53)]

위의 원칙의 예외로서 다음의 4가지 경우에 한하여 주주가 책임을 추궁하는 것이 인정되었다. 첫째, 위법한 당해 거래가 회사의 목적 이외의 행위 로서 당해 거래에 대해 주주총회의 특별결의 또는 이에 준하는 것에 의해 승인 또는 승인이 없는 경우이다. 이 경우라 하더라도 1989년 영국 회사법 개정에 따라 정관 소정의 목적위반행위는 주주총회의 특별결의로 추인 가능하게 되었다. 둘째, 위법한 행위에 소수주주에 대한 사기(fraud on minority)가 포함된 경우이다. 셋째, 부정행위자에 의해 회사가 지배되고 있는 것이 판명되는 경우이다. 넷째, 주주들의 개인적인 권리(personal right)가 침해된 경우이다. 이와 같은 예외적인 경우에 해당하여야만 주주가 대표소송의 형식에 따라 이사책임을 추궁할 수 있는 것으로 인정되었다.[54)]

(2) 성문법상의 주주대표소송

영국의회는 2006년 11월 회사법개혁 법안을 통과시켜 2008년 10월부터 회사법(Companies Act 2006)으로 시행된 성문법에 정식으로 대표소송을 인정하고 있다.[55)] 동법은 Foss 원칙을 폐기하고 제260조 이하에서 대표소송의 절차와 요

53) David Kershaw, The Rule in Foss v Harbottle is Dead; Long Live the Rule in Foss v Harbottle, (LSE Law, Society and Economy Working Papers 5/2013, 2013), at 5-9.

54) 이에 관한 자세한 논의는 노혁준, 「주요국가의 기업규제 개혁법제에 관한 비교법적 연구(Ⅲ)-영국-」 비교법제연구 08-02(한국법제연구원, 2008), 72~73면 참조.

55) 오성근, "주주대표소송에 관한 소고-상법과 영국의 회사법제와의 비교를 중심으로-",

건에 관하여 규정을 마련하고 있지만, 법원의 허가가 있어야만 대표소송이 가능하다(영국 회사법 제261조 제1항).

2. 캐나다

캐나다는 영연방에 속하는 북아메리카의 국가이다. 캐나다의 공개기업은 회사법 및 증권법에 따라 규제된다. 캐나다 기업은 캐나다 연방사업회사법(Canada Business Corporation Act: CBCA) 또는 유사한 주법·준주법에 준거해 설립된다. 증권규제는 10주(province) 및 3준주(territory)의 정부의 책임이며, 각 주(州)에는 입법기관과 증권감독기관이 있다. 캐나다 회사법제의 모범으로서 기능하고 각 주의 회사법에 지대한 영향을 미치고 있는 CBCA는 영국의 판례법에 따라 예외적이면서 제한적으로 인정되고 있는 대표소송을 1970년대에 명문으로 도입하였으며, 대표소송의 제소권자를 매우 넓게 인정하고 있다.

CBCA 제238조에서는 대표소송의 제소권자를 주주명부상의 현재 주주를 비롯하여 과거의 주주 및 현재와 과거의 수익적 소유자까지 인정하고 있다. 명문상으로는 채권자처럼 법원이 적정하다고 인정하는 사람에게까지 제소를 허용하고 있다. CBCA 제239조는 주주가 회사를 위하여 자신의 명의로 제소할 수 있도록 법원에 허가(leave)를 청구할 수 있는 것으로 규정하고 있다. 이처럼 캐나다법은 제소권자를 광범위하게 인정하는 대신에 대표소송이 회사의 최선의 이익에 부합하는지에 관한 판단을 비롯하여 제소 여부에 관하여 법원의 허가를 받을 것을 명시적으로 규정하고 있다. 이와 같이 캐나다의 경우에는 법원이 제소허가권한을 가지며, 원고의 변경(교체)을 명할 수도 있을 뿐만 아니라 회사로부터 주주가 소송비용을 상환받는 데 대한 결정권도 가지고 있다. 요컨대, 캐나다법은 법원이 적절한 대표소송을 선별하는 권한을 가지는 방향으로 대표소송제도를 설계한 것이다. 따라서 CBCA는 법원의 강력한 소송 지휘 아래, 대표소송을 적정하게 운용하려고 하는 입장을 취하고 있는 것으로 평가된다.

실제 판결에서 법원은 CBCA상 대표소송의 취지를 감안하여 동 소송의 원고가 될 수 있는 자를 회사의 운영에 관하여 직접적인 재산적 이익이 있는 자로

「상사법연구」 제29권 제2호(한국상사법학회, 2010), 253면.

한정하고 있으며,[56)] 더 나아가 원고주주가 자신이 제기하고자 하는 대표소송이 회사를 위하여 제기한다는 것을 법원으로 하여금 충분히 믿을 수 있도록 증명하여야 한다는 입장을 제시하고 있다.[57)] 이처럼 캐나다의 경우 원고주주가 법원으로부터 제소 허가를 받고 그 소송비용을 상환받는 등의 절차상 많이 제약이 있는 까닭에 실제 대표소송이 제기되는 것은 매우 희소한 상황이다.[58)] 때문에 캐나다의 대표소송은 그 존재의의가 희박화(稀薄化)되고 있다고 평가받기도 한다.[59)]

3. 호 주

호주는 캐나다법을 모델로 하여 대표소송을 입법화한 국가이다. 구체적으로는 1982년 온타리오주 사업회사법(Ontario Business Corporations Act, 1982)을 모델로 하여 대표소송을 도입하여 2000년부터 시행하고 있다.[60)]

2001년 호주 회사법(Corporations Act: CA) 제236조는 주주가 회사를 위하여 대표소송을 제기할 수 있지만, 그 이전에 법원으로부터 제소 허가를 받아야만 정식 제소가 가능하다. 법원은 CA 제237조(2)(a)부터 (e)까지 명시된 다음의 요건을 충족하는 경우에는 제소를 허가하여야 한다. 즉, 회사가 스스로 소송을 제기하지 않거나 그 제소를 할 책임이 있는 경우이며, 제소자가 선의이고 그 제소가 회사의 최선의 이익에 부합하여야 한다. 만약 법원에 제소허가를 신청한 경우 그 신청일로부터 최소 14일 이내에 신청인은 법원에 대한 허가신청의사 및 신청사유를 회사에 서면으로 통지하였는지의 여부 또는 그러한 통지요건을 충

56) Re Daon Development Corp. (1984), 10 D.L.R. (4th) 216("I consider the history of derivative actions and the wording of the section requires that the category be composed of those persons who have a direct financial interest in how the company is being managed.").

57) Barrett v Duckett [1995] 1 B.C.L.C. 243.

58) Steven Donley & Nigel P. Kent, Directors and Officers Liability: A Review of Exposures and Coverages Available under D&O Policies 4(2008).

59) 山田泰弘, "国際的潮流から見た日本の株主代表訴訟制度—特に株主代表訴訟の原告適格を巡って—", 「立命館法学」 314号(立命館大學, 2007), 125頁 注 17).

60) Melissa Hofmann, The Statutory Derivative Action in Australia: An Empirical Review of its Use and Effectiveness in Australia in Comparison to the United States, Canada and Singapore 11(2005)[http://epublications.bond.edu.au/cgej/13].

족하지 않더라도 법원이 허가하는 것이 타당한지의 여부를 심리하여야 한다.

4. 싱가포르

영연방국가인 싱가포르는 1993년 회사법에서 성문법상의 제도로서 주주대표소송을 도입하였다. 싱가포르에서도 캐나다법과 마찬가지로 법원의 허가가 있어야만 주주대표소송을 제기할 수 있다. 다만, 법원이 제소가 적절하다고 판단하는 경우에는 주주 이외의 자에 대해서도 주주대표소송을 허가할 수 있다 (싱가포르 회사법 제216A조).

제2장

이사의 권한과 의무

제1절 논의의 범위

주식회사의 경우 출자자인 주주가 경제적인 소유자이며, 주주가 선임한 이사가 그 회사의 의사결정을 담당한다. 주식회사에서 이사의 수는 원칙적으로 3인 이상이어야 한다. 이사의 원수에 대한 최고상한선은 없다. 이사의 수를 3인 이상으로 한 것은 이사회가 회의체인 만큼 구성원을 복수로 하여야 한다는 점과 상법 제391조 제1항에 따른 이사회의 결의방법을 고려하여 홀수여야 하기 때문이다. 다만, 자본금이 10억원 미만인 회사는 1인 또는 2인으로 할 수 있다.

상법은 주주대표소송이 이사의 책임을 추궁하는 소로서 규정할 뿐 그 책임의 범위에 관해서는 언급되지 않고 있다. 그러나 이사의 책임이 발생하는 주된 경우는 그가 자신의 권한을 제대로 행사하지 못하거나 의무를 성실하게 이행하지 못한 경우라 할 것이다.

상법상 이사의 권한에 속하는 것은 무엇인가? 상법은 이사회의 권한을 규정한 조문(제393조)만을 두고 있다. 대표이사의 권한은 어디까지인가? 이에 관해서는 상법 389조 제3항에서 정하고 있다. 이사가 부담하는 의무는 어떠한 것이 있는가? 주식회사에서 소유와 경영의 분리로 인하여 발생하는 대리인 문제를 절감하기 위한 방법 중의 하나로서 상법은 이사에게 여러 의무를 부과하고 있다. 구체적으로 살펴보면, 이사는 회사에 대해 업무집행에 있어서 선량한 관리자로서의 주의를 다할 의무(선관주의의무, 제382조 제2항)와 법령·정관을 준수하고 회사를 위해 충실히 직무를 수행할 의무(충실의무, 제382조의3)를 부담한다. 이 밖에 상법은 이사의 비밀유지의무(제382조의4)도 규정하고 있다. 이에 본 장에서는 상법상 이사와 대표이사의 권한을 먼저 살펴 본 후에 그의 의무와 대표소송을 통해 추궁할 수 있는 이사의 책임에 관하여 살펴보고자 한다.

제2절 이사와 대표이사의 권한

I. 이사의 권한

1. 개 관

상법은 소규모회사를 예외로 하면 이사회중심주의를 취하고 있다. 소규모회사가 아니라면 상법상 주식회사는 이사회라는 필요적 상설기관을 설치하여야 한다. 이사회는 회사의 이사 전원으로 구성되며, 이사는 별도의 절차 없이 당연히 이사회의 구성원이 된다. 여기에서 '이사'란 주주총회에서 선임된 법률상의 이사만을 의미한다. 등기이사 아닌 자는 이사회의 구성원으로 될 수 없다. 때문에 주주총회에서의 선임절차를 거치지 않은 채 회사내부의 보직(補職)으로서 이사라는 직책을 부여하는 경우에서 그 이사는 이사회의 구성원이 아니다. 1인의 이사만이 있는 주식회사에서는 그 1인의 이사가 회사를 대표한다(제383조 제6항).

회사의 업무집행에 관한 의사결정은 이사회에서 이루어진다. 즉, 이사회는 법령 또는 정관에 의하여 주주총회의 권한으로 되어 있는 사항을 제외하고는 회사의 모든 업무집행에 관하여 의사결정을 할 권한과 이사의 직무집행을 감독할 권한을 가지는 것이다. 이사회가 일반적·구체적으로 대표이사에게 위임하지 않은 업무로서 일상 업무에 속하지 아니한 중요한 업무에 대해서는 이사회의 결의를 거쳐야 한다.[1] 이사회 결의요건을 충족하는지의 여부에 관한 판단은 이

1) 대법원 2010. 1. 14. 선고 2009다55808 판결.

사회 결의의 대상인 행위가 실제로 이루어진 날을 기준으로 하는 것이 아니라 이사회 결의 당시를 기준으로 판단하여야 한다.[2]

이사회는 고유권한을 가진 주식회사의 독립된 기관이다. 그러므로 그 권한에 의하여 결의한 사항에 대하여는 주주총회의 결의로 번복하거나 무효화할 수 없다.[3] 반대로 주주의 의결권행사를 불가능하게 하거나 현저히 곤란하게 하는 것을 내용으로 하는 이사회 결의는 주식회사제도의 본질적 기능을 해(害)하는 것으로서 무효이다.[4]

2. 이사회 결의사항의 예

(1) 중요한 자산의 처분 및 양도

상법은 중요한 자산의 처분 및 양도를 이사회의 전속적 결의사항으로 하고 있다. 여기서 '중요한'이라는 요건을 충족하기 위해서는, 회사의 존립에 영향을 줄 정도까지는 이르지 않아도 회사의 재산구성이나 경영방침에 상당한 영향을 미칠 것으로 예상되어야 한다. 이와 관련하여 대법원 판례는 어느 재산의 처분이 "중요한 자산의 처분에 해당하는가 아닌가는 당해 재산의 가액, 총자산에서 차지하는 비율, 회사의 규모, 회사의 영업 또는 재산의 상황, 경영상태, 자산의 보유목적, 회사의 일상적 업무와 관련성, 당해 회사에서의 종래의 취급 등에 비추어 대표이사의 결정에 맡기는 것이 상당한지 여부에 따라 판단하여야" 한다고 판시한 바 있다.[5] 따라서 질적으로 높은 중요성을 가진다면 양적으로 금액이나 규모가 작다고 하더라도 중요한 것으로 된다. 반대로 질적인 중요도가 낮은 경우에는 양적인 금액이나 규모가 높아야만 중요하다고 할 수 있다. 만약 중요한 자산의 처분에 해당하는 경우에는 이사회가 그 결정을 대표이사에게 일임할 수 없고, 반드시 이사회 결의를 거쳐야 한다.[6]

중요한 자산의 처분 및 양도는 회사의 목적사업을 폐지하는 효과가 있을 수 있어 주주 전원의 이해가 걸린 사안이다. 여기서 중요한 자산의 처분 및 양

2) 대법원 2003. 1. 24. 선고 2000다20670 판결.
3) 대법원 1991. 5. 28. 선고 90다20084 판결.
4) 대법원 2011. 6. 24. 선고 2009다35033 판결.
5) 대법원 2005. 7. 28. 선고 2005다3649 판결.
6) 위 판결.

도를 이사회의 결의사항으로 하고 있다고 하더라도 이는 주주총회의 특별결의가 없어도 된다는 뜻은 아니다. 이사회에서 중요한 자산의 처분 및 양도를 결의하였더라도 그러한 처분 및 양도가 상법 제374조 제1항 제1호에 해당하는 경우라면 주주총회의 특별결의도 있어야 한다.[7]

(2) 대규모 재산의 차입

회사가 대규모 재산을 차입하는 경우에는 부채 관련 항목이 증가하게 되어 회사의 부담으로 되고 당해 회사의 가치를 떨어뜨리게 되므로 주주의 부(富)를 감소시킬 수 있는 까닭에 이사회의 결의를 요하고 있다. 여기서 "대규모 재산의 차입에 해당하는지 여부는 당해 차입재산의 가액, 회사의 규모, 회사의 영업 또는 재산의 상황, 경영상태, 당해 재산의 차입목적 및 사용처, 회사의 일상적 업무와 관련성, 당해 회사에서의 종래의 취급 등 여러 사정에 비추어 대표이사의 결정에 맡기는 것이 상당한지 여부에 따라 판단"하여야 한다.[8]

(3) 지배인의 선임

지배인은 영업주에 갈음하여 그 영업에 관한 재판상 또는 재판외의 모든 행위를 할 수 있는 최상급의 상업사용인이다(제11조). 지배인의 선임권자는 영업주인 상인이다(제10조). 이 경우 '영업주'라 함은 상법 제4조와 제5조에 의해 상인성이 인정되는 자를 의미하는데, 주식회사는 제4조의 당연상인에 해당한다. 주식회사의 지배인은 이사회의 결의를 거친 후에 대표이사가 선임한다.

(4) 지점의 설치·이전 또는 폐지

'영업소'란 대내적으로는 기업활동에 관한 기본적 사항을 결정하고 대외적으로는 상거래를 행하는 영업활동의 중심지를 뜻한다. 상법상 영업소의 종류에는 본점과 지점이 있다. 지점은 본점의 지휘를 받지 않는다. 그러나 지점은 소송능력과 같이 독립한 법인격을 전제로 하는 능력을 가지지 못하지만 부분적으로 독립된 기능을 수행하는 영업소를 말한다. 지점의 설치·이전 또는 폐지에는 이사회의 결의가 요구된다.

---

7) 대법원 2004. 7. 8. 선고 2004다13717 판결 참조.
8) 대법원 2008. 5. 15. 선고 2007다23807 판결.

3. 이사회의 직무감독권

이사회는 대표이사와 기타 이사의 직무집행을 감독한다(제393조 제2항). 이사회의 직무감독권이라 함은 이사회가 결정한 업무집행사항에 따라 이사가 성실하게 업무집행을 하였는지 여부를 이사회가 감사한다는 것이다. 이사회의 감사는 적법성은 물론 타당성의 감사에도 미친다. 집행임원을 둔 경우에는 그의 업무집행을 감독한다(제408조의2 제3항 제2호). 이사가 1인인 회사(제383조 제1항 단서)에는 이사회가 없으므로 이러한 직무감독권도 인정되지 않는다(제383조 제5항).

4. 이사의 정보접근권

주식회사는 실제 회사가 상근이사 중심으로 운영되고 정보가 대표이사에게 집중되는 경향이 있다. 따라서 회사정보에 대한 비대칭은 정도의 차이는 있을 뿐 비단 회사내부자(corporate insider)인 이사와 회사외부자(corporate outsider)인 주주 또는 채권자 사이에만 존재하는 것이 아니라 이사들 사이에서도 존재한다. 이 때문에 업무를 담당하지 않는 이사는 회사의 내부정보에 어둡기 마련이며, 설령 업무를 담당하는 이사라 하더라도 담당업무 이외의 정보에 대해서는 접근이 용이하지 않다. 이에 상법은 이사에게 대표이사로 하여금 다른 이사 또는 피용자의 업무에 관하여 이사회에 보고할 것을 요구할 수 있는 권리를 부여하고 3개월에 1회 이상 업무집행상황을 이사회에 보고하도록 하여 이사의 회사의 업무에 관한 정보접근권을 보장하고 있다. 설령 이사회내 위원회를 운영하고 있는 회사라 할지라도 전체 이사회에 대하여 이사는 3개월에 1회 이상 업무집행상황 보고를 하여야 하는 것이다. 이로 인하여 주식회사는 적어도 매 분기마다 전체이사회를 개최할 수밖에 없다.

Ⅱ. 대표이사의 권한

1. 대표이사와 그 권한

(1) 대표이사의 의의

대표이사는 대외적으로 회사를 대표하고, 대내적으로 업무를 집행하는 기관이다. "대리인과 달리 주식회사의 대표이사는 회사의 행위를 대신하는 것이 아니라 회사의 구성부분, 즉 기관으로서 회사의 행위 자체를 하는 것이다. 이 경우 회사는 의사결정기관을 통해 결정된 회사의 의사를 대표이사를 통해 실현하고, 대표이사의 행위가 곧 회사의 행위"[9]이다. 다시 말하자면, "회사는 주주총회나 이사회 등 의사결정기관을 통해 결정한 의사를 대표이사를 통해 실현하며, 대표이사의 행위는 곧 회사의 행위가 된다"[10]는 것이다.

(2) 대표이사의 권한의 의의

대표이사의 일반적 권한으로서 회사의 영업에 관한 재판상 또는 재판외의 모든 행위를 할 권한을 가진다(제209조). 법률상 대표이사는 원칙적으로 회사의 의사를 결정하는 권한은 없지만 주주총회 또는 이사회에서 결정한 것을 집행하고, 그 업무집행을 위하여 대외적으로 회사를 대표한다. 상법상 대표이사의 대표권을 정하는 규정은 대표이사가 원칙적으로 회사의 영업에 관한 모든 집행권을 가진다는 것을 전제로 하여 그 업무집행이 대외관계를 수반하는 경우를 규율한다. 대표이사는 특별한 사정이 없는 한 사용자의 지휘·감독 아래 일정한 근로를 제공하고 소정의 임금을 받는 고용관계에 있지 않아 근로기준법상의 근로자에 해당하지 않는다.[11]

어떤 행위가 회사의 영업에 관한 것인지의 여부는 행위자의 주관적 의사에 의하여 결정되는 것이 아니라 오로지 당해 행위 자체의 객관적 성질에 따라 추상적으로 결정되어야 한다. 대표이사의 권한은 대외적으로 포괄정형성을 가지기 때문에 이에 대한 제한은 선의의 제3자에게 대항하지 못한다(제209조). 대표권의 범위는 법률이나 정관, 기타 회사의 내규로 별도로 제한하지 않는 한 원칙적으로 회사의 권리능력의 범위와 일치한다.[12] 회사의 권리능력은 회사의 설립근거가 된 법률과 회사의 정관상의 목적에 의하여 제한되지만, 그 목적범위 내의 행위라 함은 정관에 명시된 목적 자체에 국한되는 것이 아니라 그 목적을 수행하는 데 있어 직접·간접으로 필요한 행위를 모두 포함하고 목적수행에 필요

9) 대법원 2020. 8. 27. 선고 2019도11294 전원합의체 판결.
10) 대법원 2021. 2. 18. 선고 2015다45451 전원합의체 판결.
11) 대법원 2014. 5. 29. 선고 2012다98720 판결.
12) 대법원 1988. 8. 9. 선고 86다카1858 판결.

한지 여부는 행위자의 주관적·구체적 의사행위가 아니라 객관적 성질에 따라 판단할 것이다.[13)]

2. 대표이사의 업무집행권

대표이사는 이사회의 결의에 따라 대내적으로 업무집행을 하고 이사회로부터 위임받은 업무를 결정하고 실행한다. 법률상 대표이사는 원칙적으로 회사의 의사를 결정하는 권한을 가지지 못하는 까닭에 주주총회 또는 이사회에서 결정한 것을 집행하는 권한과 기타 이사회로부터 위임받은 업무를 결정하고 실행하는 역할을 수행한다. 이와 같이 이사회가 대표이사에게 맡길 수 있는 사항에 대해서는 한계가 있으므로, 중요한 업무에 대한 의사결정은 이사회의 몫이다. 따라서 대표이사는 예외적으로 법률·정관 또는 이사회 결의에 의하여 이사회의 결정사항으로 유보되지 아니한 일상적인 업무집행사항에 관해서만 스스로 의사결정을 하고 집행할 수 있다.

상법은 대표이사의 권한사항을 법정한 것도 있다. 예컨대, 주권과 사채에 기명날인 또는 서명(제356조, 제478조 제2항)이 이에 해당한다. 상법은 대표이사의 권한사항으로 필요한 최소사항만을 규정하고 있다고 해서 대표이사가 그것 이외의 것을 할 수 없다는 취지로 해석할 수는 없다. 예컨대, 상법이 이사의 직무권한으로 규정하고 있는 사항 가운데, 정관·주주명부·사채원부·주주총회의 의사록의 비치(제396조), 주식청약서와 사채청약서의 작성(제420조, 제474조 제2항), 현물출자시 검사인선임의 청구(제422조 제1항), 재무제표의 작성·제출·비치·광고(제447조, 제447조의3, 제448조) 등은 성질상 대표이사의 업무권한에 속한다.

3. 대표이사의 대표권

(1) 대표권의 범위

대표이사는 대외적으로 업무를 집행할 수 있는 회사의 대표권을 가진다. 이에 대표이사는 회사의 영업에 관하여 재판상 또는 재판외의 모든 행위에 대

13) 대법원 1988. 1. 19. 선고 86다카1384 판결; 대법원 1999. 10. 8. 선고 98다2488 판결.

하여 회사를 대표할 포괄적 권한을 가진다. 여기서 '대표'는 능동대표뿐만 아니라 수동대표도 포함한다. 대표이사의 대표권에 제한을 가하더라도 선의의 제3자에게 대항하지 못한다(제209조). 이 경우에 그 권한을 넘은 대표자가 내부적으로 회사에 손해배상책임을 부담하는 것과는 별개의 사항이다.

지배인은 원칙상 그 대리권의 범위가 지배인을 선임한 특정영업소에 한정되는 반면에(제11조 제1항), 대표이사의 대표권은 회사의 모든 영업소에 미친다는 점에서 지배인의 대리권보다 한층 강력하다. 대리는 행위의 효과만이 본인인 회사에 귀속되지만, 대표이사의 대표행위는 그것이 대표이사의 대표권 범위 내에서 행하여지는 한 곧바로 회사 자체의 행위로 된다. 이와 같이 대리와 대표는 완전히 구분되는 것이므로 대표이사의 사실행위나 불법행위도 대표행위로서 그 효력이 인정된다. 다만, 상법에서는 대표행위에 관하여 별도로 규정하지 않는 까닭에 성질에 반하지 않는 한 대리에 관한 규정이 준용된다(민법 제59조 제2항).

영업에 관한 행위라 함은 영업의 목적인 행위를 비롯하여 영업을 위하여 하는 행위, 즉 회사의 권리능력의 범위 내의 행위를 말한다. 재판행위는 소송상의 모든 행위를 말하는데, 대표이사는 모든 심급의 법원에서 회사의 소송을 담당할 수 있다. 재판외의 행위라 함은 소송상의 행위 이외의 것으로서 회사의 영업의 범위 내에 있는 법률행위와 사실행위를 말한다.

어느 주식회사에 대표이사가 여러 명 있는 경우라 하더라도 공동대표제를 채택하지 않는 한 각 대표이사가 단독으로 업무집행을 하고 회사를 대표한다. 대표이사는 정관의 규정 또는 이사회의 결의로 회사의 대외적 업무집행에 있어서 업무담당이사나 다른 이사 또는 사용인 기타 제3자를 복대리인으로 선임하는 것도 가능하다. 이 경우 대표이사의 대표권 전부를 완전히 포괄위임하지 않는다면 특정 사항이나 일정 종류의 사항에 국한되지 않고 회사영업에 관하여 대리권을 위임할 수 있다.

법인의 어음행위는 어음행위의 서면성·문언성에 비추어 대표기관만이 할 수 있다.[14] 말하자면, 주식회사의 경우 대표이사가 대표권한에 기초하여 어음행위를 하여야 한다. 다만, 어음에다가 법인이 어음행위를 한다는 점을 명백히 하는 차원에서 대표이사가 그 회사를 위한 것이라는 취지, 즉 대표자격이 있다

14) 대법원 1973. 12. 26. 선고 73다1436 판결.

는 것을 표시하고 자신의 성명을 기재하여 그자가 기명날인하여야 한다. 그러나 현실에서는 대표이사가 그의 인장을 타인에게 보관·사용시키고 대표자의 명의로 어음행위 등을 할 수 있는 권한을 그자에게 수여하는 방법이 많이 이용되고 있다. 이와 같이 대표자의 명의로 기명·날인할 수 있는 권한을 기명·날인의 대행권이라 하며, 대표이사는 이 권한을 상법상 대표권을 보유하지 않는 업무담당이사에게 부여하는 것이 가능할 것이다.

(2) 대표권의 제한

가. 취 지

일반적으로 주식회사 대표이사는 회사의 권리능력의 범위 내에서 재판상 또는 재판외의 일체의 행위를 할 수 있고, 이러한 대표권 그 자체는 성질상 제한될 수 없다. 대표이사의 업무집행행위와 그에 수반한 대표권 행사는 회사의 운영에 큰 영향을 미친다. 따라서 대표이사의 권한행사를 신중하게 하도록 하고 대표이사의 대표권에 대한 견제를 확실히 하여 회사의 이익을 보호할 필요가 있다. 이에 상법은 특정한 경우에 대외적인 업무집행에 관한 결정권한으로서의 대표권에 대하여 제한을 하고 있을 뿐만 아니라, 회사의 정관, 이사회의 결의 등의 내부적 절차 또는 내규 등을 통해 내부적으로 제한을 가하는 것이 가능하다.[15)]

우선, 대표이사의 대표권은 법률의 규정에 의하여 제한될 수 있다. 그러한 경우의 예로서는 다음의 것이 있다. 첫째, 이사와 회사 간의 소에 있어서는 대표이사가 회사를 대표하지 아니하고 감사가 회사를 대표한다(제394조). 감사가 회사를 대표하는 것은 회사가 이사에 대하여 또는 이사가 회사에 대하여 소를 제기하는 경우에 공정성을 확보하고 회사이익이 침해되는 것을 방지하자는 데 그 취지가 있다. 둘째, 대표이사가 대표행위를 하기 위해 주주총회나 이사회의 결의가 선행요건으로 필요한 경우이다. 주주총회 결의를 요건으로 하는 경우로는 영업의 전부 또는 중요한 일부의 양도(제374조 제1항), 사후설립(제375조) 등이 있다. 중요한 자산의 처분 및 양도, 대규모 재산의 차입, 지배인의 선임 또는 해임과 지점의 설치·이전 또는 폐지 등 회사의 업무집행(제393조 제1항), 신주

15) 대법원 1997. 8. 29. 선고 97다18059 판결.

발행(제416조), 사채모집(제469조) 등에 관하여는 이사회 결의 없이 회사를 대표할 수 없다.

다음으로, 정관 또는 이사회 규칙으로 주식회사의 대표이사는 내부적으로 주주총회 결의나 이사회 결의를 얻어야만 특정한 대표행위를 할 수 있는 것을 정할 수 있다. 이러한 내부적인 제한의 예로서 여러 명의 대표이사 사이에 업무분장이 있는 경우, 대표이사의 권한을 특정 영업이나 영업소에 한정하는 경우, 일정한 어음금액을 상회하는 어음을 발행하거나 일정한 규모 이상의 채무를 부담하는 경우에 이사회 결의를 요구하는 것을 들 수 있다. 이처럼 정관이나 이사회 규칙 등에 대표권의 내부적 제한을 두고 있다면 대표이사는 이에 따라야 한다. 그러나 대표권의 내부적 제한은 선의의 제3자에게 대항하지 못한다(제209조 제2항).

나. 제한위반행위의 효력

법령·정관 또는 이사회규칙이 주주총회나 이사회 결의를 거쳐서 대표이사가 대표행위를 할 것을 정하는 경우도 있다. 만약 그러한 결의가 흠결된 대표이사의 위법한 대표행위, 즉 이른바 대표이사의 전단적(專斷的) 행위의 효력은 어떠한가? 이와 관련해서는 첫째, 지배인의 선임, 준비금의 자본금 전입과 같이 순수하게 내부적인 사항은 항상 무효이다. 거래의 안전을 고려할 필요가 없기 때문이다. 둘째, 회사의 집단적 행위는 그 효력이 획일적이어야 하므로 이사회 결의의 하자에 대한 상대방의 선의·악의를 불문하고 유효하다. 예컨대, 이사회 결의 없는 신주발행은 항상 유효하며,[16] 사채발행과 같은 행위는 이사회의 결의가 없다고 하더라도 언제나 유효하다. 셋째, 기타의 대외적인 거래의 경우에는 일반적으로 주주총회 결의 내지 이사회 결의를 요구함으로써 확보하려는 회사의 이익보호와 대표이사의 당해 행위가 적법한 결의에 따른 것이라고 신뢰한 제3자의 이익을 비교형량하여 구체적으로 판단하여야 한다. 따라서 법률상 주주총회 결의가 요건으로 정해져 있음에도 불구하고 대표이사가 주주총회 결의 없이 한 대표행위는 회사의 이익보호를 우선하여야 한다는 점에서 언제나 무효이다. 법률 또는 "회사 정관이나 이사회 규정 등에서 이사회 결의를 거치도록

---

16) 대법원 2007. 2. 22. 선고 2005다77060, 77077 판결.

대표이사의 대표권을 제한한 경우에도 거래행위의 상대방인 제3자가 상법 제209조 제2항에 따라 보호받기 위하여 선의 이외에 무과실까지 필요하지는 않지만, 중대한 과실이 있는 경우에는 제3자의 신뢰를 보호할 만한 가치가 없다고 보아 거래행위가 무효라고 해석"[17]한다. 위의 모든 경우에 대표이사의 회사에 대한 책임은 발생한다.

(3) 대표권의 남용

대표이사가 객관적으로 그 대표권의 범위 내에 속하지만, 주관적으로 자기 또는 제3자의 이익을 위하여 대표행위를 하여 회사에게 손해를 끼친 경우가 있다. 이 때 그러한 대표이사의 행위를 '대표권 남용행위'라 한다. 대표이사가 자기의 개인적인 채무를 변제하기 위하여 회사의 명의로 약속어음을 발행하는 경우 또는 대표이사의 친지가 발행한 어음에 대하여 회사명의로 보증을 하는 경우가 대표이사의 대표권 남용행위의 전형적인 예에 속한다. 전단적 대표행위에 적용되는 악의는 회사 내부적인 의사결정이 필요하거나 내부적인 결정이 없었다는 사실을 인식하는 것을 말하지만, 대표권 남용의 경우에 적용되는 악의는 그 행위의 목적이 누구의 이익을 위한 것이냐에 대한 인식을 의미한다. 그러므로 전단적 대표행위가 인정되는 경우에도 대표권남용의 법리가 적용될 수 있다.[18]

대표권 남용행위는 회사 이외의 이익을 도모한다는 점에서 이사의 선관주의의무 내지 충실의무의 위반으로 되지만, 객관적으로 대표권의 범위 내의 행위인 이상 그 대외적 효력은 거래안전보호 차원에서 원칙적으로 유효하다. 그러나 대표권남용의 사실을 알고 있거나 알 수 있었던 제3자에 대하여 회사가 그 대표행위의 무효를 주장할 수 있다고 보는 데에 이견이 없다.

4. 공동대표이사의 경우

(1) 의 의

집행임원 설치회사 또는 소규모회사가 아니라면 대표이사는 주식회사의 필요기관으로서(제408조의2 제1항), 이사회가 이사 중에서 선정하거나 정관으로

17) 대법원 2021. 2. 18. 선고 2014나10801 판결.

18) 대법원 2005. 7. 28. 선고 2005다3649 판결.

주주총회에서 선정하는 것으로 규정할 수 있다. 주식회사에 있어서 대표이사의 권한행사에는 단독대표주의가 적용된다. 대표이사가 수인(數人)인 경우에도 각자가 독립하여 회사를 대표하는 것이 원칙이다.

회사는 이사회 또는 주주총회의 결의로써 수인의 대표이사가 공동으로 회사를 대표하도록 정할 수 있다. 이처럼 다른 대표이사와 공동으로써만 회사를 대표할 수 있는 대표이사를 '공동대표이사'라 한다. 이 제도는 수인의 대표이사를 둔 회사에서 대외적인 업무집행에 통일성을 확보할 수 있고 회사의 의사결정을 신중하게 하는 방법으로서 대표이사의 대표권남용을 사전에 견제하기 위한 취지에서 이용된다.[19] 그러한 점에서 이 제도는 공동지배인을 둔 것과 취지가 동일하다.

공동대표이사를 정한 때에는 그 내용을 등기하여야 하는데, 등기 후에는 선의의 제3자에게도 대항할 수 있다. 즉, 등기 후에는 제3자의 악의가 의제된다(제37조 제1항). 이 경우의 등기는 공동대표이사의 효력요건이라기보다는 대항요건이다.

공동대표이사의 대표권행사의 유형은 크게 능동대표와 수동대표로 나누어지는데, 전자의 경우에만 공동대표이사들이 공동으로 회사를 대표하여야 한다. 수동대표의 경우에는 권한남용의 우려가 없어 거래상대방이 공동대표이사 중 1인에게만 의사표시를 하더라도 효력이 있다(제208조 제2항).

(2) 공동대표권의 위임

공동대표이사 중 1인에게 다른 공동대표이사가 공동대표권을 위임할 수 있는가? 일반적·포괄적인 대표권의 위임은 실질적으로 단독대표를 가능하게 하는 것이어서 공동대표의 취지에 반하므로 허용될 수 없다. 대법원 판례도 이와 같은 입장이다.[20] 따라서 공동대표이사가 일반적·포괄적인 대표권을 위임한다면 이는 법률위반에 해당하여 회사에 대한 책임이 발생한다. 그러나 공동대표권 행사의 개별적 위임, 즉 특정 거래 또는 일정한 종류의 거래에 대하여 공동대표권 행사를 위임할 수 있는지의 여부에 대해서는 견해가 다양하게 제시되고 있다. 이와 관련하여 먼저 공동대표이사간에 내부적인 의사합치만 있으면 그 외

19) 대법원 1989. 5. 23. 선고 89다카3677 판결.
20) 위 판결.

부적 표시는 개별적인 위임에 의할 수 있다는 견해(적극설)[21]가 있다. 즉, 의사결정은 공동으로 하여야 하지만 의사표시는 1인의 공동대표에게 위임할 수 있다는 것이다. 반대로 내부적 의사합치가 있더라도 대외적인 표시행위를 반드시 공동으로 하여야 한다는 견해(소극설)[22]가 있다.

이상의 견해 중에서 대법원 판례가 어느 것을 취하고 있는지는 명확하지 않다. 적극설을 취한 것으로 보이는 판례[23]가 있기는 하지만 분명하지 않다. 다만, 공동대표권 행사의 개별적 위임 차원에서 의사표시를 1인의 공동대표에게 위임하는 경우 적극설에 따르면 공동대표이사의 회사에 대한 책임(제399조)이 발생하지 않지만, 소극설에 따른다면 상법 제399조의 책임이 발생한다.

제3절 이사의 선량한 관리자의 주의의무

I. 기초적 법리

이사는 회사의 업무를 처리함에 있어 선량한 관리자의 주의의무를 부담한다(민법 제681조; 상법 제382조 제12항). 이 의무는 민법상 주의의무나 과실의 표준의 한 유형으로서 이를 약칭하여 '선관주의의무' 또는 '주의의무'로 불리고 있다.

회사와 근로자 관계의 법적 성질은 고용이므로 근로자는 회사의 지휘·명령에 따라야 한다. 그러나 회사 사이에 위임관계에 있는 이사는 회사로 부터 지휘·명령을 받는 것이 아니라 재량적으로 이사로서의 직무를 수행하여야 한다. 이사는 위임관계에 따라 수임자로서의 책임을 진다.

조직 내에서 위임관계가 형성되면 위임인의 일부 권한이 수임인에게로 이

21) 오성근, 「회사법」 제2판(박영사, 2021), 654~655면; 장덕조, 「상법강의」 제3판(법문사, 2019), 535면; 최준선, 「회사법」 제16판(삼영사, 2021), 510~511면; 홍복기/박세화, 「회사법강의」 제8판(법문사, 2021), 471~472면.
22) 임재연, 「회사법 Ⅱ」 개정7판(박영사, 2020), 430면.
23) 대법원 1996. 10. 25. 선고 95누14190 판결.

동하게 되지만, 수임인은 위임인의 뜻을 저버리고 자신의 맡은 바 임무를 게을리할 우려가 있어 상법은 이사에게 민법규정을 준용하여 선관주의의무를 지우고 있는 것이다. 이 의무는 개개인의 차이를 고려하지 않고, 추상적(抽象的) 평균인(平均人)을 전제로 하는 까닭에 의무를 게을리한 것을 추상적 과실 내지 객관적 과실이라고 한다. 대법원 판례에서 발견되는 '그 직무수행상 필요로 하는 충분한 주의'[24]는 선관주의의무의 다른 표현으로 볼 수 있다.

이상에서 살펴본 바와 같이 이사는 통상적 능력과 식견을 가진 전문직의 기업인이며 회사경영의 주체로서 회사의 규모 및 종류, 담당업무의 내용 등에 따라 객관적·합리적으로 인정되는 고도의 신중한 주의로써 의사를 결정하고 업무를 집행하여야 한다. 이를 위해서는 경영판단에 관련된 적절하고도 충분한 의견, 보고, 설명 등을 듣거나 받고 자료를 수집하여야 하며,[25] 그 수집된 정보에 입각하여 사실조사와 검토를 행하여 사실관계를 인식하고, 그 인식을 바탕으로 하여 경영판단의 내용을 결정하여야 한다. 그러다 보니 수임인인 이사 개인의 개인적 경험이나 능력과 같은 주관적 사항은 이 의무의 위반을 결정하는 기준이 아니다. 예컨대, 이사가 그 직무를 수행함에 있어 법령을 위반하는 행위를 하는 것은 당연히 선관주의의무를 위반한 것으로 된다. 또한 "일정한 업무분장하에 회사의 일상적인 업무를 집행하는 업무집행이사는 회사의 업무집행을 전혀 담당하지 아니하는 평이사에 비하여 보다 높은 주의의무를 부담"하며,[26] 은행은 영리법인인 일반의 주식회사와는 달리 공공적인 역할까지 담당하는 위치에 있으므로 "은행의 그러한 업무의 집행에 임하는 이사는 일반의 주식회사 이사의 선관주의의무에서 더 나아가 은행의 그 공공적 성격에 걸맞는 내용의 선관주의의무까지 다할 것이 요구된다."[27]

이사가 선관주의의무에 위반했을 경우 그 이사는 민사법적으로는 회사나 제3자에 대하여 손해배상책임을 부담하게 되며, 형사법적으로 업무상 배임죄의

24) 대법원 2013. 1. 24. 선고 2012다91224 판결.

25) 이 때문에 미국에서는 주의의무(duty of care)를 "합리적으로 이용 가능한 모든 정보를 취득한 후에 신중하게 행위할 의무"(the duty to act prudently after aquiring all reasonably availble information)로 정의하기도 한다. Arthur M. Borden & Joel A. Yunis, Going Private 4－128(2006).

26) 대법원 2008. 9. 11. 선고 2007다31518 판결.

27) 대법원 2002. 3. 15. 선고 2000다9086 판결.

처벌을 받을 수도 있다. 상법상 주주대표소송은 이사의 회사에 대한 민사책임을 추궁하는 수단으로 마련된 것이다.

Ⅱ. 선관주의의무의 파생의무

1. 개 관

선관주의의무에 속하는 구체적인 의무 내지 선관주의의무로부터 파생되는 의무로서는 이사회 출석의무, 이사회에 대한 보고의무(제393조 제4항), 감사·감사위원회에 대한 보고의무(제412조의2, 제415조의2 제7항), 감시의무 등이 거론되고 있다. 이하에서는 이사가 부담하는 각종 의무 중 선관주의의무에서 파생된 의무를 살피기로 한다.

2. 이사회 출석의무

회의체로서의 이사회는 주식회사의 업무집행과 관련한 의사결정을 담당한다. 그리하여 이사회는 통상의 업무의 관리나 집행과 관련하여 최고의 권한을 가진다. 그 법률적인 근거는 상법 제393조 제1항이 "중요한 자산의 처분 및 양도, 대규모 재산의 차입, 지배인의 선임 또는 해임과 지점의 설치·이전 또는 폐지 등 회사의 업무집행은 이사회의 결의로 한다"고 규정하고 있는 데서 찾을 수 있다. 이 밖에 이사회가 이사의 직무의 집행을 감독한다는 상법의 규정(제393조 제2항)에 비추어 볼 때 이사가 다른 이사의 직무집행을 제대로 감독하기 위한 가장 기초적인 요건으로서 이사가 이사회에 참석할 것이 요구된다.

이사회는 소수의 이사들로 구성되고 개개인의 능력과 신뢰에 바탕을 두는 기관이다 보니 이사회에서 직접 출석하여 협의하고 의견을 교환한 후 의사를 결정하는 것이 당연히 요구된다. 따라서 주식회사가 이사회 중심의 경영구조를 채택하고 있는 만큼 이사가 이사회에 출석하는 것은 그의 기본적 직무이며, 선관주의의무의 이행을 위한 기초적인 요건이다. 만약 이사가 정당한 사유 없이 이사회에 출석하지 아니하여 이사회 성립을 어렵게 하거나 다른 이사들의 위법부당한 결의를 저지하지 못하고 방치한 경우 자신의 임무를 해태한 것으로 볼

수 있다.[28)]

3. 이사회에 대한 보고의무

이사회가 일반적·구체적으로 대표이사에게 위임하지 않은 업무로서 일상 업무에 속하지 아니한 중요한 업무에 대해서는 이사회의 결의를 거쳐야 한다.[29)] 이사회가 제대로 의사결정을 하기 위해서는 충분한 정보가 이사회에 집중되어야 한다.

위에서 언급한 바와 같이 주식회사가 사실상 상근이사 중심으로 운영되다 보니 회사정보와 관련하여 이사와 주주 또는 채권자는 물론이고 이사와 대표이사 그리고 다른 이사 사이에서도 불균형이 발생한다. 이에 상법은 이사에게 대표이사로 하여금 다른 이사 또는 피용자의 업무에 관하여 이사회에 보고할 것을 요구할 수 있는 권리를 부여하고 3개월에 1회 이상 업무집행상황을 이사회에 보고하도록 하도록 하여(제393조 제3항·제4항) 이사의 회사의 업무에 관한 정보접근권을 보장하고 아울러 정보에 바탕을 둔 의사결정(informed decision-making)을 할 것을 주문하고 있다.

4. 감사·감사위원회에 대한 보고의무

이사는 회사에 현저하게 손해를 미칠 염려가 있는 사실을 발견한 때에는 즉시 감사 또는 감사위원회에게 이를 보고하여야 한다(제412조의2, 제415조의2 제7항). 감사 또는 감사위원회가 실효성 있는 양질의 감사를 하기 위해서는 감사에 필요한 정보를 적시에 정확하게 입수할 수 있어야 한다.[30)] 이에 상법은 합리적인 정보수집체계의 확립을 통한 감사의 효율성을 제고하기 위하여 이사에게 보고의무를 부과하고 있는 것이다.

---

28) 대법원 2004. 3. 26. 선고 2002다29138 판결; 대법원 2008. 12. 11. 선고 2005다51471 판결.
29) 대법원 2010. 1. 14. 선고 2009다55808 판결.
30) 권종호, 「감사와 감사위원회제도」(한국상장회사협의회, 2004), 202면.

5. 감시의무

(1) 근 거

실제 이사가 선관주의의무 위반으로 인하여 책임을 부담하는 경우의 일례(一例)로서 이사가 대표이사 혹은 다른 이사에 대한 감시의무를 위반하는 것처럼 이사의 부작위로 인한 임무해태가 있는 경우를 들 수 있다. 이사의 감시의무는 대표이사 또는 다른 이사의 행위가 법령·정관을 준수하여 적법하고 적정하게 이루어지고 있는지를 감시하는 의무로 정의할 수 있다.[31)]

상법은 이사의 감시의무를 명시적으로 규정하지는 않지만, 이사가 이 의무를 부담한다는 데 대해서는 이견이 없다. 감시의무의 근거와 관련하여 선관주의의무로부터 파생하는 것으로 풀이하는 견해 이외에 이사회가 이사의 업무집행에 관하여 감독권을 가지고 있고(제393조 제2항) 이러한 감독권을 성실하게 행사하기 위해서는 이사가 다른 이사의 직무집행을 제대로 감시할 의무를 부담한다는 견해[32)]도 있다. 그러나 이사가 회사의 수임인이라는 점에서 그가 부담하는 모든 구체적인 의무를 선관주의의무로부터 분리하여 생각할 수는 없다. 이러한 점에서 이사의 감시의무는 그의 선관주의의무에 속하는 구체적인 형태의 의무이고, 그 의무를 뒷받침하는 상법규정에 의하여 감시의무가 현실적으로 강제되고 있는 것으로 풀이하는 것이 바람직하다.

여기서 상법에서 이사의 감시의무를 뒷받침하는 규정으로 생각되는 것들을 간추려 보면 다음과 같다. 첫째, 이사들로 구성된 이사회는 업무집행에 관한 의사결정을 행할 뿐만 아니라 이사의 직무집행을 감독할 의무를 부담한다(제393조 제1항·제2항). 이 때문에 이사는 이사회의 감독기능을 성실히 수행하기 위해 이사회를 통하여 대표이사의 직무집행을 감시할 의무를 지는 것으로 해석된다. 둘째, 이사회의 소집권을 가진 이사를 정하지 않은 때에 각 이사가 이사회를 소집할 수 있다는 규정(제390조)은 이사의 감시의무의 구체적인 발현형태라고 할 수 있다. 셋째, 상법 제393조 제3항이 이사는 대표이사로 하여금 다른 이사 또는 피용자의 업무에 관하여 이사회에 보고할 것을 요구할 수 있는데, 이는 간접적이나마 이사의 감시의무의 근거로서 기능할 수 있다.

---

31) 대법원 2019. 11. 28. 선고 2017다244115 판결.

32) 임재연, 앞의 책, 470면.

대법원이 "주식회사의 업무집행을 담당하지 아니한 평이사는 이사회의 일원으로서 이사회를 통하여 대표이사를 비롯한 업무담당이사의 업무집행을 감시하는 것이 통상적이긴 하나 평이사의 임무는 단지 이사회에 상정된 의안에 대하여 찬부의 의사표시를 하는 데에 그치지 않으며 대표이사를 비롯한 업무담당이사의 전반적인 업무집행을 감시"할 수 있다고 판시하는 판례[33]는 이사회의 감시의무를 이사회의 감독권에 기반하는 것으로 바라보고 있으며, "주식회사의 이사는 담당업무는 물론 다른 업무담당이사의 업무집행을 전반적으로 감시할 의무가 있으므로, 주식회사의 이사가 다른 업무담당이사의 업무집행이 위법하다고 의심할 만한 사유가 있음에도 불구하고 이를 방치한 때에는 이사에게 요구되는 선관주의의무 내지 감시의무를 해태한 것"으로 판시한 것[34]은 이사의 감시의무가 이사의 선관주의의무로부터 파생한다는 점을 시사하고 있다.

(2) 대표이사의 감시의무

대표이사는 회사의 대내외적인 업무집행권과 대표권을 가지므로(제389조 제3항, 제209조 제1항) 다른 대표이사와 이사의 행위를 감시할 의무를 부담한다. 대표이사가 모든 직원(종업원)의 직무집행을 감시할 의무도 부담하지만 이는 업무집행기관으로서의 역할을 수행하는 것이어서 이사의 감시의무와는 구별된다. 만약 회사가 공동대표이사를 두고 있는 경우 그러한 공동대표이사는 상호 감시하여야 하는 의무를 부담하는데, 이는 (공동)대표이사가 이사회의 구성원이라는 지위로부터 유래하는 것이다.[35]

(3) 업무담당이사의 감시의무

상법상 대표이사만이 업무집행기관이지만 보통 대표이사 이외에 이사에게도 이사회 결의에 의해서 업무집행권을 부여할 수 있는데,[36] 이렇게 업무집행 권한이 부여된 이사를 '업무담당이사'라 한다. 업무담당이사는 자신이 담당하는 업무집행 분야를 처리하고 대표권이 없다는 점을 제외하고는 전술한 대표이사와 큰 차이가 없다.

---

33) 대법원 1985. 6. 25. 선고 84다카1954 판결.
34) 대법원 2007. 9. 21. 선고 2005다34797 판결.
35) 대법원 2009. 12. 10. 선고 2007다58285 판결.
36) 대법원 2008. 9. 11. 선고 2006다68636 판결.

업무담당이사는 회사 내부적인 사무분장으로 인하여 다른 이사들에 대한 감시의무를 면하는 것이 아니라,[37] 회사의 업무집행상황에 관련된 정보에 대한 접근이 용이한 까닭에 대표이사나 다른 이사를 감시할 기회가 많이 주어지므로 오히려 감시의무 위반으로 책임을 부담할 가능성이 상대적으로 높다.

(4) 평이사의 감시의무

평이사(平理事)는 이사회의 구성원으로서 감시의무를 부담한다. 그러나 평이사가 이사회에 부의되지 않은 회사업무의 전반에 대하여 일반적인 감시의무를 부담하는 것이 과연 현실에 부합하는지에 관하여는 논란이 있다. 이처럼 기업현장에서 평이사가 일상적인 업무집행에 배제되는 경향이 있어 과연 그가 어느 수준으로 감시의무를 부담하는지에 관하여 의견이 나누어지게 된 것이다. 그 의견을 구체적으로 살펴보면, 평이사가 업무집행 상황을 파악할 의무의 인정범위를 기준으로 하여 그의 적극적·능동적 감시의무를 인정하는 적극설, 그러하지 않는 소극설, 그리고 적극설과 소극설을 절충한 절충설이 있다.

적극설은 평이사가 다른 이사의 업무집행에 대한 감시의무를 부담하므로 업무가 위법 또는 부당하게 집행될 위험이 있는 경우에는 이를 시정하기 위한 조치를 취하여야 한다는 입장이다. 이 견해에 의하면 다른 이사의 위법한 업무집행행위가 있을 경우 평이사는 그 위법행위를 알지 못한 것 차체가 그의 과실로 인정되어 손해배상책임을 부담하게 될 여지가 있다.

소극설은 평이사가 회사 기관의 일상적인 업무집행에서 배제되어 있다는 점을 충분히 고려한 견해이다.[38] 그리하여 평이사에 대하여 대표이사나 업무담당이사와 마찬가지로 회사경영 전반에 관하여 적극적으로 부단한 주의를 기울여서 감시할 것을 요구할 수는 없다는 것이다. 이 견해에 따르면 평이사는 대표이사 또는 업무담당이사의 위법한 업무집행행위를 명백하게 알게 된 경우에 한하여 회사손해의 방지를 위하여 적절한 행동을 하여야 할 뿐이다.

절충설은 평이사의 능동적인 감시의무를 인정하지만 그가 처한 현실을 고려하여 적극적이고 부단한 주의를 기울여 대표이사의 일상적인 업무집행행위

37) 대법원 2008. 9. 11 선고 2006다68834 판결.

38) 국내에는 존재하지 않는 일본의 학설이다. 이철송, 「회사법강의」 제29판(박영사, 2021), 753면 주 2).

전반을 감시할 것을 요구할 수는 없다는 입장[39]이다. 이에 따르면 평이사는 대표이사나 다른 업무담당이사의 업무집행이 위법하다고 의심할 만한 사유가 있음에도 이를 방치한 경우에 한하여 감시의무의 위반으로 된다.

생각건대, 평이사에게 업무분담이 없다고 해서 감시의무를 부과하지 않는 것은 감시의무 자체를 무의미하게 만들 수 있다. 그러므로 평이사도 원칙적으로 감시의무를 부담하는 것으로 풀이하여야 하지만 그렇다고 해서 그는 대표이사나 업무담당이사에 비하여 위법한 업무집행행위를 쉽게 발견할 수 있는 지위에 있는 것은 아니다. 따라서 평이사가 부담하는 선관주의의무의 정도는 업무담당이사 또는 대표이사의 그것과 차이가 있을 수밖에 없으므로 절충설이 타당하다. 절충설이 통설의 입장이며, 대법원 판례[40]도 마찬가지이다.

제4절 이사의 충실의무

I. 기초적 법리

이사의 충실의무는 1997년 말 당시 IMF로부터 구제금융을 받은 한국의 국가적 경제위기를 극복하는 데 일조하기 위하여, 기업경영의 투명성을 제고하고 주식회사의 지배구조의 혁신을 도모하는 차원에서 이사의 책임을 강화하는 것을 주된 목적으로 하여 도입되었다.[41] 즉, 1998년 상법개정에서 '이사의 충실의무'라는 표제어하에 "이사는 법령과 정관의 규정에 따라 회사를 위하여 그 직무를 충실하게 수행하여야 한다"는 내용의 제382조의3이 신설된 것이다. 이사의 충실의무 위반 여부에 대한 평가가 이사의 행위의 이면에 있는 동기(motive)나 목적에 초점을 맞춘다는 점에서 주관적인 측면이 강조된다.

---

39) 이철송, 앞의 책, 754면; 정동윤, 「상법(상)」 제6판(법문사, 2012), 627면. 홍복기/박세화, 앞의 책, 484~485면.

40) 대법원 2008. 9. 11. 선고 2007다31518 판결.

41) 박길준/손주찬/양승규/정동윤, 「개정상법축조해설」(박영사, 1999), 46면.

상법 제382조의3은 한국만의 특별한 입법은 아니다. 이는 일본이 1950년 상법개정에서 신설한 충실의무규정(일본 구 상법 제254조의3)[42]을 모델로 한 것이며, 일본의 규정은 미국법의 영향하에 마련된 것이다.[43] 다만, 상법 제382조의3은 이사와 회사 사이의 이익충돌의 방지, 즉 이사의 이익을 회사의 이익보다 앞세우지 말 것[44]을 정한 일반조항(Generalklausel)에 지나지 않는다.

이사의 충실의무 부과 차원에서 상법이 회사와 이사 사이에 이해충돌의 염려 내지 회사에 불이익을 생기게 할 염려가 있는 거래에 대해 금지하는 규범의 구체적인 유형으로 이사(회)에 의한 이사의 보수결정금지의무(제388조), 이사의 경업금지(제397조), 이사의 기회유용금지(제397조의2), 자기거래금지(제398조) 등이 있다.[45]

Ⅱ. 충실의무의 구체적 유형

1. 이사(회)에 의한 이사보수 결정 금지

이사가 회사경영에 전문성을 가지고 있어 인사평정(人事評定)에 능하다는 점을 고려한다면 이사보수를 책정하고 결정하는 일은 본래 이사회의 업무에 속하여야 하지만 그 결정에 있어서 회사의 이익과 이사의 개인적 이익이 충돌할 우려가 있다.[46] 그리하여 상법 제388조는 아예 정책적으로 이사의 보수를 결정하는 것을 정관에 정하거나 또는 주주총회의 결의사항으로 규정한 것으로 알려

---

42) 일본 구 상법 제254조의3은 "이사는 법령 및 정관에 따라 총회의 결의를 준수하고 회사를 위하여 충실히 그 직무를 수행할 의무를 부담한다"고 규정하고 있는데, 이는 표현과 내용상 한국 상법 제382조의3과 차이가 없다. 일본 구 상법 제254조의3은 2006년부터 시행된 일본의 제정회사법 제355조의 전신이다.

43) 吉本健一, "取締役の義務と責任", 「昭和商法学史　岩崎稜先生追悼論文集」 倉沢康一郎／奥島孝康 編(日本評論社, 1996), 370頁.

44) Robert C. Kyle, Property Management 51(6th ed., 2000).

45) 문상일, "주식회사 이사책임법리에 관한 최근 논의 동향", 「경제법연구」 제18권 제3호(한국경제법학회, 2019), 185면.

46) 만약 이사회가 정한 이사의 보수가 회사에 대하여 실질적으로 공정하지 못하다면 이사가 거래의 양 당사자가 되는 자기거래에 해당되어 선관주의의무 내지 충실의무 위반으로 될 수 있다.

져 있다. 말하자면, 상법이 정관 또는 주주총회의 결의로 이사의 보수를 정하도록 한 것은 이사 임용계약과 관련하여 사익 도모라는 폐해 방지를 통해 회사와 주주 및 회사채권자의 이익을 보호하기 위한 것이다.

명칭 여하를 불문하고 이사의 직무집행의 대가로 지급되는 것은 모두 보수에 해당하므로 봉급·상여금 등은 이사의 보수에 해당한다.[47] 퇴직위로금도 그 재직 중에 있어서의 직무 집행의 대가로서 보수의 후불적 성격이 강하기 때문에 통상의 경우 주주총회의 승인을 받아야 한다.[48] 상법 제388조는 강행규정이므로 이에 반하는 규정은 효력이 없다.[49] 이사회나 대표이사가 이사의 보수를 결정하는 것은 위법이며, 또 무효로 보는 것이다. 정관에 이사의 보수 또는 퇴직금에 관하여 주주총회의 결의로 정한다고 되어 있는 경우에 그 금액·지급시기·지급방법 등에 관하여 주주총회의 결의가 있었음을 인정할 증거가 없다면, 이사는 보수를 청구할 수 없다.[50] 다만 정관이나 주주총회에서 결정된 보수총액에 대하여 개인별 지급금액을 결정하는 것은 이사회에 위임할 수 있다.[51]

비록 보수와 직무의 상관관계가 상법에 명시되어 있지 않더라도 이사가 회사로부터 지급받는 보수는 회사에 제공하는 직무에 대하여 합리적 비례관계가 유지되어야 한다. 그러므로 회사의 채무상황이나 영업실적에 비추어 합리적인 수준을 벗어나서 현저히 균형성을 잃을 정도로 과다하여서는 아니 된다.[52]

주식이 광범위하게 분산되어 있는 회사의 경우 그 주주가 회사의 경영에 많은 관심을 가질 것을 실제 기대하기 어렵다. 주주총회가 '관객이 적은 희극'에 비유되는 것처럼 사실상 형해화되어 있다.[53] 그러다 보니 형식적으로는 정관으로 혹은 주주총회에서 이사의 보수를 결정하는 것으로 보이지만, 실질에 있어서는 이사 스스로가 자신의 보수를 정한 것과 다름없는 경우가 발생할 수 있다.[54] 예컨대, 퇴직을 목전에 둔 이사가 최대한 많은 보수를 받기 위해 자신의

47) 대법원 2006. 11. 23. 선고 2004다49570 판결.
48) 대법원 2004. 12. 10. 선고 2004다25123 판결.
49) 대법원 2020. 6. 4. 선고 2016다241515, 241522 판결.
50) 대법원 2020. 4. 9. 선고 2018다290436 판결.
51) 대법원 2012. 3. 29. 선고 2012다1993 판결.
52) 대법원 2016. 1. 28. 선고 2014다11888 판결.
53) 김지환, "주식회사의 지배구조에 관한 연구"(성균관대학교 박사학위논문, 1998), 86~87면.
54) 최완진, 「기업지배구조법」(한국외국어대학교 지식출판원, 2016), 51면.

지위를 이용하여 영향력을 행사함으로써 주주총회에서 지나치게 과다한 보수지급을 가능하게 하는 결의를 이끌어 낸 경우에 그러한 이사의 행위는 상법 제382조의3을 위반하여 회사재산의 유출을 야기한 배임행위이므로 그의 보수청구권 행사는 허용되지 않는다.[55)]

2. 이사의 경업금지

현행 상법은 이사의 경업금지의무와 관련하여 "이사는 이사회의 승인이 없으면 자기 또는 제3자의 계산으로 회사의 영업 부류에 속한 거래를 하거나 동종 영업을 목적으로 하는 다른 회사의 무한책임사원이나 이사가 되지 못한다"(제397조 제1항)고 규정하고 있다. 여기서 상법상 이사의 경업금지는 회사의 영업의 부류에 속하는 거래와 동종영업을 목적으로 하는 다른 회사의 무한책임사원 또는 이사의 겸임을 그 대상으로 한다.

이 의무는 회사의 이익과 이사의 이익이 충돌하는 경우에 회사의 이익을 배제 또는 침해하고 자기 또는 제3자의 이익을 도모하여서는 안된다는 취지에서 마련된 것이다.[56)] 이처럼 이사의 경업금지의무는 이사에게 경업과 겸직과 같은 일정한 행위를 하지 아니하는 의무, 즉 부작위의무로서의 성격을 지닌다. 이와 동시에 이사의 경업금지의무에는 이사로 하여금 업무에 전념하도록 하자는 취지도 반영되어 있다.[57)]

상법상 이사의 경업금지의무는 이사가 경업을 하는 것은 직업선택의 자유(헌법 제15조) 또는 이 자유에 포함되는 영업의 자유(freedom of enterprise)에 의하여 헌법상 보장되어야 하는 사항이지만,[58)] 경업으로 인하여 회사와의 이익충

55) 대법원 2016. 1. 28. 선고 2014다11888 판결.

56) 대법원 2018. 10. 25. 선고 2016다16191 판결(상법 제397조의 "취지는, 이사가 그 지위를 이용하여 자신의 개인적 이익을 추구함으로써 회사의 이익을 침해할 우려가 큰 경업을 금지하여 이사로 하여금 선량한 관리자의 주의로써 회사를 유효적절하게 운영하여 그 직무를 충실하게 수행하여야 할 의무를 다하도록 하려는 데 있다").

57) 이사가 경업거래 내지 겸직을 한다는 것은 사실상 그의 노력이 분산됨으로 인하여 이사가 회사로부터 받는 보수에 상응하는 정도의 일을 하지 않는다는 것과 다름이 없다. 이는 현실적으로 이사가 자신의 사적인 이익을 회사의 이익보다 먼저 고려하는 행동을 하는 것과 동일하다.

58) 이희성, "우리나라와 독일에서 근로자의 직업의 자유", 「노동법논총」 제7집(한국비교노동법학회, 2005), 95면.

돌이 발생할 수 있는 여지가 있어 이사회의 승인을 조건으로 하여 경업을 인정하는 것으로 이해할 수 있다. 판례에 따르면, "이사는 경업 대상 회사의 이사, 대표이사가 되는 경우뿐만 아니라 그 회사의 지배주주가 되어 그 회사의 의사결정과 업무집행에 관여할 수 있게 되는 경우에도 자신이 속한 회사 이사회의 승인을 얻어야"[59] 한다.

3. 이사의 기회유용금지

2011년 개정되어 2012년 시행된 현행 상법은 '회사기회의 유용'을 이사가 현재 또는 장래에 회사의 이익이 될 수 있는 회사의 사업기회를 이용하여 자신의 이익을 취득하거나, 제3자로 하여금 이익을 취득하도록 하는 행위로 정의하고 있다(제397조의2 제1항 본문). 이사가 회사기회를 이용하기 위해서는 이사 3분의 2 이상으로부터 승인을 받아야 한다.

이사회의 승인을 받아야 하는 거래의 요건을 구체적으로 나누어 보면 첫째, 주체는 이사에 한하며, 둘째, 장래 또는 현재에 회사의 이익이 될 수 있는 사업기회이면서 동시에 ① 직무를 수행하는 과정에서 알게 되거나 회사의 정보를 이용한 것이거나 ② 회사가 수행하고 있거나 수행할 사업과 밀접한 관계가 있는 사업기회여야 하며, 셋째, 그러한 사업기회를 자기 또는 제3자로 하여금 이용하도록 하는 경우여야 한다. 이상과 같이 이사의 유용금지의 대상이 되는 것은 "이사가 장래 또는 현재에 회사의 이익이 될 수 있는 회사의 사업기회"이면서 직무관련성(제1호) 혹은 사업관련성(제2호)이 있어야 한다. 다만, "회사의 이사회가 그 [사업기회]에 관하여 충분한 정보를 수집·분석하고 정당한 절차를 거쳐 회사의 이익을 위하여 의사를 결정함으로써 그러한 사업기회를 포기하거나 어느 이사가 그것을 이용할 수 있도록 승인하였다면 그 의사결정과정에 현저한 불합리가 없는 한 그와 같이 결의한 이사들의 경영판단은 존중되어야 할 것이므로, 이 경우에는 어느 이사가 그러한 사업기회를 이용하게 되었더라도 그 이사나 이사회의 승인 결의에 참여한 이사들이 이사로서 선량한 관리자의 주의의무 또는 충실의무를 위반하였다고 할 수 없다."[60]

59) 대법원 2013. 9. 12. 선고 2011다57869 판결.
60) 위 판결.

4. 이사의 자기거래제한

상법 제398조는 이사가 "자기 또는 제3자의 계산으로 회사와 거래를 하기 위하여는 미리 이사회에서 해당 거래에 관한 중요사실을 밝히고 이사회의 승인을 받아야 한다. 이 경우 이사회의 승인은 이사 3분의 2 이상의 수로써 하여야 하고, 그 거래의 내용과 절차는 공정하여야 한다"고 규정하여 이사의 자기거래를 규제하고 있다. 이 규정의 취지는 "이사가 그 지위를 이용하여 회사와 거래를 함으로써 자기 또는 제3자의 이익을 도모하고 회사 나아가 주주에게 불측의 손해를 입히는 것을 방지하고자 함"[61]에서 찾을 수 있다. 이 경우 "이사라 함은 거래 당시의 이사와 이에 준하는 자(이사직무대행자, 청산인 등)에 한정할 것이고 거래 당시 이사의 직위를 떠난 사람은 여기에 포함되지 않는다."[62]

상법 제398조에 규정된 이사의 자기거래제한은 이사의 직접적 자기거래뿐만 아니라 간접적 자기거래에도 적용된다.[63] 전자에 속하는 것은 이사가 회사의 직접적인 거래상대방이 되는 경우를 가리키며, 후자는 회사와 이사 이외의 제3자 사이에 이루어지는 거래의 형식을 취하지만 그 내면에는 회사의 이해와 이사의 이해가 상반되는 실질을 가진 경우를 뜻한다.[64] 간접적 자기거래의 예로서 이사가 제3자로부터 금전을 차입하는 때에 회사가 이사의 채무부담행위에 대해 연대보증을 하는 경우를 들 수 있다.[65] 상법 제398조는 공동이사(겸임이사)가 있는 경우에도 적용된다.[66]

상법 제398조가 "이사의 거래에 이사회의 승인을 요하는 이유는 이사와 회사 사이의 이익상반거래가 비밀리에 행해지는 것을 방지하고 그 거래의 공정성을 확보함과 아울러 이사회에 의한 적정한 직무감독권의 행사를 보장하기 위해서이다."[67] 이와 같이 이사회의 승인을 위해서는 중요사실을 사전에 개시(開示)하고 의결정족수를 충족함과 동시에 그 거래의 내용상 공정성과 절차상 공정성

61) 대법원 2007. 5. 10. 선고 2005다4284 판결.
62) 대법원 1988. 9. 13. 선고 88다카9098 판결.
63) 대법원 1974. 1. 14. 선고 73다955 판결.
64) 대법원 2013. 9. 12. 선고 2011다57869 판결.
65) 김순석, "이사 등의 자기거래", 「기업법연구」 제31권 제1호(한국기업법학회, 2017), 161~162면.
66) 대법원 1969. 11. 2. 선고 69다1374 판결; 대법원 1984. 12. 12. 선고 84다카1591 판결; 대법원 1996. 5. 28. 선고 95다12101, 12118 판결.
67) 대법원 2017. 9. 12. 선고 2015다70044 판결.

이 확보되어야 한다.[68] 상법 제398조의 취지를 감안한다면 회사와 이사 사이의 거래라 하더라도 양자 간의 이익이 상반되지 않는다면 이사회에 의한 승인은 필요하지 않다. 이러한 자기거래제한제도는 연혁적으로 미국 회사법 영역에서 이익상반거래 여부를 심사하는 기준으로 널리 인정되는 완전한 공정성 기준(entire fairness test)을 채용한 것으로 알려져 있다.[69] 이 기준을 충족하는지의 여부를 판단함에 있어서는 거래의 전반적인 측면을 고려하여야 한다.

자기거래의 사법적 효력에 관해 정립된 법리에 따르면 이사회 결의 없이 이루어진 자기거래는 회사와 거래상대방인 이사 사이에는 무효이지만, 예컨대, 회사가 매수한 자산을 제3자에게 전매한 경우처럼 제3자가 사실상 개입되어 있는 경우에는 그가 이사회 승인이 없었음을 알고 전득한 경우에만 무효가 된다(상대적 무효설). 이 경우 "회사가 위 거래가 이사회의 승인을 얻지 못하여 무효라는 것을 제3자에 대하여 주장하기 위해서는 거래의 안전과 선의의 제3자를 보호할 필요상 이사회의 승인을 얻지 못하였다는 것 외에 제3자가 이사회의 승인 없음을 알았다는 사실을 증명하여야" 한다.[70]

68) 참고로 미국의 캘리포니아주 항소법원은 *Remillard Brick Co. v. Remillard Dandini Co.,* 109 Cal. App. 2d, 405, 241 P. 2d 66(1952) 사건에서 이사의 자기거래에서 그 중요사실을 개시하고 의결정족수를 기술적으로 충족하였다는 것만으로는 그 거래가 유효로 될 수 없으며, 추가적으로 회사에 대하여 반드시 공정하고 상당하여야 한다는 취지로 판시한 바 있다. 이 판결은 한국 상법 제398조의 입장과 매우 유사하다.

69) 송옥렬, 「상법강의」 제11판(홍문사, 2021), 1068면; 이숭희. "개정상법과 회사지배구조 – 이사와 회사 간의 이익충돌방지의 강화 문제를 중심으로", 「기업지배구조리뷰」 제59권(한국기업지배구조원, 2011), 38면.

70) 대법원 2014. 6. 26. 선고 2012다73530 판결("비록 제3자가 선의였다 하더라도 이를 알지 못한 데 중대한 과실이 있음을 증명한 경우에는 악의인 경우와 마찬가지라고 할 것이며, 이 경우 중대한 과실이라 함은 제3자가 조금만 주의를 기울였더라면 그 거래가 이사와 회사 간의 거래로서 이사회의 승인이 필요하다는 점과 이사회의 승인을 얻지 못하였다는 사정을 알 수 있었음에도 만연히 이사회의 승인을 얻은 것으로 믿는 등 거래통념상 요구되는 주의의무에 현저히 위반하는 것으로서 공평의 관점에서 제3자를 구태여 보호할 필요가 없다고 봄이 상당하다고 인정되는 상태를 말한다").

제5절 이사의 비밀유지의무

I. 의 의

이사는 선관주의의무를 부담하고 있기 때문에 그가 재임 동안에 회사의 비밀을 유지하고 관리하여야 하는 의무를 부담한다. 이사가 퇴임한 이후에 이루어진 그의 비밀누설행위를 위법행위로 보아 이를 금지하거나 그러한 행위를 이유로 하여 손해배상의 청구를 할 수 있는지가 문제될 수 있다. 이에 상법은 명문의 규정으로 이사가 퇴직한 이후에도 그에게 비밀유지의무를 부과함으로써 신의칙에 기하여 이사의 선관주의의무 내지 충실의무를 확장시키고 있다.[71] 이사의 영업비밀유지의무와 유사한 취지에서 인정되는 것으로는 상법상 대리상의 계약종료 후의 영업비밀준수의무(제92조의3)가 있다.

II. 취 지

이사의 비밀유지의무는 2001년 개정상법에서 도입되었다. 2001년 이전에도 이사의 비밀유지의무는 학설에 의하여 인정되고 있었다. 이사는 재임 중에는 회사에 대해서 선관주의의무 내지 충실의무 및 그 구체화된 의무의 하나인 경업금지의무 등을 부담한다. 따라서 이사는 이사회의 승인이 없으면 자기 또는 제3자의 계산으로 회사의 영업부류에 속한 거래를 하거나 동종영업을 목적으로 하는 다른 회사의 무한책임사원이나 이사가 되지 못한다.

이사가 퇴임한 이후에는 회사와 이사 사이에 위임계약관계가 없으므로 원칙적으로 퇴임 후의 이사는 이상의 의무를 부담하지 않는다. 그러나 이사가 퇴

71) 이사의 비밀유지의무 위반은 이사가 회사의 정보를 유출하는 반면에 자신이 이득을 취하는 방식으로 이루어진다. 이처럼 이사의 충실의무가 이사가 회사에 손해를 야기하면서 그의 이득을 취하는 것을 억지하거나 회사의 재산이 부당하게 유출되는 것을 방지하기 위한데 그 취지가 있다고 본다면 이사의 비밀유지의무는 이사의 충실의무의 영역에서 인정되는 것으로 이해할 수 있다.

임한 이후 재임 중에 취득한 특수한 정보, 영업의 노하우 및 특수한 기술을 공개하거나 종전 근무지에서 지득하게 된 지식, 경험, 거래처와의 신뢰관계 등을 이용하여 별도의 회사를 설립하거나 경쟁관계에 있는 회사에 취업하는 등의 방법으로 종전에 재임하였던 회사의 영업비밀을 누설할 우려가 있어 이를 금지하기 위한 차원에서 부작위의무로서 이 의무가 마련된 것이다. 특히 사외이사제도의 광범위한 활용으로 인하여 이사의 비밀유지의무의 중요성은 배가(倍加)되고 있다.

일반적인 재화(財貨)의 경우에는 특정인이 그 재화를 사용하는 경우 타인이 함께 사용할 수 없다. 그러나 영업비밀은 정보재(情報財)인 까닭에 거의 무상으로 복제할 수 있을 뿐만 아니라 이를 수많은 자가 공유한다고 하더라도 개개인이 소비하는 정보량에 영향을 미치지 않는다. 게다가 영업비밀이 누설된 이후에는 이를 전부 회수한다는 것은 사실상 불가능하기 때문에 사전적인 누설방지가 매우 중요하다. 이에 상법이 비밀누설이 금지된다는 것을 명문으로 밝히는 것은 이사가 이 의무의 위반으로 인한 이득취득 가능성을 사전에 봉쇄하는 효과가 있다.

Ⅲ. 영업비밀의 정의

1. 부정경쟁방지법상의 영업비밀

「부정경쟁방지 및 영업비밀에 관한 법률」(이하 '부정경쟁방지법'으로 줄임) 제2조 제2호는 '영업비밀'을 "공공연히 알려져 있지 아니하고 독립된 경제적 가치를 가지는 것으로서, 상당한 노력에 의하여 비밀로 유지된 생산방법, 판매방법, 그 밖에 영업활동에 유용한 기술상 또는 경영상의 정보"로 정의하고 있다.

대법원 판례에 따르면 "공연히 알려져 있지 아니하다"는 것은 그 정보가 간행물 등의 매체에 실리는 등 불특정 다수인에게 알려져 있지 않기 때문에 보유자를 통하지 아니하고는 그 정보를 통상 입수할 수 없는 것을 말하고, "독립된 경제적 가치를 가진다"는 것은 그 정보의 보유자가 그 정보의 사용을 통해 경쟁자에 대하여 경쟁상의 이익을 얻을 수 있거나 또는 그 정보의 취득이나 개발을 위해 상당한 비용이나 노력이 필요하다는 것을 뜻하며, “상당한 노력에 의하여 비밀로 유지된다”는 것은 그 정보가 비밀이라고 인식될 수 있는 표시를 하거나 고지를 하고, 그 정보에 접근할 수 있는 대상자나 접근 방법을 제한하거나 그 정보에 접근한 자에게 비밀준수의무를 부과하는 등 객관적으로 그 정보가 비밀로 유지·관리되고 있다는 사실이 인식 가능한 상태인 것을 가리킨다.[72)]

2. 상법상 영업비밀

상법상 이사의 영업비밀유지의무가 이사의 선관주의의무 내지 충실의무의 영역 내에 존재한다는 점을 감안한다면 이 의무의 대상이 되는 영업비밀의 범위는 부정경쟁방지법에서 정의하는 것보다 더 넓을 수밖에 없다. 따라서 이사가 재임 중에 알게 된 영업상의 정보 중에서 회사가 외부의 간섭 없이 관리할 수 있고 경제적 가치가 있어 회사 또는 제3자가 이용 가능한 것이라면 영업비밀에 포함될 수 있다. 결국은 종전에 재임하였던 회사의 정당한 이익, 회사의 대외적인 신뢰, 또는 주주·채권자 등을 해하거나 손실을 초래할 가능성이 있고, 공지되지 않은 영업비밀만이 이 의무의 대상이 된다. 제한된 범위의 사람이 알고 있는 정보라 하더라도 비밀유지의무의 대상이 되는 정보로서 비밀성(秘密性)을 가질 수 있다면 영업비밀로 될 수 있다. 예컨대, 고객관계나 영업상의 신용(信用)도 영업비밀에 속하게 된다.[73)] 이미 공지성이 충분한 회사의 정관, 주주총회 또는 이사회의 의사록, 주주명부, 사채원부 및 재무제표 등은 영업비밀의 대상이라 할 수 없지만, 회계장부는 그 열람을 할 수 있는 자가 한정되어 있다는 점에서 영업비밀에 해당한다. 재무제표의 내용은 그 재무제표가 작성완료되어 상법상의 공시의무를 이행하기 전까지 영업비밀에 속할 수 있다. 대법원의 판례에 따르면 상당 부분 동종업계에 알려져 있고 관련업체들이 별다른 노력을 하지 않고도 확보할 수 있는 바이어(buyer) 명단은 영업비밀에 해당하지 않는다.[74)]

---

72) 대법원 2011. 7. 14. 선고 2009다12528 판결.

73) 대법원 2010. 3. 11. 선고 2009다82244 판결. 이 판결은 사용자와 근로자 사이의 경업금지 약정의 유효성에 관한 것이기는 하지만, 몇 가지 특정한 정보가 영업비밀에 해당하는지에 관하여 판단하고 있다는 점에서 주목할 만하다.

74) 대법원 2008. 7. 10. 선고 2006도8278 판결.

3. 구체적 의무

상법 제382조의4의 문언만을 살펴 볼 경우 영업상의 비밀을 누설하지 않아야 하는 수비의무(守秘義務)만을 규정한 듯 보이지만, 국내의 통설적인 견해[75]에 따르면 이사는 수비의무 이외에도 영업상의 비밀을 개인적인 이익을 위하여 이용하지 않아야 하는 비밀이용금지의무도 함께 부담한다.

수비의무의 상대방은 영업비밀의 성격에 따라 그 범위가 정해진다. 예컨대, 방위산업에 종사하는 회사의 경우 또는 정보교류가 차단되어야 하는 금융투자업체의 경우에는 이사들 사이에서도 비밀이 유지되어야 할 것이다. 합병이나 증자 같은 사항은 주주의 이익에 상당히 큰 영향을 미치는 까닭에 회사가 공식적으로 공개하기 전까지 주주는 이사의 수비의무의 상대방이다. 이상의 경우를 제외하면 대개 이사 상호간 또는 이사와 감사 사이에는 비밀유지의무가 적용되지 않는다.

상법상 이사가 부담하는 경업금지, 회사기회유용금지 및 자기거래제한은 이사의 비밀이용금지의무를 전제로 하고 있다. 이 밖에 이사가 회사의 영업비밀을 이용하여 불공정거래행위를 할 수도 있어 「자본시장과 금융투자업에 관한 법률」(이하 '자본시장법'으로 줄임)은 이를 규제하는 규정을 두고 있다. 예컨대, 자본시장법상 단기매매차익반환(자본시장법 제172조)과 미공개중요정보이용금지(자본시장법 제174조) 등은 이사가 회사의 영업비밀을 이용하여 사익을 추구하지 말 것을 구체화한 규정이다.

제6절 이사의 의무위반과 주주대표소송의 기능

국내에서 성문법적으로 선관주의의무 위반과 충실의무 위반 양자를 구분하는 경향이 있다.[76] 법령위반이나 비밀유지의무 위반과 같은 의무위반이 명백

75) 이철송, 앞의 책, 757~759면.

76) 대부분의 국가가 이사의 의무를 주의의무와 충실의무로 구분하는 만큼 이는 보편적 현상이라 할 것이다. Hanna Surmatz, *Corporate Governance Regulation for Public Benefit*

한 경우를 제외한다면 이사의 의무위반행위의 일반적인 유형은 선관주의의무위반과 충실의무 위반으로 나누어지는 것이다. 그러나 사실상 선관주의의무와 충실의무를 확실하게 구분할 수 있는 확실한 경계선을 찾기는 어렵다. 예컨대, 이사가 그 스스로가 받는 보수에 걸맞지 않을 정도로 게으르게 회사경영을 하는 경우[77]와 이사가 수행하여야 하는 업무에 상당하는 보수보다 더 많은 보수를 받는 경우[78]를 분명하게 구분하기는 쉽지 않다.[79] 게다가 한 번의 의무위반행위가 동시에 선관주의의무 위반과 충실의무 위반의 양자를 구성할 수도 있다.[80] 예컨대, 이사가 자기거래에 의하여 충실의무를 위반하면 대개 그가 선관주의의무를 동시에 위반한 것으로 된다.[81] 이사가 회사와 이익충돌이 발생하는 것은 그만큼 주의의무를 제대로 수행하지 못한 것으로 인식할 수 있기 때문이

Foundations in Europe, in Advances in Corporate Governance: Comparative Perspectives 111, 125(Helmut K. Anheier & Theodor Baums eds., 2020).

77) 선관주의의무를 다하지 않은 경우이다.

78) 이는 결과적으로 회사의 부(富)를 이사의 것으로 무단히 이전한 효과가 있다.

79) Daniel R. Fischel & Michael Bradley, *The Role of Liability Rules and the Derivative Suit in Corporate Law: A Theoretical and Empirical Analysis*, 71 Cornell Law Review 261, 291(1986).

80) 미국의 경우를 살펴보면 예컨대, Smith v. Van Gorkom 사건에서 합병을 추진한 이사의 행위는 주의의무와 충실의무를 모두 위반한 것으로 보았다. 488 A.2d 858(Del. 1985).

81) 신인의무(fiduciary duty)에 관련된 법원칙이 발달한 미국에서도 신인의무의 개념을 정의내리는 것은 쉬운 일이 아니나, 대체로 오래 전부터 신인의무를 주의의무(duty of care)와 충실의무(duty of loyalty)라는 두개의 큰 카테고리로 나누어 설명하고 있다. 이사의 주의의무는 이사가 회사의 업무를 수행할 때 상당한 주의(reasonable care)를 기울일 것을 요구한다. 이사의 충실의무는 이사가 회사의 소유자인 주주의 이익만을 위해서 행동할 것을 요구한다. 따라서 이들 의무의 이론적인 차이점으로 주의의무의 주관심사는 '회사경영에 관한 결정을 할 때 필요한 이사의 방법론'(the methodology of the directors when making a business decision)인 반면에 충실의무는 '회사경영에 관련해서 취하는 이사의 자세'(the posture of the directors in relation to a corporate transaction)에 초점을 맞추고 있다는 것을 들고 있다. William F. Johnson, *Mills Acquisition Co. v. Macmillan, Inc.: Corporate Auctions Now Require Sharper Supervision by Directors*, 39 American University Law Review 721, 728−729(1990). 이상과 같은 이론적인 구별에도 불구하고, 양자를 구분짓는 실무상의 일정한 경계(line)는 확립되지 못하고 있다. 예컨대, Revlon, Inc. v. MacAndrews & Forbes Holdings, Inc. 사건에서 델라웨어주 대법원은 판결이유의 어느 부분에서 Revlon사의 이사회는 충실의무를 위반하였다고 하였다. 그러나 몇 줄 아래에서는 Revlon사의 이사회의 행동은 이사의 주의의무 위반에 해당한다고 하고 있다. 따라서 이 사건은 충실의무 위반은 주의의무 위반과 겹칠 수 있음을 보여준다. Frank H. Easterbrook & Daniel R. Fischel, The Economic Structure of Corporate Law 103(1991).

다. 그렇다고 해서 그 역(逆)은 성립되지 않는다. 또한 양자의 경우 그 손실이 회사에 귀속되므로 이들을 구별하는 것은 실제에 있어서 용이하지 않다.

사실 "대륙법에서의 선관주의의무는 미국법상 신인의무보다 덜 엄격한 기준"[82]으로 평가받는다는 점에서 이사의 의무제도를 제대로 구축하기 위해서는 현행 상법상의 이사의 선관주의의무는 이 의무와 성격을 달리하면서 영미법상의 신인의무의 성격을 반영하고 있는 이사의 충실의무에 의해 보충되는 것이 바람직하다.

주주대표소송의 기능과 관련하여 판단해 볼 때 실제 중요한 문제는 이사의 어떤 행위가 의무위반으로 되는지의 여부가 아니라 그 행위와 유사한 의무위반 행위가 장래 억제될 수 있는지의 여부이다. 일반적으로 주주대표소송은 충실의무 위반을 원인으로 하는 경우가 선관주의의무 위반을 원인으로 하는 경우보다 그 제기빈도가 더 높다는 점이 특징이다.[83] 그 이유를 살펴보면 다음과 같다.

첫째, 의무위반의 성격상 충실의무 위반이 주의의무 위반보다 이사에게 더 많은 이익을 가져다 준다.[84] 예컨대, 이사의 자기거래를 통하여 이사가 얻는 이익은 이사가 조금 더 많은 여가시간을 가지기 위하여 주의를 덜 기울인 경우에 얻는 이익보다 더 큰 것이 일반적이다.

둘째, 주의의무 위반을 단속하는 것은 충실의무 위반을 단속하는 것보다 더 많은 비용을 필요로 한다. 이사는 자신이 주의의무를 성실히 이행하였다는 것을 보여주기 위하여 전(全) 의사결정과정을 문서화(文書化)하는 방법을 생각할 수 있고 더 나아가 만일에 대비하여 이사의 책임보험을 구입하는 것을 생각할 수 있는데 이들 양자의 경우 많은 비용이 든다.[85] 게다가 선관주의의무 위반

---

82) Christopher L. Heftel, *Corporate Governance in Japan: The Position of Shareholders in Publicly Held Corporations*, 5 University of Hawaii Law Review 135, 182 n. 346(1983).

83) 경제개혁연구소의 보고서는 1997년부터 2017년까지 제기된 주주대표소송 중 법원에서 인용된 주주대표소송에서의 청구원인을 살펴보면, "부실대출 또는 계열사 등에 대한 자금대여 및 보증, 회사자금 유용, 계열사 또는 지배주주와의 부당거래 등이 많은 비중을 차지한다." 이승희, 「1997~2017 주주대표소송 제기 현황과 판결 분석」 경제개혁리포트 2018-3호(경제개혁연구소, 2018), 22~23면.

84) 일반적으로 미국 회사법은 충실의무 위반으로 인한 권한남용행위를 주의의무 위반보다 더 가혹하게 취급한다. Donald E. Schwartz, *In Praise of Derivative Suits: A Commentary on the Paper of Professors Fischel and Bradley*, 71 Cornell Law Review 322, 325, 327(1986).

85) James D. Cox, *Compensation, Deterrence, and the Market as Boundaries for Derivative*

행위를 억제하려는 노력은 이사가 위험을 인수하는 행위에 대하여 부정적인 영향을 미칠 여지도 있다.[86] 왜냐하면 선관주의의무 위반행위를 강력히 억제하는 것은 이사로 하여금 회사경영상의 의사결정에 따른 책임을 부담할 가능성이 높다는 것과 다를 바 없어 이사가 실패위험이 높은 업무에 쉽게 착수하려 하지 않기 때문이다.

Suit Procedures, 52 George Washington Law Review 745, 759(1984).

86) *Id.*

제3장

주주의 열람·등사청구권

제1절 논의의 범위

회사를 경영하는 이사는 경영 관련 정보를 수중에 가지게 되지만 회사를 경제적으로 소유하기는 하나 경영에 참가하지 않는 주주는 회사경영상의 정보에 어둡다 보니 이사와 주주 사이에는 정보의 비대칭(information asymmetry)이 존재하게 된다. 주주가 회사내부에 관한 정보를 충분히 취득할 수 없다면 이사의 책임을 묻는 소송을 제기하기가 곤란할 뿐만 아니라 설령 소를 제기한다고 하더라도 승소(勝訴)를 기대하기 어렵다. 말하자면, 주주가 이사를 상대로 책임을 묻기 위해서는 많은 정보를 취득하여야 한다. 이에 상법은 이사회 의사록, 주주명부 등과 회계장부 등을 열람·등사를 청구할 권리를 주주에게 부여하고 있다.[1] 이러한 주주의 회사정보수집권은 이사의 업무집행 등 회사의 운영을 감독·시정하는 것을 목적으로 한 권리라는 점에서 공익권으로 이해되고 있다.[2]

1) 이와 같은 필요성 때문에 예컨대, 2020년 7월 6일 더불어민주당의 김주영 의원이 대표발의한 상법 일부개정안(의안번호: 1466)은 대표소송을 제기한 주주에 대해 회계장부 열람권, 검사인 선임청구권, 이사회회의록 열람권 등을 보장하자는 내용을 담고 있었다. 주주의 정보접근권을 인정하는 것이야말로 그가 대표소송을 제기할 것인지를 결정하는 데 긴요하며, 더 나아가 제소시 승소 가능성을 높이는 데 기여한다.

2) 澤山裕文, "日米の会社法における株主の会社情報の収集権", 「専修総合科学研究」 24号(専修大学, 2016), 116~117頁.

제2절 이사회 의사록에 대한 열람·등사청구권

I. 이사회 의사록의 의의

상법상 이사회는 의사에 관하여 의사록을 작성해야 하고 의사의 안건, 경과요령, 그 결과, 반대하는 자와 그 반대이유를 기재하고 출석한 이사와 감사가 기명날인 또는 서명해야 한다(제391조의3 제1항·제2항). 여기서 '안건'이라 함은 이사회에서 토의하고 결의되어야 하는 대상으로 상정한 사항을 의미한다. 만약 기업비밀에 해당하는 사항이라 하더라도 이사회에서 다루어져야 한다면 당연히 이사회의 안건이 될 수 있다. '경과요령'은 이사회의 진행과정, 즉 개회, 제안, 토의의 내용, 표결방법과 결과 및 폐회 등의 절차상의 내용에 관한 골자(gist)를 의미하므로 반드시 자세하게 기록할 필요는 없다. '결과'는 안건에 대한 가결 여부를 뜻한다. 이처럼 이사회에서 회사의 경영에 관한 주요사항을 논의한다는 점에서 그 의사록은 중요한 경영정보를 담고 있는 것이다.[3] 그리하여 상법은 이사회 의사록과 관련하여 여러 규정을 두고 있다.

상법 제391조의3 제2항은 이사가 안건에 대하여 반대 또는 찬성하였는지의 여부를 분명하게 표시하기 위하여 이의를 기재하는 차원에서 '반대하는 자'와 '그 반대이유'를 기재할 것을 요구하고 있다. 출석한 이사 및 감사가 기명날인 또는 서명하여야 한다(제391조의3 제2항). 출석한 이사 및 감사가 기명날인 또는 서명하여야 하는 것은 이사회 의사록의 진실성을 확보하기 위한 목적도 반영되어 있다. 이사회 결의에 따른 집행행위와 관련하여 그 결의에 찬성한 이사도 회사에 대하여 책임을 부담하고(제399조 제2항) 그 결의에 참가한 이사로서 이의를 한 기재가 의사록에 없는 자는 찬성한 것으로 추정되어 불이익을 입는 경우가 있으므로(제399조 제3항) 이사회 의사록은 이사의 책임을 추궁하는 데 있어서 가장 중요한 기초자료인 것이다. 이처럼 이사회 의사록은 의사에 대한 증거의 역할을 하는 것이다.[4]

3) 손영화, "주주의 열람청구권에 대한 일고찰", 「상사법연구」 제35권 제1호(한국상사법학회, 2016), 185면.

4) 澤山裕文, 前掲論文, 120頁.

Ⅱ. 이사회 의사록 열람·등사 청구의 요건

1. 단독주주권

상법상 이사회 의사록을 본점에 비치하여야 할 의무는 없다(제396조). 그러나 주주는 영업시간 내에 이사회 의사록의 열람·등사를 청구할 수 있다(제391조의3 제3항). 이처럼 상법이 주주의 단독주주권으로서 이사회 의사록에 대한 열람·등사청구를 인정하고 있는 취지는 주주를 보호함과 동시에 간접적으로는 회사의 기관을 감시함으로써 회사의 이익을 보호하려는 데 있다.

2. 열람·등사의 대상

열람·등사의 대상은 이사회 의사록 그 자체이다. 그러나 "이사회결의 등을 위해 그 이사회에 제출된 관련 서류라도 그것이 이사회 의사록에 첨부되지 않았다면 이는 이사회 의사록 열람·등사청구의 대상에 해당하지 않는다고 할 것이나, 이사회 의사록에서 '별첨', '별지' 또는 '첨부' 등의 용어를 사용하면서 그 내용을 인용하고 있는 첨부자료는 해당 이사회 의사록의 일부를 구성하는 것으로서 이사회 의사록 열람·등사청구의 대상에 해당한다."[5)]

3. 열람·등사의 청구방법

상법은 주주의 열람·등사의 청구방법과 관련해서는 특별히 규정하지 않고 있으므로 별도의 제한을 두지 않는다. 다만, 주주가 열람·등사청구권을 행사하기 위해서는 정보개시청구의 이유를 구체적으로 기재하되 그 청구에 '정당한 목적'이 있어야 하며, 회사의 영업에 지장을 초래하지 않아야 한다. 따라서 주주의 청구에 대하여 회사는 중요한 기밀이 외부에 누출되는 것을 방지하거나 기타 회사의 이익을 위하여 필요하다는 등의 이유가 있다면 그 이유를 붙여서 그 청구를 거절할 수 있다. 주주의 열람·등사청구가 부당하다는 점에 대한 증명책임은 회사가 부담한다.[6)]

---

5) 대법원 2014. 7. 21. 자 2013마657 결정.
6) 대법원 2010. 7. 22. 선고 2008다37193 판결.

이와 관련하여 대법원 판례는 "주주의 이사회의 의사록 … 에 대한 열람·등사청구가 있는 경우, 회사는 그 청구가 부당함을 증명하여 이를 거부할 수 있는바, 주주의 열람·등사권 행사가 부당한 것인지 여부는 그 행사에 이르게 된 경위, 행사의 목적, 악의성 유무 등 제반 사정을 종합적으로 고려하여 판단하여야 할 것이고, 특히 주주의 이와 같은 열람·등사권의 행사가 회사업무의 운영 또는 주주 공동의 이익을 해치거나 주주가 회사의 경쟁자로서 그 취득한 정보를 경업에 이용할 우려가 있거나, 또는 회사에 지나치게 불리한 시기를 택하여 행사하는 경우 등에는 정당한 목적을 결하여 부당한 것이라고 보아야 한다"고 판시하고 있다.[7] 그러나 주주로서 권리를 행사하기 위하여 이사회 의사록의 열람·등사가 필요하다고 인정된다면 열람·등사를 청구한 주주가 적대적 인수·합병을 시도하고 있다는 사정만으로 청구가 부당하다고 할 수 없다.[8]

4. 법원의 허가에 의한 열람·등사

이사회 의사록에 대한 주주의 권리가 강화된다면 회사로서는 영업비밀이 누설되는 것을 우려하여 중요한 사항을 이사회의 안건으로 상정하는 것을 거부하여 이사회에서의 토의 자체를 기피하거나 설령 상정을 하더라도 이사회 의사록에 기재하지 않으려는 유인이 발생할 수 있다. 설상가상으로 이 같은 현상이 계속된다면 이사회의 형해화가 초래될 수 있고 결과적으로는 주주의 이사회 의사록 열람이 사실상 거부되는 것과 다름이 없다.[9] 따라서 이사회를 활성화하고 그 의사록에 적절하게 기재하는 것을 촉진함과 동시에 주주가 회사내부의 정보

7) 대법원 2004. 12. 24. 자 2003마1575 결정.

8) 대법원 2014. 7. 21. 자 2013마657 결정("적대적 인수·합병을 시도하는 주주의 열람·등사청구라고 하더라도 목적이 단순한 압박이 아니라 회사의 경영을 감독하여 회사와 주주의 이익을 보호하기 위한 것이라면 허용되어야 하는데, 주주가 회사의 이사에 대하여 대표소송을 통한 책임추궁이나 유지청구, 해임청구를 하는 등 주주로서의 권리를 행사하기 위하여 이사회 의사록의 열람·등사가 필요하다고 인정되는 경우에는 특별한 사정이 없는 한 그 청구는 회사의 경영을 감독하여 회사와 주주의 이익을 보호하기 위한 것이므로, 이를 청구하는 주주가 적대적 인수·합병을 시도하고 있다는 사정만으로 청구가 정당한 목적을 결하여 부당한 것이라고 볼 수 없고, 주주가 회사의 경쟁자로서 취득한 정보를 경업에 이용할 우려가 있거나 회사에 지나치게 불리한 시기를 택하여 행사하는 등의 경우가 아닌 한 허용되어야 한다").

9) 손영화, 앞의 논문, 184~185면.

에 대하여 원활하게 접근할 수 있도록 할 필요가 있다. 이에 상법은 회사의 이익보호 차원에서 일단 회사가 이사회 의사록에 대한 주주의 남용적 열람을 거절할 기회를 부여하되 그러한 거절이 부당한 경우에는 주주는 법원의 허가를 얻어 이사회 의사록을 열람·등사할 수 있다(제391조의3 제4항). 즉, 주주가 이사의 책임을 묻기 위하여 필요한 경우이거나 기타 주주의 권리행사에 반드시 필요한 경우라면 회사가 설령 열람·등사청구를 거절하였더라도 법원은 주주의 청구에 대해 열람·등사를 허가할 수 있는 것이다.

이사회 의사록의 열람 등 허가사건은 비송사건으로 다룬다(비송사건절차법 제72조 제1항). 비송사건절차에 있어서는 직권주의가 지배하고 민사소송에서와 같은 기판력을 인정하지 않는다는 점에서 처분권주의에 의하는 민사소송과는 차이가 있다. 이러한 비송사건을 통상의 민사소송절차에 의하여 제소한 경우에는 법원은 절차를 잘못 택한 것으로 보아 부적법한 신청으로서 각하한다.[10)]

제3절 주주명부에 대한 열람·등사청구권

I. 주주명부의 의의

회사의 주주명부는 회사와 주주에게 중요한 서류인 까닭에 그 기재사항을 상법에서 별도로 정하고 있다. 주주가 그들의 권리를 효과적으로 행사할 수 있게 하기 위해서는 주주명부에 대한 접근이 용이하여야 한다.[11)] 주주대표소송의

10) 대법원 2013. 3. 28. 선고 2012다42604 판결; 대법원 2013. 11. 28. 선고 2013다50367 판결("상법 제391조의3 제4항의 규정에 의한 이사회 의사록의 열람 등 허가사건은 비송사건절차법 제72조 제1항에 규정된 비송사건이므로 민사소송의 방법으로 이사회 회의록의 열람 또는 등사를 청구하는 것은 허용되지 않는다").

11) 주주명부에 대한 열람·등사청구권은 "주주가 주주권을 효과적으로 행사할 수 있게 함으로써 주주를 보호함과 동시에 회사의 이익을 보호하려는 데에 그 목적이 있다. 그와 함께 소수주주들로 하여금 다른 주주들과의 주주권 공동행사나 의결권 대리행사 권유 등을 할

제기에 필요한 소수주주요건은 소 제기를 할 때부터 변론의 종결에 이르기까지 계속 유지되어야 한다. 물론 1인의 주주가 이러한 요건을 충족하여도 되고 여러 명의 주주가 공동으로 이 요건을 충족시켜도 상관이 없다. 이 때문에 대표소송을 제기하고자 하는 주주들이 다른 주주들을 규합하기 위하여 주주명부를 열람·등사하는 경우가 있다.[12] 말하자면, 주주가 이사를 상대로 주주대표소송을 제기하기 위해서 회사의 주주 현황을 파악하는 것이 필요한 것이다.[13] 이에 상법은 주주명부에 대한 (대표)이사의 비치의무와 주주와 채권자가 이를 열람·등사를 청구할 수 있는 권리를 부여하고 있다(제396조). 이 같은 상법규정을 위반한 행위에 대해서는 과태료를 부과한다(제635조 제1항 제4호·제21호).

Ⅱ. 이사의 주주명부 비치의무

이사는 주주명부를 본점에만 비치하여도 무방하다. 회사가 명의개서대리인을 두고 있다면 그 대리인의 영업소에 주주명부 또는 그 복본을 비치할 수 있다. 만약 명의개서대리인의 영업소에 주주명부를 비치하는 경우에는 본점에는 비치하지 않아도 된다. 상법은 이 같은 주주명부 비치의무를 이사의 의무로 정하고 있지만 그 성질에 비추어 볼 때 대표이사의 직무에 속한다.

Ⅲ. 주주명부 열람·등사 청구의 요건

1. 단독주주권

상법은 주주의 단독주주권으로서 주주명부에 대한 열람·등사청구권을 인정하고 있다. 어느 주주가 열람·등사청구인으로서의 자격을 가지는지의 여부는 이 권리의 행사시점을 기준으로 판단한다. 열람·등사의 청구는 주주 본인이 직

수 있게 하여 지배주주의 주주권 남용을 방지하는 기능도 담당한다"(대법원 2017. 11. 9. 선고 2015다235841 판결).

12) 대법원 2017. 11. 9. 선고 2015다235841 판결.

13) 서울고등법원 2015. 8. 13. 선고 2014나2052443 판결.

접하거나 그 대리인이 할 수 있다. 자본시장법에서 정한 실질주주 역시 이러한 주주명부의 열람·등사청구권을 가진다(자본시장법 제315조 제2항 단서).[14]

2. 열람·등사의 대상

열람·등사의 대상은 주주명부이다. 주주명부는 이미 공지성(公知性)이 충분하므로 영업비밀의 대상이 아니다.[15] 비상장회사의 경우에는 고유한 의미의 주주명부를 대상으로 하여야 하지만, 상장회사의 경우 한국예탁결제원을 매개로 하는 대체결제제도가 널리 활용되고 있는 까닭에 "상법상 주주명부는 사실상 형해화되어 주식 보유현황을 나타내는 주주명부로서의 기능을 하지 못하고 있다."[16] 즉, 자본시장법에 따라 한국예탁결제원에 예탁된 상장주식 등에 관하여는 실질주주명부가 작성되었으며, 이는 상법상 주주명부와 동일한 효력을 지녔다(자본시장법 제316조 제2항). 때문에 2017년 대법원이 주주에게 실질주주명부를 열람·등사할 청구권이 인정되는지의 여부와 그 필요성을 판단함에 있어서 주주명부와 달리 취급할 이유가 없어 실질주주가 실질주주명부의 열람 또는 등사를 청구하는 경우에도 상법 제396조 제2항을 유추적용한 바 있다.[17]

2019년 「주식·사채 등의 전자등록에 관한 법률」(이하 '전자증권법'으로 줄임)의 시행[18]으로 말미암아 전자등록된 주식에 대해서는 실질주주명부제도가 그 수명을 다하였다.[19] 현행 전자증권법하에서 주식 또는 사채를 둘러싼 권리변동은 전자등록계좌부의 전자등록으로 관리되므로 적격자에 한하여 전자등록계좌부를 열람과 등사(출력·복사)를 할 수 있지만, 그 적격자에는 주식 또는 사채의 권리자와 발행인만이 포함되므로 제3자는 전자등록계좌부를 직접 열람·등사할

---

14) 대법원 2017. 11. 9. 선고 2015다235841 판결.

15) 부정경쟁방지법 제2조 제2호는 '영업비밀'을 "공공연히 알려져 있지 아니하고 독립된 경제적 가치를 가지는 것으로서, 비밀로 관리된 생산방법, 판매방법, 그 밖에 영업활동에 유용한 기술상 또는 경영상의 정보"로 정의하고 있다. 영업비밀에 관하여 자세한 것은 제1편 제2장 제5절 Ⅲ 참조.

16) 서울고등법원 2015. 8. 13. 선고 2014나2052443 판결.

17) 대법원 2017. 11. 9. 선고 2015다235841 판결.

18) 이 법은 2016년 3월 22일 제정되어 2019년 9월 16일부터 시행되고 있다.

19) 법무부/금융위원회, 「전자증권제도 및 법령 주요내용」, 14면.

수 없다.[20] 만약 상법에 따라 주주가 주주명부나 사채원부에 대한 열람·등사청구권을 행사하게 되면 발행인(회사)이 전자등록기관에 소유자명세 작성을 요청하여 이를 수령한 후에 그가 해당 소유자명세를 기초로 주주명부나 사채원부와 같은 권리자 내역에 관한 장부를 작성하는 절차를 밟게 된다.[21]

3. 열람·등사의 청구방법

상법상 주주명부에 대한 열람·등사의 청구방법에는 제한이 없다. 상법 제396조(정관 등의 비치, 공시의무)는 제391조의3 제4항(이사회의 의사록) 및 제466조 제2항(회계장부)과 달리 회사가 주주의 열람·등사 청구를 거절할 수 있음을 정하지 않고 있다. 그러나 상법 제396조에 의하여 열람·등사 청구가 인정된다고 하더라도 그러한 청구에는 '정당한 목적'이 있어야 한다. 만약 그 청구가 회사의 업무운영에 지장을 초래하거나 주주 공동의 이익을 해치는 경우에는 용인할 수 없다.[22] 이에 대법원은 제396조 제2항에 의한 열람·등사 청구도 그 청구의 목적이 정당하지 아니한 경우에는 회사가 이를 거절할 수 있다는 취지로 판시하고 있다.[23]

상법 제396조 제2항은 주주명부에 대한 열람·등사청구권의 행사를 그 보관장소에서 영업시간 내에만 허용하고 있다. 그러나 열람·등사를 허용하는 횟수(回數)에 관하여 규정하고 있지 않다. 따라서 열람·등사의 횟수는 주주의 권리행사에 필요한 범위 내에서 정해져야 할 것이므로, 사전에 그 횟수를 제한하는 것은 가능하지 않다. 그러나 주주가 주주명부 등에 대하여 이미 열람·등사를 청구하여 그 목적을 달성하였음에도 불구하고 재차 열람·등사를 청구한다면 그 청구의 목적이 회사를 괴롭히고 업무를 방해하는 데 있는 것이 인정되므로 회사가 이를 거절할 수 있다.[24]

---

20) 박임출, 「전자증권법의 이해」(율곡출판사, 2020), 150면.

21) 법무부/금융위원회, 앞의 자료, 14면.

22) 대법원 2004. 12. 24. 자 2003마1575 결정.

23) 대법원 1997. 3. 19. 자 97그7 결정; 대법원 2010. 7. 22. 선고 2008다37193 판결.

24) 대법원 2010. 7. 22. 선고 2008다37193 판결.

제4절 회계장부 등에 대한 열람·등사청구권

I. 회계장부의 의의

상법 제466조와 제542조의6 제4항은 소수주주에 한하여 이유를 붙인 서면으로 회계의 장부와 서류의 열람 또는 등사를 청구할 수 있다고 정하고 있다. 이 경우 "'회계의 장부 및 서류'에는 소수주주가 열람·등사를 구하는 이유와 실질적으로 관련이 있는 회계장부와 그 근거자료가 되는 회계서류"를 가리킨다.[25] 구체적으로 살펴보면 '회계장부'에는 거래와 기타 영업상의 재산에 영향이 있는 사항을 기재하여야 하는데 일기장, 분개장, 원장 등이 이에 속한다. 회계서류는 회계장부에 기재하는 데 대한 원재료가 되는 서류를 의미한다.[26] 회계서류에는 예컨대, 회원권 분양대금이 총자산의 상당부분을 차지하는 콘도미니엄을 운영하는 리조트 회사의 경우에는 회원권 분양대장 및 회원명부는 회원권의 분양 및 분양대금의 수령 등을 확인할 수 있는 근거자료로서 열람·등사청구의 대상이 되는 회계서류에 해당된다.[27]

II. 회계장부 등 열람·등사청구권의 기능

주주가 대표소송을 통해 이사에게 손해배상책임이 있다고 주장하기 위해서는 이사가 법령이나 정관에 위반한 사실 또는 선량한 관리자로서의 주의의무에 위반하는 등 그 임무해태의 사실 및 손해의 발생사실, 임무해태와 손해의 인과관계 등을 구체적으로 주장· 증명하여야 한다.[28] 특히 대표소송을 통해 이사의 책임을 성공적으로 추궁하기 위해서는 주주가 사전에 회사의 업무와 재산상

25) 대법원 2001. 10. 26. 선고 99다58051 판결.
26) 최민용, "주주의 회계장부열람등사권", 「경영법률」 제23권 제2호(한국경영법률학회, 2013), 211면.
27) 창원지방법원 2013. 9. 11. 선고 2012나7599 판결.
28) 대법원 2005. 1. 14. 선고 2004다34349 판결 참조.

황을 정확하게 파악하는 것이 중요하다. 이에 어쩔 수 없이 계약서, 계좌 거래 내역이 기재된 회계의 장부와 서류(이하 '회계장부 등'으로 줄임)를 열람하여 이사의 의사결정과 그 동기를 살피는 것이 필요하다. 이처럼 회계장부 등의 열람·등사청구권은 주주가 대표소송에서 회사의 경영실태를 파악하여 이사가 정관이나 법령에 위반되는 사실이나 방만한 경영을 한 흔적을 밝히고 이사의 손해액을 증명하는 데 필요한 정보를 수집하는 수단으로서 의미를 지닌다.[29] 때문에 주주가 이사에 대한 소송에서 제대로 된 증명을 통해 승소 가능성을 높이기 위해서는 회계장부의 열람·등사를 청구할 수 있는 권리(제466조 제1항)를 선제적으로 행사하는 것이 필요하다.

Ⅲ. 회계장부 등 열람·등사 청구의 요건

1. 소수주주권

회계장부 등의 열람·등사청구권은 그 대상 서류의 기밀도가 높다 보니 상법은 그 남용을 방지하기 위하여 소수주주권으로 규정하고 있다.[30] 다시 말하자면, 이사회 의사록은 주주이면 누구나 열람·등사를 청구할 수 있지만(제391조의3 제3항), 회계장부 등에는 중요한 정보가 포함되는 까닭에 그 열람·등사청구권은 비상장회사의 경우에는 발행주식 총수의 3% 이상의 주식을 가진 주주에게 허용되며(제466조 제1항), 상장회사의 경우에는 6개월 전부터 계속하여 발행주식 총수의 1만분의 10(최근 사업연도 말 자본금이 1천억원 이상인 상장회사의 경우에는 1만분의 5) 이상에 해당하는 주식을 보유한 자가 이를 행사할 수 있다. 여기서 '주식을 보유한 자'라 함은 주식을 소유한 자 이외에도 주주권 행사를 위임받은 자, 2명 이상의 주주의 주주권을 공동으로 행사하는 자 등을 가리킨다(제542조의6 제4항·제8항). 만약 열람과 등사에 시간이 소요된다면 열람·등사를 청구한 주주는 전(全) 기간을 통해 상법이 요구하는 지주율 이상의 주식을 보유하여야 한다. 회계장부 등의 열람·등사를 재판상 청구한다면 소송이 계속되는

29) 대법원 1999. 12. 21. 선고 99다137 판결 참조.
30) 손영화, 앞의 논문, 187면.

동안 이러한 지주율 요건을 구비하여야 한다.[31] 예외적으로 주주(원고)가 회계장부 등의 열람·등사를 재판상 회사에 청구한 경우에 설령 회사가 신주의 발행을 통하여 주주인 원고의 열람 및 등사권의 행사를 무력함에 따라 원고가 소송도중 원고가 법률이 요구하는 지주율 요건을 갖추지 못하게 된 경우라 하더라도 원고가 여전히 열람 및 등사권을 행사할 수 있다.[32]

2. 열람·등사의 대상

열람·등사의 대상은 주주가 보유한 주식을 발행한 회사의 회계장부 등이다. 그 작성명의인이 반드시 열람·등사제공의무를 부담하는 회사로 제한되지 않으며, 원본에 국한되지도 않는다.[33] 더 나아가 "열람·등사제공의무를 부담하는 회사의 출자 또는 투자로 성립한 자회사의 회계장부라 할지라도 그것이 모자관계에 있는 모회사에 보관되어 있고, 또한 모회사의 회계상황을 파악하기 위한 근거자료로서 실질적으로 필요한 경우에는 모회사의 회계서류로서 모회사 소수주주의 열람·등사청구의 대상이 될 수 있다."[34]

3. 열람·등사의 청구방법

상법은 주주의 다른 열람·등사청구권과 달리 그 행사방법을 제한하고 있다. 즉, "주식회사 소수주주가 상법 제466조 제1항의 규정에 따라 회사에 대하여 회계의 장부와 서류의 열람 또는 등사를 청구하기 위하여는 이유를 붙인 서면으로 하여야" 한다.[35] 이처럼 "회계의 장부와 서류를 열람 또는 등사시키는 것은 회계운영상 중대한 일이므로 그 절차를 신중하게 함과 동시에 상대방인 회사에게 열람 및 등사에 응하여야 할 의무의 존부 또는 열람 및 등사를 허용하지 않으면 안 될 회계의 장부 및 서류의 범위 등의 판단을 손쉽게 하기 위하여 그 이유는 구체적으로 기재하여야 한다."[36]

---

31) 대법원 2017. 11. 9. 선고 2015다252037 판결.
32) 서울고등법원 2015. 11. 5. 선고 2015나2012015 판결.
33) 대법원 2001. 10. 26. 선고 99다58051 판결.
34) 위 판결.
35) 대법원 1999. 12. 21. 선고 99다137 판결.
36) 위 판결.

회계장부 등에 대한 열람·등사청구권의 청구인 적격을 갖춘 소수주주의 열람·등사의 횟수에 관하여는 아무런 제한을 두고 있지 않으므로 그 횟수는 주주의 권리행사에 필요한 범위 내에서 허용되어야 한다. 대법원도 주주의 회계장부 등의 열람·등사청구권이 “그 권리행사에 필요한 범위 내에서 허용되어야 할 것이지, 열람 및 등사의 횟수가 피신청인 회사의 주장과 같이 1회에 국한되는 등으로 사전에 제한될 성질의 것은 아니라”는 입장을 취하고 있다.[37)]

주주의 열람·등사청구가 부당한지의 여부를 가늠함에 있어서는 2가지의 가치(價値), 즉 주주의 이익보호 차원에서 그의 정당한 권리행사가 부당하게 제한되지 않아야 한다는 것과 주주의 남용적인 권리행사의 허용으로 인하여 회사의 이익이 부당하게 침해될 위험을 방지하여야 한다는 것 사이에서의 이익형량이 매우 중요하다.[38)] 회계장부 등이 단순히 일반적 혹은 추상적인 목적을 위하여 누구나 열람·등사를 청구할 수 있게 길을 열어 둔다면 회사의 영업을 방해할 우려가 있고 심지어는 회계장부 등을 통해 취득한 정보를 경쟁자에 유출시키거나 이를 부당하게 이용한다면 회사의 이익이 침해되어 주주와 회사 사이에 이익충돌이 발생할 수 있다. 이에 상법은 회계장부 등의 열람·등사청구권을 소수주주권으로 하되 그러한 청구가 부당하지 않을 것, 즉 청구에 ‘정당한 목적’이 있을 것을 요구하고 있다(제466조 제2항).[39)] 만약 회사가 주주의 회계장부 등에 대한 열람 또는 등사 청구가 부당함을 증명한다면 그 청구를 거부할 수 있는 것이다.

이미 대법원의 여러 판결과 결정은 주주의 열람·등사권 행사에 정당한 목적이 있는지의 여부는 그 행사를 하게 된 경위, 행사의 목적, 악의성(惡意性)의

37) 대법원 1999. 12. 21. 선고 99다137 판결.

38) 髙木康衣, “最近の判例における会計帳簿閲覧請求の拒絶をめぐる問題”, 「九州国際大学法学論集」 第15巻 第3号(九州国際大学, 2009), 150頁.

39) 서울지방법원은 “회사의 회계장부 및 서류에 대한 열람 및 등사청구에 대하여는 이를 무제한적으로 허용할 경우 회사의 영업에 지장을 주거나, 회사의 영업상 비밀이 외부로 유출될 염려가 있고, 주주가 열람 및 등사로 인하여 얻은 회계정보를 부당하게 이용할 가능성도 있기 때문에 그 열람 및 등사를 청구할 수 있는 자격을 발행주식의 총수의 100분의 [3] 이상에 해당하는 주식을 가진 주주로 제한하고, 회계의 장부 및 서류의 열람 및 등사청구를 함에 있어서는 이유를 붙인 서면에 의할 것을 요하며, 주주의 열람 및 등사청구가 부당한 경우에 회사가 이를 거부할 수 있도록 하는 등의 일정한 제한을 두고 있다”고 판시하였다(서울지방법원 1998. 4. 1. 선고 97가합68790 판결).

유무 등 제반 사정을 종합적으로 고려하여 판단하여야 한다고 밝히고 있다. 대법원은 그러한 주주의 열람·등사가 정당한 목적을 결하여 부당하다고 보는 경우의 예로서, 청구권 행사로 인하여 회사업무의 수행이 방해되는 경우, 주주 공동의 이익이 침해되는 경우, 주주가 회사의 경쟁자로서 취득한 정보를 경업에 이용할 우려가 있는 경우, 또는 회사에 지나치게 불리한 시기를 택하여 행사하는 경우 등을 들고 있다.[40] 주주의 열람·등사 청구가 부당하다는 점에 대한 증명책임은 회사가 부담한다.[41] 결국 가장 기초적으로 주주가 형식상 청구인 적격을 갖추었다고 하더라도 그 다음 단계로서 청구권 행사의 실질적인 정당성을 확보하여야만 회계장부 등의 열람·등사를 할 수 있는 것이다.[42]

정리하자면, "회계의 장부와 서류를 열람 또는 등사시키는 것은 회계운영상 중대한 일이므로"[43] 상법은 회계장부 등의 열람·등사청구권의 행사와 관련하여 2단계 기준을 마련하고 있다고 보아야 한다. 만약 회사가 정당한 이유 없이 열람·등사를 거부한다면 "법원에 그 이행을 청구하여 그 결과에 따라 회계장부 등을 열람할 수 있을 뿐 … 회사측의 의사에 반하여 회사의 회계장부를 강제로 찾아 열람할 수는 없다."[44]

4. 열람·등사청구권의 가처분성 유무

임시의 지위를 정하기 위한 가처분신청이 있는 경우 열람·등사 청구에 대

40) 대법원 2004. 12. 24. 자 2003마1575 결정; 대법원 2014. 7. 21. 자 2013마657 결정; 대법원 2018. 2. 28. 선고 2017다270916 판결. 이와 관련하여 일본 회사법을 살피기로 한다. 일본 회사법 제433조 제2항은 회사가 주주의 회계장부 열람·등사를 거부할 수 있는 경우로서 첫째, 해당 청구를 한 주주(이하 '청구자'라 함)가 그 권리의 확보 또는 행사에 관한 조사 이외의 목적으로 청구를 한 때, 둘째, 청구자가 해당 주식회사의 업무수행을 방해하고 주주의 공동이익을 해할 목적으로 청구를 한 때, 셋째, 청구자가 해당 주식회사의 업무와 실질적으로 경쟁관계에 있는 사업을 영위하거나 이에 종사하는 것일 때, 넷째, 청구자가 회계장부 또는 이에 관한 자료의 열람 또는 등사에 의하여 알게 된 사실로 이익을 얻고 제3자에게 통보하기 위해 청구한 때, 다섯째, 청구자가 지난 2년 이내에 회계장부 또는 이에 관한 자료의 열람 또는 등사에 의하여 알게 된 사실에 의하여 이익을 얻고 제3자에게 통보한 적이 있는 때로 규정하고 있다.

41) 대법원 2004. 12. 24. 자 2003마1575 결정.

42) 최민용, 앞의 논문, 208면.

43) 대법원 1999. 12. 21. 선고 99다137 판결.

44) 대법원 2001. 9. 7. 선고 2001도2917 판결.

한 가처분이 허용되면 가처분채무자에 대하여 본안판결에서 명하는 것과 같이 내용의 열람·등사를 가능하도록 하여야 함으로써 채권자들로서는 그 권리가 종국적으로 만족을 얻는 것과 동일한 결과에 이르게 된다. 이 때문에 상법 제466조 제1항 소정의 소수주주의 회계장부 열람·등사청구권을 피보전권리로 하여 당해 장부 등의 열람·등사를 명하는 가처분이 허용되는지가 문제된다. 이와 관련하여 대법원은 "상법 제466조 제1항 소정의 소수주주의 회계장부열람등사청구권을 피보전권리로 하여 당해 장부 등의 열람·등사를 명하는 가처분이 실질적으로 본안소송의 목적을 달성하여 버리는 면이 있다고 할지라도, 나중에 본안소송에서 패소가 확정되면 손해배상청구권이 인정되는 등으로 법률적으로는 여전히 잠정적인 면을 가지고 있기 때문에 임시적인 조치로서 이러한 회계장부열람등사청구권을 피보전권리로 하는 가처분도 허용된다고 볼 것이고, 이러한 가처분을 허용함에 있어서는 피신청인인 회사에 대하여 직접 열람·등사를 허용하라는 명령을 내리는 방법뿐만 아니라, 열람·등사의 대상 장부 등에 관하여 훼손, 폐기, 은닉, 개찬이 행하여질 위험이 있는 때에는 이를 방지하기 위하여 그 장부 등을 집행관에게 이전 보관시키는 가처분을 허용할 수도 있다"는 입장이다.[45] 다만, 회계장부열람·등사가처분은 만족적 가처분에 해당하므로 피보전권리 및 보전의 필요성에 관하여 통상의 보전처분보다 더 높은 정도의 소명이 있어야 한다.[46]

IV. 다중회계장부열람청구권의 도입론 검토

1. 현행법의 내용

상법에 따르면 지배·종속회사의 관계에 있는 회사의 경우라 하더라도 당사자적격을 갖춘 주주는 자신이 보유한 주식을 발행한 회사의 회계장부 등을 열람할 수 있을 뿐 그 회사의 자회사에 대해서는 회계장부 열람을 청구할 수 있는 권리(이하 '다중회계장부열람청구권'으로 줄임)가 없다. 대신에 모회사의 감사가

45) 대법원 1999. 12. 21. 선고 99다137 판결.

46) 문영화, "회계장부 등의 열람 및 등사의 허용을 명하는 가처분의 집행기간－대법원 2017. 4. 7. 선고 2013다80627 판결－", 「법조」 통권 733호(법조협회, 2019), 510면.

그 직무를 수행하는 데 필요하다면 자회사에 대하여 영업보고를 요구할 수 있으며(제412조의5 제1항), 만약 이 같은 요구가 있음에도 불구하고 "자회사가 지체없이 보고를 하지 아니할 때 또는 그 보고의 내용을 확인할 필요가 있는 때에는 자회사의 업무와 재산상태를 조사할 수 있다"(제412조의5 제2항). 자회사는 정당한 이유가 있다면 이상과 같은 모회사 감사의 보고요구와 조사를 거부할 수 있다(제412조의5 제1항).

「주식회사 등의 외부감사에 관한 법률」(이하 '외부감사법'으로 줄임)은 주권상장법인의 회계처리와 외부감사인의 회계감사에 관하여 필요한 사항을 정하고 있다(제1조). 지배·종속회사가 모두 주권상장법인인 경우 각자 자본시장법에 의한 각종 공시의무를 이행하여야 함은 물론이고 각자 외부감사법의 적용을 받아(외부감사법 제4조 제1항 제1호) 지배회사는 연결재무제표(consolidated financial statement)와 별도재무제표(separate financial statement)를 그리고 종속회사는 개별재무제표(individual financial statement)를 작성하여 외부감사를 받아야 한다. 이와 관련하여 "지배회사는 연결재무제표 작성을 위하여 필요한 범위에서" 종속회사의 "회계에 관한 장부와 서류를 열람 또는 복사하거나 회계에 관한 자료의 제출을 요구"할 수 있다(외부감사법 제7조 제1항). 이같이 회계장부의 열람·복사나 회계자료의 제출을 요구하였음에도 불구하고 연결재무제표 작성에 필요한 자료를 입수하지 못하였거나 그 자료의 내용을 확인할 필요가 있다면 지배회사는 종속회사의 업무와 재산상태를 조사하는 것도 가능하다(외부감사법 제7조 제2항). 외부감사인은 언제든지 종속회사의 회계에 관한 장부와 서류를 열람 또는 복사하거나 회계에 관한 자료의 제출을 요구할 수 있으며, 그 직무를 수행하기 위하여 특히 필요하면 종속회사의 업무와 재산상태를 조사할 수 있다. 이 경우 종속회사는 지체 없이 외부감사인의 자료제출요구에 따라야 한다(외부감사법 제21조 제1항; 동법 시행령 제26조 제1항 제1호).

2. 다중회계장부열람권의 도입론

다중대표소송의 고유한 목적을 달성하기 위해서는 지배회사의 주주에게 다중회계장부열람청구권을 부여하여야 한다는 주장이 있다. 지배회사 주주의 입장에서 자회사의 회계장부에 대해 열람을 하지 않고서는 종속회사 이사의 의무위반을 탐지할 수 있는 정보에 접근할 수 없으므로 다중대표소송의 실효성을 제대로 확보하기 위해서는 다중회계장부열람청구권을 도입할 필요가 있다는 것이다.[47] 2006년 정부(법무부)가 마련한 상법개정시안에 다중회계장부열람권을 인정하는 규정이 들어 있었으며,[48] 제18대 국회에서 이를 도입하자는 상법 개정안[49]이 제출된 바 있다. 그 후 제20대 국회에 제출된 다중회계장부열람권을 도입하고자 하는 상법 개정안[50]도 여럿 있었고 제21대 국회에서도 이를 내용으로 하는 상법 개정안[51]이 제출되었지만, 모두 입법으로 연결되지는 못하였다.

3. 검 토

다중회계장부열람청구권을 도입하는 경우에는 현행 다중대표소송제도의 시행으로 야기될 문제점과 유사한 문제점이 대두될 수 있다. 지배회사의 주주가 지향하는 것과 종속회사의 주주가 지향하는 것이 반드시 동일할 수 없기 때문에 전자와 후자 간의 이익충돌이 발생할 수 있는 것이다.[52] 설령 다중회계장부열람청구권이 도입되더라도 다행히 주주의 열람청구에 대해 회사가 부당하다

47) 김재형/조형래, "2016년 이후 다중대표소송에 관한 의원발의안의 비교－실효성 분석을 중심으로－", 「기업법연구」 제31권 제3호(한국기업법학회, 2017), 253면; 염미경, "이중대표소송의 도입에 관한 고찰", 「비교사법」 제13권 4호(한국비교사법학회, 2006), 496~497면. 국내에는 비교법적 검토를 통해 다중회계장부열람청구권의 도입을 주장하는 문헌이 있다. 그러한 문헌으로는 예컨대, 김순석, "결합기업의 회사법상 쟁점에 관한 검토", 「상사법연구」 제32권 제1호(한국상사법학회, 2013), 70~71, 84~85면; 손영화, "다중대표소송제도의 도입에 관한 쟁점사항 검토", 「경제법연구」 제12권 2호(한국경제법학회, 2013), 30~33면 등을 들 수 있다. 한편, "완전모자회사관계에 한정하여 도입함을 원칙으로 하되, 모회사와 자회사가 일체(unit)로 자회사가 모회사의 분신이나 도구 또는 사기로 설립된 경우 등 법인격부인이 되는 경우에까지 확장"할 것을 주장하는 문헌(김지환, "다중회계장부열람청구권에 관한 소고", 「기업법연구」 제34권 제4호(한국기업법학회, 2020), 59면)도 있다.

48) 상법개정시안 제406조 제2항은 "발행주식 총수의 100분의 3 이상에 해당하는 주식을 가진 모회사의 주주는 자회사의 회계장부열람청구권을 행사할 수 있다"고 규정하였다.

49) 2009년 2월 10일 자유선진당의 이상민 의원이 대표발의(의안번호: 3753)한 상법 일부개정법률안 제406조 제3항에서 다중회계장부열람권을 인정하였다.

50) 이러한 상법 개정안으로서 채이배 의원 대표발의안(의안번호: 1463), 노회찬 의원 대표발의안(의안번호: 2091) 및 이종걸 의원 대표발의안(의안번호: 3254) 등을 들 수 있었다.

51) 이에 해당하는 상법 개정안으로는 배진교 의원 대표발의안(의안번호: 4288)과 조정훈 의원 대표발의안(의안번호: 7192)이 있었다.

52) 천경훈, "다중대표소송 재론", 「법학연구」 제28권 제1호(연세대학교, 2018), 103면.

고 증명하여 그 청구를 거부할 수 있음을 정한 현행 상법 제466조 제2항이 소수주주의 다중회계장부열람청구권에 적용될 것이므로 법원에 의한 통제는 여전히 이루어질 것으로 보인다.[53)]

다중회계장부열람청구권이 도입된다면 기본적으로 종속회사의 소수주주, 지배회사 및 지배회사의 소수주주가 종속회사의 회계장부에 대하여 열람청구를 할 수 있다. 이처럼 지배·종속회사 모두가 상장회사인 경우라면 외부감사법이 적용되는 것 이외에 다중회계장부열람청구권마저 인정된다는 것 자체가 종속회사에는 큰 부담으로 작용할 수 있다. 이를 좀 더 구체적으로 살펴보기로 한다. 상법은 소수주주에게 회사의 회계장부에 대한 열람·등사를 '청구'할 수 있는 권리를 인정하고 있지만, 지배회사는 외부감사법에 따라 연결재무제표 작성을 위하여 필요한 범위에서 종속회사의 회계에 관한 장부와 서류를 '직접' 열람 또는 복사할 수 있다. 또한 외부감사법은 종속회사가 이러한 직접적인 열람·복사가 부당하다는 것을 증명하여 그러한 열람·복사를 거부할 수 있는지 관해서는 전혀 규정하지 않고 있다.

정리하자면, 지배회사는 종속회사의 주주로서 상법에 따라 회계장부 열람을 청구할 수 있고, 더 나아가 외부감사법에 따라 사실상 연결재무제표 작성을 위하여 필요한 범위라는 명분을 내걸고 직접 열람·복사를 할 수도 있다. 그럼에도 불구하고 지배회사가 자료를 제대로 입수하지 못하였거나 그 자료의 내용을 확인할 필요가 있는 때에는 종속회사의 업무와 재산상태를 조사하는 것도 가능하다. 게다가 지배회사의 외부감사인도 '언제든지' 지배회사에 버금갈 정도로 종속회사에 회계정보 취득에 관한 권한을 행사할 수 있으며, 만약 지배회사의 외부감사인의 자료제출 요구가 있으면 종속회사는 지체없이 그 요구에 응하여야 한다. 결국 종속회사는 자본시장법에 의한 공시의무, 모회사 감사의 영업보고 요구에 응하여야 하는 의무 및 상법과 외부감사법에 따라 개별재무제표를 작성하여 외부감사를 받고서 이를 주주총회에 제출하여 그 승인을 얻어야 하는 의무(제449조)를 비롯하여 지배회사가 연결재무제표를 작성하고 외부감사를 받는 데 적극 협조하는 과정에서 자신의 회계장부를 열람·복사할 기회를 제공하

53) 일본 회사법은 법원의 허가를 얻어야만 모회사의 주주가 자회사의 회계장부에 대하여 열람청구를 할 수 있도록 규정하고 있다(제433조 제3항).

여야 하는 의무까지 부담하여야 한다. 이와 같은 종속회사의 다중적(多重的)인 의무에 추가하여 지배회사의 소수주주로부터 회계장부 열람 청구까지 받는다는 것은 종속회사로서는 과도한 부담으로 작용할 것이다.

지배회사와 지배회사의 외부감사인이 이상과 같은 외부감사법상 회계정보 취득을 위한 권한을 적극적으로 행사한다면 종속회사의 회계장부와 기타 회계 관련 자료의 복사본이 지배회사에 상당한 정도로 보관될 것으로 예상된다. 그러므로 다중회계장부열람청구권이 인정되지 않는 현행 상법하에서도 판례에 따라 지배회사의 소수주주가 지배회사를 상대로 회계장부를 열람청구하여 종속회사의 회계장부를 살펴볼 수 있을 것으로 보인다. 따라서 다중대표소송제도가 시행된 상태에서 적어도 지배·종속회사가 모두 상장된 경우에는 지배회사의 소수주주가 지배회사로 하여금 상법과 외부감사법상의 회계정보취득권한을 제대로 행사하게 하고 더 나아가 지배회사의 외부감사인이 종속회사에 대한 권한을 충실하게 행사하도록 한다면 지배회사가 종속회사의 회계장부 복사본을 열람·등사할 수 있는 길이 열리는 만큼 굳이 다중회계장부열람청구권을 도입하여야 할지는 의문이다.

제5절 보 론

주주대표소송에서 승리를 하려면 많은 정보가 필요하다. 그러나 한국법상 정보공시와 공개에 관련된 요건들을 미국법과 비교한다면 상대적으로 느슨한 편이고 그 요건의 실행은 충분하게 강제되지 않고 있다.[54] 이러한 상황에서 주주대표소송이 제기된 경우에 이사는 당연히 자기에게 불리한 정보를 감추고 유리한 증거만을 제공할 개연성이 높다.

한국법에는 주주대표소송을 제기하기 전에 이사의 수중에 있는 정보를 완전하게 공개하도록 강제하는 장치가 없다. 민사소송법에는 소 제기 전에 증거

54) Joon Park, *Internationalization of the Korean Securities Market*, 7 International Tax & Business Lawyer 3, 23(1989).

수집을 위한 장치를 마련하지 않았다. 한국은 미국에서 사용하고 있는 증거개시제도[55]를 전적으로 수용하고 있지 않은 것이다.[56] 다만, 한국에서는 소 제기 전에는 증거보전신청이 가능할 뿐이다(민사소송법 제376조). 민사소송법 제395조가 “법원은 미리 증거조사를 하지 아니하면 그 증거를 사용하기 곤란할 사정이 있다고 인정한 때에는 당사자의 신청에 따라 … 증거조사를 할 수 있다”고 규정하고 있어 이 같은 증거보전신청은 증거조사를 할 필요가 있는 경우에만 가능하다.

한국의 사법제도에는 소위 *jura novit curia*(법원은 법규를 알고 있다)라는 원칙이 적용되기 때문에 판사는 증인을 심문하고 사건에 적용할 법을 선택하는 등의 임무를 부담하면서 법정에서의 거의 모든 절차에 책임을 지고 관여하고 있다. 이러한 사법제도하에서 한국의 변호사들은 의뢰인으로부터 사실관계를 끌어내어 분명히 하기보다는 주로 의뢰인이 자의적으로 밝히는 사실에만 의거하여 소송을 수행하는 관행에 따라 대부분 능동적이지 않다. 반면에 미국에서는 증거개시제도에 따라 소송의 각 당사자는 반대당사자에게 그의 수중(手中)에 있는 관련 정보를 강제적으로 공개하게 할 수 있다.[57]

---

55) 미국법상의 증거개시제도(discovery)는 소송당사자가 적은 비용으로 정보를 획득할 수 있게 하는 장점이 있으므로 화해협상에서 소송당사자의 지위를 견고하게 만들고, 정식사실심리에서 승리의 가능성을 높이며, 소송에 관련된 불확실성(uncertainty)을 줄이는 기능이 있다. Note, *Discovery Abuse Under the Federal Rules: Causes*, 92 Yale Law Journal 352, 356(1982).

56) 미국의 연방민사소송규칙(Fed. R. Civ. P.) 제11조에서는 변호사는 상당한 정식사실심이전 심문을 수행하여야 한다고 규정하고 있다. 일반적으로 대륙법 국가는 증거개시제도를 가지고 있지 않다. Geoffrey C. Hazard, Jr. & Michele Taruffo, American Civil Procedure: An Introduction 125(1993). 한국 민사소송법에 개시기능을 수행할 수 있는 제도를 두고 있기는 하나 그 요건이 엄격하고 시기와 방법이 제한적이며 법원의 주도하에 이루어진다는 점에서 미국의 정식사실심이전 증거개시제도와는 절대적인 차이가 있다. 윤재윤, “미국의 민사소송법상 사전개시제도(Discovery)의 운영현황과 우리의 도입가능성”, 「외국사법연수논집[11]」 재판자료 제65집(법원행정처, 1994), 45~46면. 예외적으로 미국의 증거개시제도와 거의 같은 효과를 거둘 수 있는 제도로서 민사소송법상 문서제출명령제도(제343조 후단)를 드는 견해(이시윤, 「신민사소송법」 제13판(박영사, 2019), 515면)가 있다. 그러나 문서제출명령제도는 정보나 증거의 수집방법과 대상 등이 미국의 증거개시제도에 비하여 매우 제한되어 있다는 점에서 차이가 있다.

57) 미국의 연방민사소송규칙에는 증거개시를 위하여 증언녹취서(deposition), 당사자에 대한 질문서(interrogatories to parties), 문서의 제출 요구(request for the production of documents), 신체 및 정신의 감정(physical and mental examination), 자백의 요구(requests for admission)

결과적으로 미국 연방민사소송규칙에서 허용되고 있는 증거개시수단들이 존재하지 않는 한국에서는 주주대표소송에서 피고이사의 적극적인 협력이 없다면 회사의 내부정보에 대한 접근이 용이하지 않다. 따라서 주주대표소송의 제기와 수행에 많은 정보비용을 투입할 수밖에 없고 이 같은 비용의 증가는 결국 소송의 감소로 이어지고 패소 가능성도 높아지는 것이다.

등의 수단을 정하고 있다. Fed. R. Civ. P. 30, 31, 33, 34, 35, 36. 미국 연방민사소송규칙상의 정식사실심이전의 증거개시제도에 관하여 자세한 것은 윤재윤, 위의 논문, 25면 참조.

제4장

대표소송의 당사자

제1절 논의의 범위

"주식회사의 주주는 주식의 소유자로서 회사의 경영에 이해관계를 가지고 있다고 할 것이나, 회사의 재산관계에 대하여는 단순히 사실상, 경제상 또는 일반적, 추상적인 이해관계만을 가질 뿐, 구체적 또는 법률상의 이해관계를 가진다고는 할 수 없고, 직접 회사의 경영에 참여하지 못하고 주주총회의 결의를 통해서 또는 주주의 감독권에 의하여 회사의 영업에 영향을 미칠 수 있을 뿐"[1]이다. 주주가 대표소송을 제기할 수 있다는 것은 이 법리에 대한 예외인 셈이다. 이처럼 주주의 대표소송은 주주의 소권(訴權)을 예외적으로 인정하는 경우이다 보니 다른 소송에 비하여 절차가 복잡하다는 점이 특징적이다.

민사소송에서 당사자적격이라 함은 소송물로 된 구체적인 권리 또는 법률관계와의 관계에서 결정되는 자격을 뜻하며, 그러한 점에서 소의 이익과 밀접한 관련이 있다. 이처럼 당사자적격을 법에서 정하고 있는 것은 보호할 가치가 없는 권리를 보호하기 위해 소송절차가 이용되는 것을 배제하려는 데 그 목적이 있다.[2] 만약 소송에서 당사자에 관한 요건에 흠결이 있음이 밝혀지면 법원은 본안에 들어가서 판단하지 않고 바로 종국판결로써 소를 부적법각하

1) 대법원 2001. 2. 28. 자 2000마7839 결정.
2) 박찬주, "이행의 소에서의 당사자적격", 「민사소송」 제14권 제2호(한국민사소송법학회, 2010), 352면.

하여야 한다.[3)]

주주대표소송은 주주가 회사의 청구권을 대위한다는 특성을 가지고 있지만, 그 성격은 이행의 소에 해당한다.[4)] "이행의 소에서 당사자적격은 소송물인 이행청구권이 자신에게 있음을 주장하는 자에게 있는 것이고, 실제로 이행청구권이 존재하는지 여부는 본안심리를 거쳐서 판명되어야 할 사항"[5)]이다. 말하자면, 이행의 소에서 원고적격은 소송물인 이행청구권이 자신에게 있는 것으로 주장하는 자에게 부여되며, 피고적격은 원고에 의하여 그 의무자로 주장되는 자에게 인정되는 것이다.[6)]

주주대표소송을 제기하기 위해서는 먼저 원고적격을 갖춘 당사자가 회사에 대하여 제소를 청구하여야 하며, 소제기청구에도 불구하고 30일 이내에 소를 제기하지 않는 경우에 한하여 주주가 대표소송을 제기할 수 있다. 물론 이 기간의 경과로 인하여 회사에 회복할 수 없는 손해가 생길 염려가 있는 경우에는 주주가 즉시 소를 제기할 수 있다. 본장에서는 대표소송의 당사자적격과 관련하여 원고적격 및 피고적격을 살펴보고자 한다. 제소청구에 관한 검토는 다음 장에서 하기로 한다.

제2절 원고적격

I. 기본요건

1. 비상장회사의 경우

(1) 1% 소수주주

상법은 비상장회사에서 대표소송을 제기할 수 있는 자를 지주수(持株數)를

3) 이시윤, 「신민사소송법」 제13판(박영사, 2019), 218면.
4) 이철송, 「회사법강의」 제29판(박영사, 2021), 839면.
5) 대법원 2005. 10. 7. 선고 2003다44387, 44394 판결.
6) 대법원 1995. 11. 28. 선고 95다18451 판결.

기준으로 정한다. 즉, 비상장회사에서 발행주식총수의 100분의 1 이상에 해당하는 주식을 가진 자만이 원고적격을 가진다(제403조 제1항). 대표소송의 원고가 되기 위해서 반드시 이사의 책임이 발생한 시점에서 주주일 필요는 없다. 책임 발생시점 이후에 주주가 된 자도 원고적격을 가질 수 있다. 원고가 되기 위해 주주가 보유하여야 하는 주식에는 의결권 유무를 묻지 않는다.[7] 이 같은 소수주주요건은 1인의 주주가 이러한 요건을 충족하여도 되고 여러 명의 주주가 공동으로 충족하여도 무방하다. 상법이 소수주주만이 제소권자가 될 수 있도록 규정한 것은 남소를 방지하기 위한 것이다.[8] 주주가 대표소송을 제기하는 시점을 기준으로 하여 이 같은 주식보유요건을 갖추는지가 문제될 뿐이므로 소 제기 후에는 보유주식의 수가 그 요건에 미달하게 되어도 무방하다.[9]

현행법하에서 대표소송에서 패소할 경우에는 그 소의 결과는 당연히 회사에 미치며, 판결의 반사적인 효과로 인하여 다른 주주가 중복하여 동일한 주장을 제기할 수가 없다.[10] 때문에 누가 주주대표소송을 제기하여야 하는지는 매우 중요한 사항이다. 섣부른 소송수행은 회사의 부(富)와 더 나아가 다른 주주들의 부에 부정적인 영향을 미칠 우려가 있다. 이러한 사정을 감안한다면, 현행 상법이 소수주주만이 대표소송을 제기할 수 있게 한 것은 남소의 우려를 줄이려는 데 그 이유가 있다는 기존의 견해에 충분히 공감한다. 더 나아가, 발행주식총수의 1% 이상의 주식을 보유하는 주주는 대표소송에서 다른 주주들을 적절하게 대표할 지위에 있다는 점을 전제로 하는 것으로 풀이할 여지도 있다. 말하자면, 대표소송을 제기한 발행주식총수의 1%를 보유한 주주는 실질적으로 소송의 수행에 있어서 회사의 대표기관의 지위에 있는 것으로 보는 것이다.[11] 다만, 주주의 개인적인 동기는 제소자격 유무에 아무런 영향을 미치지 못한다. 그 결과 소의 취하를 빌미로 부당한 이익을 얻기 위하여 제기하는 이른바 위협소송 또는 착취소송(strike suit)[12]이 제기될 우려가 상존한다.

---

7) 김상규, "주주의 대표소송에 관한 소고－당사자를 중심으로－",「법학논총」제25집 제3호(한양대학교, 2008), 180면.
8) 이철송, 앞의 책, 838면.
9) 대법원 2018. 11. 29. 선고 2017다35717 판결.
10) 권기범,「현대회사법론」제8판(삼영사, 2021), 969면.
11) 정응기, "대표소송의 주체",「법학연구」제26권 제2호(충남대학교, 2015), 158면.
12) 위협소송 내지 착취소송은 회사가 이사의 의무위반으로 야기된 손해를 회복시키는 데 그

(2) 명의개서한 주주

앞에서 본 바와 같이 대표소송을 제기하기 위해서는 당연히 주주라는 요건을 충족시켜야 한다. 상법상 기명주식을 취득한 후 명의개서를 마친 주주(제337조)만이 대표소송을 제기할 수 있다. 명의개서는 주주가 회사에 대하여 권리를 행사하기 위한 대항요건이므로 이사의 책임을 추궁하는 대표소송을 제기하는 경우에도 반드시 갖추어야 하기 때문이다.[13] 만약 이 같은 대항요건을 구비하지 못한다면 법원은 원고적격을 흠결한 것으로 보아 소를 각하하여야 한다.

주주명부를 폐쇄하거나 회사가 명의개서를 사실상 거부함으로 인하여 주주가 대항요건을 갖출 수 없는 상황에도 대표소송을 제기하여야 하는 급박한 사정이 존재할 수 있다. 이 경우 — 회사에 부당한 부담을 주지 않는다면 — 명의개서를 하지 못하여 주주명부상의 주주가 아닌 실질주주도 대표소송을 제기할 수 있는 권한이 있다고 보는 것이 바람직하다. 대법원도 정당한 사유 없이 명의개서를 거절당한 주식의 취득자에 대하여 명의개서가 없이도 신의칙상 주주권을 행사할 수 있는 것으로 판시하고 있다.[14] 다만, 실질주주가 변론종결시까지 대항요건을 구비하지 못한다면 이는 당사자적격을 흠결한 것으로 보아 소

목적이 있는 것이 아니라 주로 방해효과(nuisance value)를 목표로 피고이사로부터 소를 취하하는 대가를 얻어 내기 위해 제기하는 소송을 뜻한다. William M. Lafferty & W. Leighton Lord III, *Toward a Relaxed Summary Judgment Standard for the Delaware Court of Chancery: A New Weapon against "Strike" Suits*, 15 Delaware Journal of Corporation Law 921, 924−928(1990).

13) 대법원은 한 때 "주주명부에 기재된 명의상의 주주는 회사에 대한 관계에 있어서 자신의 실질적 권리를 증명하지 않아도 주주의 권리를 행사할 수 있는 자격수여적 효력을 인정받을 뿐이지 주주명부의 기재에 의하여 창설적 효력을 인정받는 것은 아니므로 …, 주식을 인수함에 있어 타인의 승낙을 얻어 그 명의로 출자하여 주식대금을 납입한 경우에는 실제로 주식을 인수하여 그 대금을 납입한 명의차용인만이 실질상의 주식인수인으로서 주주가 된다고 할 것이고 단순한 명의대여인은 주주가 될 수 없으며 …, 이는 회사를 설립하면서 타인의 명의를 차용하여 주식을 인수한 경우에도 마찬가지라고 할 것"이라면서 "상법 제403조 제1항은 '발행주식의 총수의 100분의 1 이상에 해당하는 주식을 가진 주주'가 주주대표소송을 제기할 수 있다고 규정하고 있을 뿐, 주주의 자격에 관하여 별도의 요건을 규정하고 있지 않으므로, 주주대표소송을 제기할 수 있는 주주에 해당하는지 여부는 위 법리에 따라 판단하여야 할 것이다"고 판결한 바 있으나(대법원 2011. 5. 26. 선고 2010다22552 판결), 이 판결은 대법원 2017. 3. 23. 선고 2015다248342 전원합의체 판결에 의하여 변경되었다. 따라서 지금은 명의개서를 한 주주에 한하여 대표소송을 제기할 수 있다.

14) 대법원 1993. 7. 13. 선고 92다40952 판결.

를 각하하여야 한다.

2. 상장회사의 경우

(1) 0.1%를 6개월 보유한 소수주주

상장회사의 경우 발행주식총수의 1만분의 1 이상의 주식을 가진 주주에 한하여 대표소송제기권이 인정된다. 다만, 이 경우에는 6월 전부터 계속하여 주식을 보유하여야 한다는 요건이 추가되어 있다(제542조의6 제6항). 이처럼 대표소송 제기에 필요한 지주율 요건만을 본다면 상장회사의 경우가 비상장회사의 경우보다 더 완화되어 있다. 비상장회사의 경우와 마찬가지로 상장회사의 소수주주만이 제소권자가 될 수 있도록 규정한 것은 남소를 방지하기 위한 것이다.

위의 보유기간의 기산점은 주식을 취득한 날이 아니라, 회사에 대한 관계에서 주주라는 것을 대항할 수 있는 날—주주명부에 주주로서 기재된 날—을 기준으로 한다. 회사에 대하여 이사의 책임을 추궁하기 위한 소 제기를 청구한 날로부터 역산하여 6개월간 계속 주주였던 점이 필요하다.

제소에 필요한 보유기간을 어느 시점에서 충족하여야 하는가? 이에 관한 하급심 판결을 살펴보기로 한다. ○○사의 사장으로 재직하였던 자를 상대로 한 주주대표소송을 다룬 사건에서 제1심 판결[15]에서 원고가 소 제기하기 위해서는 소 제기 시점을 기준으로 이미 6개월을 보유하여야 한다는 조건을 충족하여야 한다고 보았지만, 항소심은 "상법이 소수주주에 의한 대표소송을 인정한 취지 및 소송절차의 신속한 진행, 소송경제, 원고 ○○○가 항소심에서도 공동소송참가가 가능한 점, 통상 사실심 변론종결일 기준으로 소송요건의 하자의 치유를 인정하고 있는 점 등을 고려할 때 사실심 변론종결일 현재 위와 같은 조건을 갖추고 있는 경우 소수주주권의 남용 우려가 없어 그 하자는 치유되었다고 봄이 상당"[16]하다고 판단하였다.

---

15) 서울중앙지방법원은 2012. 10. 5. 선고 2011가합80239·2011가합105169 판결.

16) 서울고등법원은 2013. 7. 18. 선고 2012나86163·2012나86170 판결. 이 판결에 대한 상고는 대법원에서 기각되었다(대법원 2015. 3. 26. 선고 2013다210534·2013다210541 판결).

(2) 1% 소수주주

가. 2020년 12월 상법개정 전

구 증권거래법 제9장 제3절은 상법(제3편 제4장)에 대한 다수의 특례규정을 두었다. 국민경제적으로 중요한 상장법인에 대해 그 수요를 신속히 반영하고 각종의 실무적인 편의를 제고하고 배려하기 위해 상법 중 회사법에 대한 특례를 마련해 둠으로써 구 증권거래법은 상법의 특별법 중 가장 중요한 법으로 기능하였다.[17] 그리하여 실무에서는 상장회사에 대하여 구 증권거래법이 상법보다 적용되는 빈도가 훨씬 높다는 진풍경을 연출하게 되었다.[18]

상법상의 소수주주의 권한 관련 규정과 구 증권거래법상 소수주주의 권한 관련 규정은 어떠한 관계에 있는가? 이와 관련하여 대법원은 2004. 12. 10. 선고 2003다41715 판결에서 소수주주의 주주총회소집청구요건을 완화한 입법취지는 상장법인의 경우 상법상의 주식보유요건을 갖추지 못한 주주라 하더라도 구 증권거래법에서 정한 주식보유요건을 충족한다면 그가 주주총회소집청구를 할 수 있도록 함으로써 기업경영의 투명성을 제고하고 소수주주의 권익을 보호하려는 데 있다는 점 및 구 증권거래법의 조항에 보유기간요건을 둔 것은 소수주주권 행사의 요건을 완화함으로 인하여 소수주주권의 행사를 목적으로 주식을 취득한 자가 그 권리를 남용하는 것을 방지하기 위한 부수적인 목적에서 비롯된 것으로 볼 수 있다는 점 등에 비추어 상장법인 특례상의 보유기간요건을 갖추지 못한 경우라 할지라도 상법 제366조의 요건을 갖추고 있으면 그에 기하여 주주총회소집청구권을 행사할 수 있다고 봄이 상당하다고 판단하였다. 이러한 대법원의 입장은 적어도 주주총회소집청구권과 관련해서는 구 증권거래법과 상법

17) 이철송, "상장회사를 위한 회사법적 특례의 체계적 개선에 관한 제언", 「상사법연구」 제31권 제2호(한국상사법학회, 2012), 15~16면. 구 증권거래법이 상법의 특별법이었는지에 관해서는 논란의 여지가 있다. 참고로 구 증권거래법 및 그 시행령이 특별법으로서 일반법인 상법에 우선하여 적용됨을 밝힌 판결로는 대전지방법원 2006. 12. 28. 선고 2006가합252 판결 등이 있다. 반대로 구 증권거래법이나 현재의 자본시장법이 상법의 특별법이 아니라는 입장으로는 정준우, "자본시장법상 상장법인 특례규정의 정합성 검토(Ⅰ)－법체계적 정합성을 중심으로－", 「선진상사법률연구」 통권 제61호(법무부, 2013), 149~151면이 있다.

18) 임재연, "상장회사 주주의 소수주주권 행사 요건－서울중앙지방법원 2010카합3874 결정에 관하여－", 「대한변협신문」(2011년 2월 21일자), 8면.

사이에 선택적 적용을 긍정하는 것으로 읽혀졌다.

그 후 2007년 자본시장법이 제정되고 2009년 시행됨으로 인하여 구 증권거래법이 폐지되었다. 그 폐지로 인하여 구 증권거래법에 규정되어 있던 상장법인의 지배구조에 관한 특례규정 19개 조문이 상법으로 이관되었다. 나머지 재무관리에 관한 특례규정은 자본시장법으로 옮겨갔다.[19] 상법(회사법)이 회사의 설립으로부터 시작하여 지배구조와 재무관리에 관하여 많은 일반규정을 두고 있는 상황에서 정부(법무부)는 구 증권거래법상의 상장회사 특례규정을 2009년 상법으로 편입시키면서 그 특례규정의 적용범위와 관련하여 "이 절은 이 장 다른 절에 우선하여 적용한다"라고 규정을 신설하였다(제542조의2 제2항). 이러한 배경을 뒤로하고 2009년 개정상법 시행 이후 상장회사의 소수주주가 상법상 상장회사 특례규정이 요구하는 보유기간요건을 설령 충족하지 못하더라도 일반규정상 소수주주권행사요건을 갖추는 경우 과연 그 소수주주권을 행사할 수 있는지 여부가 빈번히 논의되었지만, 오늘날까지 이를 직접 다룬 대법원 판례를 찾을 수 없다. 이 때문에 소수주주권의 행사와 관련하여 상법상 상장회사 특례규정이 일반규정을 배척하여 배타적으로 적용되는 것인지(배타적 적용설)[20] 또는 그렇지 않는 것인지(선택적 적용설)[21]가 문제되었으며, 특히 2009년 상법 개정

---

19) 서울고등법원 2011. 4. 1. 자 2011라123 결정.

20) 배타적 적용설을 지지하였던 학자들의 견해와 그 근거를 살펴보기로 한다. 이에 속하였던 견해에 따르면 상법이 굳이 제542조의2 제2항을 신설한 것은 구 증권거래법상 상장법인 특례규정을 둘러싼 그간의 논란을 종식시키고 상장회사 특례규정의 배타적 적용을 명문화하여 명실상부하게 특례규정이 일반규정에 대한 특별법임을 명시하기 위한 데 있다는 것이다(김화진, "삼성물산과 제일모직의 합병", 「선진상사법률연구」 통권 제72호(법무부, 2015), 189면). 이 견해는 특례규정에 소수주주권의 행사에 필요한 일정한 보유기간을 요건으로 추가한 것은 소수주주권의 남용을 억제하여 상장회사의 부담을 경감하려는 의도가 있기 때문으로 풀이하였다(김교창, "상장회사의 특례에 관한 2009년 개정상법의 논점", 「인권과정의」 통권 제396호(대한변호사협회, 2009), 62~63, 69면; 최문희, "2009년 개정 상장회사 특례규정의 검토", 「BFL」 제35호(서울대학교, 2009), 122면).

21) 선택적 적용설을 뒷받침하는 근거로서 상장회사 특례규정의 입법취지를 고려하자는 것이 널리 알려져 있었다. 이를 구체적으로 살펴보기로 한다. 법무부는 상장회사 특례규정을 상법으로 일원화한 취지와 관련하여 "각종 소수주주권 행사요건을 상법상 요건보다 하향 조정하여 소수주주의 권익을 보호하고 회사 운영의 투명성을 증진"함과 동시에 "주식을 6개월 이상 보유한 주주만 소수주주권을 행사할 수 있도록 하여 남용을 예방"함으로써 "현재 부진한 소수주주권 행사의 활성화 및 회사의 건전성 제고에 기여할 수 있을 것으로 기대"된다고 밝힌 바 있다(법무부, "[보도자료] 상장회사 특례규정 상법으로 일원화"(2007년 8월 9일자), 2면). 특히 상법이 상장회사가 정관에서 법정된 기간보다 더 짧은 주식보유기

전에 나온 사법부의 판단[22]이 2009년 이후에도 그대로 유지될 수 있을지가 논란이 되었다. 대법원 판례가 없는 상황에서 하급심의 판단은 배타적 적용설을 취한 것[23]과 선택적 적용설을 취한 것[24]이 혼재하였다.

나. 2020년 12월 상법 개정 후

2020년 12월 시행된 개정상법은 제542조의6에서 제10항을 신설하여 상법 제542조의6 제6항에도 불구하고 이 장의 다른 절에 따른 소수주주권의 행사에 영향을 미치지 않는다는 것을 명시하고 있어 이젠 선택적 적용설로 굳어졌다. 따라서 상법 제542조의6 제6항에 규정한 주식보유기간 요건을 충족하지 못하더라도 상법 제403조의 요건을 충족하는 주주는 대표소송의 제기에 필요한 원고적

간을 정하거나 낮은 주식보유비율을 정할 수 있다는 규정(제542조의6 제7항)을 둔 것은 소수주주권 행사를 활성화하기 위해 그 행사요건을 완화할 수 있다는 취지에 터 잡고 있다는 점에 비추어 볼 때 상장회사 특례규정이 배타적으로 적용된다는 견해는 입법취지와 모순되는 해석이라는 것이었다(김건식/노혁준/천경훈, 「회사법」 제5판(박영사, 2021), 266면; 임재연, 앞의 논문, 8면; 정준우, "개정상법상 상장법인 특례규정의 적용과 그 한계," 「한양법학」 제22권 제4집(한양법학회, 2011), 416면. 따라서 상법상 상장회사 특례규정의 요건을 충족하지 못하였다는 것을 이유로 하여 일반규정상의 소수주주권까지도 행사하지 못한다고 해석하는 것은 입법취지에 반한다는 주장을 개진하였다.

22) 이는 위에서 살펴본 대법원은 2004. 12. 10. 선고 2003다41715 판결을 말한다.

23) 인천지방법원 2010. 3. 4. 자 2010카합159 결정에 따르면 주주제안권에 관한 상장회사 특례규정인 상법 제542조의6 제2항이 그 일반규정인 상법 제363조의2에 우선하여 적용되므로 보유기간요건을 갖추지 못한 주주는 상법 제542조의6 제2항 소정의 신청인적격이 없다는 것이었다. 서울중앙지방법원은 2011. 1. 13. 자 2010카합3874 결정에서 소수주주의 이사해임청구권에 관한 상장회사 특례규정인 상법 제542조의6 제3항이 그 일반규정인 상법 제385조 제2항에 대해 배타적으로 우선 적용된다고 판단하였다. 이 같은 입장에 서 있는 다른 결정으로는 서울중앙지방법원 2015. 7. 1. 자 2015카합80582 결정; 서울고등법원 2015. 7. 16. 자 2015라20485 결정; 서울고등법원2019. 3. 21. 자 2019라20280 결정 등이 있었다.

24) 선택적 적용설을 취한 것으로 서울고등법원 2011. 4. 1. 자 2011라123 결정이 있다. 서울고등법원은 동 결정에서 상법 제542조의2 제2항은 "특례규정과 관련된 모든 경우에 상법 일반규정의 적용을 배제한다는 의미라기보다는 '1차적'으로 적용한다는 원론적 의미의 규정"인 까닭에 대법원은 2004. 12. 10. 선고 2003다41715 판결을 참조하여 상장회사에서의 소수주주의 주주총회소집청구권을 규정한 "상법 제542조의6 제1항은 상법 제366조의 적용을 배제하는 특별규정에 해당한다고 볼 수 없고, 상장회사의 주주는 상법 제542조의6 제1항이 정하는 6개월의 보유기간 요건을 갖추지 못한 경우라 할지라도 상법 제366조의 요건을 갖추고 있으면 그에 기하여 주주총회소집청구권을 행사할 수 있다"고 판단하였다. 이 같은 입장에 있는 다른 결정으로는 서울동부지방법원 2013. 2. 7. 자 2013카합121 결정; 서울동부지방법원 2013. 2. 27. 자 2013카합234 결정; 서울서부지방법원 2019. 2. 11. 자 2018비합1056 결정 등이 있다.

격을 가지는 것이다.

법이론적으로 볼 때 2020년 개정상법이 선택적 적용설을 수용한 것은 지극히 당연하다. 그 이유는 다음과 같다. 첫째, 구 증권거래법에서 6개월이라는 보유기간요건을 추가한 것은 소수주주권의 행사에 필요한 지주요건을 완화하면서 혹시 발생할 수 있는 남용의 가능성을 차단하기 위해서라는 점을 들 수 있다. 이를 달리 표현하자면, 상법의 일반규정에 따른 소수주주권의 행사에 필요한 지주요건이 상장회사 특례규정보다 상대적으로 강화되어 있어 굳이 보유기간요건까지 두어 남용의 가능성을 차단할 필요성이 없다는 것으로 이해된다. 즉, 보유기간요건은 소수주주권의 지분율 완화에 따른 위험을 상계하기 위한 것이므로 상장회사의 주주가 특례규정에 따른 지분율요건만을 충족한 경우에는 6개월 요건도 함께 충족하여야 하지만,[25] 상장회사의 소수주주라 하더라도 일반규정에 의하여 권한을 행사하고자 할 경우에는 굳이 보유기간요건을 동시에 갖추어야 할 부담을 지지 않는 것으로 풀이하여야 한다.

또 다른 중요한 이유로서는 상장회사 특례규정을 배타적으로 적용하는 것은 소유권에 대한 지나친 제약으로 볼 수밖에 없다. 만약 상장회사의 주주가 아무리 높은 지분을 보유하고 있다고 하더라도 특례규정상의 6개월 보유기간이 지나기 전까지는 일반규정에 의해서 인정되고 있는 소수주주권을 전혀 행사하지 못하게 하는 것은 주주권을 과도하게 침해하는 것이다.[26]

마지막으로, 상장회사의 주식도 비상장회사의 그것과 실질적으로 동일하게 취급하여야 하는 경우가 발생할 수 있다. 상장회사의 주식이라고 하더라도 반드시 시장을 통해서만 거래되어야 하는 것은 아니다. 상장주식을 장외거래를 통하여 취득한다면, 그 경우에는 보유기간을 정확히 증명하는 것이 쉽지 않을 수 있다. 다른 예를 들자면, 경영진의 불법행위에 의하여 재무상태가 악화되어 상장적격성 실질심사를 받아야 하는 경우[27]에는 투자자 보호를 위해 상장적격

25) 이철송, 앞의 책, 12~13면; 조민제/김영심, "소수주주권 행사에 관한 상법과 증권거래법상의 특례규정의 관계", 「법조」 통권 제568호(법조협회, 2004), 193~194면.

26) 천경훈, "상장회사의 소수주주권 행사요건", 「상사판례연구」 제32집 제3권(한국상사판례학회, 2019), 27~28면.

27) 이 경우에 적용되는 한국거래소의 관련 규범으로서는 「유가증권시장 상장적격성 실질심사지침」(지침 제708호 2020. 12. 28. 일부개정)과 「코스닥시장 상장적격성 실질심사지침」(지침 제609호 2018. 8. 8. 일부개정)이 있다.

성 실질심사 대상 여부에 관한 결정일까지 주식매매거래가 정지된다.[28] 이와 같은 상황에서는 장내시장을 통한 매매가 가능하지 않으므로 그러한 주식매매가 정지된 주식은 그 실질이 비상장주식과 차이가 없다. 이러한 경우에 6개월 보유기간요건을 획일적으로 적용하기보다는 오히려 상법의 일반규정의 요건을 갖추었는지를 살펴서 일반조항에 따른 소수주주권 행사를 허용하는 것이 더 바람직하다.[29]

Ⅱ. 기타 원고적격 유무 검토

1. 주식 질권자

(1) 현행 상법 규정 및 관련 학설

가. 상법 규정

주주는 자유의사에 따라 주식을 입질할 수 있는데, 그 구체적인 방법은 약식질과 등록질로 나누어진다.[30] 전자의 경우 당사자간 주식에 대한 질권설정을 합의하고 질권자에 대하여 주권을 교부함으로써 성립하며, 제3자에 대항하기 위해서는 주권을 계속하여 점유하여야 한다(제338조 제1항·제2항).[31] 후자의 경우는 당사자간 주식에 대한 질권설정의 합의와 질권자에 대한 주권의 교부 외에 질권설정자인 주주의 청구로서 질권자의 성명과 주소를 주주명부에 덧붙여 쓰고 그 성명을 주권에 기재하여야 한다. 등록질권자는 회사로 부터 이익을 배당받을 수 있을 뿐만 아니라 잔여재산의 분배 또는 주식의 소각, 병합, 전환으

28) 예컨대, 한국거래소는 서울남부지방검찰청의 공소장을 통해 ○○○○공업그룹의 회장인 ○○○의 횡령 및 배임혐의가 발생한 사실을 확인하여 공시한 후에 코스닥시장상장규정 제29조 및 동 규정 시행세칙 제29조에 따라 2015년 10월 26일부터 코스닥 상장회사인 ○○○○공업주식회사의 상장주식에 대하여 그 매매거래를 상장적격성 실질심사 대상 여부에 관한 결정일까지 정지한 바가 있다. 한국거래소 상장공시시스템(http://kind.krx.co.kr) 참조.

29) 권오성, “소수주주권에 관한 상장회사 특례규정의 문제점－보유기간을 중심으로”, 「성신법학」 제10호(성신여자대학교, 2011), 48~49, 52면.

30) 이 밖에 관습법에 의하여 인정되는 양도담보가 존재한다. 김홍기, 「상법강의」 제6판(박영사, 2021), 474면; 대법원 1993. 12. 28. 선고 93다8719 판결; 서울고등법원 2011. 11. 30. 선고 2011나51535, 2011나53876 판결.

31) 상법 제338조는 이미 주권이 발행된 경우를 전제로 한다. 대법원 2000. 8. 16. 자 99그1 결정.

로 인하여 주주가 받을 금전이나 주식을 지급받을 수 있다(제340조 제1항).

나. 관련 학설

주식에 대하여 등록질권을 설정한 경우에 주주권은 누구에게 귀속되는가? 이와 관련하여 상법 제340조 제1항을 근거로 자익권은 질권자에게 귀속된다는 데 대해 의견을 달리하지 않는다. 또한 의결권 등의 공익권과 관련해서도 질권자는 주식의 교환가치를 장악하는 데 지나지 않으므로 그러한 공익권은 질권설정자인 주주가 행사한다는 것이 통설의 입장[32]이다. 이에 반하여 의결권 등과 같은 공익권은 주주의 정당한 경제적 이익을 보호하기 위하여 인정된 것이라는 점과 주주의 지위와 주권을 분리하는 것이 곤란하다는 점 때문에 공익권도 질권의 목적으로 될 수 있다는 소수설[33]이 있다.

여기서 한 걸음 더 나아가, 주식을 발행한 회사의 이사의 행위로 인하여 질권자의 권리가 침해되었을 때 질권자가 그 이사를 상대로 대표소송을 제기할 수 있는지를 살펴야 한다. 공익권을 행사할 수 없다는 통설의 입장에서는 질권자가 대표소송을 제기할 적격을 가지지 못할 뿐만 아니라 주주가 제기한 대표소송에 참가할 수도 없다는 견해로 귀결된다. 즉, 질권의 목적인 주식의 가치가 감소하는 경우에 질권자는 질권설정자에 대하여 추가적 담보를 요구하거나 손해배상을 통해서만 권리침해 상태로부터 회복할 수 있다는 것이다.[34] 이에 반하여 질권자는 경제적으로 보아 사실상 주주와 차이가 없으므로 이사의 책임 있는 사유로 인하여 질권자의 권리가 침해되었다면 그도 대표소송의 원고가 될 수 있다는 견해[35]도 소수이기는 하지만 존재하고 있다.

---

32) 권기범, 앞의 책, 580면; 송옥렬, 「상법강의」 제11판(홍문사, 2021), 897면.

33) 안동섭, “주식의 입질”, 「고시계」 통권 제374호(고시계사, 1988), 84~85면.

34) 정준우, “주주대표소송의 원고적격에 관한 쟁점사항 검토”, 「기업법연구」 제19권 제2호(한국기업법학회, 2005), 141면.

35) 권병민, “지배·종속관계에 있는 회사의 주주대표소송－미국회사법을 중심으로－”, 「사회과학연구」 제7집(광주대학교, 1997), 55면; 권재열, “이중대표소송의 허부에 대한 비교법적 검토－서울고등법원 2003. 8. 22. 선고 2002나13746 판결을 대상으로 하여－”, 「비교사법」 제11권 제2호(한국비교사법학회, 2004), 451면; 양석완, “주주의 대표소송·대위소송”, 「신세기 회사법의 전개(신세기 회사법의 전개 우전이병태교수 화갑기념논문집)」(대전서적, 1996), 446면; 정동윤, “주주의 대표소송－실무상의 문제점을 중심으로 하여－”, 「사법논집」 제2집(법원행정처, 1972), 345~346면; 홍복기/박세화, 「회사법강의」 제8판(법문사, 2021), 564면.

(2) 관련 판례의 법리: 주주권의 포괄적 위임 가능

대법원은 이미 오래 전의 판례[36](이하 '1 판례'로 줄임)에서 "주식회사에 있어서 주주권의 행사를 위임함에는 구체적이고 개별적인 사항에 국한한다고 해석하여야 할 근거는 없고 주주권 행사를 포괄적으로 위임할 수 있다고 하여야 할 것이며 포괄적 위임을 받은 자는 … 회사재산에 불리한 영향을 미칠 사항이라고 하여 그 위임된 주주권 행사를 할 수 없는 것이 아니다"라고 판시한 바 있다. 또한 대법원은 甲이 "향후 7년간 주주권 및 경영권을 포기하고 주식의 매매와 양도 등을 하지 아니하며 乙에게 정관에 따라 주주로서의 의결권 행사권한을 위임하기로 약정하였고, 이에 따라 乙이 甲의 주주로서의 의결권을 대리행사"할 수 있음을 인정하는 판결[37](이하 '2 판례'로 줄임)을 한 바 있고, 그 후에는 "상행위로 인하여 생긴 채권을 담보하기 위하여 주식에 대하여 질권이 설정된 경우에 질권자가 가지는 권리의 범위 및 그 행사 방법은 원칙적으로 질권설정계약 등의 약정에 따라 정하여질 수 있고(제59조 참조), 위와 같은 질권 등의 담보권의 경우에 담보제공자의 권리를 형해화하는 등의 특별한 사정이 없는 이상 담보권자가 담보물인 주식에 대한 담보권 실행을 위한 약정에 따라 그 재산적 가치 및 권리의 확보 목적으로 담보제공자인 주주로부터 의결권을 위임받아 그 약정에서 정한 범위 내에서 의결권을 행사하는 것도 허용될 것이다"라고 판시한 것[38](이하 '3 판례'로 줄임)도 있다.

(3) 입법례

가. 미국법

미국에서 대표소송은 종래부터 주주명부에 기명된 주주는 물론이고 주식의 형평법상의 소유자(equitable owner of corporate shares)도 제기할 수 있다.[39] 그 이유는 주주대표소송이 '회사경영진에 대한 최고의 규제수단'(the chief regulator of corporate management)[40]인 만큼 이 소송의 원고적격과 관련하여 주주자격의

---

36) 대법원 1969. 7. 8. 선고 69다688 판결.

37) 대법원 2002. 12. 24. 선고 2002다54691 판결.

38) 대법원 2014. 1. 23. 선고 2013다56839 판결.

39) Stubblefield v. Belco Manufacturing Company, Inc., 931 S.W.2d 54, Tex. App.－Austin, October 02, 1996(NO. 03－95－00490－CV).

40) 이는 미국 연방대법원이 Cohen v. Beneficial Industrial Loan Corporation 사건에서 사용한

여부를 배당청구권이나 의결권처럼 엄격하게 확정할 필요가 없다고 보기 때문이다. 이에 실질적인 주식소유관계를 가지고 있는 자의 대표소송제기권을 배제하지 않는다. 그리하여 미국에서는 주식을 양도받았지만 아직 주주명부상 명의 변경을 하지 않은 주주, 주식의 수유자(受遺者), 주식을 신탁재산으로 한 경우의 수익자 및 주식의 질권자 등도 대표소송을 제기할 수 있다.[41)]

구체적으로 살펴보면, 이미 19세기 후반에 Baldwin v. Canfield 사건[42)]에서 질권자는 회사의 재산이 손실되거나 침해되는 것을 방지하기 위하여 소송을 제기할 수 있음을 밝혔고, 그 이후로 오늘날까지 질권자는 이사를 상대로 하는 직접소송뿐만 아니라 대표소송까지 제기할 수 있다는 법리가 인정되고 있다. 예컨대, Weingand v. Atlantic Savings & Loan Association 사건[43)]을 비롯하여 여러 사건[44)]에서 질권자는 주주와 마찬가지로 회사의 재산을 보전하고 보호하기 위하여 대표소송을 제기할 수 있음을 인정하고 있다. 그 논거를 살펴보자면, 미시시피주 대법원은 Gibson v. Manuel 사건[45)]에서 주주와 주식의 질권자는 동일한 이해관계를 가지고 있으며, 질권자는 잠재적 주주(potential shareholder)이기 때문에 집행임원은 주주뿐만 아니라 주식의 질권자에 대해서도 주의의무와 충실의무를 부담하며, 따라서 집행임원이 임무를 해태한 경우에 질권자는 주주와 동일한 손해를 입게 된다고 판시한 바 있다. 특히 F.D.I.C. v. Kerr 사건[46)]에서 회사의 이익과 가치를 보호하기 위하여 소를 제기할 수 있는 자가 질권자밖에 없는 경우에는 그 질권자가 대표소송을 제기할 수 있는 적격을 가진다고 판시하고 있다.[47)]

표현이다(337 U.S. 541, 548(1949)).

41) 이에 관한 구체적인 입법동향에 관한 논의는 山田泰弘, 「株主代表訴訟の法理—生成と展開—」(信山社, 2000), 281頁 참조.

42) 26 Minn. 43, 56, 1 N.W. 261(Minn. 1879).

43) 1 Cal.3d 806, 83 Cal. Rptr. 650, 464 P.2d 106(1970).

44) 이러한 사건들의 실례로서는 In re Pittsburgh & Lake Erie Railroad Co. Seccurities & Antitrust Litigation, 543 F.2d 1058(3rd Cir. 1976); Roadside Stations, Inc. v. 7HBF, Ltd., 904 S. W. 2d 927(Tex. App.—Fort Worth 1995, no writ) 등이 있다.

45) 534 So.2d 199(Miss.1988).

46) 650 F. Supp. 1356(W.D.N.C. 1986).

47) 같은 취지를 언급한 사건의 예로서 Wenzel v. Mathies, 542 N. W. 2d 634, Minn. App., January 16, 1996(NO. C1−95−190, C6−95−1044, C3−95−420, C5−95−189)를 들 수

나. 일본법

일본 회사법에서 주주가 주주의 지위에 있음을 회사에 대항하기 위해서는 명의개서를 하여 주주명부에 그 성명, 명칭 및 주소를 기재해야 한다(일본 회사법 제130조 제1항). 주주가 회사에 대해서 제기하는 회사법상의 소에 있어서 명의개서가 원고적격의 전제가 되는지 여부에 관하여 지금까지 두드러진 논의는 없지만, 판례 및 학설 모두 막연히 이를 의결권 내지 배당청구권의 행사라고 하는 실체법상 주주권의 행사의 경우와 마찬가지로 취급하여 주주명부상의 주주가 원고적격을 가지는 것으로 인식하고 있다.[48] 일본 최고재판소의 판례는 회사가 명의개서를 부당하게 거절했을 경우에는 명의개서가 없어도 회사에 주주의 지위로서 대항하는 것을 예외적으로 인정하며[49] 회사가 과실에 의해 명의개서를 지체했을 경우에도 그 명의개서를 미필한 자를 주주로 취급하여야 한다고 판시하고 있다.[50] 관련 판례를 찾을 수는 없지만, 주식에 대하여 등록질권을 설정한 경우 질권설정자인 명의상 주주가 의결권을 비롯하여 기타 공익권을 행사할 수 있는 자인 까닭에 질권자는 그러한 권리를 행사할 수 없는 것으로 보고 있다.[51]

(4) 검 토

대법원이 [1] 판례에서 판시한 "주주권 행사를 포괄적으로 위임할 수 있다"의 의미에 관해서는 강학상 여러 가지로 해석되고 있었지만,[52] [2] 판례와 [3] 판

있다.

48) 土田亮, "株主訴訟の原告適格と名義書換", 「名城法学」 60巻別冊(名城大学, 2010), 365頁.

49) 最高裁判所判決 1967年 9月 28日, 「最高裁判所民事判例集」 21巻 7号, 1970頁(이 사건에서 7,700주를 양수한 자의 명의개서청구를 부당하게 거절하고 그에 대하여 주주총회의 소집통지를 흠결한 경우에는 주주총회 소집절차상 하자가 있어 위법하다고 판시함).

50) 最高裁判所判決 1966年 7月 28日, 「最高裁判所民事判例集」 20巻 6号, 1251頁.

51) 北沢正啓, 「会社法」 第五版(青林書院, 1998), 262頁.

52) [1] 판례에서 설시하고 있는 포괄적 위임은 실질적 의미에서 수회의 총회에 걸쳐 위임이 가능하다는 식으로 풀이하는 견해와, 특정한 총회에서 다양한 사항에 관해 위임할 수 있다는 의미로 풀이하는 견해로 나누어지는데 전자가 다수로 보인다. 전자의 입장을 취하는 문헌으로는 정찬형, 「상법강의(상)」 제21판(박영사, 2018), 895~896면; 최기원/김동민, 「상법학신론(상)」 제20판(박영사, 2014), 707면; 최준선, 「회사법」 제16판(삼영사, 2021), 378면; 홍복기/박세화, 앞의 책, 361~362면 등이 있으며, 후자의 범주에는 노혁준, "주식담보와 의결권의 포괄위임－대법원 2014. 1. 23. 선고 2013다56839－", 「대한변협신문」 제

례를 통해 주식회사 주주가 의결권 행사를 포괄적으로 위임할 수 있다는 것이 명백해졌다. 실제 의결권 행사의 포괄적 위임약정은 프로젝트 금융 관련 계약에 질권설정에 부수하여 편입되는 경우가 많으며, 그러한 의결권 행사를 위하여 별도의 위임장 내지 백지위임장을 받는 경우가 많다고 한다.[53] 만약 주식의 질권자(담보권자)가 주식의 보유자인 주주로부터 의결권을 포괄위임받은 상황에서 이사의 임무해태로 인해 회사에 손해가 발생하여 담보물의 가치가 떨어진 경우에 ② 판례에서처럼 질권설정자(주주)가 주주권을 포기하여 의결권 행사를 포괄위임한 자임에도 불구하고, 그가 명의개서를 하여 주주명부에 여전히 이름이 기재된 주주라는 것을 이유로 하여 그만이 주주대표소송을 제기할 자격이 있다[54]는 것은 현실성이 떨어진다. 특히 담보물의 가치가 하락한 경우라 하더라도 그 가치가 질권자의 채권을 만족시킬 수 있는 수준이라면 질권자는 질권설정자로 하여금 추가적인 담보를 제공할 것을 요구하지 않을 것이어서 그러한 경우에 주주권을 사실상 포기한 주주가 회사의 자산가치가 하락하였음을 인지한다는 것은 쉽지 않은 일이다. 그 결과 이사의 의무위반행위를 교정할 기회를 놓칠 우려가 있다. 따라서 이 경우에는 미국의 Federal Deposit Insurance Corporation v. Kerr 사건[55]의 법리를 차용할 필요가 있다. 말하자면, 그러한 상황에 놓일 경우에는 이사의 책임 있는 사유로 인하여 질권자의 권리가 침해되었다면 비상장회사에서 질물(質物)이 된 주식의 규모가 발행주식총수의 100분의 1 이상인 질권자도 주주와 마찬가지로 대표소송의 원고가 될 수 있어야 한다. 이에 상법 제340조의 질권자에 대해서도 상법 제403조부터 제406조까지의

488호(대한변호사협회, 2014), 12면; 이철송, 앞의 책, 550면; 정동윤, 「상법(상)」 제6판(법문사, 2012), 555면 주 1) 등이 이에 속한다.

53) 김연미, "의결권 포괄위임의 효력－대법원 2014. 1. 23. 선고 2013다56839 판결과 관련하여－", 「기업법연구」 제28권 제4호(한국기업법학회, 2014), 14~15면; 이종훈, "SOC사업 프로젝트 금융의 활성화방안에 관한 연구", 「부산대학교 법학연구」 제50권 제2호(부산대학교, 2009), 498면.

54) 주주권이 상실되기 위해서는 당사자 간의 특약 등이 아니라 상실의 법정사유가 있어야만 한다. 이와 관련하여 대법원 1999. 7. 23. 선고 99다14808 판결은 "주주권은 주식양도, 주식의 소각 또는 주금 체납에 의한 실권절차 등 법정사유에 의하여서만 상실되고, 단순히 당사자 간의 특약이나 주식 포기의 의사표시만으로는 주식이 소멸되거나 주주의 지위가 상실되지 아니하는 것이[다]"라고 판시한 바 있다.

55) 650 F. Supp. 1356(W.D.N.C. 1986).

규정을 준용하여 대표소송을 제소할 수 있는 자격이 부여되어야 한다.

2. 주주의 지위를 상실한 자

(1) 현행 상법규정 및 관련 학설

가. 현행 규정

상법은 대표소송의 원고적격을 일정한 지주율을 충족한 주주에 대해서만 인정하고 있다. 이처럼 상법은 주주의 남소를 방지하기 위하여 대표소송의 제기권을 소수주주권으로 규정하고 있다. 이 요건은 주주 1인이 단독으로 혹은 여러 명의 주주가 공동으로 갖추어도 된다. 또한 이러한 요건을 갖추어서 제소하였다면 설령 그러한 지주율에 미달되더라도 1주 이상의 주식을 보유하기만 하면 기존의 제소에 아무런 영향이 없다(제403조 제5항).

나. 학 설

어느 주주가 원고적격을 갖추어서 대표소송을 제기한 후에 변론이 종결되기 전에 그가 주식을 전혀 보유하지 않게 되어 더 이상 주주가 아닌 경우에 원고로서의 자격을 유지할 수 있는지에 관하여 의견이 나누어진다.

먼저 국내의 통설적인 견해는 원고적격을 상실한다는 입장이다. 즉, 제소한 주주가 주식을 전혀 보유하지 않게 된 경우는 그가 대표소송을 수행할 의사가 없다는 것을 의미하므로 원고적격을 상실한다고 풀이하는 것이다.[56] 그 근거로서는 첫째, 상법 제403조 제5항이 괄호에서 "발행주식을 보유하지 아니하게 된 경우를 제외한다"고 규정한 것을 문리적으로 해석하면 기존의 주식 전부를 변론종결 전에 보유하지 않게 되면 주주의 당사자적격을 상실하는 것을 뜻하며, 둘째, 주식을 전혀 보유하지 않는다는 것은 대표소송을 수행할 유인을 가지지 않는다는 것을 가리키므로 자발적이든 타의에 의한 것이든 간에 주식을 보유하지 않게 되면 원고적격을 상실한다는 주장[57]이다. 이 견해에 따르면 제소한 주주가 흡수합병으로 인하여 소멸회사의 주주로서의 지위를 더 이상 가지지 못한 경우에도 원고적격을 상실하게 된다.[58]

---

56) 이철송, 앞의 책, 838면; 장덕조, 앞의 책, 587면; 최준선, 앞의 책, 581면.

57) 송옥렬, 앞의 책, 1107면.

58) 김대연, "주주대표소송에서의 원고적격", 「비교사법」 제5권 제1호(한국비교사법학회, 1998),

이에 반하여 예외적으로 원고적격을 유지하는 것을 인정하자는 소수의 견해도 있다. 그 내용을 살펴보면 이하와 같다. 상법은 제소 후 변론이 종결되기 전에 이사나 대주주가 제소주주를 회유하여 당사자적격을 잃도록 하는 폐해를 방지하기 위하여 1998년 개정에서 제403조 제5항을 신설하였다.[59] 주식 전부를 처분하여 회사와 무관한 자에게 소의 유지를 허용하는 것은 불합리하므로 원고적격이 상실되어야 하지만, 회사가 소를 각하시키기 위해 주식처분을 야기하였다면 상법 제403조 제5항의 취지에 비추어서 원고적격을 부인하는 것은 타당하지 않다는 것이다.[60] 같은 맥락에서 주주의 지위를 상실하게 된 이유를 살펴서 비자발적으로 주주의 지위를 상실하였다고 판단되는 경우에는 예외적으로 원고적격을 유지시키는 것이 바람직하다는 견해[61]도 있다.

(2) 관련 판례의 법리

제일은행 주주대표소송 사건[62]에서 대법원은 제소 후에 원고들과 제1심 공동소송참가인들의 보유 주식이 모두 무상소각된 결과 대표소송의 원고적격을 상실한다는 취지로 판결을 내린 바 있다. 만약 위 판결에서 회사가 원고 공동소송참가를 하지 않았다면 아마도 이 소는 부적법하여 각하되었을 것이다. 이른바 한국전력 사건[63](이하 '4 판례'로 줄임)의 하급심[64]에서 법원은 상법 제403조 제5항의 문리적 해석을 바탕으로 하여 "대표소송을 제기하는 주권상장법인의 소수주주가 제소 후 발행주식을 전혀 보유하지 않게 된 경우에는 그러한 주주의 제소는 부적법해지는 것으로 봄이 상당"하다고 판시하였다. 그 후 이른바 신세계백화점 사건[65](이하 '5 판례'로 줄임)에서 대법원은 "대표소송을 제기한 주

322면.

59) 박길준/손주찬/양승규/정동윤, 「개정상법축조해설」(박영사, 1999), 70면; 법무부, 「상법개정공청회자료」(1998. 4. 1), 29면.

60) 김상규, 앞의 논문, 186면.

61) 안성포, "주주대표소송과 원고적격성", 「비교사법」 제12권 제1호(한국비교사법학회, 2005), 485~486면; 정상민, "대표소송의 원고적격과 소송상의 신의칙", 「인권과정의」Vol. 491(대한변호사협회, 2020), 160면; 황현영, "주주대표소송 활성화를 위한 법적 과제", 「기업법연구」 제27권 제4호(한국기업법학회, 2013), 17면.

62) 대법원 2002. 3. 15. 선고 2000다9086 판결.

63) 대법원 2015. 3. 26. 선고 2013다21534·2013다210541 판결.

64) 서울중앙지방법원 2012. 10. 5. 선고 2011가합80239·2011가합105169 판결.

65) 대법원 2013. 9. 12. 선고 2011다57869 판결.

주 중 일부가 주식을 처분하는 등의 사유로 주식을 전혀 보유하지 아니하게 되어 주주의 지위를 상실하면, 특별한 사정이 없는 한 그 주주는 원고적격을 상실하여 그가 제기한 부분의 소는 부적법하게 되고, 이는 함께 대표소송을 제기한 다른 원고들이 주주의 지위를 유지하고 있다고 하여 달리 볼 것은 아니다"라고 판시하였다. 이른바 주식교환 사건[66](이하 '6 판례'로 줄임)은 대표소송을 제기한 주주가 소송의 계속 중에 주식교환으로 인하여 주식을 전혀 보유하지 아니하게 되어 주주의 지위를 상실하는 경우에도 마찬가지로 원고적격을 상실하게 됨을 밝히고 있다.

(3) 입법례

가. 미국법

미국에서는 대표소송의 제기권을 단독주주권으로 하되 회사의 권리를 행사함에 있어서 '주주들을 공정하고 적절하게 대표할 것'(fair and adequate representation)이라는 요건을 요구하고 있다.[67] 또한 주주대표소송의 제소권자는 소송에서 문제가 되는 행위가 있은 시점에 이미 주식을 소유하였던 주주 또는 그 시기에 주식을 소유하였던 주주로부터 법의 작용에 의하여 주식을 양수한 자(者)로 한정한다는 법리, 즉 주식동시소유의 요건(contemporaneous ownership requirement)이 적용된다. 델라웨어주 법률 및 판례와 모범사업회사법(Model Business Corporation Act: MBCA)[68]을 비롯하여 여러 주에서 이와 동일하거나 유사한 요건을 부과하고 있다.[69]

---

66) 대법원 2018. 11. 29. 선고 2017다35717 판결; 대법원 2019. 5. 10. 선고 2017다279326 판결.

67) Cohen v. Beneficial Loan Corp., 337 U.S. 541, 549(1949).

68) 미국변호사협회는 1933년 일리노이주 회사법을 모델로 하여 MBCA을 마련하여 1950년에 정식으로 공포하였으며, 동법은 오늘날에 이르기까지 수차례의 수정과 개정이 있었다. 이처럼 MBCA는 각 주에서 선발된 위원들이 주(州) 차원에서 회사법을 제정 또는 개정할 때의 모범으로 삼기 위하여 제정한 것이다. MBCA는 문자 그대로 각 주의 회사법의 모범(model)으로서 제시된 법전일 뿐 강제력이 있는 규범은 아니다. 다만, MBCA는 각 주의 보통법(common law)의 우수한 점을 요약·정리하고 있으며, 또한 주회사법의 운용 및 개정에 관하여 중요한 지침서로서의 역할을 하고 있는 것은 틀림없다.

69) 예컨대, MBCA 제7.41조는 주주는 소에서 다투어지는 작위나 부작위가 행해진 시점에 회사의 주주였거나 그 당시에 주주였던 사람으로부터 법의 작용에 의하여 이전을 통해 주주가 된 경우 및 회사의 권리를 행사함에 있어서 회사의 이익을 공정하고 적절히 대표하는 경우가 아니라면 대표소송을 개시 또는 유지할 수 없는 것으로 명시하고 있다.

대표소송의 원고적격을 가지기 위해서는 위의 요건 이외에도 소송의 제기 시점으로 부터 소송의 계속 및 종료시점까지 해당 회사의 주주의 지위를 유지하여야 한다.[70] 만약 주주가 대표소송을 제기한 후에 주식을 전부 양도하여 주주라는 지위를 상실한 결과 해당 회사에 대해 아무런 이해관계를 가지지 못한다면 더 이상 소송을 수행할 수 없다.[71] 이와 같이 주주가 대표소송을 수행하기 위하여 요구하는 판례법상의 조건을 '계속소유의 요건'(continuous ownership rule)이라고 하며, 이는 델라웨어주에 제대로 정착된 요건으로 평가받고 있다.[72] 델라웨어주 법원은 이 요건을 강제하는 근거로 대표소송의 계속 중에 주주의 지위를 상실할 경우에는 더 이상 회사의 이익을 위해 소송을 수행할 재무적인 이익이 존재하지 않는다는 점[73] 내지 그러한 주주는 소송을 적절하게(adequately) 수행할 유인까지 상실한다는 점[74] 등을 들고 있다.

델라웨어주 법원의 판결에 따르면 합병으로 인하여 주주로서의 지위를 상실하는 경우에도 원칙적으로 그 주주의 대표소송 원고적격이 함께 상실되지만,[75] 만약 합병이 대표소송의 원고적격을 박탈하기 위한 목적으로만 이루어진 경우에는 예외적으로 원고적격을 유지할 수 있다.[76] 델라웨어주처럼 계속소유의 요건을 엄격하게 지지하고 있는 주(州)로서는 캘리포니아주, 플로리다주와 뉴멕시코주 등이 있다.[77] 이에 반하여 앨라배마주 대법원은 Shelton v. Thompson 사건[78]에서 흡수합병의 결과 당초 회사가 소멸함으로써 해당 회사의 주주의 지위를 타의에 의하여 상실하게 된 자에 대해서는 계속소유의 요건을 요구하지

70) Alabama by-Products Corporation v. Cede & Co., 657 A.2d 254, 264(Del. 1995)

71) Lewis v. Anderson, 477 A.2d 1040, 1049(Del. 1984). 이 사건에서 주식계속소유의 원칙이 확립되었다.

72) Arkansas Teacher Retirement System v. Countrywide Financial Corporation, 375 A.3d 888, 897(Del. 2013). 델라웨어주 민사소송규칙 제23.1조가 주식계속소유의 요건을 마련하고 있다.

73) Alabama by-Products Corporation, at 265.

74) Portnoy v. Kawecki Berylco Industries, Inc., 607 F.2d 765, 767(7th Cir. 1979).

75) Schreiber v. Carney, 447 A.2d 17(Del. Ch. 1982).

76) Lewis v. Anderson, 477 A.2d 1040(Del. 1984).

77) Malaika M. Eaton & Leonard J. Feldman & Jerry C. Chiang, *The Continuous Ownership Requirement in Shareholder Derivative Litigation: Endorsing a Common Sense Application of Standing and Choice-of-Law Principles*, 47 Willamette Law Review 1, 7－11(2010).

78) 544 So. 2d 845(Ala. 1989).

않았다. 이 사건의 판시와 유사한 입장을 취하고 있는 주(州)로서는 노스 캐롤라이나주와 펜실베이니아주 등을 들 수 있다. 그러나 여전히 계속소유의 요건을 지지하는 주(州)가 다수이다.[79)]

미국에서 포괄적 교환 등으로 인하여 어쩔 수 없이 주식 전량을 처분하게 된 주주가 소를 계속 유지할 수 있는지에 관하여 주법원의 판례가 일치되지 않고 있지만, 그 경우에 소의 유지를 할 수 없다는 입장이 다수(多數) 주법원의 태도이다.[80)] 델라웨어주 법원도 포괄적 교환 등으로 인하여 원고가 주주지위를 상실하면 존속회사가 대표소송의 유지권한을 승계할 수 있으므로 당초의 주주는 원고로서의 대표성이 더 이상 존재하지 않는 까닭에 기존에 제기한 소의 유지는 불가능한 것이 원칙이라는 입장이다.[81)] 다만, 동 법원은 포괄적 교환 등이 사기(fraud)로 이루어졌거나, 또는 조직재편이 있더라도 그 조직재편이 당해 원고의 소유권에 관련된 이해관계에 영향을 미치지 않는다면 주식계속소유의 요건과 대표적절성 요건을 예외적으로 충족하는 것으로 판시하고 있다.[82)]

이 밖에 여러 판례[83)]를 위시하여 MBCA 제7.41조는 상속의 경우와 같이 법의 작용에 의하여 주식이전이 이루어지는 경우에 제소자격의 유지를 인정하고 있다. 그러나 판례에 따르면 회사의 자발적 합병의 경우에 이루어지는 주식의 이전은 법의 작용에 의한 것으로 간주되지 못한다.[84)]

나. 일본법

일본법에서도 대표소송의 원고주주는 소송제기의 시점 및 소송 중에 계속 주식을 보유하여야 한다. 만약 주주대표소송을 제기한 후에 원고주주가 그 보유한 주식의 전부를 처분하여 주주의 지위로부터 벗어나면 원고적격을 상실하고, 그 소송은 각하된다. 보유한 주식의 전부를 처분한 자는 해당 회사와 아무런 이해관계가 없는 까닭에 회사의 손해에 대한 배상을 청구할 소의 이익이 없다는

79) Eaton & Feldman & Chiang, *supra* note 77, at 12－14.

80) *Id.* at 14.

81) 포괄적 교환 등이 실행된 후에 소의 유지가 불가능한 이유로 존속회사가 대표소송의 유지권한을 승계한다는 점을 들기도 한다. Schreiber v. Carney, 447 A.2d 17, 21(Del. Ch. 1982).

82) Lewis v. Anderson, 477 A.2d 1040, 1046 n.10(Del. 1984).

83) 이에 해당하는 판례로서 Phillips v. Bradford, 62 F.R.D. 681(S.D.N.Y. 1974) 등을 들 수 있다.

84) United States v. Seattle－First National Bank, 321 U.S. 583, 587－588(1944).

것이다.[85] 이러한 입장에서 법원은 이른바 니혼코우쿄우은행(日本興業銀行) 사건[86]과 다이와은행(大和銀行) 사건[87]에서 주식이전으로 인하여 주주의 지위를 상실한 자는 대표소송의 원고적격을 유지할 수 없다고 판시한 바 있다.[88] 이에 대하여 일본에서는 많은 비난이 쏟아졌다.[89] 그 비난의 핵심은 대표소송의 원고주주가 자신의 의사에 기초하여 자발적으로 주식을 양도하거나 경매나 공매와 같이 개별적인 이전원인으로 인하여 주주의 지위를 벗어난 경우와는 달리 주식교환·주식이전이라는 조직법상의 행위에 따라 주주라는 지위를 상실한 경우에는 자신의 의사에 기초하여 권리를 포기한 것이 아니므로 양자를 구분하여 취급하여야 한다는 것이었다.[90] 특히 원고주주가 완전모회사를 통하여 완전자회사에 투자를 계속하고 있다는 점에서는 사실상 경제적인 변화가 없으므로 달리 취급하여서는 안된다는 주장도 있었다.[91]

이러한 비난에 직면하여 일본은 2006년 제정된 회사법에서 명문의 규정을 두어 대표소송을 제기한 후 조직재편으로 더 이상 주주의 지위를 상실하더라도

85) 三浦治, “組織再編行為と株主代表訴訟の原告適格 － 二〇一二年「会社法制の見直しに関する要綱」を受けて－”, 「札幌法学」 24巻 2号(札幌大学, 2013), 7頁.

86) 東京地方裁判所判決 2001年 3月 29日, 「判例時報」 1748号, 171頁.

87) 大阪地方裁判所判決 2000年 9月 20日, 「商事法務」 1573号, 4頁.

88) 주식이전은 甲사가 새롭게 완전모회사 乙사를 설립하기 위해 甲사의 주주가 가지고 있는 甲사 주식 전부를 乙사에 이전하고, 종전의 甲사 주주는 乙사가 설립에 즈음하여 발행한 乙사 주식을 배정받아 乙사의 주주가 되는 제도이다. 주식교환은 甲사와 乙사 사이에 甲사의 주식을 기존의 乙사 주식과 교환하는 것을 내용으로 하는 계약을 체결하고, 甲사의 주주를 강제적으로 乙사의 주주로 하는 제도이다. 주식교환 또는 주식이전이 이루어진다면 甲사 주주는 그 회사의 완전모회사인 乙사의 주주가 된다. 대표소송이 계속 중인 때에 주식교환·주식이전이 실행된다면 원고주주는 甲사 주주가 아닌 乙사의 주주가 되므로 계속소유의 요건을 만족시킬 수 없다. 따라서 원고주주는 당사자적격을 잃고, 소송은 각하되게 된다. 山田泰弘, “結合企業と代表訴訟(1)”, 「高崎経済大学論集」 第45巻 第2号(高崎経済大学, 2002), 71頁. 주 86)과 87)에서 언급한 판결에 대하여 일본에서의 자세한 논의를 소개한 국내문헌으로는 고재종, “기업결합전 제기된 대표소송의 기업결합 후 계속 여부－일본의 흥업·대화은행 사건 사례를 중심으로－”, 「상사판례연구」 제24집 제4권(한국상사판례학회, 2011)이 있다.

89) 土田亮, “組織再編行為無効の訴えにおける株主の原告適格”, 「大宮ローレビュー」 5号(大宮法科大学院大学, 2009), 47頁.

90) 小林一于, “親子会社関係における株主代表訴訟の原告適格”, 「山口経済学雑誌」 50巻 6号(山口大学, 2002), 133~134頁.

91) 山田泰弘, 前掲論文(주 88), 74頁.

소송을 계속 유지할 수 있도록 함으로써 그간의 입장을 변경하였다.[92] 즉, 주식교환·주식이전의 경우, 합병(삼각합병 포함), 그리고 주식교환·주식이전·합병 이후에 추가적인 구조조정이 있는 경우와 같이 대표소송에 있어서 당초 원고주주가 주주지위를 상실하더라도 소송수행을 계속할 수 있음을 명백하게 인정하는 규정을 특례로서 마련한 것이다. 이를 구체적으로 살펴보면, 원고주주가 주식교환·주식이전을 통해 해당 회사의 완전모회사의 주식을 취득하게 된 경우(일본 회사법 제851조 제1항 제1호), 대표소송이 제기된 해당 회사가 소멸하는 합병에 의하여 신설회사, 존속회사 또는 그 완전모회사의 주식을 취득하게 된 경우(일본 회사법 제851조 제1항 제2호), 완전모회사의 주주로서 소송수행을 계속할 수 있었던 주주가 이후 추가적인 주식교환·주식이전·합병으로 인해 완전모회사의 주주 지위를 상실한 경우(일본 회사법 제851조 제2항), 신설회사·존속회사 또는 그 완전모회사의 주주로서 소송수행을 계속할 수 있었던 주주가 이후 추가적인 주식교환·주식이전·합병으로 인해 신설회사·존속회사 또는 그 완전모회사의 주주 지위를 상실한 경우(일본 회사법 제851조 제3항)에도 소송수행을 계속할 수 있다는 것이다.[93]

(4) 검 토

한국 상법상에서 대표소송의 원고적격과 관련하여 인정되고 있는 주식계속보유의 요건은 미국이나 일본에서도 유효한 제도이다. 현행 상법상 주주대표소송은 제소할 당시에만 주주이면 충분하므로 미국법처럼 주식동시소유의 요건은 인정되지 않는다. 또한 제소 당시에 필요한 소수주주의 요건을 갖춘다면 변론종결까지 당초 보유한 주식을 계속 그대로 유지하여 보유할 필요는 없을지라도 1주 이상은 보유하여야 한다(제403조 제5항). 이 때문에 미국에서 1주를 가진 자가 대표소송을 제기하였지만 소의 종료시까지 그 주식을 처분하면 원고적격

92) 山田泰弘, "国際的潮流から見た日本の株主代表訴訟制度－特に株主代表訴訟の原告適格を巡って－",「立命館法学」314号(立命館大学, 2007), 119頁.

93) 이 때문에 일본 회사법 제851조에 의하여 다중대표소송이 사실상 인정되는 것으로 평가되었다. 新谷勝,「会社訴訟·仮処分の理論と実務」第2版(民事法研究会, 2011), 404~405頁. 그러나 2014년 회사법 개정으로 다중대표소송이 제847조의3에서 정식으로 도입되었다. 坂本三郎 編著,「別册商事法務№393 立案担当者による平成26年改正会社法の解説」(商事法務, 2015), 159頁.

을 상실하게 된다는 점과 관련하여 살펴보면, 한국에서도 여러 주주가 모여서 제소를 한 후에 원고적격을 그대로 유지하기 위해 적어도 1주를 가지고 있는 주주에 대해서는 미국과 유사한 주식계속소유의 요건이 인정되고 있는 것으로 풀이할 수 있다.

미국에서는 계속보유의 요건을 엄격하게 유지할 것인지에 관하여 판례가 나누어지는 반면에 일본은 이 요건을 완화하여 적용하는 쪽으로 입법적 개선을 이루었다. 한국 상법 제403조 제5항의 괄호 안 규정을 문리해석하면 대표소송을 제기한 후에 주식 전부를 처분한 경우 원고적격을 상실하며, 그 경우 주식 전부를 처분하게 된 이유를 묻지 않고 당해 소송은 부적법하여 각하된다. 이상의 제일은행 사건 판결부터 [4] 판례의 하급심 판결과 [5] 판례까지를 연결하여 함께 살펴본다면 법원은 상법상 명시적 규정에 따라 당초 상법이 요구하는 원고로서의 지주율을 충족하여 대표소송을 제소한 주주가 제소 후 주식을 전혀 보유하지 않게 되면 원고적격을 상실하게 된다고 일관되게 판시하고 있다.

그러나 [5] 판례에서처럼 주주의 자의에 의하여 주식을 전부 처분한 경우에는 원칙적으로 원고로서의 지위가 상실되는 것이 당연하지만, 주식회사의 행위로 인해서 강제적으로 또는 본의 아니게 원고가 제소시 충족하였던 주주의 지위를 더 이상 유지할 수 없는 경우에는 달리 취급할 필요가 있다. 그 이유로는 첫째, 회사의 경영진에게 이미 제기된 소송을 손쉽게 회피할 수 있는 여지를 제공하여서는 안된다는 점, 둘째, 타의에 의하여 주식을 상실하게 되더라도 원고주주의 경제적 이익은 여전히 유지되어 당초 제기한 소를 계속 성실하게 수행할 유인이 존재한다는 점,[94] 셋째, 외부적 환경의 변화로 인하여 초래되는 부담을 원고주주에게만 귀속시키는 것은 부당하다는 점 등을 충분히 감안하여야 한다는 것이다. 이에 일단 제소한 주주의 일부가 주식을 전부 양도하게 된 원인을 살펴서 당사자적격의 유지 여부를 판단하는 것이 형평의 관념에 비추어 바람직하다는 견해[95]가 제시되어 있다.

---

94) 노혁준/강동욱/이완근, 「회사소송제도의 개선을 위한 연구」 2012년도 법무부 연구용역 과제보고서(서울대학교 금융법센터, 2012), 26면.

95) 이와 관련하여 참고적으로 감자무효의 소를 예로 들어 보기로 한다. 상법 제445조에 따르면 감자무효의 소는 주주·이사·감사·청산인·파산관재인 또는 자본금의 감소를 승인하지 아니한 채권자만이 자본금 감소로 인한 변경등기가 된 날부터 6개월 내에 소만으로 주

5 판례와 그 하급심 판결을 살펴 볼 때 2008년 신세계의 주주가 신세계의 이사를 상대로 서울중앙지방법원에 손해배상청구를 제기한 지 5년 만인 2013년에서야 대법원 판결로써 종결을 맺게 되었음을 알 수 있다.96) 대표소송이 처음 제기된 시점으로부터 무려 5년의 시간이 소요된 것이다. 이같이 한국의 경우 소를 제기하고 종결되는 사이의 시간이 매우 길기 때문에 그 사이에 다양한 유형의 회사조직재편이 이루어질 여지가 있다. 그러면 5 판례에서 원고적격을 상실하지 않는다고 설시한 '특별한 사정'은 어떤 사정을 의미하는가? 6 판례에서 이미 대법원이 분명하게 주식교환의 경우처럼 주주가 자신의 의사에 반하여 주주의 지위를 상실한 경우에도 그 주주가 이미 제기한 소가 부적법 각하된다고 판시한 만큼 주식교환·주식이전과 같은 회사의 조직재편으로 인하여 주주의 지위를 상실한 경우97)는 적어도 '특별한 사정'에 해당하지는 않을 것으로 보인다. 그렇다고 해서 소를 제기한 주주가 사망하는 경우라 하더라도 '특별한 사정'이 있는 것으로 보기도 어렵다. 제소한 주주가 사망하면 그의 원고적격은 일단 상실되지만 민사소송법 제233조에 따라 피상속인 주주의 권리·의무를 포괄승계한 상속인이 주주지위의 교체에 의하여 소를 수계하여 계속 진행할 수 있는 것에 지나지 않기 때문이다. 따라서 5 판례에서 대법원이 설시한 '특별한 사정'에 과연 어떠한 경우가 해당될지를 예상하기가 쉽지 않다.98)

그러나 델라웨어주의 판례처럼 자신의 의무를 위반한 이사가 회사의 행위

장할 수 있다. 이를 문리적으로 해석한다면 완전감자가 된 경우에는 주주가 존재하지 않으므로 주주에 의한 감자무효의 소는 가능하지 않다. 그러나 설령 완전감자로 인하여 주주자격을 잃었다고 하더라도 해당 감자의 무효에 의해 회복되어야 할 잠재적 주주자격을 가질 수 있는 까닭에 원고적격을 잃지 않는 것으로 보는 견해가 있다. 최준선, 앞의 책, 720면.

96) 원고측에서 서울중앙지방법원에 사건을 접수한 일자는 2008년 4월 18일이었고(서울중앙지방법원 2010. 6. 18 선고 2008가합36393 판결), 서울고등법원에서의 변론종결일은 2011년 4월 28일이었다(서울고등법원 2011. 6. 16. 선고 2010나70751 판결).

97) 박정국, "자신의 의사에 반하여 주주의 지위를 상실한 경우 주주대표소송의 원고적격 상실 여부－대법원 2018. 11. 29. 선고 2017다35717 판결을 중심으로－", 「상사판례연구」 제33집 제2권(한국상사판례학회, 2020), 234면. 주식교환에 단체법적인 성격이 존재함에도 불구하고 주식교환으로 완전모회사의 주식을 취득하였다는 것을 이유로 하여 완전자회사의 주주로서의 지위를 자발적으로 상실한 것으로 평가하는 견해(김정호, "조직재편과 대표소송의 원고적격", 「법학연구」 제29권 제4호(연세대학교, 2019), 141면)도 있다.

98) 한편, "이미 제기한 대표소송상 여전히 소의 이익을 갖는" 경우가 '특별한 사정'에 해당하는 것으로 풀이하는 견해(김정호, 앞의 논문, 141면)가 있다.

로 인하여 책임을 면하게 된다면 이는 소송의 억제기능적 측면에서 보더라도 바람직하지 않다.[99] 특히 계속소유의 요건을 규정한 상법 제403조 제5항은 1998년에 신설되었고, 주식교환과 주식이전에 관한 규정인 상법 제3편 제4장 제2절의 제2관과 제3관은 2001년에, 그리고 삼각합병 규정인 상법 제523조의2는 2011년에 신설된 것이다. 따라서 상법 제403조 제5항은 주식교환 및 주식이전, 그리고 삼각합병의 실행 등과 같이 새로운 유형의 조직재편을 단행함으로 인하여 계속소유의 요건을 충족시킬 수 없는 경우[100]를 감안하지 못한 채 도입된 규정이다. 결국 다른 규정과의 정합성을 제고하는 차원에서 상법 제403조 제5항을 개정하거나[101] 아니면 일본과 같은 특례규정을 신설할 필요가 있다.[102]

여기서 한 걸음 더 나아가, 완전감자된 경우에도 5 판례가 설시한 '특별한 사정'에 포함되지 않을 뿐만 아니라 민사소송법 제81조에 규정한 승계인의 소송참가와 동법 제82조의 승계인의 소송인수를 기대할 수 없다. 따라서 부실금융기관의 강제적인 자본금감소[103]로 인하여 주주의 지위를 상실하는 경우에는 이에 대한 대책이 필요하다. 제일은행 사건 판결에서는 회사의 발행주식총수가 소각되는 바람에 원고적격을 상실하였지만 다행히 회사가 공동소송참가(제404조 제1항)를 하였기에 소송이 계속된 바 있다. 그러나 주주가 제소청구를 하였음에도 불구하고 소를 제기하지 않았던 회사가 주주의 소제기 후에 기존의 의사(意思)를 뒤집고 소에 참가할 가능성은 크지 않다. 만약에 주식이 전부 소각되고, 회사의 소송참가도 없다면 의무를 위반한 이사로부터 회사가 구제받을 수 있는 방법이 없다. 이와 같이 일반인의 법감정에 반하는 상황을 타파하기 위해

99) 山田泰弘, 前揭論文(주 92), 120頁.

100) 예컨대, 甲사의 주주인 원고가 대표소송을 제기한 후에 甲사를 대상으로 하는 삼각합병(제523조 제4호, 제523조의2)으로 인하여 존속회사 乙사의 완전모회사의 주주가 되어 합병의 직접적 당사회사인 甲사의 주주의 지위를 상실하는 경우를 들 수 있다.

101) 황현영, 앞의 논문, 16~18면. 2015년 5월 새정치민주연합의 우윤근 의원이 대표발의한 상법 일부개정법률안(의안번호: 15220)이 국회에 제출되었다. 이 상법 일부개정법률안은 상법 제403조 제5항에 "소를 제기한 주주가 제소 후 주식의 포괄적 교환·포괄적 이전, 합병으로 주주의 자격을 상실한 경우"에도 제소의 효력에는 영향이 없음을 정하고 있었다.

102) 노혁준/강동욱/이완근, 앞의 보고서, 26~27면.

103) 이에 해당하는 예로서는 「금융산업의 구조개선에 관한 법률」 제10조 등의 규정에 의하여 부실한 금융기관에 대한 적기시정조치로서 내려진 자본금감소명령으로 인하여 주식이 강제적으로 소각되는 경우를 들 수 있다.

서는 상법 제404조 제1항을 개정하여 주식이 완전소각되는 경우에는 회사의 소송참가를 강제하여야 한다. 말하자면, 완전감자가 있는 경우 회사의 소송참가를 통해 당초의 대표소송을 사실상 직접소송(direct suit)으로 변경하여 이미 제기된 소송이 계속 유지될 수 있는 길을 열어야 한다.

3. 상환청구권을 행사한 자

(1) 상환주식의 개념

상환주식은 주주에게 배당 가능한 이익으로 소각이 예정되는 종류주식을 의미한다(제345조). 원래 주식은 사채와 달리 상환하지 않는 것이 원칙이지만, 회사가 일시적인 자금조달의 필요성으로 인하여 우선배당을 내용으로 하는 종류주식을 발행하여야 하는 경우가 발생할 수 있다. 배당우선주는 언제까지나 회사의 회계상 부담으로 작용하므로 상법은 상환조항을 첨부하여 일정한 시기 후에는 그것을 상환할 수 있는 종류주식을 인정한 것이다.

상환주식은 회사가 상환청구권을 가지는 상환사유부주식 내지 상환조항부주식(제345조 제1항)과 주주가 회사에 대하여 상환청구권을 가지는 상환청구권부주식(제345조 제3항)으로 나누어진다. 그 상환의 대가와 관련하여 다양성과 유연성이 인정되고 있다. 상법은 상환의 대가로 현금, 유가증권(다른 종류의 주식은 제외), 그 밖의 자산을 교부할 수 있게 하지만, 그 교부하는 자산의 장부가액이 배당가능이익(제462조)을 초과할 수 없다(제345조 제4항). 상환주식이 전환주식으로 기능하는 것을 방지하기 위하여 상환의 대가로서 다른 종류주식을 교부할 수 없다.

(2) 상환청구권부주식에서의 상환권의 법적 성질[104)]

상법상 상환청구권부주식, 즉 주주상환주식의 전형적인 모습은 "우선주에 상환조건을 붙인 주식으로, 상환할 이익이 있는 경우에 회사로부터 미리 정한 상환금액을 돌려받고 당해 주식을 소각할 것이 예정된 주식이다"(제345조 제3항). 때문에 "상법상 상환주식은 투자자로서 투자자본의 적시 회수를 가능하게 하여 투자위험을 관리할 수 있도록 한 제도"라 할 것이다. 이처럼 상환청구권부

---

104) 서울고등법원 2017. 7. 7. 선고 2016나2089876 판결이 판시한 사항을 정리한 것임을 밝힌다.

주식의 경우 "주주의 일방적인 상환(청구)권행사 의사표시에 의하여 상환의 효력이 발생하므로 [상환청구권은] 주주와 회사 사이에서 주식매매계약을 체결하게 되는 일종의 형성권이다."

(3) 상환청구권을 행사한 자의 원고적격 유무

상법상 상환청구권부주식의 주주가 "주주가 상환권을 행사하면 회사는 주식 취득의 대가로 주주에게 상환금을 지급할 의무를 부담하고, 주주는 상환금을 지급받음과 동시에 회사에 주식을 이전할 의무를 부담한다. 따라서 정관이나 상환주식인수계약 등에서 특별히 정한 바가 없으면 주주가 회사로부터 그 상환금을 지급받을 때까지는 상환권을 행사한 이후에도 여전히 주주의 지위에 있다고 봄이 상당하다."[105] 따라서 상환청구권을 행사한 주주라 하더라도 상환금을 지급받지 못한 상태에 있다면 소수주주의 요건을 갖추어 주주대표소송을 제기할 수 있다.

4. 주식매수청구권을 행사한 자

(1) 주식매수청구권의 개념

주식매수청구권제도는 자본다수결 원칙이 적용되는 영업양도·합병 등(이하 '영업양도 등'으로 줄임)에 반대하는 소수주주로 하여금 그가 투하한 자본을 회수할 수 있도록 하여 소수의 반대주주를 보호하고자 하는 데에 기본적인 취지가 있으며, 아울러 "영업양도 등 회사의 중요한 변경을 추진할 수 있도록 하여 회사거래(corporate transaction)의 활성화를 도모"[106]하는 효과를 거두어들일 수 있다. 소수주주가 주식매수청구를 할 수 있다는 것만으로도 다수주주(지배주주) 또는 경영진이 영업양도 등과 같은 회사거래에서 자신들의 사적 이익을 추구하거나 자신들에게로 부(富)를 이전하고자 하는 유인이 봉쇄되거나 축소되기도 한다. 그러므로 주식매수청구권은 다수주주와 소수주주의 이해관계를 조정하는 기능을 가진다.[107]

---

105) 대법원 2020. 4. 9. 선고 2017다251564 판결.

106) 서울고등법원 2010. 10. 14. 선고 2010나27061 판결.

107) 송옥렬, 앞의 책, 957면.

(2) 주식매수청구권의 법적 성질

주식매수청구권은 형성권으로서 성격을 가진 것으로 풀이된다.[108] 주주의 매수청구가 있는 경우 회사의 승낙 여부와 상관없이 매매계약이 성립한다. 대법원이 매매계약이 성립하기 위해서는 매매계약의 본질적 사항(*essentialia negotii*)이나 중요 사항에 관하여는 구체적으로 의사의 합치가 있거나 계약성립 후에 적어도 구체적으로 특정할 수 있는 기준과 방법 등에 관한 합의는 있어야 한다는 입장을 취하고 있는 것[109]에 비추어 보면 주식매수가격이 결정되지 않은 상태에서도 주식매매계약은 성립할 수 있다.

상법 제374조의2 제2항에 따르면 비상장회사는 매수청구기간이 종료하는 날로부터 2월 이내에 매수하여야 한다. 여기서 '매수하여야 한다'는 것은 "주식의 소유권을 취득하기 위하여 대금을 지급하여야 한다"를 의미하므로, '2월'은 주식매매대금의 이행기를 정한 것으로 본다. 주식매매대금의 지급과 주권의 교부는 동시이행의 관계에 있다.[110] 또한 상법이 정한 2월을 도과하면 회사가 지체책임을 부담하게 된다는 사실은 회사로 하여금 신속하게 매수가액의 협의에 응하도록 하는 유인을 부여한다.

(3) 주식매수청구 주주의 원고적격 유무

회사가 주식매매대금의 이행기를 도과하는 경우 주식매수청구권을 행사한 주주에게 그 대금과 관련하여 원본에 이자까지 지급하여야 한다는 것은 그러한 매수청구자가 사실상 채권자로서의 지위를 누리게 된다는 측면이 있음은 부인할 수 없다. 그럼에도 불구하고 영업양도 등에 반대하여 주식매수청구를 한 주주는 그 대금을 수령하기 전까지는 주주의 지위를 잃지 않는 것으로 이해되고 있다. 주식매수청구권의 행사로 매매계약이 체결된 것으로 보는 대법원 판결에 따라 회사가 대금을 지급한 시기에 주주가 그 지위를 잃는다고 보는 것[111]이 타당하기 때문이다. 이를 뒷받침하는 구체적인 근거를 다음과 같이 제시할 수 있다.

---

108) 민정석, "합병 반대주주의 주식매수청구권의 법적 성격과 주식매수대금에 대한 지연손해금의 기산점－대상판결: 대법원 2011. 4. 28. 선고 2009다72667 판결－", 「BFL」 제48호(서울대학교, 2011), 76면.

109) 대법원 2006. 11. 24. 선고 2005다39594 판결.

110) 대법원 2011. 4. 28. 선고 2010다94953 판결.

111) 권기범, 앞의 책, 815~816면.

첫째, 주식매수청구권을 행사하게 되면 형식적으로는 매매계약이 체결되기는 하지만 궁극적으로는 그 실질적인 목적은 출자의 환급에 있다. 매수청구한 주주가 주식매매대금을 받지 못하였다면 이는 출자의 환급이 이루어지지 않은 것과 다를 바 없다. 그러한 경우에는 주식매수청구권 행사의 고유한 목적을 달성하지 못하였으므로 주주의 지위를 유지하는 것으로 풀이하여야 한다.

둘째, 주식매수청구권에 부여된 다수주주에 대한 견제기능 및 다수주주와 소수주주 간의 이해조정기능은 단순히 주식매수를 청구한 시점에서 충분하게 작동하는 것으로 볼 수는 없다. 이와 관련하여 다수주주측이 의결권 있는 주식의 지분율에 변화를 기대하고 영업양도 등에 찬성하는 경우를 예로 들어보기로 한다. 영업양도 등에 반대하는 주주가 주식매수청구권을 행사하고 그 주식매매대금이 지급되었다면 매수된 주식이 자기주식화되어 의결권이 휴지된다. 그 결과 다수주주의 지분율 혹은 실질적인 지배력이 상대적으로 증가한다.[112] 이와 같이 다수주주가 지분율의 상승을 원한다면 주식매수청구를 한 반대주주를 퇴사시키기 위하여 매수청구된 주식의 매매대금이 조기에 지급되도록 노력하게 된다. 이러한 맥락에서 회사가 주주가 수용할 수준의 금액을 제시한다면 이는 주식매수청구권의 견제기능과 이해조정기능이 제대로 작동한 것으로 된다. 때문에 주식매수청구 시점에서 청구자가 주주로서의 지위를 잃는 것으로 풀이한다면 이는 소수주주의 이익을 제대로 보살피지 못하였다는 비난에 직면하게 된다.

상법 제360조 제1항을 유추적용하여 주식매수청구권을 행사한 주주의 지위는 당해 주주가 주식을 회사에 이전한 때에 소멸한다고 풀이하기는 하지만, 그 소멸이 있기 전에는 통상적인 주주와 마찬가지로 주식매수청구 주주가 공익권을 행사할 수 있다는 데 대하여는 이견이 없다.[113] 위에서 언급한 바와 같이

---

112) 구체적인 예를 들어 보기로 한다. A 주식회사가 발행한 주식총수의 75%를 보유한 다수주주 甲, 15%와 10%를 각각 보유한 乙과 丙이 있다고 가정하자. 만약 乙과 丙이 영업양도 등에 반대하여 각각 주식매수청구를 한다면 이들이 보유하고 있던 25%의 주식은 A 회사의 자기주식으로 되어 의결권을 비롯한 공익권과 자익권이 휴지된다. 반면에 甲은 자신이 보유한 주식의 수에는 변동이 없음에도 의결권 있는 주식의 전부를 가지게 된다. 甲의 실질적인 지배력은 75%에서 100%로 증가하였다.

113) 이형근/구대훈, "주식매수청구권", 한국상사법학회 편「주식회사법대계(Ⅰ)」 제3판(법문사, 2019), 932면. 주식매수를 청구한 자가 주식매매대금을 받지 못하는 상황에서 주주로서의 자익권을 행사할 수 있는지에 관해서는 입장이 일치되지 않는다. 이와 관련하여 참조할 수 있는 견해를 살펴보면 다음과 같다. 즉, 반대주주의 주식매수청구권 행사로 매

주주가 매수청구한 주식을 회사가 대금을 지급하고 취득하여야만 그 주식이 자기주식으로 되어 공익권 등 주주로서의 권리를 행사할 수 없게 된다는 점에 비추어 볼 때 주식매매대금이 지급되지 않은 주식은 회사의 자기주식이 아닌 주식(outstanding share)이므로 이에 대해 주주권을 부인하는 것은 납득하기 어렵기 때문이다. 따라서 대표소송의 원고로서 소수주주의 요건을 갖추면 대표소송을 제기할 수 있다.

5. 파산선고를 받은 회사의 주주

(1) 파산선고의 의의

「채무자 회생 및 파산에 관한 법률」(이하 '채무자회생법'으로 줄임)에 따르면 파산이라 함은 '채무자가 지급을 할 수 없는 때,' 즉 채무자가 채무초과나 지급불능과 같은 이유로 즉시 변제하여야 할 채무를 일반적·계속적으로 변제할 수 없는 객관적인 상태를 의미한다. 이러한 회사가 이러한 상태에 놓이는 경우 법원은 신청에 의하여 결정으로 파산을 선고한다(채무자회생법 제305조 제1항, 제306조). 회사가 파산선고를 받게 되면 파산재단의 관리·처분권은 파산관재인에게 전속하게 된다(채무자회생법 제384조).

(2) 관련 판례의 법리

대법원 판례는 제소청구 후 파산선고를 받은 주식회사의 주주에 대해서는 원고적격을 인정하지 않고 있다. 즉, 대표소송은 "회사의 재산관계에 관한 소로서 회사에 대한 파산선고가 있으면 파산관재인이 당사자 적격을 가진다고 할 것이고 …, 파산절차에 있어서 회사의 재산을 관리·처분하는 권리는 파산관재인에게 속하며 …, 파산관재인은 법원의 감독하에 선량한 관리자의 주의로써 그 직무를 수행할 책무를 부담하고 그러한 주의를 해태한 경우에는 이해관계인에 대하여 책임을 부담하게 되기 때문에 … 이사 또는 감사에 대한 책임을 추궁하

매계약이 체결된 것으로 보는 한 그 반대주주가 대금수령시까지 자익권 및 공익권을 향유한다는 견해(강헌, "상법상 주식매수청구권제도의 문제점,"「상사법연구」 제21권 제2호(한국상사법학회, 2002), 411~412면; 이철송, 앞의 책, 609면) 및 주주가 주식매수청구권을 행사한 것은 회사를 탈퇴할 의사가 대외적으로 표시된 것임에도 불구하고 대금정산이 되지 않았다는 이유로 주주로서의 권리를 행사하는 것은 형평에 맞지 않는다는 견해(김건식/노혁준/천경훈, 앞의 책, 863면; 송옥렬, 앞의 책, 961면)가 있다.

는 소에 있어서도 이를 제기할 것인지의 여부는 파산관재인의 판단에 위임되어 있다고 해석하여야 할 것이고, 따라서 회사가 이사 또는 감사에 대한 책임추궁을 게을리할 것을 예상하여 마련된 주주의 대표소송의 제도는 파산절차가 진행 중인 경우에는 그 적용이 없고, 주주가 파산관재인에 대하여 이사 또는 감사에 대한 책임을 추궁할 것을 청구하였는데 파산관재인이 이를 거부하였다고 하더라도 주주가 상법 제403조, 제415조에 근거하여 대표소송으로서 이사 또는 감사의 책임을 추궁하는 소를 제기할 수 없다고 보아야 할 것이며, 이러한 이치는 주주가 회사에 대하여 책임추궁의 소의 제기를 청구하였지만 회사가 소를 제기하지 않고 있는 사이에 회사에 대하여 파산선고가 있은 경우에도 마찬가지이다."[114)]

(3) 검 토

법원은 파산선고를 받은 회사의 주주가 주주대표소송을 제기할 수 없다는 이유를 다음과 같이 제시하고 있다. 첫째, 파산한 회사의 경우에는 파산관재인이 당사자적격을 가지고 있어 회사가 그 소송을 제기할 권능이 없다. 둘째, 파산관재인이 법원의 감독하에 선관주의로써 그 직무를 행하여야 하며 만약 이를 게을리하면 이해관계인에 대하여 손해배상책임을 부담하게 되므로 이사의 책임추궁을 해태할 우려가 없다. 셋째, 파산관재인과 이사는 특수한 관계에 있지 않으므로 이사의 책임추궁을 해태할 염려가 없다.[115)] 요약하자면, 제소청구 후 파산선고를 받은 회사에서의 이사의 지위는 그러하지 않는 회사에서의 경우와는 구별될 수밖에 없을 뿐만 아니라 법원의 감독을 받는 파산관재인이 재산에 대하여 관리·처분하는 권리를 가지는 까닭에 굳이 주주가 회사를 대신하여 제소할 이유를 찾을 수 없다는 것이다. 이에 대해 전적으로 수긍한다.

III. 보론: 근로자의 원고적격 인정론 검토

1. 쟁 점

제20대 국회와 제21대 국회의 경우 노동조합과 근로자대표에게도 제소권

---

114) 대법원 2002. 7. 12. 선고 2001다2617 판결.
115) 대구지방법원 2000. 4. 14. 선고 98가합24390 판결.

을 부여하는 것을 내용으로 하는 상법 개정안이 국회에 제출된 바 있다.[116] 이들 법안은 정식 입법으로 연결되지는 못하였거나 연결되지 못한 상태에 있지만 분명한 것은 원고적격을 확장하여 대표소송을 활성화하려는 주장을 담고 있었다는 점이다. 같은 맥락에서 학계에서도 근로자에게 대표소송을 인정하자는 주장[117]이 제기된 바 있다. 이하에서는 근로자에게 대표소송의 원고적격을 인정하는 것과 관련하여 입법론적 차원에서 살펴보고자 한다.

2. 검 토

한국에서 노동조합과 근로자대표에게 대표소송제기권을 부여하자는 논의가 있지만 미국에서는 이와 유사한 예를 찾아 볼 수 없다. 노동조합과 근로자대표에게 대표소송제기권을 부여하는 것은 다음과 같은 점에서 문제가 있다.

첫째, 미국의 경험에 비추어 볼 때, 대표소송의 제소권은 회사의 제소권으로부터 파생되므로, 만약 노동조합과 근로자대표가 주주는 물론이고 노동조합원이나 다른 근로자와 같은 다양한 이해관계자를 적절하게 대표할 지위에 있다면 대표소송의 원고적격을 인정할 여지가 있다. 그러나 이들의 대표소송제기권이 회사의 권한으로부터 파생되었음을 밝히기 위해서는 이사의 임무해태로 회사의 손해가 발생하고 그 손해로 인하여 근로자의 임금(급여)이 축소된다는 것이 명백하게 증명되어야 하지만, 이들이 회사의 잔여재산청구권자가 아닌 까닭에 이를 증명하기가 곤란하다. 말하자면, 회사로부터 고정된 임금을 받는 근로자로서는 회사의 손해가 반드시 자신의 임금삭감으로 연계되지 않는다는 것이다.

둘째, 노동조합과 근로자대표는 주주와 이해관계가 대립되는 측면[118]도 있

116) 이에 해당하는 상법 개정안으로는 제20대 국회에서 제출된 노회찬 의원 대표발의안(의안번호: 2091)과 제21대 국회에서 제출된 배진교 의원 대표발의안(의안번호: 4288)을 들 수 있다. 이들 법안은 6개월 전부터 계속하여 해당 회사의 주식을 보유한 주주 또는 근로자의 과반수로 조직된 노동조합이 있는 경우에는 해당 회사의 노동조합이, 근로자의 과반수로 조직된 노동조합이 없는 경우에는 해당 회사 근로자의 과반수를 대표하는 자는 원고적격을 가지는 것으로 규정하였다(제403조 제1항).

117) 정응기, “대표소송의 주체”, 「법학연구」 제26권 제2호(충남대학교, 2015), 169~179면.

118) 통상적으로 근로자의 임금은 회계학적으로는 비용으로 처리된다(기업회계기준서 제1019호). 따라서 비용으로 유출되는 금액이 크면 클수록 주주에게 돌아갈 배당가능이익의 규

는 만큼 이들이 대표소송에서 주주와 다른 이해관계자를 적절하게 대표하는 위치에 있다고 할 수 없어 노동조합과 근로자대표에게 대표소송제기권을 부여하자는 것은 수긍하기 어렵다.[119] 근로자는 그 실질에 있어서 사용자의 지휘·감독 아래 임금을 목적으로 종속적인 관계에서 사용자에게 근로를 제공하는 자라는 점을 감안한다면,[120] 노동조합과 근로자대표에게 대표소송제기권을 인정하게 되면 노사(勞使) 간의 힘겨루기의 일환으로 이사[121]를 상대로 대표소송을 제기하려는 움직임이 나타날 수도 있다.

제3절 피고적격

I. 기본요건

주주대표소송에서의 피고는 주주총회에서 선임되거나 되었던 이사이다. 상법 제403조 제1항이 "회사에 대하여 이사의 책임을 추궁할 소의 제기를 청구할

모가 줄어든다는 점에서 근로자는 주주와 그 이해관계가 대립될 수 있다.

119) 이와는 반대로 "근로자의 임금 등의 청구권은 회사의 장기적인 존속과 이윤의 창출에 영향을 받아 결정된다는 점에서 주주의 권리와 더 유사점이 있다"면서 근로자의 대표소송 원고적격을 인정하자는 견해가 있다. 정웅기, 앞의 논문, 176~179면.

120) 대법원 2015. 4. 23. 선고 2013다215225 판결. 근로기준법 제2조 제1항 제2호는 "'근로자'란 직업의 종류와 관계없이 임금을 목적으로 사업이나 사업장에 근로를 제공하는 자를 말한다"고 규정하고 있다.

121) 근로기준법 제2조 제1항 제3호에 따르면 "'사용자'란 사업주 또는 사업경영담당자, 그 밖에 근로자에 관한 사항에 대하여 사업주를 위하여 행위하는 자를 말한다." 여기서 '사업경영담당자'라 함은 "사업경영 일반에 관하여 책임을 지는 자로서 사업주로부터 사업경영의 전부 또는 일부에 대하여 포괄적인 위임을 받고 대외적으로 사업을 대표하거나 대리하는 자를 말하는 바, … 원칙적으로 사업경영 일반에 관하여 권한을 가지고 책임을 부담하는 자로서 관계 법규에 의하여 제도적으로 근로기준법의 각 조항을 이행할 권한과 책임이 부여되었다면 이에 해당한다고 할 것이고, 반드시 현실적으로 그러한 권한을 행사하여야만 하는 것은 아니다"(대법원 1997. 11. 11. 선고 97도813 판결). "주식회사의 이사가 대표이사와 같이 근로자를 고용하고 급료를 지급하는 등 회사의 근로자에 관한 사항에 대하여 실질상 직무를 수행하여 왔다면 근로기준법 … 의 사용자에 해당한다"(대법원 1995. 12. 5. 선고 95도2151 판결).

수 있다"고 규정하고 있어 회사를 피고로 할 수 없다. 또한 대표소송이 이사의 책임추궁을 목적으로 하기 때문에 회사 외부의 제3자를 피고로 할 수 없다.

이사는 회사에 대하여만 수임인의 관계에 있을 뿐 주주총회나 주주, 기타 회사기관의 대리인이나 사용인이 아니다. 여기서 '이사'는 누구를 의미하는가? 위에서 살펴 본 바와 같이 본래 이사는 이사회를 통하여 대표이사의 업무집행을 감독하거나 다른 이사를 감시하여야 하는 의무를 부담하며, 주주를 위하여 주주이익을 이사회의 의사결정에 반영시키는 역할을 담당한다. 그러나 이사가 사내에서 선임되는 경우가 많다 보니 독립성이 미흡한 까닭에 이사가 대표이사에 대한 경영감독기능을 제대로 수행하기 어려운 것이 현실이다. 이에 상법은 이사회의 구성원인 이사가 독립성을 가지는지를 기준으로 하여 사내이사와 사외이사로 구분하고, 추가적으로 '그 밖에 상무에 종사하지 아니하는 이사'까지 인정하고 있다.

사외이사는 사내이사의 결점을 보충하여 업무집행기관에 대한 감독기능을 강화하기 위하여 마련된 제도이다. '그 밖에 상무에 종사하지 아니하는 이사'란 상무에 종사하지 않는 이사이면서 사외이사가 아닌 자로 정의할 수 있다. 종전의 기업실무에서 사외이사와 관련없이 비상근이사 등의 명칭으로 상무에 종사하지 않는 이사를 두어 왔는데, 이러한 기업실무를 상법이 수용한 것이다. 정리하자면, 이사는 주주총회에서 선임되기만 하면 그가 대표이사, 평이사, 업무담당이사, 사용인겸무이사,[122] 상근이사 또는 비상근이사, 사내이사 또는 사외이사인지를 불문하고 이사로서의 법적 지위를 가진다.

II. 구체적 유형

1. 의무를 위반한 전·현직 이사

주주대표소송에서 피고가 될 수 있는 이사에는 현재 회사에 재직하고 있는지의 여부를 불문한다. 대표소송을 제기할 당시에 이사가 아니라고 하더라

122) 대법원 1996. 8. 23. 선고 95다39472 판결("주식회사의 기관인 상무이사라 하더라도 상법 제15조 소정의 부분적 포괄대리권을 가지는 그 회사의 사용인을 겸임할 수 있다").

도 재직 중에 있었던 행위로 인하여 회사가 손해를 입었다면 그가 피고가 될 수 있다.[123]

2. 이사회의 결의에 찬성한 이사

이사의 의무위반행위가 이사회의 결의에 의한 경우 그 결의에 찬성한 이사가 피고가 된다(제399조 제2항). 상법 제399조 제3항은 "전항의 결의에 참가한 이사로서 이의를 한 기재가 의사록에 없는 자는 그 결의에 찬성한 것으로 추정한다"라고 규정하고 있는데, 이는 원고로서는 "어떤 이사가 이사회 결의에 찬성하였는지를 알기 어려워 증명이 곤란한 경우가 있음을 고려하여 증명책임을 이사에게 전가하는 규정이다."[124] 다만, "이사가 이사회에 출석하여 결의에 기권하였다고 의사록에 기재된 경우에 그 이사는 "이의를 한 기재가 의사록에 없는 자"라고 볼 수 없으므로, 상법 제399조 제3항에 따라 이사회 결의에 찬성한 것으로 추정할 수 없고, 따라서 같은 조 제2항의 책임을 부담하지 않는다고 보아야 한다."[125]

3. 업무집행지시자 등

상법은 회사에 대한 자신의 영향력을 이용하여 이사에게 업무집행을 지시한 자(업무집행지시자), 이사의 이름으로 직접 업무를 집행한 자(무권대행자), 그리고 이사가 아니면서 명예회장·회장·사장·부사장·전무·상무·이사 기타 회사의 업무를 집행할 권한이 있는 것으로 인정될 만한 명칭을 사용하여 회사의 업무를 집행한 자(표현이사)를 그가 지시하거나 집행한 업무에 관하여 이사로 보는 까닭에(제401조의2 제1항) 주주대표소송의 대상이 될 수 있다.

123) 대법원 2002. 3. 15. 선고 2000다9086 판결.
124) 대법원 2019. 5. 16. 선고 2016다260455 판결.
125) 위 판결.

제5장

주주의 제소청구

제1절 논의의 범위

주주대표소송은 제3자의 소송담당의 대표적인 예(例)에 해당한다. 대표소송은 소송을 제기하여 수행하는 자(주주)와 소송의 결과가 귀속되는 자(회사)가 일치하지 않아 제소를 둘러싸고 독특한 유인이 존재할 수 있다.[1] 그런 이유로 인하여 주주대표소송은 항상 남용될 가능성이 있기 때문에 상법은 대표소송의 제기요건을 엄격하에 규정하기 위해 여러 절차를 두고 있다. 이 같은 절차 중에서 가장 중요하고 오랜 역사를 가진 것이 바로 주주대표소송을 정식으로 제소하기 전에 이사회에 대하여 소송을 제기할 것을 요구하는 제도라 할 수 있다.[2]

본장에서는 상법상 소수주주의 제소청구에 관한 규정을 살펴 본 후에 그러한 제소청구가 흠결된 경우를 법적으로 어떻게 취급할 것인지를 논하기로 한다. 아울러 제소청구의 상대방을 오인한 경우에 대하여 유연한 처리가 가능한지를 검토하기로 한다.

1) 김건식, "주주대표소송의 활성화와 관련된 몇 가지 문제점－일본의 경험을 참고로 하여－", 「법학」 제37권 2호(서울대학교, 1996), 181면.

2) Ralph M. Carson, *Current Phases of Derivative Actions Against Directors*, 40 Michigan Law Review 1125, 1156(1942).

제2절 상법상 제소청구의 법리

I. 제소청구의 의의

대표소송은 이사의 의무위반행위에 대한 손해배상책임을 부담하게 하고 장래 그러한 의무위반행위가 발생하는 것을 억제하는 효과가 있다. 하지만 모든 대표소송이 이사의 손해배상책임을 부담하게 하고 장래의 의무위반행위를 억제하는 효과를 가졌다고 볼 수 없다. 이상적(理想的)으로는 이사의 의무위반행위의 책임을 추궁하고 장래의 유사하거나 동일한 행위의 재발을 억제하게 할 수 있는 경우에는 대표소송을 제기하고 그러하지 않는 대표소송은 제기하지 않아야 한다.

주주대표소송의 구조적 측면에서 볼 때, 소송원인이 회사의 것이어서 설령 대표소송에서 승리하는 경우 그 소송의 결과로서 발생한 손해의 회복은 당연히 회사에 귀속되며 실제 소송을 수행하는 주주는 자신의 노력에 대한 대가를 소송으로부터 직접 받을 수 없다. 말하자면, 회사법상 주주의 대표소송은 회사를 위하여 주주가 제기하고 수행하는 제도여서 원고와 피고, 그리고 원고측의 변호사에게 각각 독특한 금전적 유인을 가질 수 있다. 그리하여 현실은 이상(理想)과는 다르게 작동한다. 현실에서 대표소송은 원고측 변호사의 유인에 의하여 제기되는 경우가 허다하다. 원고측 변호사가 소송을 통하여 자신의 보수를 받아낼 가능성이 있다면 설령 바람직하지 않을지라도 대표소송을 제기하려고 하는 경향을 보이기도 한다. 이 같은 소송에 의해 발생하는 비용은 회사의 자산을 잠식하는 결과를 낳게 되며 이는 궁극적으로 주주의 부(富)를 감소시키게 된다. 그러므로 바람직하지 않는 소송으로부터 이사를 보호하여야 할 필요가 있다. 이에 바람직하지 않는 대표소송을 유익한 대표소송으로부터 걸러내기(screening) 위하여 대표소송제기권에 몇 가지 제약을 가하였다. 이러한 제약 중 대표적이라 할 수 있는 것이 바로 대표소송의 타당성을 결정하는 제소청구요건이다.

주주는 주주대표소송을 정식으로 제기하기 전에 회사에 대하여 소 제기를 청구하여야 한다. 주주가 대표소송을 제기하기 위해서는 원칙적으로 먼저 회사에 대하여 이유를 기재한 서면[3]으로 이사를 상대로 소송을 제기하여 줄 것을 청구하여야 하는데(제403조 제1항), 제소청구는 이를 가리킨다.

제소청구를 요구하는 것은 제소를 하느냐 마느냐의 문제로 본래 이사회의 경영판단의 범위 내에 들어간다. 특히 대표소송은 원칙적으로 회사에 귀속되기 때문에 제소의 여부에 관한 결정은 회사를 운영하고 있는 이사회의 뜻에 일단 맡겨야 한다는 것이 기본적인 사항이다.[4] 그러나 이사를 상대로 한 소송에서는 구조적 편견이 존재한다는 이유 때문에 제소청구의 상대방은 원칙적으로 이사회가 아니라 감사로 바뀌게 된다. 따라서 법률상 대표소송의 전단계(前段階)에서 주주는 상법상 제소청구요건에 따라 감사에 대하여 회사를 위하여 이사를 상대로 소송을 제기하여 줄 것을 청구하여야 한다.

이러한 청구를 강제하는 이유는 무엇인가? 먼저 제소청구를 필요로 하는 것은 주주대표소송이 이사의 회사에 대한 책임을 묻는 최후의 수단(last resort)이 되어야 한다는 것이다. 동시에 제소청구기간 동안에 회사가 이사의 의무위반행위를 충분히 조사하여 교정(矯正)할 수 있는 기회를 부여한다는 데 그 의의가 있다. 제소청구를 받은 감사가 할 수 있는 것은 피고가 될 이사의 문제된 행위를 바로잡거나 서로간의 합의를 통해 소송의 필요성을 줄이거나, 제소청구를 받은 소송을 제기하거나, 제소청구를 거절함으로써 원고주주가 제소하는 것을 내버려 두는 것 등이 있다. 이처럼 제소청구요건은 대표소송이 아닌 다른 대안(代案)이 있다면 법원이 회사의 내부사정에 참견하지 못하도록 하는 기능을 한다.[5] 제소청구요건 그 자체는 '상대적으로 비용이 들지 않는'(relatively costless)[6]

3) 서면에 기재할 사항으로는 피고가 될 이사의 성명과 그 책임발생의 원인이 된 사실 등이 있다. 오세빈, "주주대표소송의 실무상 문제점에 관한 연구"(한양대학교 박사학위논문, 2016), 91면.

4) Note, *The Demand and Standing Requirement in Stockholder Derivative Actions,* 44 University of Chicago Law Review 168, 171(1976). 회사의 최선의 이익을 평가함에 있어서는 이사는 주주보다 더 나은 위치를 점한다. George W. Dent, Jr., *The Power of Directors to Terminate Shareholder Litigation: The Death of the Derivative Suit?*, 75 Northwestern Law Review 96, 136(1980).

5) Note, *supra* note 4, at 171.

6) 2 American Law Institute, Principles of Corporate Governance: Analysis and Recommendations, Pt. VII Remedies, §7.03 Comment e, at 57(1994).

수단이지만, 이사의 책임 추궁을 위한 절차를 복잡하게 하는 측면이 있다.

Ⅱ. 제소청구의 원인

제소청구권은 소수주주에게만 인정(제403조 제1항·제2항)된다. 제소청구를 하기 위해서는 회사가 이사의 책임을 추궁할 이유가 존재하여야 한다. 이사의 책임은 이사 스스로가 부담하는 의무를 제대로 이행하지 못한 결과 발생한다. 상법은 제소를 통해 추궁할 이사의 책임범위에 관해서는 언급하지 않고 있지만, 국내에서의 통설은 이사가 회사에 대하여 부담하는 모든 채무에 대하여 책임을 추궁할 수 있다는 입장[7]이다.

생각건대, 상법 제403조가 단지 '이사의 책임'이라고 규정할 뿐 다른 제한을 두고 있지 않고 있다는 점에 비추어 이사의 모든 채무에 대하여 제소청구가 가능하다고 해석하는 것이 바람직하다. 더 나아가 회사의 제소해태 가능성을 고려할 때에도 이 같은 통설을 수긍할 수 있다. 즉, 주주대표소송이 인정되는 것은 회사와 이사 간의 특수한 관계로 인하여 제소를 해태할 가능성이 있기 때문인데 이사가 회사에 부담하는 채무에 대해서도 마찬가지로 제소를 해태할 가능성이 존재하므로 제소청구의 원인이 될 수 있어야 하는 것이다. 마지막으로, 회사로부터 일정한 금원을 차용하여 채무를 부담하게 된 이사가 차용금을 변제하지 않는 경우를 상정할 때 회사를 대표하여 그 금원을 대여한 대표이사를 비롯하여 이사의 자기거래를 승인하는 절차에서 찬성한 이사에 대해서는 대표소송이 인정되는 데 반하여(제399조 제2항), 정작 금원을 차용한 이사에게 소비대차상의 변제책임만을 부담하게 한다는 것은 형평에 반하므로 회사로부터 금원을 대여받은 이사의 변제책임에 대해서도 대표소송이 인정되어야 한다.[8]

---

7) 김건식/노혁준/천경훈, 「회사법」 제5판(박영사, 2021), 511면; 오성근, 「회사법」 제2판(박영사, 2021), 759면; 이철송, 「회사법강의」 제29판(박영사, 2021), 833면.

8) 박영길, "주주의 대표소송", 「기업환경의 변화와 상사법」춘강 손주찬 교수 고희기념논문집(삼성출판사, 1993), 288면. 이는 주주대표소송의 대위소송적 측면에서 바라본 것이다.

Ⅲ. 제소청구의 상대방

사실 회사가 제소할지의 여부는 전통적으로 이사회가 결정하여야 할 사항이다. 이사회는 주주의 청구가 과연 법원에서 다룰 만한 가치가 있는지의 평가와 아울러 그 청구가 회사의 최선의 이익에 부합하는지를 결정할 수 있는 전문성을 지니기 때문이다. 이처럼 이론적으로는 이사회가 대표소송의 타당성을 심사할 가장 적합한 위치에 있다고 하나 현실에서 대부분의 대표소송의 시말(始末)을 살펴볼 때 반드시 그러하지 않다. 그 이유는 다음과 같다. 이사회에 대해 제소청구를 하더라도 이사회는 실제에 있어서 제소하지 않거나 심지어 주주가 대표소송을 진행하는 것을 바라지 않는 경우가 대부분이어서 주주의 제소청구에 관하여 신중한 검토를 하지 않을 수 있다.[9] 예컨대, 이사회의 구성원인 어느 이사가 피고로 되는 경우 이사회는 가급적이면 제소청구를 거절하는 방법으로 권한을 남용할 가능성이 있는 것이다. 이처럼 이사와 회사 사이에 제기된 소에서 이사와 회사 사이에 이익의 충돌이 발생하기 쉽다. 이에 상법은 비교적 객관적 지위에 있는 감사에게 그 소에 관하여 회사를 대표하도록 하고 있다(제394조 제1항 제2문).[10] 따라서 피고의 지위에 있는 '이사'가 현재 재임 중이라면, 그 경우 제소청구의 상대방은 감사이다. 이와 같이 감사로 하여금 회사를 대표하도록 하는 것은 위에서 언급한 바와 같이 이사와 회사 사이의 이익충돌을 방지하여 공정한 소송수행을 기대할 수 있도록 하는 조치이면서도 동시에 감사의 권한을 강화한 측면이 있음을 부정할 수 없다. 감사가 선임되지 않은 소규모회사의 경우에는 회사, 이사 또는 이해관계인이 법원에 회사를 대표할 자를 선임하여 줄 것을 신청하여야 한다(제409조 제5항).

감사위원회 위원은 이사의 지위를 가진다.[11] 만약에 감사위원회 위원이 소

---

9) William A. Klein & John C. Coffee, Jr., Business Organization and Finance: Legal and Economic Principles 197(5th ed. 1993).

10) 대법원 2002. 3. 15. 선고 2000다9086 판결("상법 제394조 제1항에서는 이사와 회사 사이의 소에 있어서 양자 간에 이해의 충돌이 있기 쉬우므로 그 충돌을 방지하고 공정한 소송수행을 확보하기 위하여 비교적 객관적 지위에 있는 감사로 하여금 그 소에 관하여 회사를 대표하도록 규정하고 있[다]").

11) 상법에 따라 감사위원회를 설치한 회사라면 감사위원회는 감사에 갈음하여 이사의 직무

의 당사자인 경우에는 회사를 대표할 자를 미리 정해둘 수 없는 까닭에 감사위원회 또는 이사가 법원에 회사를 대표할 자를 선임하여 줄 것을 신청하여야 한다(제394조 제2항).

IV. 제소청구의 면제

감사가 제소청구를 받은 날[12])로부터 30일 이내에 제소하지 아니할 때에야 비로소 제소를 청구하였던 소수주주가 직접 소를 제기할 수 있다(제394조, 제403조 제3항). 이 경우 소를 제기하지 않은 이유를 묻지 않는다. 만약 30일이라는 기간이 경과된 후에 소를 제기한다고 할 때 회사에 회복할 수 없는 손해가 발생할 염려가 있는 경우라면 즉시 제소할 수 있다(제403조 4항). 따라서 이사가 회사의 재산을 은닉하거나 무자력(無資力)으로 되는 경우 또는 이사에 대하여 가지는 회사의 채권이 시효로 소멸되거나 회사에 대한 이사의 책임이 해제(제450조)될 경우 등은 회사에 회복할 수 없는 손해가 발생할 염려가 있다고 보아 즉시 제소가 가능하다. 또한 전체 이사의 과반수가 이사의 문제된 행위에 관련되어 있거나 이사회에서 이미 문제된 행위를 추인한 경우 등과 같이 회사가 이사에 대한 책임추궁을 위한 소송의 제기를 기대할 수 없는 때에도 제소청구요건을 법률상 강제하는 것은 의미가 없어 일종의 시간낭비이므로 이는 궁극적으로 주주의 이익을 해하는 것이 된다. 이 경우에도 역시 제소청구 없이 즉시 대표소송을 제기할 수 있다.

집행을 감사하는 이사회 내 위원회이므로 그 위원은 이사의 신분으로 감사기능을 수행한다(제415조의2 제1항).

12) 제소청구를 위한 이유를 기재한 서면이 회사에 도달한 날을 의미한다.

제3절 제소청구의 흠결

Ⅰ. 학설의 태도

주주가 회사에 대하여 제소청구를 하지 않고 바로 대표소송을 제기한 경우에 법원이 그 소를 부적법각하를 하여야 하는지에 관하여 의견이 나누어진다. 일단 회사에 대한 제소청구 없이 바로 대표소송을 제기하였다면 법원이 이를 각하를 하여야 한다는 견해[13]와, 법원이 특별한 사정의 유무를 우선적으로 심리한 후 특별한 사정이 없다고 판단한 경우에 한하여 그러한 소를 각하하여야 한다는 견해[14]가 있다.

주주가 회사에 소의 제기를 청구한 후 30일이 경과되지 않은 시점에서 대표소송을 제기한 경우 그러한 소송을 어떻게 다룰 것인지에 관하여 다수의 의견은 대체적으로 하자가 치유된다는 쪽으로 모아지고 있다. 즉, 먼저 제소청구를 한 후 30일을 기다리지 않고 소를 제기하였더라도 회사의 제소가 없는 상태에서 30일이 경과한 후에는 대표소송 제기 전의 절차에 관한 하자가 치유되므로 법원은 이를 각하할 수 없다는 견해[15]를 비롯하여, 이 경우에도 법원은 제소청구의 면제사유가 있는지를 평가하여 그러한 사유가 없다면 소를 각하하여야 하지만, 만약 30일의 기간이 경과하는 경우에는 그러한 하자가 치유되어 그때에는 각하할 수 없다는 견해[16]가 있다. 이에 반하여 상법이 명문으로 제소청구 후 30일의 대기기간을 대표소송제기요건으로 하고 있는 이상 그 기간의 경과 없이 제

---

13) 송옥렬, 「상법강의」 제11판(홍문사, 2021), 1106면; 정동윤, 「상법(상)」 제6판(법문사, 2012), 656면; 최기원/김동민, 「상법학신론(상)」 제20판(박영사, 2014), 872면.

14) 이태종, "주주의 대표소송에 관한 연구－사문화와 남소의 방지를 위한 절차를 중심으로－" (서울대학교 법학박사학위논문, 1997), 199면.

15) 김대연, "은행 이사의 주의의무와 손해배상책임(제일은행 주주대표소송사건)", 「상사판례연구」 제13집(한국상사판례학회, 2002), 248면; 송옥렬, 앞의 책, 1106면; 장덕조, 「상법강의」 제3판(법문사, 2019), 588면.

16) 김상규, "주주의 대표소송에 관한 소고－당사자를 중심으로－", 「법학논총」 제25집 제3호(한양대학교, 2008), 190면; 이태종, 앞의 논문, 199면; 임재연, 「회사법 Ⅱ」 개정7판(박영사, 2020), 595면; 최준선, 앞의 책, 582면.

기된 대표소송은 각하되는 것이 입법취지에 비추어 바람직하다는 소수설[17]이 있다.

Ⅱ. 판례 동향

상법 제403조의 제소청구요건을 제대로 갖추지 못한 경우의 가장 전형적인 예로서는 주주가 제소청구를 전혀 하지 않고 바로 대표소송을 제기한 경우를 들 수 있다. 이 밖에 구두(口頭)로 제소청구를 한 경우, 주주가 대표소송을 제기한 후에 제소청구를 한 경우 및 주주가 제소청구를 하였지만 30일을 경과하지 않은 시점에서 대표소송을 제기한 경우도 상법상의 제소청구요건을 충족하지 못한 경우에 해당한다. 이상의 제소 전 절차에 하자가 있는 경우와 관련한 하급심 법원의 평가는 일관되지 않고 있다. 이를 나누어서 살펴보기로 한다.[18]

첫째, 방식을 불문하고 제소청구가 전혀 존재하지 않는 경우이다. 창원지방법원은 2002. 9. 6. 선고 2001가합4231 판결에서 원고주주가 대표소송을 제기하였지만 서면으로 회사에 대하여 이사의 책임을 추궁하는 소의 제기를 청구하였거나 서면제소청구로 인하여 회사에 회복할 수 없는 손해가 생길 우려가 있다고 볼 만한 아무런 자료도 없어 상법상의 제소요건을 갖추지 못하였다는 이유를 들어 각하하였다. 대전지방법원은 2005. 7. 14. 선고 2004가합4236(본소), 2005가합4844(반소) 판결에서 피고감사에 대한 책임추궁을 위하여 대표이사를 상대로 제소청구를 한 사실을 인정할 증거가 없어 피고에 대한 본소는 주주대표소송을 위한 요건을 갖추지 못하여 부적법하다고 판단하였으며, 원고주주가 대표이사에 대한 책임추궁을 위하여 감사인 자신을 상대로 제소청구를 한 날로

---

17) 강대섭, "이사의 책임과 경영판단의 원칙," 「상사판례연구」 제12집(한국상사판례학회, 2001), 84면; 김지환, "주주대표소송에서의 이사의 책임－대구고등법원 2012. 8. 22. 선고 2011나2372 판결－," 「선진상사법률연구」 통권 제62호(법무부, 2013), 260면.

18) 제소청구요건을 제대로 갖추지 못한 경우에 소의 유지가 가능한지의 사안을 직접적으로 다룬 대법원 판례가 없다 보니 이하에서는 하급심 법원의 판결을 중심으로 하여 관련 판례의 법리를 살펴보고자 한다. 주지하다시피, 국내에서 하급심 판결을 대상으로 하여 특정한 사안 관련 여부를 검색하는 것은 매우 어려운 일이다. 이에 이하에서는 정영철, "판례로 본 주주대표소송," 「법학연구」 제18권 제1호(연세대학교, 2008), 346~347면에서 다루어진 판결에 한정하여 논의를 진행한다.

부터 30일이 경과하기 전에 피고가 반소를 제기하였다는 이유로 부적법하다고 판단하여 본소와 반소 모두를 각하하였다.

둘째, 구두로 제소청구를 한 경우이다. 서울중앙지방법원은 2004. 12. 17. 선고 2004가단232721 판결에서 원고주주는 회사의 대표이사에게 구두로 수차례 이사들을 상대로 한 책임의 추궁을 요청하였을 뿐이었는데, 이와 같은 방식의 회사에 대한 책임추궁청구는 상법 제403조 제2항 소정의 주주대표소송의 요건을 충족하지 못하는 것이 명백하므로 원고가 위 요건을 갖추어 제기되었다고 볼 아무런 증거도 없어 각하하였다.

셋째, 주주가 제소한 후에 회사에 대하여 제소를 청구한 경우이다. 서울중앙지방법원은 2006. 11. 30. 선고 2005가합97694 판결에서 주주가 대표소송을 제기한 후에 회사에 서면으로 제소청구를 하였지만 회사가 그 서면을 수령한 이후에 변론종결시까지 제소의사를 표명하지 않았기에 하자가 치유된 것으로 판단하였다. 서울고등법원은 2003. 6. 27. 선고 2003나5360 판결에서 원고주주가 대표소송을 제기한 후에 회사에 제소청구를 하였고 회사는 그 청구를 받은 날로부터 30일이 지난 후에도 소를 제기하지 않았지만, 일단 변론종결 전에는 제소청구를 함으로써 상법 제403조에서 정한 절차요건을 보완하였고, 또한 회사가 30일이 지나도 그 소를 제기하지 않았으므로 위와 같은 절차의 하자는 치유된 것으로 판단하였다.

넷째, 주주가 제소청구를 한 지 30일이 경과하기 전에 대표소송을 제기한 경우이다. 2002년 제일은행의 전(前) 이사들을 상대로 제기한 주주대표소송[19](이하 '제일은행 대표소송'으로 줄임)의 하급심 판결[20]에서 법원은 소수주주들이 소를 제기하기 2월 전부터 구두로 회사에 소를 제기할 것을 요청하다가 서면으로 제소청구를 한 다음날 바로 소를 제기하였고, 회사가 실제 소 제기 요청을 받은 후 30일이 경과하여도 제소 여부에 대한 의사를 표명하지 않은 것에 대하여 "상법 제403조가 위와 같은 규정을 둔 것은 회사가 이사에게 직접 책임을 추궁할 기회를 사전에 부여하기 위한 것에 불과하므로 소수주주가 비록 제소 바로 전날 서면으로 회사에게 제소요구를 하였더라도 그 후 30일이 지나도록 회

19) 대법원 2002. 3. 15. 선고 2000다9086 판결.
20) 서울지방법원 1998. 7. 24. 선고 97가합39907 판결.

사가 대표소송에 참가하는 등 제소의사를 표명하지 않았다면 위 기간 불준수의 하자는 치유되었다"고 판단하였다.

Ⅲ. 입법례

1. 미국법

현재 미국법상 주주의 대표소송은 회사지배구조에 있어서 중요한 수단 중의 하나이다.[21] 대표소송의 구조상 원고측의 변호사는 대표소송의 제기에 관하여 특별한 유인을 가질 수 있다.[22] 예컨대, 변호사는 대표소송에서 승소하거나 소송의 양 당사자가 화해[23]하는 경우에는 변호사비용을 포함하여 원고가 소송에 투입한 비용을 회사로부터 받아 낼 수 있는 것이다.[24] 또한 소송의 양 당사자가 화해를 하는 경우 회사가 대신해서 이사의 화해금(indemnification)을 배상하는 것을 허용하는 주(州)[25]도 있다. 심지어 소송의 양 당사자의 비용을 회사

---

21) 이에 관하여는 Deborah A. DeMott, *Down the Rabbit−Hole and into the Nineties: Issues of Accountability in the Wake of Eighties−Style Transactions in Control*, 61 George Washington Law Review 1130, 1133−1134(1993); Bevis Longstreth, *Changes in Managerial Control and Stock Ownership*, New York Law Journal, Oct. 19, 1989, at 5 참조.

22) John C. Coffee, Jr. & Donald E. Schwartz, *The Survival of the Derivative Suit: An Evaluation and a Proposal for Legislative Reform*, 81 Columbia Law Review 261, 316(1981).

23) 화해를 하고자 하는 유인을 줄이기 위하여 화해를 하는 경우 법원의 승인을 요구하는 주(州)도 있다. 법원의 승인은 본안으로 다툴 만한 가치가 없는(meritless) 소송을 방지하는 데 도움이 된다. George W. Dent, Jr., *The Power of Directors to Terminate Shareholder Litigation: The Death of the Derivative Suit?*, 75 Northwestern Law Review 96, 138(1980).

24) 대표소송에서는 원고주주보다 원고측 변호사가 소송의 실질적 수행자가 된다. 이에 관하여 In re Sears Shareholders Litig., Nos. 88 CH 10009, 10010 & 10314 (Ill. Cir. Ct. Cook Co. Oct. 25, 1991) 사건의 경우를 예로서 살펴보자. 이 사건에서 원고는 피고가 개인으로서 소송의 대상이 될 만한 의무위반행위를 하지 않았고 Sears 사의 행위는 동 회사와 동 회사 주주의 최선의 이익에 합치된다는 선의의 믿음 속에 행하여졌다고 결론을 내린 후에 화해로 종결된 사건임에도 불구하고 변호사 비용으로 280만 달러를 지급하였다. Dennis J. Block, Stephen A. Radin & Michael J. Maimone, *Derivative Litigation: Current Law Versus The American Law Institute*, 48 Business Lawyer 1443, 1483 n.221(1993).

25) 예를 들면 미네소타주, 사우스 다코다주, 테네시주, 버몬트주, 와이오밍주 등이 이러한 규정을 두고 있다. 이에 관하여는 Minn. Stat. Ann. §302A. 521; S.D. Codified Laws Ann. §47−2−58.2(1); Tenn. Code Ann. §48−15−502; Vt. Stat. Ann. tit. 11 §1852(15); Wyo. Stat. §17−16−805 참조. 인디애나주는 판결에 의하든 화해에 의하든 이사의 배상액을 회

가 모두 다 지급하여야 하는 식으로 사건이 종결될 여지도 있다. 이처럼 대표소송은 항상 남용될 가능성이 있기 때문에 미국의 법원과 의회는 대표소송의 제기와 관련하여 여러 절차를 두어 엄격하게 다루고 있다. 이러한 절차 중에서 가장 중요하고 오랜 역사를 가진 것이 바로 주주대표소송의 정식 제소 전 이사회에 대하여 소송을 제기할 것을 요구하는 제도라 할 수 있다.

제소청구요건은 1800년대 후반기에 미국 연방대법원이 Hawes v. City of Oakland 사건[26]에서 처음 도입한 제도이며, 오늘날 연방민사소송규칙과 모든 주의 민사소송규칙이나 법원절차법에 명문화되어 있다.[27] 이와 같은 제소청구요건을 마련한 것은 주주가 회사를 위하여 정식으로 제소하기 전에 회사 내의 모든 구제수단을 소진(exhaustion of intracorporate remedies)[28]시켜야 하기 때문이다.[29]

사가 대신 지급하는 것을 허용하고 있다. Ind. Code Ann. §23－1－37. 그러나 나머지 대부분의 주에서는 이사가 위법한 행위를 한 것으로 판명될 경우에는 이사의 화해금을 회사가 대신 물어 주는 것을 금하고 있다. 특히, 델라웨어주는 이사의 충실의무(duty of loyalty) 위반, 성실(good faith)하지 못한 행위 또는 다른 위법행위로 인한 책임을 회사의 정관에서 제한하는 것을 허용하지 않는다. Del. Code tit. 8 §102(b)(7).

26) 104 U.S. 450, 460－461(1881)(캘리포니아주에 설립된 회사가 오클랜드시에 무상으로 물을 공급한 것을 그 회사 주주가 알고 이를 중지할 것을 요청하였으나 동 회사가 무상공급행위를 중단하지 않았기 때문에 소송을 제기한 사건). 이 사건에 관해서는 김택주, "경영판단의 법칙－미국 판례를 중심으로－", 「상사재판의 전개와 법이론」(상사판례연구회, 1996), 98면 참조.

27) Hawes 사건에서 연방대법원이 확립한 제소청구요건은 연방형평법 규칙(Federal Equity Rules) 제94조에 명문으로 규정되었다가 그 후 연방민사소송규칙 제23조(b)에 명문화되었다. 연방민사소송규칙 제23.1조는 "소장(訴狀)에는, 원고가 이사나 그에 필적할 만한 지위에 있는 자(者)에게 그리고, 필요하다면, 주주나 사원들에게 원하는 조치를 구하기 위하여 행한 노력, 그리고 그 조치를 구하지 못한 이유 또는 노력을 기울이지 못한 이유를 구체적으로 진술하여야 한다"고 규정하고 있다. 미국의 각 주의 제소청구요건도 연방의 그것과 매우 유사하다. 각 주의 제소청구요건의 예(例)에 관해서는 Deborah A. DeMott, *Demand in Derivative Actions: Problems of Interpretation and Function*, 19 UC Davis Law Review 461, 463－464 n. 3(1986).

28) 미국법률협회(American Law Institute)가 작성한 「회사지배구조의 원칙: 분석과 권고」(Principles of Corporate Governance: Analysis and Recommendations)(이하 'ALI 원칙'으로 줄임) 제7.03조의 표제어(表題語)이기도 하다. 2 American Law Institute, Principles of Corporate Governance: Analysis and Recommendations, §7.03(1993).

29) Daniel R. Fischel, *The Demand and Standing Requirements in Stockholder Derivative Actions*, 44 University of Chicago Law Review 168, 169(1976).

제소의 여부에 관한 결정은 전통적으로 이사회가 담당한다. 이사회는 주주의 청구가 과연 법원에서 다룰 만한 가치가 있는가의 평가와 아울러 그 청구가 회사의 최선의 이익에 부합하는지를 결정하여야 한다.[30] 이사회가 주주의 뜻에 동의하여 직접 소(訴)의 제기를 적절하게 행하는 경우에는 주주는 당연히 대표소송을 제기할 수 없다. 그렇지 않다면 주주가 대표소송을 제기할 수 있다.

델라웨어주도 예외가 아니다. 델라웨어주 형평법원규칙(Court of Chancery Rules) 제23.1조는 주주가 대표소송을 제기하기 전에 이사회에 대하여 제소를 청구할 것을 요구하고 있다. 델라웨어주 대법원은 Aronson v. Lewis 사건[31]에서 회사 내의 구제수단을 모두 소진할 것을 요하고, 주주들의 위협소송으로부터 이사를 보호할 필요성이 있기 때문에 이사회에 대한 제소청구요건을 두는 것이라고 밝혔다.[32] 델라웨어주법하에서 제소청구 후 어느 정도의 기간이 경과하여야만 대표소송을 제기할 수 있는지와 관련해서는 세밀한 규범이 존재하지 않는다.[33] 상황에 따라 합리적인 기간(reasonableness under the circumstances)이 다양하게 존재할 수 있음을 인정하는 것이다.[34] 또한 델라웨어주 대법원은 특정한 상황, 예컨대 이사와 회사의 이익이 충돌하는 경우, 문제가 된 거래에 이사회의 구성원 과반수가 이해관계가 있는 경우, 또는 이사가 제소 거부의 의사를 명백히 밝힌 경우 등에서는 제소청구가 무익하기(futile) 때문에 위의 제소청구요건을 면제(excuse)받아야 한다는 식의 주장이 가능함을 인정하였다.[35]

한편, MBCA 제7.42조는 주주는 회사에 대하여 제소할 것을 서면으로 청구하고 회사가 그 청구를 거절한다는 것을 주주에게 더 이른 시점에 통지하지 않는 한 또는 90일의 기간이 만료되는 것을 기다림에 따라 회사에 대한 회복 불가능한 손해가 발생하지 않는 한 그 청구가 이루어진 날로부터 90일이 경과한 이

30) Kenneth B. Davis, Jr., *The Forgotten Derivative Suit*, 61 Vanderbilt Law Review 387, 396(2008).

31) 473 A. 2d 805(Del. 1984).

32) *Id.* at 811–812.

33) In re Smith & Wesson Holding Corp. Derivative Litigation, 743 F. Supp. 2d 14, D. Mass., October 20, 2010(NO. 09–CV–30174–MAP).

34) Mozes on Behalf of General Electric Co. v. Welch, 638 F. Supp. 215, 220(D. Conn. 1986).

35) John A. MacKerron, *Shareholder Derivative Litigation and the Nexus of Contracts Corporation*, 40 Kansas Law Review 679, 692(1992).

후에야 주주소송을 개시할 수 있다고 규정하고 있다.

2. 일본법

일본은 2006년 상법으로부터 회사법을 분리하여 시행하고 있다. 구(舊) 상법에서의 주주대표소송은 한국 상법의 그것과 대체적으로 유사하였다.[36] 굳이 차이를 찾는다면, 당초 상법에서는 제소청구 후 30일을 기다리도록 되어 있었지만, 2001년 개정상법에서 대기기간이 60일로 늘어난 것을 들 수 있었다. 이와 같은 기간의 연장은 감사가 주주의 제소청구가 적법한지의 여부 등을 조사함에 있어서 충분한 시간을 확보하자는 데에서 그 취지를 찾을 수 있었다.[37] 현행 일본 회사법도 여전히 주주가 주식회사에 대해 서면 그 외의 법무성령으로 정하는 방법에 의해 제소청구한 날로부터 60일 이내에 주식회사가 소를 제기하지 않을 때에 해당 청구를 한 주주는 주식회사를 위해서 대표소송을 제기할 수 있는 것으로 규정하고 있다(일본 회사법 제847조 제1항·제3항).

주주의 제소청구 후 설령 대기기간인 60일이 경과되더라도 회사에 회복할 수 없는 손해를 일으킬 우려가 없음에도 불구하고 그 기간이 경과하기 전에 회사가 스스로 소를 제기할 의사가 없는 것을 표명했을 때에는 주주가 위의 기간을 기다리지 않더라도 회사의 표명이 있는 즉시 대표소송을 제기할 수 있는지에 관해서는 의견이 나누어져 있다고 한다. 부정설에 따르면 60일의 기간은 제소할지의 여부를 심사숙고할 여유를 회사에 준 것이며, 또한 회사가 소 제기의 의사가 없음을 밝힌다 하더라도 그 후 번복하지 않는다고도 할 수 없는 등의 이유로 60일이 경과하는 것을 기다려야 한다. 이에 반하여 긍정설에서는 회사가 제소의사가 없는 것을 표명한 경우에는 60일이 경과될 것을 기다릴 필요가 없으므로 그러한 경우 주주는 즉시 대표소송을 제기할 수 있다는 것이다.[38]

일본에서 제소청구요건의 미비 내지 흠결이 있는 경우에 관한 판례의 입장은 명백하게 나뉘어져 있다. 먼저 제소청구에 관한 절차상의 하자가 치유되지

---

36) 일본의 구 상법은 제267조부터 제268조의3에서 주주대표소송에 관한 규정을 두고 있었다.

37) 森本滋 編, 「比較会社法研究—21世紀の会社法制を模索して」(商事法務, 2003), 278~280頁(前田雅弘 집필 부분).

38) 上柳克郎/鴻常夫/竹内昭夫 編, 「新版注釈会社法(6)」(有斐閣, 1987), 370頁(北沢正啓 집필 부분).

않아 주주의 제소를 부적법한 것으로 본 판결이 있다. 이에 속하는 판결로서는 회사에 대하여 제소청구 없이 주주가 바로 대표소송을 제기한 경우 설령 회사가 해당 제소를 알게 된 후로부터 대기기간이 경과하여도 제소 전의 절차에 관한 하자는 치유되지 않는다고 한 것[39]과, 이사와의 소송에서 회사대표권이 없는 대표이사에게 제소청구한 후에 다시 감사에 대해 제소청구한 후 대기기간 내에 회사가 제소하지 않았다고 하더라도 일단 그릇된 자에 대하여 제소청구를 한 이상 당해 대표소송이 적법하게 된 것으로 인정할 수 없다고 한 것[40]도 있다. 이상의 판결은 제소청구의 취지는 권리주체인 회사에 대하여 소 제기 여부에 대한 판단할 수 있는 기회를 보장하는 데 있으므로 제대로 제소청구를 하지 않는 것은 이 기회를 부여하지 않는 경우에 해당하므로 부적법하다는 것이다.[41]

이와는 반대로 제소청구의 흠결 등 절차상 하자가 치유되어 주주의 제소를 적법한 것으로 판단한 판결이 있다. 이에 속하는 것으로는 첫째, 주주가 법이 정한 절차를 거치는 일없이 바로 이사의 책임을 추궁하는 소를 제기한 후, 그 소에 회사가 주주측을 위하여 참가했을 경우에는 절차상의 하자가 치유된다고 판시한 도쿄 지방재판소의 판결,[42] 둘째, 주주가 회사에 대하여 제소청구를 하지 않은 채 제기한 대표소송이 계속하는 중에 다시 회사에 대해 제소청구를 하였지만, 그 회사가 대기기간 내에 소송을 제기하지 않은 경우에는 해당 절차상의 하자는 치유된다고 한 오사카 지방재판소의 판결,[43] 셋째, 이사와 감사에 대한 책임을 추궁하는 대표소송을 제기하기 전에 제소청구를 하지 않았지만 회사가 피고측의 보조참가인으로서 그 소송에 보조참가한 경우에는 절차상의 하자가 치유된다는 도쿄 고등재판소의 판결,[44] 넷째, 대표권이 없는 감사에게 제소

39) 大阪地方裁判所判決 1966年 12月 16日,「下級裁判所民事裁判例集」17巻 11=12号, 1237頁.
40) 東京地方裁判所判決 1992年 2月 13日,「判例時報」427号, 137頁.
41) 江頭憲治郎,「株式会社法」(有斐閣, 2006), 445頁.
42) 東京地方裁判所判決 1964年 10月 12日,「下級裁判所民事裁判例集」15巻 10号, 2432頁.
43) 大阪地方裁判所判決 1982年 5月 25日,「判例タイムズ」487号, 173頁.
44) 東京高等裁判所判決 2014年 4月 24日,「金融·商事判例」1451号, 8頁. 이와 유사한 취지의 판결은 그 이전에 이미 존재하고 있었다. 오사카 지방재판소는 구 상법 특례법 제25조에 근거하여 회사를 대표하여 제소할 권한을 가지지 않는 감사에게 제소청구를 하여 절차상 하자가 있었지만, 회사가 보조참가인으로서 피고 측에 보조참가했기 때문에 해당 절차상의 흠결이라는 하자가 치유된다고 판시한 바 있다(大阪地方裁判所判決 2000年 6月 21日,「判例時報」1742号, 146頁).

청구를 하였지만 대기기간을 경과한 후 주주가 감사를 상대로 한 대표소송을 제기한 후 다시 대표이사에 대하여 제소청구를 하였을 경우 해당 절차의 하자가 치유된다고 한 오사카 고등재판소의 판결[45] 등이 있다.

이상의 판결 중에서 가장 최근의 판결인 도쿄 고등재판소의 판결[46]은 제소청구 흠결의 하자가 치유된다는 법리를 다음과 같이 제시하고 있다. 즉, 주주의 제소청구로부터 회사가 얻는 이익은 회사가 제소하는지 아닌지를 판단할 기회를 부여받는다는 점에 있지만, 회사 자신에게 제소의사가 없다고 볼 수 있거나 그러한 의사가 표명된 경우라면 회사 자신이 그러한 이익을 포기한 것으로 되어 제소청구의 흠결 등과 같은 절차상의 하자는 치유되는 것으로 풀이하여야 한다는 것이다.

IV. 검 토

한국 상법이 대표소송의 사전절차로 제소청구요건을 요구하는 것은 미국이나 일본의 예와 동일하다. 미국에서는 판례에 의하여 제소청구요건이 면제되는 경우가 구체적으로 제시되고 있는 반면에 한국과 일본에서의 제소청구절차는 판례에 의하여 오히려 그 취지가 퇴색하고 있다. 한국의 경우 일본과 마찬가지로 일부 하급심 법원이 제소청구절차를 제대로 밟지 않은 사건에서 그러한 하자가 치유될 수 있다고 판시함으로 인하여 상법 제403조에서 요구하는 제소청구요건은 단순히 대표소송의 제기를 회사에 사전통지하는 정도의 의미만을 가질 뿐이기 때문이다.[47] 이처럼 한국의 몇몇 하급심에서 제소청구요건상의 하자가 치유될 수 있는 것으로 판단한 것은 아마도 다음과 같은 2가지 이유 때문으로 보인다.

첫째, 이사가 회사의 수임인이라는 점에서 회사에 대한 이사의 책임을 본래 회사 자신이 추궁하여야 하지만 현실적으로 회사가 그러한 책임을 추궁할 가능성이 크지 않다는 점이다. 법리상으로는 회사가 소에 의하여 이사의 책임

---

45) 大阪高等裁判所判決 2006年 6月 9日,「判例タイムズ」1214号, 115頁.
46) 東京高等裁判所判決 2014年 4月 24日,「金融·商事判例」1451号, 8頁.
47) 임재연, 앞의 책, 596면.

을 추궁하는 것이 가능할지라도 현실에서는 구조적 편견으로 인해 회사가 이사에 대해 직접적으로 소를 제기하는 것을 기대하기란 쉽지 않다. 주식회사의 기관인 이사회 혹은 대표이사가 해당 이사의 책임을 추궁하는 소를 제기할 것인지의 여부를 결정하여야 하겠지만, 동료이거나 동료였던 이사를 보호하고자 하는 성향으로 인한 회사가 제소를 해태하거나 기피할 높은 개연성으로 말미암아 회사의 이익이 침해되는 것을 방지할 필요가 있다는 것이다.

둘째, 한국 상법은 대표소송의 제기와 관련하여 주주의 판단이 우선한다는 점이다. 즉, 상법이 주주로 하여금 회사에 대하여 제소청구를 할 것을 요구하는 취지는 회사가 제소 여부를 직접 판단하라는 데 있기는 하지만, 회사와 이사 간의 소에서 회사를 대표하는 감사(제394조 제1항)는 소를 제기할 것인지의 여부에 관해 결정할 재량권을 가지지 못하므로[48] 반드시 소를 제기하여야 하는 까닭에 상대적으로 제소청구의 의의가 퇴색한다는 것이다.[49] 이와 같은 현실을 감안하여 대표소송의 활성화 차원에서 하급심 판결상의 모순을 정리할 필요가 있다는 주장이 제기되고 있다. 즉, 사전에 제소청구를 하지 않았더라도 대표소송의 계속 중에 회사에 서면통지를 하거나 또는 주주의 대표소송에 회사가 참가하거나 변론종결시까지 회사가 소를 제기하지 않았다면 청구절차상의 하자는 치유되는 것으로 인정하거나[50] 그러한 방향으로 입법화하여야 한다는 것이다.[51]

그러나 제소청구에 관련된 하자가 치유될 수 있다는 주장(하자치유긍정설)에 대해서는 이하와 같은 몇 가지 이유로 인하여 수용하기가 어렵다. 먼저, 상법 제394조 제1항 제2문에 따라 이사와 회사 사이의 소에 있어서 감사가 회사를 대표하기 위해서는 당연히 경영판단을 할 수밖에 없는 사정이므로, 이 경우의 감사에 대해서는 대표이사에 준하여 바라볼 수밖에 없다. 이에 대해 주주대표소송에서 감사가 제소청구의 상대방이고 그는 제소 여부를 결정할 재량이 없어 하자치유를 부정할 합리적인 근거를 찾기 어렵다는 비판이 제기될 수도 있

48) 이태종, 앞의 논문, 197면.

49) 김대연, 앞의 논문, 246면.

50) 정영철, 앞의 논문, 348~349면.

51) 노혁준/강동욱/이완근, 「회사소송제도의 개선을 위한 연구」 2012년도 법무부 연구용역 과제보고서(서울대학교 금융법센터, 2012), 117면.

으나, 이는 잘못된 인식에 바탕을 두고 있다. 말하자면, 상법 제394조 제1항이 “이사와 회사 양자 간에 이해의 충돌이 있기 쉬우므로, 그 충돌을 방지하고 공정한 소송수행을 확보하기 위한 것”이라는 점을 고려한다면 감사의 소대표권(訴代表權)은 공정한 소송의 수행을 위해 예외적으로 감사에게 부여되는 것이며, 그러한 대표권을 실효적으로 행사하기 위해서는 재량권을 인정할 수 있는 것으로 읽혀지기 때문이다.[52] 특히 대법원이 판례에서 전직 이사를 상대로 한 주주대표소송에서 제소청구의 상대방은 대표이사라고 판시하고 있다. 만약 감사가 제소 여부를 결정할 재량권이 없다면 이는 결과적으로 주주대표소송의 상대방인 이사가 전직인지 혹은 현직인지에 따라 회사를 대표하는 기관의 재량권 유무가 결정된다는 점은 납득하기 어렵다. 즉, 회사가 대표소송의 주된 이해관계자임은 물론이거니와 제소를 하느냐 마느냐의 문제는 본래 이사의 경영판단의 범위 내에 속하고[53] (대표)이사에게 경영판단의 재량을 분명히 인정하고 있는 것[54]처럼 제소 여부에 관해서 감사에게 경영판단의 재량을 인정하여야 할 것이다. 이에 회사가 이사를 상대로 하는 소송에서 감사가 회사를 대표하기 위해 제소 여부에 관한 판단까지 할 수 있는 것으로 풀이하여야 하므로 주주의 제소청구는 대표소송의 사전절차로서 반드시 거쳐야 하며, 그러한 절차가 미비 또는 불비된 경우에는 그러한 대표소송은 부적법 각하하여야 한다.

위에서 언급한 바와 같이 제소청구는 회사로 하여금 본격적인 소송의 단계에 들어가기 전에 이사의 행동을 적정하게 하거나 제소청구권자와의 화해를 조장하여 소송의 필요성을 줄이는 데 기여하며, 소 제기 전 절차는 주주들의 남소로부터 이사를 보호하고, 더 나아가 주주들의 위협소송을 억제하는 기능이 있다.[55] 따라서 제소청구요건을 갖추지 못한 경우는 하자가 치유된다는 쪽으로 상법을 개정하기보다는 오히려 부적법하다는 취지의 내용을 상법에 명시적으로 반영할 필요가 있다.

---

52) 이철송, 앞의 책, 870면.

53) Brody v. Chemical Bank, 517 F.2d 932, 934(2d Cir. 1975).

54) 대법원 2011. 10. 13. 선고 2009다80521 판결.

55) Grimes v. Donald, 673 A.2d 1207, 1216(Del. 1996).

제4절 제소청구 상대방의 오인

Ⅰ. 제소청구 상대방을 오인한 경우의 효력

이사와 회사 사이의 소송에서 상법을 위반하여 대표이사가 대표자로서 소송을 수행한 경우라면 그 소송행위는 적법한 대표자에 의하여 추완될 때까지 무효이다.[56] 대표소송에 국한하여 살펴보자면, 대법원 판례는 소송의 목적인 권리관계가 이사가 회사에 재임하는 당시의 것이라 하더라도 현재 그 회사의 이사가 아니라면 이사와 회사 사이의 이해충돌이 발생하지 않으므로 대표이사가 제소청구의 상대방임을 분명히 하고 있다.[57] 한편, 제소청구의 상대방을 제대로 기재하지 못한 경우에 그러한 대표소송을 부적법 각하하는 것이 하급심 법원의 주류적인 입장이다.[58]

Ⅱ. 관련 논의의 검토

1. 논의의 쟁점

주주가 제소청구의 상대방을 오인하여 잘못 기재하였음에도 불구하고 제소전 절차를 제대로 이행한 것으로 믿고 제기한 주주대표소송에 대하여 법원이 제소청구요건의 미이행을 이유로 하여 이를 부적법하다고 보아 각하하는 것은, 주주에게 과도한 부담을 지우는 것이므로 개선되어야 한다는 주장이 있다. 또한 예컨대, 제소청구를 수령할 감사가 선임되지 않은 회사에서 주주가 제소청구를 하기 전에 법원에 대표자를 선임하여 줄 것을 신청하여야 하는 것 자체가 주주의 제소에 대한 장애로 작동한다는 것이다. 따라서 제소청구의 상대방 선택에 하자가 있다고 하더라도 대표소송을 부적법 각하하기보다는 하자가 치유

---

56) 대법원 1990. 5. 11. 선고 89다카15199 판결.

57) 대법원 2002. 3. 15. 선고 2000다9086 판결.

58) 최문희, "판례에 나타난 주주대표소송의 절차법적 논점－주주의 제소청구 요건을 중심으로－", 「선진상사법률연구」 통권 제82호(법무부, 2018), 63~64면.

되는 것으로 다루거나[59] 더 나아가 제소청구의 상대방이 불분명한 부분에 대해서는 향후 상법개정을 통해 정리하여야 한다는 주장이 바로 그것이다.[60]

2. 검 토

회사와 이사는 법적으로 위임관계에 놓여 있다. 회사는 타인기관인 이사회에 의하여 운영되는 조직이기 때문에 회사가 소에 의하여 이사의 책임을 추궁하거나 역으로 이사가 회사에 대하여 소를 제기하는 경우 대표이사가 무편(無偏)한 소송수행을 할 것으로 확신할 수 없다. 이에 상법은 회사와 이사 사이에 소가 제기되는 경우 회사를 대표할 자에 관한 규정을 마련하고 있는 것이다(제394조).

상법에 제소청구의 상대방을 경우의 수에 따라 명시적으로 밝히자는 주장을 차치한다면 적어도 주주가 대표소송의 전치절차로서 제소청구의 상대방을 잘못 선택하더라도 법원이 이를 유연하게 처리하자는 주장에 대해서는 공감하기 어렵다. 그 이유를 나누어서 살펴보면 다음과 같다.

첫째, 예컨대, 유가증권시장주권상장법인의 주주가 제기한 주주대표소송에서 그 청구금액이 자기자본의 5%(최근 사업연도말 자산총액이 2조원 이상이라면 2.5%) 이상인 소송을 위한 절차가 제기·신청된다면 이를 한국거래소에 신고하여 공시하여야 한다(유가증권시장 공시규정 제7조 제1항 제3호 다목). 또한 유가증권시장주권상장법인의 경영활동과 관련된 사항으로서 투자자의 주요 의사결정에 영향을 미치는 사실 또는 결정내용이 있으면 한국거래소에 신고하여 공시할 수 있다(유가증권시장 공시규정 제28조). 코스닥시장상장법인에 대해서도 이와 유사한 공시제도가 마련되어 있다.[61][62] 일반적으로 소송에 대하여 시장은 부정적

---

59) 최문희 교수는 한국 상법과 유사하게 일본 회사법에서도 제소청구요건을 마련하고 있지만, 일본의 판례는 제소청구 상대방을 오인한 경우라고 하더라도 유연하게 처리하고 있음을 소개하고 있다. 위의 논문, 65~66면.

60) 위의 논문, 66~68면.

61) 코스닥시장상장법인의 경우 청구금액이 자기자본의 5%(최근 사업연도말 자산총액이 2천억원 이상인 코스닥시장상장법인대기업의 경우 3%) 이상인 소송 등의 절차가 제기·신청되면 한국거래소에 신고하여야 한다(코스닥시장 공시규정 제6조 제1항 다목). 소의 제기가 회사의 경영·재산 및 투자자의 투자판단에 영향을 미칠 수 있다고 판단되면 한국거래소에 신고할 수 있다(코스닥시장 공시규정 제26조 제1항).

62) 예컨대, 2017. 11. 29. 코스닥시장상장법인인 ○○○백화점은 주주 甲 외 2인이 동 회사의 회장 乙 외 3인을 대상으로 주주대표소송을 서울중앙지방법원에 제기했다고 공시한 바

으로 반응하는 것으로 알려져 있다. 특히 손해배상소송을 제기하였다는 공시만으로도 유의한 음(-)의 누적초과수익률을 초래하는 것으로 분석되고 있다. 따라서 주주대표소송이 남용되면 회사로서는 경영상의 애로를 겪게 되고 그 결과 사회적인 손실을 초래할 우려가 있다.[63] 그러므로 법원이 상법상 주주대표소송과 관련한 규정들을 유연하게 적용하는 경우 소 제기에 필요한 수고를 많이 덜 수 있는 부분도 있지만 한편으로는 주주대표소송이 남용될 가능성을 증가시키는 부분도 있다. 때문에 원고주주가 제소청구의 상대방을 오인하더라도 이를 유연하게 처리하자는 주장을 수용하기 곤란하다. 제소청구절차의 미비로 인하여 대표소송이 부적법 각하되는 경우 기존의 원고주주는 제소청구절차를 제대로 갖추어서 다시 대표소송을 밟는 수밖에 없다.

둘째, 주주가 법원에 대표소송을 제기하기 전에 회사에 제소청구를 하는 것은 이사회로 하여금 소송의 대안을 찾도록 하거나 소송의 조기종결을 유도하여 소송비용을 절감하는 이점이 있다.[64] 회사를 대표하는 자가 주주의 제소청구를 수용하여 회사가 권한위임의 상대방인 이사를 상대로 채무불이행의 책임(제399조)을 추궁하는 소를 제기한다면 주주가 회사를 대위하여 소송을 할 원인이 더 이상 존재하지 않는다. 만약 회사를 대표하는 자가 소 제기 여부를 결정하고, 만약 소를 제기하기로 결정하였다면 그가 성실하게 소를 수행할 의무를 부담하게 된다. 이는 회사의 대표자가 아닌 자에게 제소청구를 한 경우에는 소 제기 결정이나 소송수행의 의무가 발생하지 않는다는 것을 의미한다. 이처럼 권한 있는 자에 대한 제소청구는 주주대표소송의 제기와 그 수행에 직접적으로 연계되어 있으므로 회사를 대표할 자에게 제소청구를 하는 것은 매우 중요한 사항이다.

셋째, 회사와 이사 사이에 제기 가능한 소의 유형은 매우 다양하다. 구체적으로 살펴보면, 회사설립무효의 소(제328조),[65] 주식교환무효의 소(제380조의14

있다. 동 소송(사건번호: 2017가단5195414)은 "ㅇㅇㅇ백화점에게 피고들은 연대해 100억원 및 이에 대한 이 사건 소장부본 송달 다음날부터 다 갚는 날까지 연 15%의 비율로 지급하라"는 것을 주된 청구취지로 하고 있다.

63) 손성규/오윤숙/배창현, "기업의 소송제기 공시에 대한 시장반응과 감사인의 대응", 「회계학연구」 제40권 제1호(한국회계학회, 2015), 27면.

64) 2 American Law Institute, Principles of Corporate Governance: Analysis and Recommendations, §7.03 Comment e, at 58(1994). 이러한 점에서 앞서 언급한 것처럼 제소청구는 "상대적으로 비용이 들지 않는" 절차로 평가받기도 한다. *Id.* at 57.

65) 대법원은 피고회사의 주주 겸 이사인 원고가 피고회사를 상대로 상법 제328조 소정의 회

제1항), 주식이전무효의 소(제360조의23 제1항), 주주총회 결의의 하자를 다투는 소(제376조 제1항, 제380조) 등을 비롯하여 회사가 이사를 상대로 하여 이사직의 부존재확인을 구하는 소[66] 및 이사직을 사임한 자가 회사로부터 사임의 변경등기를 구하는 소[67] 등이 있다. 이처럼 회사(법인)가 당사자인 사건에서 그 회사의 대표자에게 적법한 대표권이 있는지가 의심스러운 경우 법원은 "그 판단의 기초 자료인 사실과 증거를 직권으로 탐지할 의무까지는 없다 하더라도, 이미 제출된 자료들에 의하여 그 대표권의 적법성에 의심이 갈 만한 사정이 엿보인다면 상대방이 이를 구체적으로 지적하여 다투지 않더라도 이에 관하여 심리·조사할 의무가 있다."[68] 예컨대, 어느 회사의 이사인 자(원고)가 피고회사를 상대로 소를 제기함에 있어서 상법 제394조를 위반하여 대표자를 피고회사의 대표이사로 한 경우에는 법원은 기간을 정하여 이를 보정하도록 명하여야 하며(민사소송법 제59조 단서, 제64조), 그러한 명에 따라 피고회사의 대표자를 감사로 정정하면 그 흠은 보정될 수 있다.[69] 현행 주주대표소송은 소가를 산출할 수 없는 소송으로 간주되어 청구금액의 다과에 상관없이 소가는 1억원(민사소송 등 인지규칙 제15조 제1항, 제18조의2 단서)으로 정해져 있다.[70] 따라서 주주대표소송을 제기할 경우 납부할 인지대는 455,000원이다.[71] 이같이 인지대의 규모에

사설립무효의 소를 제기함에 있어서 상법 제394조에 위반하여 대표자를 감사 아닌 대표이사로 한 사건에서 대표이사 및 원고가 한 소송행위는 무효라고 판시하였다(대법원 1990. 5. 11. 선고 89다카15199 판결).

66) 최종 주주총회에서 이사로 선임된 피고를 상대로 이사선임결의의 부존재를 주장하면서 피고의 이사지위의 부존재 확인을 구하는 소에서 대법원은 원고회사를 적법하게 대표할 사람이 없다는 이유로 원고회사의 일시대표이사가 법원에 의하여 선임되어 그로 하여금 원고회사를 대표하도록 하였더라도, 그것이 공정한 소송수행을 저해하는 것이라고 보기는 어렵다고 판시하였다(대법원 2018. 3. 15. 선고 2016다275679 판결).

67) 대법원은 "회사의 이사로 등기되어 있던 사람이 회사를 상대로 사임을 주장하면서 이사직을 사임한 취지의 변경등기를 구하는 소에서 상법 제394조 제1항은 적용되지 아니하므로 그 소에 관하여 회사를 대표할 사람은 감사가 아니라 대표이사라고 보아야 한다"고 판시하였다(대법원 2013. 9. 9.자 2013마1273 결정).

68) 대법원 1997. 10. 10. 선고 96다40578 판결.

69) 대법원 1990. 5. 11. 선고 89다카15199 판결.

70) 이에 관해서는 제6장 제2절 Ⅱ.에서 다시 논한다.

71) 소송목적의 값이 1억원 이상 10억원 미만인 경우 인지액은 '소송목적의 값×10,000분의 40+55,000원'으로 계산한다. 주주대표소송을 전자소송으로 하는 경우에 납부하여야 하는 인지대는 그렇지 않는 경우의 인지액의 90%로 계산된다. 따라서 전자소송시 인지액은 409,500원이다.

도 불구하고 주주대표소송이 활발하게 이용되지 않는 것은 이 소송이 근본적으로 대위소송으로서의 성격을 가지는 것에 기인한다.[72] 때문에 주주대표소송은 소수주주가 자신의 개별적인 이익을 위한 것이 아니라 기관(機關)의 지위에서 회사의 이익, 더 나아가 간접적으로는 주주 전체의 이익을 위한 것이어서 주주대표소송은 공익소송적인 성격을 지닌다.[73] 상법이 주주대표소송의 당사자가 법원의 허가를 얻어야만 소의 취하, 청구의 포기·인낙·화해를 할 수 있다고 규정한 것(제403조 제6항)도 궁극적으로 주주대표소송의 공익적 성격으로 인하여 법원의 후견적 역할이 필요하다는 인식을 바탕으로 하고 있다. 따라서 이는 주주대표소송의 제기권이 공익권에 속한다는 사실을 재차 확인시켜 주는 것이다.

주주대표소송의 경우 제소청구가 요건사실이기는 하지만 전치절차에 해당하므로 제소된 후에는 법원이 대표자의 표시를 정정하여 보충·변경할 시기적 여유가 없다. 말하자면, 적어도 제소청구요건과 관련하여 법원이 후견적인 역할을 할 틈이 없다는 것이다. 따라서 전치절차인 제소청구를 하는 당시에 '공정한 소송수행'[74]을 할 수 있는 제소청구의 상대방을 모색하는 것은 오롯이 주주의 몫이다. 그러므로 변론주의를 기본으로 하여 작동하는 소송절차에서 전치절차를 제대로 거치지 못한 채 제기된 주주대표소송은 당해 요건사실의 존재를 전제로 한 법률효과가 발생하지 않게 되는 불이익을 받는 것은 당연하므로[75] 법원이 이를 각하하는 것이 마땅하다.

---

72) 통계적으로 볼 때 미국에서 제기되는 주주대표소송의 건수(件數)는 감소하는 추세에 있다. 2000년 이후 가장 많은 수의 소가 제기된 2011년 이래 매년 주주대표소송의 제기 건수가 감소하고 있으며, 이러한 경향은 장래에도 계속될 것으로 예상하고 있다. 2014년에 제기된 주주대표소송은 총 180건이었지만, 이는 2015년을 기준으로 최근 10년간 소 제기 평균건수인 233건에 크게 못 미치는 수준이라고 한다. 미국에서는 금융위기(financial crisis)에 관련한 사안들이 세월이 지나면서 점점 해결되는 바람에 소송을 제기할 원인이 소멸해 가고 있다는 데에서 소 제기 빈도의 감소이유를 찾고 있다. Josh Bradford, D&O Claims Trends: Q2 2015, at 5(2015).

73) 김건식/노혁준/천경훈, 앞의 책, 507면; 최정식, 「증권집단소송법의 이해」(삼영사, 2008), 17면. 실제 주로 공익적 차원에서 시민단체가 삼성, 현대자동차, LG화학 등 상장회사에 대해 제기된 그간의 주주대표소송을 담당한 바 있다. 황현영, "주주대표소송 활성화를 위한 법적과제", 「기업법연구」 제27권 제4호(한국기업법학회, 2013), 24면.

74) 대법원 2013. 9. 9.자 2013마1273 결정.

75) 권혁재, "민사재판과 요건사실론", 「법조」 제59권 제3호(법조협회, 2010), 86면.

제6장

대표소송의 절차적 구조

제1절 논의의 범위

주주대표소송이 이른바 제3자의 소송담당의 한 형태인 까닭에 다양한 절차적 특이성이 나타날 수밖에 없다. 게다가 주주대표소송은 상법과 민사소송법의 분야에 두루 걸쳐 있는 법영역이다 보니 소송구조가 간단하지 않다. 따라서 상법과 민사소송법의 관계를 고려한 통섭적인 시각에서 주주대표소송의 절차적인 구조를 심도 있게 살필 필요가 있다. 이에 본장에서는 주대표소송의 관할 및 소가의 산정으로부터 시작해서 주주의 담보제공의무, 소의 고지와 참가 및 승계, 소의 화해 등의 제한, 그리고 승소판결에 대한 원고주주의 집행채권자적격에 관하여 논하고자 한다.

제2절 관할 및 소송목적의 값

I. 관 할

관할은 어느 법원의 다른 법원과의 관계에서 재판권의 분담관계를 정해 놓은 것을 가리킨다. 관할의 종류를 결정근거를 기준으로 할 때 법률의 규정에 의하여 발생한 법정관할(직분관할, 사물관할, 토지관할), 바로 위 상급법원의 결정에 의하여 정해지는 재정관할(민사소송법 제28조), 당사자의 거동에 의한 관할(합의관할, 변론관할)이 있다. 이 중에서 '사물관할'이라 함은 제1심 소송사건에서 지방법원 단독판사와 지방법원 합의부 사이에서 사건의 경중을 기준으로 하여 재판권의 분담관계를 정해 놓은 것을 말한다.[1] 대표소송은 사물관할에 속한다.

주주대표소송은 회사의 본점 소재지를 관할하는 지방법원에 전속한다(제403조 제7항, 제186조). 구체적으로 주주대표소송은 지방법원 합의부가 관할한다(법원조직법 제32조 제1항 제2호; 민사 및 가사소송의 사물관할에 관한 규칙 제2조 본문). 만약 주주의 제소청구에 응하여 회사가 직접 이사를 상대로 소송을 제기하는 경우에는 피고의 주소지나 회사의 본점 소재지 관할법원 중에서 선택할 수 있다.[2] 이처럼 주주대표소송의 경우 회사가 직접적으로 소를 제기할 경우의 관할이 무시되는 측면이 있다.[3]

Ⅱ. 소송목적의 값

소송목적의 값(소가)은 원고가 소로 주장하는 이익을 기준으로 계산하여 정하여야 한다(민사소송법 제26조). 주주대표소송은 소가를 산출할 수 없는 소송으로 본다(민사소송 등 인지규칙 제15조 제1항). 「민사소송 등 인지법」 제2조 제4항에 따라 재산권에 관한 소(訴)로서 그 소송목적의 값을 계산할 수 없는 소송에서의 소가는 「민사소송 등 인지규칙」으로 정하는데, 동 인지규칙은 주주대표소송의 소가를 1억원으로 정하고 있다(민사소송 등 인지규칙 제18조의2). 1심에서 패소한 피고가 항소하거나 상고하더라도 소가는 변동이 없다.[4]

인지액은 (소가×10,000분의 40+55,000원)으로 산정하므로 주주대표소송

1) 이시윤, 「신민사소송법」 제13판(박영사, 2019), 93면, 97면.
2) 오세빈, "주주대표소송의 실무상 문제점에 관한 연구"(한양대학교 박사학위논문, 2016), 95면.
3) 이철송, 「회사법강의」 제29판(박영사, 2021), 836면.
4) 대법원 2009. 6. 25.자 2008마1930 결정("주주대표소송에서 패소한 피고가 항소·상고하는 경우에도 그 상소심의 소송목적의 값은 여전히 [동일하다고] 봄이 상당하다").

에서의 인지액은 그 청구금액이 얼마인지에 상관없이 455,000원이다(민사소송 등 인지법 제2조 제3호). 이와 같이 인지액을 청구금액에 연동시키지 않는 것은 인지액을 대폭 낮추어 줌으로써 원고주주의 제소를 용이하도록 하자는 데 그 이유가 있다.[5] 만약 주주의 제소청구에 응하여 회사가 직접적으로 소송을 제기한다면 그 소송은 대표소송이 아니어서 통상의 기준에 의하여 인지액을 산정하여야 한다. 때문에 대표소송에 있어서 청구금액이 클 경우에는 회사가 이사를 상대로 직접소송을 제기하는 것보다 주주가 대표소송을 제기하는 것이 첨부할 인지액을 줄일 수 있는 길이다.[6]

제3절 중복제소의 금지

Ⅰ. 중복제소금지의 의의

이미 법원에 계속 중인 사건에 대해 새롭게 소를 제기하여 다투는 경우 소송경제적인 측면에서 비효율을 초래한다. 말하자면, 중복제소는 당사자 등에 부담으로 작용하는 것이다. 예컨대, 복수(複數)의 재판관이 내용이 모순되는 판결을 할 우려가 있어 피고는 중복하여 응소하여야 하기 때문이다. 중복소송에 해당하기 위해서는 당사자가 동일해야 하며, 사건이 동일해야 한다. 사건이 동일한지의 여부는 소송물의 동일성을 기준으로 판단하며 당사자의 동일성은 기판력을 기준으로 정한다.

민사소송법 제259조에서 중복제소를 금지하고 있다. 그럼에도 불구하고 소를 제기하는 경우 중복제소에 해당하는 후소(後訴)는 소의 이익이 없어 부적법 각하된다. 이처럼 "민사소송에서 중복제소금지는 소송요건에 관한 것으로서 사실심의 변론종결 시를 기준으로 판단하여야 하므로, 전소가 후소의 변론종결 시까지 취하·각하 등에 의하여 소송계속이 소멸되면 후소는 중복제소금지에

5) 오세빈, 앞의 논문, 95면.
6) 임재연, 「회사법 Ⅱ」 개정7판(박영사, 2020), 596면.

위반되지 않는다."[7]

Ⅱ. 주주대표소송 관련 중복제소의 금지

회사가 이사의 책임을 추궁하기 위하여 제기한 소가 계속 중인 상황에서 주주가 대표소송을 제기하는 경우에 후소인 주주대표소송은 그 원고가 당사자 적격을 가지지 못함에 따라 부적법 각하된다. 주주대표소송을 제기한 후에 회사가 이사의 책임을 추궁하는 소송을 제기하였다면 후소는 중복소송에 해당하므로 마찬가지로 부적법 각하된다.[8]

제4절 원고주주의 담보제공제도

Ⅰ. 담보제공제도의 의의

1. 상법규정의 취지

상법은 1% 주식을 가진 소수주주가 이사의 책임을 추궁하는 대표소송을 제기할 수 있음을 명시적으로 규정하고 있다(제403조 제1항). 그러나 주주대표소송이 기업의 지배구조에서 순기능을 보인다고 하더라도 원고주주의 기회주의적 입장에서 제소하였다면 피고이사 스스로가 자신을 보호하기 위하여 적극적으로 응소할 수 있는 길을 터주는 것이 바람직하다. 이에 상법은 주주가 대표소송을 제기한 경우에 피고이사가 원고주주가 악의로 소 제기를 하였다는 것을 소명(Glaubhaftmachung)하고 주주에게 상당한 담보를 제공할 것을 법원에 청구할 수 있고, 법원은 이에 따라 상당한 담보의 제공을 원고주주에게 명할 수 있다고 규정하고 있다(제403조 제5항, 제176조 제3항·제4항). 때문에 이러한 담보제공제도

7) 대법원 2020. 4. 29. 선고 2016후2317 판결.
8) 오세빈, 앞의 논문, 208~209면.

는 주주의 제소를 활성화하기 위해 대표소송의 소가를 청구금액에 상관없이 일정하게 책정한 데 대하여 피고의 방어책으로서의 의미를 지닌다는 견해[9)]도 있다. 이처럼 담보제공이라는 제도를 둔 목적은 위협소송을 방지하여 회사를 보호하려는데 있으며, 직접적으로는 피고인 이사가 원고주주에 대하여 가질 수 있는 손해배상청구권을 담보하는 기능을 한다.[10)] 그러므로 당연히 피고이사가 담보권자로 된다.[11)]

2. 담보제공제도의 연혁

미국에서는 1929년 대공황을 겪으면서 급격히 증가한 주주대표소송을 중단시키기 위해서 경제계가 대책 마련을 주문하였다. 이에 1944년 뉴욕주는 위협소송의 방지를 통하여 회사를 보호하려는 목적으로 소송비용의 담보를 요구하는 것을 내용으로 하는 제도를 미국 최초로 입법하였다. 뉴욕주 회사법은 대표소송을 제기한 주주가 소유한 주식의 양이 발행주식총수의 5% 미만이거나 소유주식의 시가가 5만 달러를 초과하지 않는 경우에는 회사의 청구에 의하여 담보를 제공하여야 한다는 규정을 두고 있다.[12)] 그 후 워싱턴주[13)]를 비롯한 여러 주가 뉴욕주의 경우를 모델로 하여 담보제공제도를 수용하였다.[14)] 1949년 캘리포니아주[15)]가 소송비용담보설정을 법원의 판단에 맡기는 취지의 담보제공제도를 법률에 둔 이후로 테네시주[16)]와 텍사스주[17)]도 캘리포니아주를 모델로 하여 담보제공제도를 도입하였다.

미국 회사법상 담보제공제도의 유형은 1944년 뉴욕주 회사법형(型)과 1949

9) 위의 논문, 96면.
10) 임재연, 앞의 책, 597면.
11) 김효정, "주주대표소송에 관한 연구－국내 및 국제소송상의 쟁점을 중심으로－"(연세대학교 박사학위논문, 2017), 147면.
12) N.Y. Bus. Corp. Law §627.
13) Wash. Rev. Code Ann. §23A.08.460.
14) Ralph C. Ferrara, Kevin T. Abikoff & Laura L. Gansler, Shareholder Derivative Litigation: Besieging the Board 1－15(2005).
15) 1949년 캘리포니아주는 담보제공제도를 Cal. Corp. Code §834에 규정하였으나, 현행 캘리포니아주 회사법은 Cal. Corp. Code §800(c), (d), (e), (f)에 담보제공제도를 마련하고 있다.
16) 현행 Tenn. Code Ann. §48.718 참조.
17) 현행 Tex. Bus. Corp. Act Ann. art. 5.14 참조.

년 캘리포니아주 회사법형(型)으로 나누어진다. 전자는 지분비율과 주식의 시가 등의 요건을 갖추지 못한 소수주주가 대표소송을 제기할 경우 회사에 의한 청구가 있으면 법원은 심리 없이 일률적으로 원고에게 담보제공 의무를 부과하는 방식이다. 이에 반하여 후자는 피고의 담보제공 신청이 근거가 있다면 피고의 신청에 대해 법원은 그 재량하에 담보제공을 명하는 방식이다.[18]

일본은 1950년 상법개정에서 종래 주주총회 중심주의에서 이사회 중심주의로 지배구조를 변경하였고, 1951년 상법개정에서 캘리포니아주 회사법을 모델로 하여 담보제공제도를 도입하였다.[19] 한국의 제정상법은 일본의 1951년 상법을 계수함에 따라 담보제공제도가 현행 상법에 편입되어 있다.[20]

3. 민사소송법상 소송비용의 담보제공제도와 비교

현행법상 소송에 들어가는 비용은 패소한 당사자가 부담한다(민사소송법 제98조). 그러나 원고측이 소송에서 이겼지만 소송이 단시간에 종료되지 않음에 따라 패소한 측의 재산만으로 소송비용을 회수하지 못할 수 있다. 이처럼 소송에서 원고가 이유 없이 소를 제기한 결과 패소판결이 났음에도 불구하고 비용을 회수하지 못한다면 소송을 당한 피고로서는 피소된 것만으로도 억울한데 소송비용까지 부담해야하는 상황에 놓일 수 있다. 소송비용액 상환청구권의 이행을 확보하기 위해서 피고는 법원에 소송비용담보제공신청을 할 수 있다. 이에 민사소송법은 "원고가 대한민국에 주소·사무소와 영업소를 두지 아니한 때 또는 소장·준비서면, 그 밖의 소송기록에 의하여 청구가 이유 없음이 명백한 때 등 소송비용에 대한 담보제공이 필요하다고 판단되는 경우에 피고의 신청이 있

---

18) Henry W. Ballantine, *Abuses of Shareholders Derivative Suits: How Far Is California's New Security for Expenses Act Sound Regulation?*, 37 California Law Review 399, 399-410(1949). 이에 반하여 소송비용의 담보는 그 고유한 목적과는 달리 현실적으로는 대표소송의 남용 방지에 중요한 역할을 하지 못하고 있다고 보는 입법례도 있다. 예컨대, 연방민사소송규칙과 델라웨어주는 소송비용의 담보의무를 법적으로 요구하지 않고 있다.

19) 山田泰弘, 「株主代表訴訟の法理—生成と展開—」(信山社, 2000), 125頁.

20) 대표소송에서의 담보제공제도 이외에도 상법 제377조는 주주총회결의취소소송 제소주주의 담보제공의무를 규정하고 있다. 일본의 1899년 개정상법은 독일의 1884년 상법 제190조 제a항 제3호를 모델로 하여 의무를 부과하고 있다. 上揭書, 124頁. 그 후 한국 상법이 일본법을 계수하다 보니 현행 상법에 잔존하고 있다. 그러나 상법 제377조는 그 연혁상 대표소송에서의 담보제공제도와는 거리가 멀다.

으면 법원은 원고에게 소송비용에 대한 담보를 제공하도록 명하여야 한다"고 정하고 있다(민사소송법 제117조 제1항).

상법상 주주대표소송에서 소를 제기한 주주가 패소한 때에 그가 악의인 경우에는 회사에 대하여 손해를 배상할 책임을 부담한다(제405조 제2항). 따라서 상법상 담보제공제도는 악의에 의한 소 제기로 인하여 피고측에 야기하거나 야기될 손해에 대한 배상을 담보하는 것을 목적으로 한다. 이러한 손해에는 소송비용[21]뿐만 아니라 제소로 인하여 회사의 평판이나 신용도가 하락하여 회사의 매출이 감소하거나 자금조달이 곤란하게 된 결과 떠안게 되거나 이미 떠안은 손해가 이에 속한다.[22] 따라서 소송비용의 회수를 원활하게 하는 것을 주된 목표로 하는 민사소송법상의 담보제공제도보다 담보되는 대상이 더 넓다는 점이 특징이다.[23]

기타 민사소송법상 담보제공의 방법 및 취소에 관한 절차는 상법상 담보제공제도에도 준용된다(민사소송법 제127조). 따라서 원고가 담보제공명령을 받고도 이에 응하지 않으면 법원은 변론 없이 판결로 소를 각하할 수 있다(민사소송법 제124조).

Ⅱ. 담보제공제도의 요건

1. 피고의 청구

담보제공을 청구한 피고는 원고가 담보를 제공할 때까지 소송에 응하지 않을 수 있다(민사소송법 제127조·제119조). 여기서 소송에 응하지 않는다는 것은 담보제공청구에 대한 심리를 제외한 나머지 심리에 대해서는 전혀 응하지 않는

21) 피고측이 지출한 소송비용을 계산함에 있어서 민사소송 등 인지규칙(제18조의2)에 따라 인지대의 산정기준이 되는 1억원을 소송물의 가액으로 보아야 한다(대법원 2009. 6. 25.자 2008마1930 결정).

22) 이태종, "주주의 대표소송에 관한 연구-사문화와 남소의 방지를 위한 절차를 중심으로-" (서울대학교 박사학위논문, 1997), 226면.

23) 일반 민사소송의 경우는 민사소송법에 따라 소송비용의 담보액은 피고가 각 심급에서 지출할 비용의 총액을 표준으로 하여 정하여야 한다(민사소송법 제120조 제2항). 이와 같은 담보액 산정산식은 주주대표소송의 경우에는 적용되지 않는다. 그 이유는 민사소송법 제127조가 동법 제120조 제2항을 준용하지 않고 있기 때문이다.

것을 뜻한다. 그러므로 피고는 본안에 대한 변론이나 변론준비기일에서의 진술을 거부할 수 있다.[24] 법원은 피고의 청구가 있고 원고의 악의가 소명되면 회사가 입을 손해액에 대한 담보제공을 명하게 된다. 청구권자는 피고에 한(限)한다.[25] 항소심에서 패소한 피고가 상고를 제기함에 따라 승소한 원고가 피상고인으로 되었다고 하여 원고에게 담보제공청구권이 인정되는 것은 아니다.[26] 법원이 피고이사의 신청이 없는데도 불구하고 스스로의 판단으로 담보의 제공을 명할 수는 없다. 민사소송법상 소송비용담보신청의 시기를 정하고 있는 규정(제118조)[27]이 상법상 담보제공제도에 준용되지 않기 때문에(민사소송법 제127조) 담보제공의 청구시기에 관해서는 소송의 어떠한 단계에서도 할 수 있어 시기적인 제한은 없다. 따라서 피고는 본안 전이든 실질적 심리가 시작된 후이든 간에 담보제공청구를 할 수 있다.

대법원은 민사소송법에 따른 소송비용의 담보제공과 관련하여 "상소심에서의 소송비용 담보제공 신청은 담보제공의 원인이 이미 제1심 또는 항소심에서 발생되어 있었음에도 신청인이 과실 없이 담보제공을 신청할 수 없었거나 상소심에서 새로이 담보제공의 원인이 발생한 경우에 한하여 가능하다"고 판시하고 있다.[28] 이러한 판시는 상법상 담보제공제도의 취지를 고려할 때 주주대표소송에서 피고측의 담보제공청구에도 동일하게 적용된다.

2. 악의의 소명

법원이 원고에 대하여 상당한 담보를 제공할 것을 명하기 위해서는 원고의 악의를 소명하여야 한다. 여기서 '악의'의 개념은 피고인 이사를 해한다는 것을 알면서 제소하는 것을 의미한다. 가해의사의 유무는 문제되지 않는다.[29] 이와 관련하여 일본의 법원에서 인정한 '악의'의 개념을 참조하여 살피기로 한다. 먼

24) 김효정, 앞의 논문, 156~157면.
25) 대법원 2012. 9. 13.자 2012카허15 결정 참조.
26) 대법원 2017. 9. 14.자 2017카담507 결정 참조.
27) 민사소송법에 따라 피고가 소송비용의 담보를 신청하기 위해서는 신청서에 예상되는 변호사비용을 기재한 서류를 첨부하여 본안에 관한 변론이나 변론준비절차에서 진술을 하기 전의 단계에서 수소법원(受訴法院)에 제출하여야 한다.
28) 대법원 2017. 4. 21.자 2017마63 결정.
29) 이철송, 앞의 책, 837면.

저 1994년 나고야 지방재판소의 결정에 따르면 '악의'에 해당하기 위해서는 피고가 회사에 대해 부담하여야 하는 책임이 없다는 것을 알면서도 전적으로 피고를 해하려는 의도로써 소를 제기하여야 한다.[30] 1997년 오사카 고등재판소는 "피고의 책임에 사실적, 법률적 근거가 없는 것을 알면서도, 또는 주주대표소송의 제도취지를 일탈하여 부당한 목적을 가지고 피고를 해하는 것을 알면서도 소를 제기한 경우를 말한다"고 결정한 바 있다.[31]

여기서 '소명'(疏明)이라 함은 법관이 어느 사실의 존재가 일응 확실하다는 심증을 가지게 하는 상태 또는 그러한 상태에 이르도록 하는 증거를 제출하는 당사자의 노력을 의미하며, 반드시 법관으로 하여금 확신을 가지게 하지 않아도 된다.[32] 민사소송법에 따르면 소명은 즉시 조사할 수 있는 증거에 의하여야 한다(민사소송법 제299조 제1항). 이처럼 소명에 의한다는 것은 "법원의 심증정도를 경감하여 사건을 신속히 처리함에 목적이 있으므로 소명방법에는 그 종류에 제한이 없고, 다만 즉시 조사할 수 있는 것에 한하도록 되어"[33] 있다는 점에서 증명과는 다르다.

3. 법원의 명령

피고의 담보제공신청이 있다고 하더라도 법원이 반드시 변론기일 또는 당사자 쌍방에게 참여할 수 있는 심문기일을 정하여야 할 의무를 부담하지 않는다. 다만, 당사자 쌍방에 대한 심문을 통해 담보제공신청의 이유 유무, 담보액 및 담보제공기간 등을 심리할 수는 있다.[34] 법원은 피고의 담보제공청구가 이유가 없다고 판단하는 경우 그 청구를 기각하는 결정을 한다. 피고의 담보제공청구가 이유가 있어 인용된다면 법원은 담보제공의 결정을 하여 원고에 대하여 담보제공을 명하여야 한다. 법원은 제공할 담보의 금액과 담보를 제공하여야 하는 기간을 정하여야 한다.

법원이 재량으로 제공할 담보의 금액과 기간을 결정하지만 그 금액의 규모

30) 名古屋地方裁判所決定 1994年 1月26日, 「判例時報」1492号, 139頁.
31) 大阪高等裁判所決定 1997年 11月 18日, 「判例時報」1628号, 133頁.
32) 정동윤/유병현/김경욱, 「민사소송법 제7판(법문사, 2019), 514면.
33) 대법원 1967. 5. 2. 선고 67다267 판결.
34) 김효정, 앞의 논문, 153면,

와 그 제공기간은 담보제공제도의 운용과 관련하여 매우 중요한 의미를 지닌다. 담보의 제공은 금전 또는 법원이 인정하는 유가증권을 공탁하거나, 대법원규칙이 정하는 바에 따라 지급을 보증하겠다는 위탁계약을 맺은 문서를 제출하는 방법으로 한다. 예외적으로 당사자들 사이에 특별한 약정이 있으면 그에 따른다(민사소송법 제127조, 제122조). 이처럼 당사자들 사이에 특별한 약정이 없는 한 담보제공을 명하는 법원은 담보제공의 방법을 민사소송법 규정의 범위 내에서 재량에 따라 선택할 수 있다.[35)]

담보를 제공하여야 할 기간 이내에 원고가 이를 제공하지 아니하는 때에는 법원은 변론 없이 판결로 소를 각하할 수 있다는 점(민사소송법 제124조)에 비추어 보면, 고액의 담보를 제공할 것을 명하거나 너무 짧은 기간을 담보제공기간으로 정하는 것은 그 금액을 융통하거나 그 기간을 준수하는 데 대한 어려움으로 인하여 사실상 담보제공의 단계에서 주주대표소송을 각하하는 것과 유사한 결과를 초래한다.[36)] 말하자면, 고액(高額)의 담보를 제공하도록 하는 것은 위협소송뿐만 아니라 법원에서 다툴 만한 가치가 있는 소송까지도 함께 억제하는 역효과를 낳을 수 있는 것이다.[37)] 특히 주주가 대표소송에서 승소하더라도 그 손해배상을 받는 주체가 회사라는 점에 비추어 보면 이 같은 상황에서는 주주가 대표소송을 주도하는 것을 현실적으로 기대하기 어렵다. 반대로 담보액이 너무 과소하다면 대표소송의 남용을 억제하기 위하여 마련된 담보제공제도의 취지가 무색하게 된다.[38)] 이러한 취지에서 미국의 경우 뉴욕주법을 모델로 삼아 소송비용의 담보제공에 관한 요건을 명문화하였던 MBCA도 1984년 개정에서 이를 삭제하였다.[39)] 미국법률협회(American Law Institute: ALI)의 「회사지배구조의 원칙:

---

35) 대법원 2018. 6. 1.자 2018마5162 결정.

36) 오세빈, 앞의 논문, 97면.

37) Harald Baum & Dan W. Puchniak, *The Derivative Action: An Economic, Historical and Practice-Oriented Approach*, in The Derivative Action in Asia: A Comparative and Functional Approach 1, 58(Dan W. Puchniak, Harald Baum & Michael Ewing-Chow eds., 2012). 예컨대, 뉴욕주의 담보제공제도는 부자(富者)들을 위한 법이라는 비판을 받기도 하였다. George D. Hornstein, *The Death Knell of Stockholders' Derivative Suits in New York*, 32 California Law Review 123, 143(1944).

38) 김효정, 앞의 논문, 155면.

39) 1 Model Bus. Corp. Act Ann. 719(3d ed., 1985).

분석과 권고」(Principles of Corporate Governance: Analysis and Recommendations)[40] (이하 'ALI 원칙'으로 줄임)도 MBCA와 동일한 입장을 취하고 있다.[41]

위에서 논한 바와 같이 법원이 원고에 대하여 담보제공명령을 한 경우 피고는 원고가 담보를 제공할 때까지 응소를 거절할 수 있다. 원고가 법원의 담보제공명령에 따라 담보를 제공한 때에는 피고는 담보로 제공한 담보물에 대하여 질권자와 동일한 권리를 갖는다(민사소송법 제123조).

제5절 회사에 대한 소송고지

I. 상법의 입장

상법상 대표소송을 제기한 주주는 소를 제기한 후 지체없이 회사에 대하여 소 제기 사실을 고지하여야 한다(제404조 제2항). 회사의 소송참가는 허용된다

40) ALI는 실무가와 법학자들로 1923년에 설립된 독자적인 단체로서 법재록(Restatement of the Law)과 같은 업적을 남기고 있다. ALI는 1978년부터 회사지배구조(corporate governance)에 관한 문제를 다루기 위한 프로젝트를 담당하였다. ALI는 1982년에 「회사지배구조의 원칙」(Principles of Corporate Governance)[이하 'ALI 원칙'으로 줄임]의 첫 번째 임시초안(tentative draft)을 작성한 후 오랜 기간에 걸친 계속적인 토론과 개정작업 끝에 마침내 1994년에 'ALI 원칙'을 두 권의 책으로 출간함으로써 동 프로젝트를 완결지었다. 동 프로젝트의 전제는 자유기업체제의 도구인 회사의 효율성을 보존하고 증진하는 것이었다. 동 프로젝트의 결과물로서 공포된 ALI 원칙은 법적인 구속력은 없지만 주법상의 차이를 줄이고 법원에 대한 주요한 지침이 되는 것을 목표로 하였다. 이에 따라 법원은 ALI 원칙의 임시초안이 나올 때부터 관심을 표명하여 판결에 참고(legal reference)하고 있으므로 미국 회사법의 발전에—크건 작건 간에—영향을 미치고 있다. 이에 관해서는 Roswell B. Perkins, The Genesis and Goals of the ALI Corporate Governance Project, 8 Cardozo Law Review 661(1987); Carol B. Swanson, *Corporate Governance: Sliding Seamlessly into the Twenty-First Century*, 21 Journal of Corporation Law 417(1996) 참조.

41) 2 American Law Institute, Principles of Corporate Governance: Analysis and Recommendations, §7.04(c) & Comment at 90(1994). ALI 원칙이 이러한 입장을 취한 이유로서는 소송비용의 담보제공의무는 위협소송과 그렇지 않는 소송을 구별하지 않은 채 모두 함께 억제하는 역효과가 있다는 점, 소송비용담보제공의무로 인하여 대주주와 소수주주가 불공정하게 차별된다는 점, 현실적으로 다른 주주들을 규합하여 5% 이상의 주식을 확보함으로써 이러한 담보제공의무를 우회할 수 있다는 점 등이 알려져 있다(*Id.* §7.04 Comment at 90-91).

(제404조 제1항). 이처럼 상법은 회사의 소송참가가 가능하다고만 규정하고 있을 뿐이다. 다른 주주가 대표소송에 참가할 수 있는지에 관해서는 상법에 명문의 규정이 없다. 과연 대표소송에서 다른 주주의 참가는 가능한가? 이에 관한 학자들의 견해는 부정설과 긍정설로 나누어져 있다. 먼저 다른 주주의 소송참가는 소송을 과도하게 지연시키거나 법원의 부담을 증가시킬 우려가 있으므로 상법에 있는 명문의 규정대로 회사만이 소송참가가 가능하다는 견해(부정설)[42]가 있다. 이 견해에 따르면 다른 주주의 소송참가는 허용되지 않는다. 반대로 대표소송의 판결이 사실상 다른 주주에게도 영향을 미친다는 점에서 비록 상법상 주주의 소송참가를 허용하는 규정이 없다고 하더라도 민사소송법에 의한 소송참가는 허용되어야 한다는 견해(긍정설)[43]가 있다. 긍정설이 현재 다수의 입장이다.[44]

Ⅱ. 최근의 논의

1. 논의의 개요

주주대표소송의 경우 그 판결로부터 회사를 비롯하여 원고주주와 그 나머지 주주도 영향을 받는 만큼 먼저 제소한 원고주주만 소송의 독점을 인정할 이유가 없고 더 나아가 원고주주와 피고이사 간 결탁 가능성을 완전히 배제할 수 없는 까닭에 다른 주주들이 소송에 참가할 수 있는 기회를 보장하는 차원에서 회사에 공고의무를 부담시켜야 한다는 주장이 있다.[45] 이와 유사한 맥락에서 다

42) 장재형, “법정소송담당과 중복소제기 금지의 통일적 법리”, 「법학연구」 제19집 제1호(인하대학교, 2016), 339면; 정찬형, 「상법강의(상)」 제21판(박영사, 2018), 1085면; 최준선, 「회사법」 제16판(삼영사, 2021), 584면.

43) 권기범, 「현대회사법론」 제8판(삼영사, 2021), 968~969면; 서헌제, 「사례중심체계 회사법」(법문사, 2000), 441면; 송옥렬, 「상법강의」 제11판(홍문사, 2021), 1108~1109면; 이철송, 앞의 책, 836면; 임재연, 앞의 책, 605면.

44) 송옥렬, 위의 책, 1109면. 주주의 소송참가가 허용된다고 하더라도 그 법적 성질에 대해서는 공동소송참가로 풀이하는 입장(서헌제, 이철송)과 공동소송적 보조참가로 풀이하는 입장(권기범, 송옥렬, 임재연)으로 나누어진다.

45) 노혁준/강동욱/이완근, 「회사소송제도의 개선을 위한 연구」 2012년도 법무부 연구용역 과제보고서(서울대학교, 2012), 123~124면.

른 주주의 소송참가를 위해 회사가 직접소송을 제기한 경우는 물론이고 회사가 주주로부터 대표소송을 제기하였다는 사실을 고지받은 경우에도 제소사실을 다른 주주에게 통지 또는 공고하는 제도를 마련할 필요가 있다는 입장[46]도 있다.

2. 검 토

주주대표소송에서 판결의 효력을 받는 권리귀속주체는 회사이다.[47] 말하자면, 피참가인과 참가인의 수(數) 혹은 이들이 가지고 있는 지분율의 규모에 상관없이 승소의 결과는 회사에 귀속하는 것이다.[48] 주주대표소송에서 승소하여 회사가 피고로부터 손해배상을 받게 되면 자연스레 회사의 자산가치가 상승하고 그 결과 원고주주를 비롯하여 지분율에 비례하여 다른 모든 주주의 주식가치가 올라가게 된다.[49]

대표소송의 기판력은 회사에 미칠 뿐 주주에 대해서는 반사적 효력만 있다. 이처럼 주주대표소송은 주주총회 결의의 하자를 다투는 소송과 같은 대세효가 없어 주주의 공동소송참가는 불가능하다. 또한 다른 주주는 판결의 결과에 대하여 경제적 이해관계만을 가질 뿐 판결의 기판력이 다른 주주에게 미치지 않으므로 공동소송적 보조참가를 할 수 없다.[50] 게다가 비용(cost) 대비 편익(benefit)의 측면에서 살펴 볼 때에 소송의 결과가 회사에 귀속된다는 점에서 일단 대표소송이 제기된 후에 원고주주 이외의 주주가 그 소송에 참가할 유인을 가지는 것을 기대하기 곤란하다. 때문에 다른 주주에게 대표소송에 참가할

46) 황현영, “주주대표소송 활성화를 위한 법적 과제”, 「기업법연구」 제27권 제4호(한국기업법학회, 2013), 18~19면. 이 문헌은 일본 회사법이 회사뿐만 아니라 다른 주주가 대표소송에 참가할 수 있다는 규정(일본 회사법 제849조 제1항)과 회사는 회사가 이사를 상대로 제소한 사실 및 주주가 대표소송을 제기한 사실을 공고하거나 주주에게 통지할 것을 요구하는 규정(일본 회사법 제849조 제4항)을 두고 있음을 소개하고 있다(위의 논문, 18면).

47) 대법원 2002. 3. 15. 선고 2000다9086 판결.

48) 이러한 점에서 분배절차를 두고 있는 증권 관련 집단소송법과 대비된다. 증권관련집단소송에서 승소하는 경우 피고로부터 받은 배상금을 권리가 확인된 구성원에 한하여 분배하게 된다. 박철희, “증권관련집단소송의 분배절차”, 「BFL」 제8호(서울대학교, 2004), 56면.

49) 박정국, “우리나라 주주대표소송의 현황과 문제점 및 개선방안에 관한 소론－소제기권자에 관한 논의를 중심으로－”, 「홍익법학」 제14권 제2호(홍익대학교, 2013), 452면.

50) 장재형, “법정소송담당과 중복소제기 금지의 통일적 법리”, 「법학연구」 제19집 제1호(인하대학교, 2016), 339면.

기회를 보장하기 위한 차원에서 회사의 공고의무[51] 내지 다른 주주에 대한 통지·공고의무를 부담시키자는 개선안에 대하여 법리적으로나 현실적인 시각에서도 쉽게 수긍할 수 없다.

통계적으로 볼 때 한국에서 상장회사와 관련되어 제기된 주주대표소송의 과반수가 전부각하 혹은 전부기각되는 형편이다.[52] 때문에 공고·통지하는 것은 상당한 비용이 드는 일이므로 단순히 제소되었다는 사실이 있다고 해서 이를 회사 차원에서 공고하거나 다른 주주에게 통지·공고하도록 강제하는 것은 자원의 낭비이다. 게다가 상장법인의 경우에는 소 제기 사실이 공시대상으로 되기도 한다는 점에 비추어 본다면 다른 주주에 대한 공고·통지는 과도하게 비효율적인 규제에 해당할 수 있다.

제6절 회사의 소송참가

I. 소송참가의 의의

1. 민사소송법상의 소송참가

'소송참가'라 함은 타인 간에 계속 중인 민사소송에 당사자가 아닌 제3자가 자신의 권리와 이익을 보호하기 위해 당사자로서 또는 당사자에 준하는 지위에서 관여하는 것을 의미한다. 여기서의 제3자를 '참가인'이라 부른다.

민사소송법은 소송참가의 다양한 유형을 규정하고 있다. 소송에 당사자로서 관여하는 소송참가의 유형으로는 독립당사자참가(민사소송법 제79조), 공동소송참가(민사소송법 제83조), 승계참가(민사소송법 제81조), 인수참가(민사소송법 제

51) 상법은 원칙적으로 회사의 공고는 관보 또는 시사에 관한 사항을 게재하는 일간지에 할 것을 정하고 있다(제289조 제3항).

52) 1997년부터 2017년까지 판결이 내려진 총 137건의 주주대표소송 중 상장회사와 관련된 주주대표소송은 총 47건이었다. 그 중에 전부각하된 사건이 6건, 전부기각된 사건이 21건에 달하였다. 이승희, "1997~2017 주주대표소송 제기 현황과 판결분석", 「경제개혁리포트」 2018-3호(경제개혁연구소, 2018), 15면.

82조)가 있으며, 당사자에 준하는 지위로서 관여하는 소송참가의 유형에는 보조참가(민사소송법 제71조), 공동소송적 보조참가(민사소송법 제78조)가 있다. 제3자가 새로운 당사자로 등장하여 자신과 기존의 일방 또는 쌍방의 분쟁을 동시에 해결하고자 하는 것을 '당사자참가'라 칭한다. 당사자가 승소함으로써 간접적으로 자신의 이익을 보전하려고 하는 경우를 '보조참가'라 한다.

소송참가의 태양을 제3자의 자발적 의사 유무를 기준으로 나누어 보면, 제3자의 자발적 의사로 타인 간의 소송에 개입하는 것을 '임의참가'라 하며, 제3자의 의사와는 상관없이 종전 당사자의 의사에 의하여 강제적으로 제3자를 참가시키는 '강제참가'가 있다. 민사소송법이 규정하는 여러 참가의 유형 중에서 동법 제82조의 인수참가를 제외한 나머지 모든 것이 임의참가에 속한다. 이렇게 임의참가가 소송참가의 대부분의 유형을 차지하는 것은 참가인에게 기존 당사자의 변론과 내용이 동일한 변론을 하도록 하기 위해 소송참가를 강제할 필요는 없다는 데에서 그 이유를 찾을 수 있다. 이처럼 민사소송법은 참가인이 기존 당사자의 변론과는 내용이 다른 독자적인 변론을 하고자 하는 동기나 이익을 반영시킬 여부를 스스로 결정하도록 하려는 입장을 취하고 있다.[53]

2. 상법상의 소송참가

(1) 의 의

상법은 주주대표소송에서 회사의 소송참가를 인정하고 있다(제404조 제1항). 아울러 원고주주가 대표소송을 제기한 후에 지체없이 회사에 소송고지를 할 것을 요구하고 있다(제404조 제2항). 그렇다면 상법은 왜 소송고지를 요구하는가? 일반적인 민사소송에서는 승소에 의해 보호받을 수 있는 실제적 이익은 스스로 자신의 권리를 주장한 원고에게 귀속되지만, 위에서 살펴본 바와 같이 대표소송에서는 판결의 효력은 회사에 귀속된다. 이처럼 소송고지제도를 둔 것은 판결의 효력이 회사에 귀속되는 만큼 회사에 이를 알림으로써 절차적 정당성을 확보하자는 데 그 목적이 있으며,[54] 동시에 회사로 하여금 주주가 대표소

53) 김일룡, "공동소송적 보조참가인의 소송법상 지위에 관한 고찰", 「서울법학」 제24권 제1호(서울시립대학교, 2016), 318면.

54) 양동석, "대표소송에 있어서 회사의 피고이사측에 보조참가", 「기업법연구」 제18권 제2호

송을 제기하였다는 사실을 인식하게 하여 소송에 참가할 기회를 부여하기 위함이다.[55]

(2) 소송참가의 결정주체

한국 상법은 회사와 이사 간의 소에서 감사가 회사를 대표한다(제394조 제1항). 이 때문에 주주가 정식으로 대표소송을 제기하기 전에 소수주주는 감사에 대해서 소의 제기를 청구하여야 한다. 이 경우 감사가 회사를 대표하는 이유는 앞서 살펴 본 것처럼 "이사와 회사 사이의 소에 있어서 양자 간에 이해의 충돌이 있기 쉬우므로 그 충돌을 방지하고 공정한 소송수행을 확보하기 위하여 비교적 객관적 지위에 있는 감사로 하여금 그 소에 관하여 회사를 대표"하게 한 것이다.[56] 따라서 감사가 회사를 대표하기 때문에 회사의 소송참가의 결정주체는 감사이다. 설령 이사회가 피고이사의 책임이 없다고 판단하더라도 스스로가 소송참가 여부를 결정할 수는 없으며, 감사에게 그 참가를 요청할 수 있을 뿐이다.[57] 만약에 회사가 소송에 참가하더라도 감사가 회사를 대표한다. 이는 대표소송이 기본적으로 회사의 소제기권을 주주가 대위하여 행사하는 특징을 가진다는 사실에 기인한다. 감사위원회를 설치한 회사의 경우에는 위의 권능은 감사위원회에 부여된다(제415조의2 제7항). 만약 감사위원회의 위원이 소의 당사자인 경우에는 감사위원회 또는 이사는 법원에 회사를 대표할 자를 선임하여 줄 것을 신청하여야 한다(제394조 제2항).

소송의 목적이 되는 권리관계는 이사의 재직 중에 일어난 사유로 인한 것이지만 이미 이사의 지위에 없는 자, 즉 전(前) 이사를 상대로 대표소송을 제기하는 경우에는 이상과 같은 이익충돌의 가능성이 없으므로 특별한 사정이 없는 한 대표이사가 회사를 대표한다.[58]

(한국기업법학회, 2004), 319면.

55) 김홍기, "주주대표소송 판례의 동향과 그 연구", 「부산대학교 법학연구」 제48권 제1호(부산대학교, 2007), 1094면.

56) 대법원 2002. 3. 15. 선고 2000다9086 판결.

57) 山田泰弘, 前揭書, 78頁.

58) 대법원 2002. 3. 15. 선고 2000다9086 판결.

Ⅱ. 주주대표소송에서 회사의 원고측에의 소송참가

1. 소송참가 허용의 의의

(1) 일반적인 경우

주주대표소송에서 회사의 소송참가는 소송을 부당하게 지연시켜 법원의 부담을 증가시키지 않는 한 허용된다. 상법 제404조 제1항이 회사가 대표소송에 참가하는 것을 허용하는 이유는 무엇인가?

주주가 대표소송을 제기하였다는 것은 회사가 이사에 대하여 직접소송을 하지 않았다는 사실을 전제로 한다. 즉, 회사가 소수주주로부터 제소청구를 받았음에도 불구하고 제소를 하지 않았기 때문에 주주가 대표소송을 제기한 것이다. 그러므로 이사에 대한 제소를 하지 않은 회사의 입장이 변하지 않는다면 상법이 회사로 하여금 원고주주측에 소송참가를 허용하는 것은 그 의미가 반감된다.[59] 그럼에도 불구하고 굳이 상법 제404조 제1항을 마련한 것은 원고주주가 충분히 승소할 수 있는 사건임에도 불구하고 피고이사와 담합하여 협잡으로 져주거나 실제 손해액보다 적은 금액을 청구하여 회사에 손해를 야기하는 경우가 있어 이를 방지하기 위한 차원에서 회사의 소송참가를 인정하는 것이다.[60] 말하자면, 회사는 소송참가를 통해 대표소송이 원고주주와 피고이사 간의 금품 등의 수수에 따라 공모하여 소송이 종결되는 것을 방지하여 회사의 권익을 보호하자는 것이다.[61]

이 밖에 회사가 소송참가하는 경우 회사경영에 관한 정보의 부족으로 인하여 원고주주가 겪는 소송수행상의 어려움을 극복함으로써 소송경제를 도모할

---

59) 주주가 대표소송을 제기한 후에도 회사가 당초 제소하지 않기로 한 결정을 번복할 가능성은 상존한다. 특히 당초 결정 당시의 경영진이 제소 후에 교체된 경우에는 이전의 결정을 번복하는 경우를 쉽게 상정할 수 있다. 송옥렬, 앞의 책, 1109면.

60) 대법원 판례에 따르면 주주대표소송에서 "원고 주주가 원고로서 제대로 소송수행을 하지 못하거나 혹은 상대방이 된 이사와 결탁함으로써 회사의 권리보호에 미흡하여 회사의 이익이 침해될 염려가 있는 경우 그 판결의 효력을 받는 권리귀속주체인 회사가 이를 막거나 자신의 권리를 보호하기 위하여 소송수행권한을 가진 정당한 당사자로서 그 소송에 참가할 필요"가 있다(대법원 2002. 3. 15. 선고 2000다9086 판결).

61) 피정현, "주주대표소송에서 회사의 소송참가", 「원광법학」 제25권 제1호(원광대학교, 2009), 237면.

수 있고[62] 더 나아가 기본적으로 회사의 소송참가는 제소주주에게 대표소송이 적정하다는 것을 보증하는 기능[63]도 있다. 한편, 원고주주가 회사의 이익을 적절하게 대표하지 못한다면 원고의 소송수행을 감시하기 위해서라도 회사의 소송참가를 허용하여야 하는 측면도 있다.[64]

(2) 외부적인 요인으로 원고주주의 지위가 상실되는 경우

회사의 원고측에 대한 소송참가는 그 소송참가가 실질상으로 독립의 소를 제기한 것과 다를 바 없게 되는 경우에 그 의의가 극대화된다.[65] 그러한 경우로서 다음의 2가지를 들 수 있다. 첫째, 회사가 원고측에 소송참가를 하지 않은 채 주식이 완전히 소각되면 원고는 주주로서의 지위를 상실한 결과 소송이 계속될 수 없다. 예컨대, 「금융산업의 구조개선에 관한 법률」은 금융산업의 구조개선을 지원하여 금융기관 간의 건전한 경쟁을 촉진하고, 금융업무의 효율성을 높임으로써 금융산업의 균형 있는 발전과 금융시장의 안정에 이바지함을 목적으로 하는 법인데(제1조), 동법에 따라 금융위원회가 부실금융기관에 대하여 적기시정조치의 일환으로써 주식의 전부소각이라는 경영개선명령을 내리는 것이 가능하다(은행감독규정 제36조 제2항 제1호). 원고적격을 갖춘 주주가 대표소송을 제기하였지만 변론종결되기 전에 자의든 타의든 간에 주식을 전혀 보유하지 않게 된다면 그는 더 이상 원고로서의 자격을 가질 수 없는 까닭에,[66] 만약 어느 금융기관의 주주가 이사의 책임을 추궁하는 대표소송을 제기한 후 그 금융기관의 주식이 전부 소각된다면 그는 원고로서의 지위를 잃게 되어 당초의 소는 부적법 각하된다.[67] 이는 주주의 의사에 반하여 이사에게 이미 제기된 소를 회피할 수 있는 기회를 부여하는 것과 다를 바 없다. 이러한 경우에는 회사가 원고측에

---

62) 대법원 2002. 3. 15. 선고 2000다9086 판결.

63) 山田泰弘, "株主代表訴訟の法的構造と会社および原告株主の地位 －会社の訴訟参加と和解の考察を通して－", 「名古屋大学法政論集」 171号(名古屋大学, 1997), 237頁.

64) 김대연, "은행 이사의 주의의무와 손해배상책임(제일은행 주주대표소송사건)", 「상사판례연구」 제13권(한국상사판례학회, 2002), 249면.

65) 장재형, 앞의 논문, 338면.

66) 이러한 입장이 한국에서 통설적 위치에 있다. 권재열, "주주대표소송제도의 개선방안－관련 판례의 취지를 감안하여－", 「증권법연구」 제16권 제2호(한국증권법학회, 2015), 156면. 대법원 판례도 통설과 동일한 입장이다(대법원 2013. 9. 12. 선고 2011다57869 판결).

67) 대법원 2002. 3. 15. 선고 2000다9086 판결.

소송참가를 한 경우에만 소가 유지될 수 있다. 그러므로 주식이 완전소각된 경우 회사의 소송참가가 있어야만 부정행위를 한 이사에 대하여 책임을 추궁하는 길이 봉쇄되는 것을 막을 수 있다.[68]

둘째, 회사가 원고측에 소송참가를 하지 않은 채 기업구조조정으로 인하여 원고주주가 주주의 지위를 상실한 경우에도 애초 제기한 대표소송은 부적법 각하된다. 예컨대, 어느 회사의 이사를 상대로 대표소송을 제기한 원고주주가 주식의 포괄적 교환을 통해 해당 회사의 완전모회사의 주식을 취득하게 된 경우에는 주식교환 후 완전모회사(완전지주회사)만이 자회사의 유일한 주주이므로 애초 대표소송을 제기한 주주는 원고로서의 지위를 상실한다.[69] 이 경우 완전모회사가 자회사의 이사를 상대로 다시 대표소송을 제기하지 않는 한 피고이사는 자신의 부정한 행위에 대하여 책임을 부담하지 않게 되는 불합리가 발생한다.[70] 이러한 불합리를 제거하기 위해서는 기업을 구조조정하기 전에 회사의 소송참가가 있어야 한다.

2. 법적 성질

(1) 학 설

주주대표소송에서 회사가 원고측에 참가하는 것의 법적 성질에 관해서 의견이 나누어져 있다. 주주의 제소로 인하여 대표소송의 수행권을 상실하였으므로 회사는 공동소송적 보조참가만 가능하다는 견해(공동소송적 보조참가설)를 비롯하여 원고주주와 피고이사가 공모하여 소송을 종결시켜서 회사에 손해를 야기하는 행위를 방지하여야 하는 필요성과 그러한 공모소송이 있는 경우 상법이

---

68) 권재열, "모회사의 이사에 대한 자회사의 실권주 배정에 관련된 몇 가지 쟁점의 검토－대법원 2013. 9. 12. 선고 2011다57869 판결을 대상으로 하여－", 「선진상사법률연구」 통권 제65호(법무부, 2014), 26면.

69) 노혁준, "주주 지위의 변동과 회사소송의 원고 적격", 「기업법연구」 제30권 제4호(한국기업법학회, 2016), 33면.

70) 이와 관련하여 참조할 판례로서 대법원 2016. 7. 22. 선고 2015다66397 판결이 있다. 이 사건에서 주주총회결의 취소소송의 계속 중 원고가 주식의 포괄적 교환으로 인하여 주주로서의 지위를 상실하였다. 이에 대법원은 원고는 상법 제376조에 따라 그 취소를 구할 당사자적격을 상실한다고 풀이하면서 원고가 자신의 의사에 반하여 주주의 지위를 상실하였다 하여 달리 볼 것은 아니라고 판단하였다.

회사가 재심의 소를 제기하는 것을 허용하고 있다는 점(제406조 제1항)에 비추어 회사는 공동소송참가를 할 수 있다는 견해(공동소송참가설)가 있다. 이 밖에 회사가 대표소송의 진정한 이해관계자이므로 그에 대해 독자적인 이해를 가진다는 점에서 독립당사자참가로 풀이하여야 한다는 견해(독립당사자참가설)[71]도 있다.

(2) 판 례

대법원은 상법 제404조 제1항의 입법취지를 고려하면 동조 동항에서 규정하고 있는 회사의 참가는 공동소송참가를 의미하며, 이렇게 풀이한다고 하더라도 중복제소를 금지하고 있는 민사소송법에 반하는 것도 아니라고 판시[72]함으로써 공동소송참가설의 입장에 있다.

(3) 검 토

이상의 견해 중에서 공동소송적 보조참가설과 독립당사자참가설을 받아들이기 어렵다. 그 이유는 다음과 같다. 첫째, 공동소송적 보조참가는 제3자에게 판결의 효력이 미침에도 불구하고 당사자적격이 인정되지 않아 스스로 공동소송참가할 수 없는 경우에 인정된다. 따라서 공동소송적 보조참가설은 주주대표소송이 채권자대위소송과 같은 대위소송으로서의 특징만을 가진다고 풀이하는 데에 견련되어 있다.[73] 공동소송적 보조참가설이 수용되기 위해서는 주주가 대표소송을 제기하면 회사는 소송수행권을 상실하는 것이 전제되어야만 한다. 그러나 주주가 회사에 제소청구를 하는 것은 그 회사에 이사를 상대로 직접소송을 할 수 있는 기회를 부여한 것에 지나지 않는다. 또한 주주가 대표소송을 제기한 후에 그 원고주주가 법원의 허가를 얻어서 소를 취하하더라도 회사는 직접소송을 제기할 수 있다. 그러므로 주주대표소송이 제기된 후(後)라고 하더라도 회사는 여전히 소송수행권을 가진다고 보아야 할 것이라는 점에 비추어 보면 공동소송적 보조참가설은 설득력이 떨어진다. 더군다나, 주주대표소송이 제기된 후에 회사가 별개의 소를 제기하는 것이 허용되지 않는다는 것을 이유로 들어 회사의 소송참가를 공동소송적 보조참가라고 주장할 수도 있지만, 회사의

71) 김대연, 앞의 논문, 254면.
72) 대법원 2002. 3. 15. 선고 2000다9086 판결.
73) 이태종, 앞의 논문, 96면.

후속적 소송을 허용하지 않는 것은 소송의 불경제와 기판력의 모순·저촉을 방지하기 위한 것에 지나지 않는 것으로 풀이하여야 한다. 그러므로 회사가 현재 계속 중인 대표소송에 참가를 하면, 그 소송과 병합심리되고 합일확정을 이룰 수 있어 중복제소금지에는 저촉되지 않는다.[74] 따라서 중복제소금지의 법리를 바탕으로 소송물에 대한 처분권을 상실하였다고 주장하는 데에 수긍할 수 없다.[75]

둘째, 독립당사자참가라 함은 소송에 관해서 일정 요건을 구비하는 제3자가 그 소송의 당사자 쌍방 또는 일방을 상대방으로 하여 당사자로서 소송에 참가하는 것을 의미한다. 이 독립당사자참가설에서는 주주대표소송의 경우에도 회사와 원고주주, 피고이사, 그리고 제3자 사이에 이해의 대립이 있다는 것을 전제로 한다.[76] 만약 원고주주가 대표소송을 제대로 수행하고 있다면 회사로서는 원고주주나 피고이사에 대하여 각각 독립적인 청구를 주장할 것이 없게 되고 그 결과 그 대표소송에 참가할 수 없게 된다는 한계를 노정한다.[77] 또한 주주대표소송에서 회사가 원고측에 소송참가를 하더라도 이는 원고주주와 피고이사 사이의 담합소송을 방지하는 데 그 목적이 있을 뿐이라는 점에 비추어 보면 독립당사자참가설은 납득하기 어렵다. 요컨대, 대표소송에 회사가 참가한다고 하더라도 청구취지를 확장하는 등의 독자적인 소송수행은 가능하지 않으므로 대표소송에서 회사의 소송참가를 독립당사자참가로 풀이할 수 없다.[78]

그러면 공동소송참가설은 어떠한가? 상법 제404조 제1항은 회사의 대표소송에의 '참가'를 공모소송의 방지를 목적으로 하여 마련된 것이며, 이 목적을 달성하기 위해 상법이 참가인 회사에 특별히 강력한 소송수행권을 부여하고 있음을 고려한다면 이 견해를 충분히 수용할 수 있다.[79] 즉, 주주대표소송에는 주주가 대표기관으로서 소를 제기하는 점이 특징적이기는 하지만 상법이 회사로 하

---

74) 장재형, 앞의 논문, 337면; 피정현, 앞의 논문, 238~240면.

75) 최영덕, "주주대표소송에서 회사의 소송법상 지위", 「법학연구」 제20권 제1호(충남대학교, 2009), 95면.

76) 이태종, 앞의 논문, 92면.

77) 위의 논문, 93면.

78) 최영덕, 앞의 논문, 94면.

79) 이태종, 앞의 논문, 97면.

여금 대표소송에 참가하는 것을 허용하는 것은 실질적으로 회사가 원고로서의 당사자지위를 누릴 수 있게 한 것으로 풀이하여야 한다.[80] 특히 회사가 기판력을 받고 재심을 청구할 자격이 있다는 점에 비추어 보더라도 이상의 학설 중에서 공동소송참가설이 가장 합리적이다.[81] 한국에서는 주주대표소송에서 회사가 원고측에 소송참가하는 것과 관련하여 민사소송법학계에서는 대체적으로 공동소송적 보조참가로 보는 반면에 상법학계에서는 공동소송참가로 보는 경향이 있다.[82]

Ⅲ. 주주대표소송에서 회사의 피고측에의 소송참가

1. 논의의 배경

현행 상법상 이사의 책임을 면제하기 위해서는 총주주의 동의가 필요하다(제400조 제1항). 상법 제400조 제1항은 회사 내의 권한분배에 따라 이사의 책임을 면제하는 권한이 총주주에 속하도록 규정하고 있다. 이처럼 일단 이사의 책임이 발생하면 상법상 그 책임을 면제하는 것은 매우 어려운 일이다. 이사책임의 면제가 극히 제한된다는 것은 한편으로 주주가 대표소송을 제기할 수 있는 기회가 널리 보장되어 있음을 의미한다. 설령 이사의 책임이 인정된다고 하더라도 거래처와의 관계 유지, 회사의 사회적 이미지의 추락 방지 및 경영진의 사기진작 등과 같은 여러 가지 회사경영상의 이유를 고려하여 총주주가 그 이사의 책임을 면제하면 주주들은 제소할 수 없는 것이다. 이상과 같이 이사의 책임을 묻기 위해 주주가 제소할 수 있는지의 여부는 총주주의 동의 유무와 연계되어 있다.

주주대표소송이 제기된 상황에서 이사가 책임을 당연히 부담해야 한다고 생각된다면 총주주의 동의를 이끌어 내기는 어려울 것이며, 더 나아가 그 경우에 회사가 대표소송에서 피고이사를 지원한다면 이는 회사와 이사 사이의 소송에서 회사를 대표하는 감사의 책임이 문제될 것이다. 그러나 정반대의 상황, 즉

80) 김홍기, 앞의 논문, 18면.
81) 이철송, 앞의 책, 836면.
82) 김홍기, 앞의 논문, 34면.

회사가 피고이사의 책임이 인정되지 않는다고 판단하는 경우에 과연 회사가 피고이사를 지원하기 위해 소송참가를 할 수 있는지가 문제된다.[83] 종래에는 이사를 상대로 하는 대표소송이 제기되더라도 이사와 회사 사이에 이해가 대립되고 그 피소(被訴)를 이사 개인의 문제로 보아 소극적으로 대처하여 왔다. 또한 학계에서도 회사가 피고이사측에 소송참가하는 것에 대하여 부정적인 입장이 대세였다.[84] 특히 법률상 이 같은 유형의 소송참가를 허용하는 명문상의 규정도 없고, 이에 관하여 입장을 개진한 대법원 판결도 없었기 때문에 부정적인 입장이 당연한 것으로 인식되었기 때문이었다.[85] 그러나 최근에는 주주대표소송에서 이사가 패소함으로 인하여 회사가 불이익을 받을 수 있다는 점을 고려하여 회사가 자위의 차원에서 회사(감사)는 해당 주주대표소송에 청구이유가 없는 경우에는 피고이사를 지원하기 위해서 소송참가를 할 수 있는지에 관하여 긍정적인 입장을 보이는 견해도 조심스럽게 제시되고 있다.[86] 이하에서는 보조참가의 의의를 살펴본 후에 주주대표소송에서 회사가 피고이사측에 대하여 보조참가할 수 있는지에 관하여 국내에서의 학설의 입장을 소개하고 그 학설의 수용가능 여부를 검토하기로 한다.

2. 보조참가의 의의

'보조참가'라 함은 위에서 잠시 살펴본 바와 같이 타인 간 소송결과에 대해서 이해관계를 가지는 제3자가 자신의 이익을 지키기 위해 한쪽 당사자를 보조하여 승소하도록 하기 위해 소송에 참가하는 형태이다(민사소송법 제71조). 보조참가는 당사자가 될 수 없는 자(者)가 소송의 장(場)에 등장할 수 있게 함으로써

---

83) 山田泰弘, 前揭論文, 243~244頁.

84) 노혁준/강동욱/이완근, 앞의 보고서, 124면; 이철송, 앞의 책, 837면; 황현영, 앞의 논문, 19면.

85) 회사가 아닌 자가 보조참가한 하급심 판결인 서울중앙지방법원 2012. 10. 5. 선고 2011가합80239,105169 판결을 살펴보면, 어느 회사의 소수주주가 회사의 전(前) 사장을 대상으로 제기한 대표소송에서 회사와 임원배상책임보험계약을 체결한 보험회사가 피고측에 보조참가한 사실을 알 수 있다.

86) 양동석, 앞의 논문, 321면; 최문희, "피고 이사에 대한 회사의 지원행위에 관한 연구-일본의 논의를 참고로 하여-", 「상사법연구」 제23권 제2호(한국상사법학회, 2004), 379면; 최영덕, 앞의 논문, 98면; 피정현, 앞의 논문, 247면.

다수 당사자 간의 분쟁해결의 수단으로서 그리고 절차보장을 위한 수단으로서 의의가 있다.[87)]

보조참가하는 제3자를 '보조참가인' 내지 '종된 당사자'라 하며, 보조받는 당사자를 '피참가인' 내지 '주된 당사자'라 한다. 이처럼 보조참가인의 경우에는 참가인의 상대방과의 사이에 독자적인 청구를 하는 것이 아니라 참가인의 소송을 보조하고 참가인의 승소를 통해 자신의 이익 보호를 도모한다는 점에서는 종속적인 측면을 가지고 있으며, 보조참가인은 자기의 이익을 위하여 자기의 이름과 계산으로 소송을 수행한다는 점에서는 독립성이 있다. 이러한 독립성으로 인하여 보조참가인은 주된 당사자의 의사에 반하더라도 소송에 참가할 수 있는 것이다.[88)]

3. 피고측에의 보조참가 허부

(1) 쟁 점

보조참가를 하기 위해서는 참가인은 계속 중인 소송의 결과에 대해서 이해관계가 있어야 한다(민사소송법 제71조). 이러한 이해관계는 법률상의 것이어야 하므로, 단순히 사실상의 이해관계에 머무른다면 보조참가를 할 수 없다.[89)] 대법원 판결도 "특정 소송사건에서 한쪽 당사자를 보조하기 위하여 보조참가를 하려면 소송의 결과에 대하여 이해관계가 있어야 한다. 여기서 이해관계란 사실상·경제상 또는 감정상의 이해관계가 아니라 법률상의 이해관계를 말하는 것으로, 그 소송의 판결의 기판력이나 집행력을 당연히 받는 경우 또는 적어도 그 판결을 전제로 하여 보조참가를 하려는 자의 법률상 지위가 결정되는 관계에 있는 경우를 의미한다"고 판시하고 있다.[90)] 보조참가제도를 제3자가 이용하기 위해서는 일정한 요건을 구비하여야 하는데, 그 일정한 요건 중에서 가장 핵

---

87) 강대성, "보조참가의 이익", 「법학연구」 제24권 제4호(경상대학교, 2016), 1면.

88) 이시윤/조관행/이원석, 「판례해설 민사소송법」 제2판(박영사, 2014), 721~722면.

89) 이처럼 보조참가제도는 보조참가인이 피참가인을 위한 소송행위를 통하여 보조참가인 자신의 지위를 둘러싼 분쟁을 해결하는 것을 목적으로 하고 있는 이상 그 분쟁도 법률상 다툴 수 있는 쟁송이어야 한다. 中根茂, "株主代表訴訟と会社の訴訟参加", 「国士舘法研論集」 第5号(国士舘大学, 2004), 58頁.

90) 대법원 2017. 6. 22. 선고 2014다225809 전원합의체 판결.

심적인 것이 바로 동 판결이 언급한 '소송의 결과에 대한 이해관계'이다. 이는 일반적으로 '참가이유' 또는 '참가이익'으로 불리고 있다.[91]

회사가 피고이사측에 보조참가를 하는 경우의 가상적인 예로서는 원고주주가 대표소송을 남용하여 부당한 경우에 그 소가 기각되도록 피고이사를 보조하는 소송활동을 들 수 있다.[92] 국내에서는 주주대표소송에서 회사가 피고이사측에 보조참가하는 경우에 참가이익이 있는지에 관하여 의견이 나누어진다.

(2) 학 설

국내의 전통적인 견해는 회사에 참가이익을 인정하지 않는다. 그 주된 이유를 살펴보기로 한다. 주주대표소송은 피고이사에 대한 손해배상청구권을 소송물로 한다. 그런데 법리적으로 보조참가를 하기 위해서는 피고이사가 패소로 인하여 그의 책임이 인정되면 회사의 이익이 침해되어야 하는데, 주주대표소송의 국면에서는 이러한 경우를 찾아볼 수 없다.[93] 피고이사가 유책으로 판단되어 패소하면 그의 회사에 대한 손해배상의무가 확정되어 회사에 유리한 결과를 가져다 주는 까닭에 회사는 피고이사측에 보조참가를 할 이익이 없다는 것이다.[94] 사실 주주대표소송이 제3자의 소송담당으로서의 지위를 가지고 있으므로 회사가 이사에 대하여 가지는 손해배상청구권을 소수주주가 원고로서 소송을 통해 수행하는 것으로 이해된다. 대표소송에서 실질적인 원고는 회사이므로 소송물에 대한 권리귀속의 주체인 회사가 피고이사측에 보조참가하는 것은 오히려 자기의 권리를 부정하기 위해 소송행위를 하는 것과 다를 바 없어 보조참가의 법리와 모순되는 까닭에 수용하기 곤란하다.[95]

이에 반하여 회사의 참가이익을 인정하자는 견해도 있다. 주주대표소송에서 보조참가의 이익은 통상의 민사소송과 동일하게 바라볼 수 없다는 것을 전제로 하여 회사의 보조참가를 긍정하는 것이다. 주주대표소송으로 인하여 구체

91) 최성호, "보조참가인의 참가이익의 기준에 관한 연구", 「법학연구」 통권 제36집(전북대학교, 2012), 255면.

92) 김효정, 앞의 논문, 177면.

93) 황현영, 앞의 논문, 19면.

94) 김상균, "주주대표소송에서의 소송참가", 「민사소송」 Ⅳ(한국민사소송법학회지, 2001), 243면.

95) 오세빈, 앞의 논문, 84면.

적인 불이익이 회사에 발생하는 경우에는 회사가 피고측에 보조참가할 이익을 가지는데, 예컨대, 회사를 파괴하기 위하거나 경영권 탈환을 목적으로 제기된 주주대표소송이나 시민단체의 주도하에 회사경영진의 불법행위책임을 묻고자 제기된 공익형 주주대표소송의 경우에는 회사의 이미지가 훼손되는 것을 피하기 위하여 피고를 지원하고자 하는 유인이 있을 수 있고, 그러한 경우에는 회사와 이사 간의 이해관계가 일치하므로 보조참가가 허용되어야 한다는 것이다.[96] 이 밖에 주주가 이사를 상대로 제기한 대표소송에서 회사가 피고이사측에 보조참가를 한다면 회사가 이사를 돕기 위하여 소송비용 등과 같은 경비를 지출할 수밖에 없게 되는데, 이는 이사가 소송으로 인하여 입는 손해에 대하여 보상이 이루어지는 것에 유사한 효과를 거둘 수 있다는 것이다. 말하자면, 이러한 유형의 회사의 소송참가는 이사의 재정적 부담을 덜어 주는 기능을 하므로 사실상 책임제한과 유사한 역할을 한다는 주장[97]으로 이해된다.

(3) 검 토

이상의 2가지 상반되는 학설 중에서 참가이익을 인정하지 않는 쪽의 견해가 타당하다. 그 이유를 몇 가지 제시하면 다음과 같다. 첫째, 회사가 피고측에 보조참가한다는 것은 그 전제가 대표소송이 타인간의 소송이어야 한다. 회사가 피고측으로의 보조참가가 가능하다고 풀이한다면 대표소송이 제3자의 소송담당 성격을 지니는 것을 제대로 설명하기 어렵다. 말하자면, 이 견해를 엄격하게 따른다고 하더라도 대표소송은 회사가 이사에 대하여 소를 제기하는 경우에 해당하지 않으므로 소의 결과로써 이사책임이 인정된다고 하더라도 회사의 법적 이익에 영향을 미치는 경우로 되지 않는다. 설령 시민단체의 주도로 이사의 불법행위에 관한 책임을 묻는다고 하더라도 회사에 불이익이 발생할 여지가 없다. 왜냐하면 이사가 자신의 불법을 숨기는 것이나 공개를 막는 것이 회사의 법적 이익이 될 수는 없기 때문이다. 또한 현실적으로 회사의 법적 이익에 영향력을 미치는지의 여부의 판단은 이사의 몫이지만 과연 이사가 보조참가의 여부를 공정하게 판단할 것인가를 기대하기 어렵다.[98] 특히 보조참가시 대표이사가 회사

96) 피정현, 앞의 논문, 247면.
97) 최문희, 앞의 논문, 364면.
98) 이철송, 앞의 책, 837면.

를 대표하게 될 것인데, 피고가 회사의 대표이사인 경우 피고와 보조참가인이 사실상 동일인으로 되는 모순을 내포하고 있다.[99]

둘째, 본래 소송의 결과에 대하여 이해관계를 가진다는 것은 본안판결의 주문에서 표시되는 소송물인 권리 또는 법률관계의 판단에 대하여 이해관계를 갖는 것을 뜻한다. 판결이유 중에서 판단되는 사실이나 법률관계의 존재 여부에 대한 이해관계만으로는 참가이익이 있다고 풀이하기는 어렵다. 예컨대, 주주대표소송에서 피고이사의 패소에 따른 회사 이미지의 추락을 방지하기 위해서 회사의 보조참가를 인정하자는 주장이 있으나 회사 이미지의 훼손은 단순한 사실상 내지 경제적인 이익에 불과하고 직접적 이익도 아니고 간접적 내지 부수적 이익에 지나지 않는다.[100] 따라서 해석이든 법률로든 간에 참가이익을 확장하는 것은 소송의 결과에 관계없는 제3자에 대해 그의 개입을 허용하는 결과를 초래한다는 점에서 수용하기 어렵다.

셋째, 회사를 파괴하기 위하여 대표소송이 제기된 경우처럼 대표소송의 남용에 대하여 적극적으로 대처하기 위해서는 회사가 주주대표소송에서 피고측에 보조참가하는 길을 열어 두어야 한다는 주장이 있기는 하지만, 이미 상법은 여러 가지 요건과 절차를 마련하여 주주대표소송의 남용을 억제하고 있다. 예컨대, 상법에서는 소수주주만이 주주대표소송의 원고적격을 가진다는 규정, 대표소송을 정식으로 제기하기 전에 회사에 대하여 제소를 청구하여야 할 것을 요구하는 규정, 그리고 피고이사가 원고주주의 악의를 소명하여 청구하는 경우 법원이 원고주주에게 담보제공을 명할 수 있다는 규정 등이 주주대표소송의 남용을 방지하기 위한 규정이다.[101] 이처럼 상법의 여러 규정이 대표소송의 남용

99) 김효정, 앞의 논문, 177면.

100) 위의 논문, 183~184면.

101) 일본에서는 2001년 구 상법에 명시적인 규정이 없음에도 불구하고 최고재판소가 "이사회의 의사결정이 위법하여 이사에 대해 제기된 대표소송에서 주식회사는 특단의 사정이 없는 한 이사를 보조하기 위하여 소송에 참가하는 것이 허용된다고 풀이하는 것이 상당하다"고 결정한 바 있다(最高裁判所 2001年1月30日 第1小法廷決定). 이 결정이 나온 지 얼마 지나지 않아 구 상법은 회사는 감사의 동의를 요건으로 하여 피고측에 보조참가할 수 있다는 규정(일본 구 상법 제268조 제8항)을 추가하는 쪽으로 개정되었다(伊藤眞, "株主代表訴訟における訴訟法上の諸問題", 「東京大学法科大学院ロ ーレビュー」 Vol. 2(東京大学, 2007), 137頁). 이 같은 일본 구 상법의 규정은 현행 일본 회사법 제849조 제2항에 승계되어 있다. 국내에서도 위의 일본최고재판소 결정으로부터 시사받아 주주대표소송에서

을 억제하고 있는 만큼 정책적으로라도 회사가 피고이사측에 보조참가하는 것을 인정하여야 할 필요성에 대해서는 공감하기 어렵다.

넷째, 설령 회사가 이사측에 보조참가를 하더라도 회사는 그 자신의 참가비용에 관한 경비만을 지출할 수 있을 뿐이다. 피참가인인 이사의 소송비용을 경비로 지출하는 것은 가능하지 않다. 따라서 회사가 불필요한 참가비용을 부담하거나 이사에 대하여 지원하는 행위는 위법한 행위를 구성할 것이므로 회사의 보조참가가 이루어진다고 하더라도 이사의 책임을 사실상 제한하는 효과를 가지는 것으로 풀이할 수 없다.

제7절 주주대표소송에서의 소송승계

I. 소송승계의 취지와 유형

1. 취 지

민사소송은 그 소를 제기하여 종결될 때까지 상당한 시간이 소요되므로, 그러한 기간 동안에 당사자가 사망하거나 소송물(소송의 대상)의 양도 등으로 소의 계속 중에 당사자가 바뀌는 경우가 있다. 이 경우 권리관계의 변동에 따라 당사자를 변경(교체)하는 절차가 필요한데, 이 같은 절차를 '소송승계'라 한다. 이와 같이 소송승계는 소송절차가 당사자 또는 소송물과 관련하여 일정한 사유로 인하여 중단된 경우에 그러한 중단된 상태를 해소하여 그간의 절차를 계속 내지 재개하는 것을 의미한다.

민사소송법상 소송승계를 인정하는 것은 대체적으로 다음과 같은 근거를 바탕으로 한다고 알려져 있다. 첫째, 소송물에 관한 권리관계가 기존의 당사자

피고측에 대한 회사의 보조참가를 인정하여야 한다는 주장(양동석, 앞의 논문, 315~317면; 최문희, 앞의 논문, 374~379면)이 지속적으로 나오고 있다. 그러나 일본의 경우에는 한국과는 달리 주주대표소송의 제기권이 단독주주권(일본 회사법 제847조)이라는 점과 한국의 민사재판제도가 일본의 경우와는 현실적인 차이가 있는 만큼 한국 상법에서 회사의 보조참가를 인정하는 것은 바람직하지 않다는 취지의 주장(김효정, 앞의 논문, 187면)도 있다.

에서 제3자에게 이전된 경우에 당사자적격을 상실한 기존의 당사자로 하여금 소송을 진행하도록 하더라도 그에게는 소송을 성실하게 수행할 유인이 존재하지 않으며 더 나아가 법원이 내린 판결의 결과를 귀속시킨다고 하더라도 분쟁이 실질적으로 해결되는 것은 아니다. 둘째, 만약 당사자적격을 취득한 자(승계인)가 전혀 새로운 소송을 제기하여야 한다면 그때까지의 심리가 모두 무시되는 결과를 낳기 때문에 소송경제에 반하는 문제점이 노정된다.[102] 예컨대, 소송의 어느 일방 당사자의 사정으로 인하여 다른 상대방을 출석시켜 다시 심리를 하는 등 기존의 절차를 반복한다는 것은 다른 상대방에게 불편을 초래하여 비효율적이다. 이 때문에 당사자가 변경된다고 하더라도 기존 당사자의 소송상의 기득권을 인정하여 기존의 소송을 승계하는 것을 제도적으로 인정하고 있다. 승계인은 기존 당사자의 소송상의 지위나 그간의 소송진행의 상태가 자신에게 유리한지 여부에 상관없이 승계할 수 있는 것이다. 그리하여 승계인은 종전의 변론과 증거조사의 결과를 승계하고 시효중단과 기간준수의 효력을 그대로 승계하게 되지만(민사소송법 제81조), 기존의 당사자가 일정한 시기를 도과한 후에 주장할 수 없었던 공격방법 혹은 방어방법은 승계인 역시 주장할 수 없다.

2. 유 형

민사소송법상 소송승계는 다시 당연승계와 특정승계로 나누어진다. 민사소송법은 전자를 정의하는 규정을 두지 않고 있지만 대체적으로 소의 계속 중에 실체법상의 지위의 변동으로 인해 당사자적격이 제3자에게 이전되는 경우를 가리킨다. 후자는 소송물이 양도되는 바람에 새로운 주체가 신청하거나 그에 대한 상대방의 요청에 의하여 이루어지는 소송승계를 의미한다.[103]

특정승계에는 누가 승계를 신청하는지에 따라 참가승계와 인수승계로 다시 분류할 수 있다. 승계인이 당사자의 지위를 계승하기 위하여 독립당사자참가 방식으로 자발적으로 소송에 참가하는 경우를 참가승계라고 일컫는데, 민사소송법 제81조에 규정되어 있다. 다른 당사자가 승계인에 대하여 당사자로서 지위를 인수하여 줄 것을 요청하여 상대방을 비자발적으로 소송에 참가시키는

102) 정동윤/유병현/김경욱, 앞의 책, 1091면.
103) 위의 책, 1090~1091면.

것을 인수승계라 하며, 그 근거규정은 민사소송법 제82조이다.

Ⅱ. 주주대표소송에서의 소송승계

1. 당연승계(포괄승계) 허부

(1) 쟁 점

민사소송법이 정하고 있는 당연승계의 원인 중에서 주식회사의 범주에서 이에 관련되는 대표적인 경우로는 다음의 3가지를 들 수 있다. 첫째, 당사자가 사망하는 경우이다(민사소송법 제233조 제1항). 이 경우 상속인, 수증자, 유언집행자, 상속재산관리인 등이 소송을 승계한다. 다만, 상속인이 상속을 포기하거나(민사소송법 제233조 제2항) 소송물인 권리가 일신전속적인 것이어서 상속의 대상이 될 수 없다면 소송절차는 종료한다. 둘째, 당사자인 법인이 합병에 의하여 소멸되는 경우이다(민사소송법 제234조). 합병에 의하여 회사가 소멸하면 신설합병에서는 신설된 법인이 승계인이 되며 흡수합병에서는 존속하는 법인이 승계인이 된다. 법인이 합병이 아닌 다른 사유로 해산된 경우에는 청산법인으로 남는 까닭에 소송이 중단되지 않는다. 셋째, 소송담당자가 자격을 상실하는 경우가 있다. 예컨대, 파산관재인(채무자회생 및 파산에 관한 법률 제359조), 유언집행자(민법 제1101조), 해난구조료를 청구하는 선장(상법 제894조) 등과 같이 일정한 자격에 의하여 자기 이름으로 남을 위하여 소송당사자가 된 사람이 그 자격을 잃거나 죽은 때에는 소송절차가 중단되므로 새롭게 자격을 취득한 사람이 소송절차를 승계한다(민사소송법 제237조 제1항).[104] 이하에서는 민사소송법상의 당연승계에 관한 규정이 주주대표소송에 그대로 적용될 수 있을지를 살펴보고자 한다.

(2) 민사소송법 제237조 제1항의 적용 가부

민사소송법 제237조 제1항은 소송담당자의 자격상실이 있는 경우 법률상 당사자의 교체가 당연하게 일어나는 것으로 규정하고 있다. 이러한 당연승계가

---

104) 강수미, "소송계속 중 당사자의 사망에 따른 소송관계－판례를 중심으로－", 「저스티스」 통권 제174호(한국법학원, 2019), 87면.

이루어지기 위해서는 예컨대, 피상속인이 일정한 자격에 의하여 자기 이름으로 권리주체인 타인을 위하여 당사자적격을 가진 경우여야 하는데, 과연 대표소송을 제기한 주주가 이러한 소송담당자인지가 문제된다. 그러나 주주대표소송은 채권자대위권과 같이 타인을 위하여 소송을 한다는 점에서 제3자의 소송담당의 성격을 지니지만 자기의 권리에 근거하여 제기하는 대표소송적인 성격을 함께 가지고 있어 주주의 사망은 소송의 중단사유에 해당하지 않는다고 보아야 한다.[105] 참고로 일본의 예를 살펴보자면, 한국의 민사소송법 제237조 제1항에 상당하는 규정은 일본 민사소송법 제124조 제1항 제5호에서 찾을 수 있다.[106] 일본에서는 민사소송법 제124조 제1항 제5호가 대표소송에는 적용되지 않는다는 것이 통설적인 입장으로 소개되고 있다.[107]

(3) 민사소송법 제233조 및 제234조의 적용 가부

민사소송을 제기한 피상속인이 사망할 경우 포괄승계에 의하여 상속인에 의한 소송승계가 법률상 당연히 발생하지만, 현실적으로 상속인이 실제로 기존의 소송절차를 추행(追行)할 것인지가 분명하지 않는 까닭에 소송절차는 일단 중단된다.[108] 그 후 이같이 중단된 소송절차를 다시 시작하여 상속인이 소송절차를 계속 유지하는 것을 소송승계라 하지만, 이 경우 승계의 대상은 '소송절차'이지 '소송' 자체가 아니다. 말하자면, 피상속인으로부터 포괄승계하는 상속인은 피상속인이 제기한 소송에서의 권리도 상속하므로 그가 상속포기를 하지 않는 한 소송의 새로운 당사자의 지위를 가지게 된다. 법인이 합병으로 소멸하는 것은 자연인이 사망하는 것에 비견되는 경우이다.

이미 대표소송을 제기한 당사자 혹은 회사가 사망 내지 소멸함에 따라 상속인 내지 존속회사는 당연히 새로운 소송당사자가 되는가? 이에 관하여 학자들의 견해는 다음과 같이 3가지 입장으로 나누어진다. 첫째, 대표소송제기권은

105) 김효정, 앞의 논문, 62면; 송옥렬, 앞의 책, 1107~1108면.

106) 일본 민사소송법 제124조 제1항 제5호에 따르면 일정 자격을 가진 자로 자기의 이름으로 타인을 위해 소송당사자가 된 자의 사망, 기타의 사유에 의한 자격 상실이 있으면 소송절차는 중단된다. 이 경우 동일한 자격을 가진 자가 소송절차를 수계한다.

107) 古川朋子, "株式移転と株主代表訴訟の原告適格", 「早稲田法学」 79卷 2号(早稲田大学法学会, 2004). 238頁.

108) 강수미, 앞의 논문, 87면.

주주의 일신전속적인 성격을 가진 공익권이라는 점에서 주주가 사망하거나 소멸한다고 하더라도 원고의 지위가 당연승계되는 것은 아니라는 주장(부정설)[109]이 있다. 둘째, 주주대표소송에 관련된 상법규정이 특별히 민사소송법 제233조와 제234조를 배제하지 않는 한 기존 당사자의 권리·의무를 포괄승계한 상속인 혹은 존속회사가 당연승계한다는 입장(긍정설)[110]도 견지되고 있다. 셋째, 원고의 소유주식은 대표소송을 제기하기 위한 자격요건에 지나지 않는 까닭에 소송목적인 권리·의무에 속한다고는 볼 수 없어 당연승계는 허용되지 않지만 소송경제상 자기의사에 따라 소송승계신청을 하여 소를 추행할 수 있는 것으로 풀이하는 견해(절충설)[111]도 있다.

생각건대, 이상의 견해 중에서 주주대표소송이 권리주체인 원고주주에 긴밀하게 관련되어 있다는 점에서 당연승계를 부정하는 것을 원칙으로 하되 소송승계의 취지를 감안하여 상속인의 의사에 따라 소송승계신청을 할 수 있는 길을 열어 놓은 절충설이 타당하다. 말하자면, 당초 제소한 주주가 사망하거나 소멸한 경우에는 그 대표소송은 종료하여야 하지만, 승계인이 원하는 경우에는 소를 계속할 수 있는 기회를 보장할 수 있는 것으로 풀이하여야 한다. 그 이유를 살펴보면 다음과 같다.

먼저, 상법에 따르면 주주가 대표소송을 제기한 경우에 피고측에서 원고주주의 악의를 소명한 경우 법원은 상당한 담보의 제공을 원고주주에게 명할 수 있다(제403조 제5항, 제176조 제3항·제4항). 기존 주주가 악의로 제소한 것을 이유로 하여 법원에 담보를 제공한 후에 그가 사망한 경우를 가정할 때 그 상속인이 당연승계를 하게 되면 여전히 담보제공의 상태가 계속 유지되는 상황에 놓이게 된다. 이는 결과적으로 승계인(상속인)의 악의를 의제하는 것으로 되는 모순에 봉착하게 된다. 소송승계가 사법경제(judicial economy)적인 측면에 터잡은 제도이기는 하지만 승계인의 악의를 의제하는 효과를 부여하는 것에 공감하기는 곤란하다. 이 밖에, 상법은 주주대표소송에서 패소한 주주가 악의인 경우에는 회사에 대하여 손해배상책임을 부담한다는 규정을 두고 있다(제405조 제2항).

---

109) 류시창, 「회사법」(법문사, 2017), 395면.

110) 김효정, 앞의 논문, 52면; 송옥렬, 앞의 책, 1108면.

111) 오세빈, 앞의 논문, 72면.

만약 악의로 소를 제기한 기존 당사자가 사망함에 따라 상속인이 소를 승계하여 소를 추행하였으나 끝내 패소한 경우에 그 승계인(상속인)에게 손해배상책임을 물리는 것은 자기책임의 원칙에 반한다는 비난을 받게 된다. 그러므로 당초 제소한 주주의 악의가 소명되어 그가 담보를 제공하였다는 것과 주주가 악의인 까닭에 패소한 경우 손해배상책임을 부담할 가능성이 있다는 것을 충분히 감안하여 소의 추행을 포기할 수 있는 기회를 보장하여야 한다.[112] 물론 승계인이 이러한 사실을 충분히 인지한 상황에서 소를 승계하는 것을 막을 필요는 없다. 따라서 주주대표소송의 경우에는 기존 주주가 사망하거나 소멸하는 경우에 상속인 또는 존속하는 회사의 의사에 소를 승계할지 여부를 맡겨 놓는 것이 바람직하다.

2. 특정승계 허부

(1) 쟁 점

대표소송을 제기한 주주가 자신이 소유한 주식을 모두 양도한다면 그는 당사자적격을 상실하여 당초의 대표소송은 각하된다. 이 경우 기존의 주주로부터 주식을 양수한 자(양수인)가 소송절차를 승계할 수 있는지를 살펴보고자 한다. 다만, 양수인이 참가승계를 하지 않아 원고적격의 흠결로 부적법 각하될 운명에 처한 대표소송에서 소송상대방인 피고측이 양수인으로 하여금 인수승계할 것을 요청하는 것은 현실성이 없으므로 논의에서 제외한다.

(2) 민사소송법 제81조의 적용 가부

양수인이 기존 주주가 제기한 대표소송을 승계할 수 있는지에 관하여 학자들의 견해는 나누어진다. 먼저 대표소송제기권이 주주의 공익권에 속하므로 양수인이 기존 소송에 참가할 수 없다는 견해(부정설)[113]가 있다. 이와는 반대로 소송물의 양도에 의한 승계는 소송목적인 권리·의무의 전부 또는 일부의 승계를 의미하며, 이에는 소송물인 권리관계의 양도는 물론이고 당사자적격 이전의

---

112) 극단적으로는 상속인이 소의 당연승계를 피하기 위해서는 상속을 포기하는 도리밖에 없는데, 이는 목적에 대한 수단의 비례성에 반하여 수용하기 어렵다.

113) 오성근, 앞의 책, 762면; 이철송, 앞의 책, 835면; 최준선, 「회사법」 제16판(삼영사, 2021), 581면.

원인이 되는 실체법상의 권리이전까지 포함하므로[114] 양수인이 주주명부에 등재한 후에 기존 소송에 참가승계할 수 있다는 견해(긍정설)[115]가 제시되어 있다.

생각건대, 상법상 주식양도의 자유가 중요한 원칙으로 자리잡고 있다는 점에 비추어 보면 당사자간의 특약에 의하여 따로 정하지 않는 한 주식양도 자체에 여러 가지 조건을 부가하는 것은 원칙적으로 허용될 수 없다. 양도인이 주식을 처분하는 것 자체에 양수인으로 하여금 소송을 승계시킬 목적이 반드시 들어있는 것으로 풀이할 수 없다. 설령 소송경제나 당사자의 공평유지의 관점[116]에서는 소송물인 실체법상의 권리가 최종적으로 귀속하는 주체인 양수인에게 소송승계를 강제할 당위성이 있을지라도 양수인은 주식을 양수할 뿐 그에게 주주대표소송의 소송추행을 맡을 의사가 있는 것으로 의제할 수 없는 것이다. 이처럼 양수인이 당연히 소를 승계할 의무를 부담하지는 않지만, 그렇다고 해서 굳이 기존의 소를 각하하고 양수인에게 새로운 소만을 제기할 수 있도록 하는 것은 소송경제적인 측면에서 비효율적이다. 따라서 양수인이 상법상 지주율 요건을 갖춘다면 참가승계가 가능하다고 보아야 한다. 다만, 상장회사 특례상 주식보유기간의 요건은 기존의 원고(양도인)에게 적용될 뿐이어서 양수인의 참가승계 가부를 결정하는 데에는 영향을 미치지 못한다.[117] 때문에 양수인이 대표소송의 제기에 필요한 지주율을 갖춘 경우에는 당초 소송을 제기한 원고의 악의가 소명됨으로 인하여 담보가 제공되었는지의 여부 및 장래 패소할 경우 원고의 악의로 인한 손해배상책임의 부담 가능성 등을 고려하여 참가승계를 할 것인지를 판단하여야 한다. 이와 관련하여 신주발행무효의 소에서 양수인의 소송승계를 인정한 대법원 판례[118]도 주주대표소송에서 양수인의 소송승계가 가능하다는 것을 뒷받침하는 자료로서 유용하다.

---

114) 대법원은 "소송의 목적물인 권리관계의 승계라 함은 소송물인 권리관계의 양도뿐만 아니라 당사자적격 이전의 원인이 되는 실체법상의 권리 이전을 널리 포함하는 것"으로 판시하고 있다(대법원 2003. 2. 26. 선고 2000다42786 판결).

115) 김효정, 앞의 논문, 65면; 송옥렬, 앞의 책, 1108면; 임재연, 앞의 책, 587~588면.

116) 여기서 '공평유지'라 함은 원고인 주주가 적격을 상실하여 소송이 종료하는 경우에 소송상대방인 피고가 반사적 이익을 누리게 되는 것을 방지하기 위해 양수인에 의한 소송승계가 요구된다는 것을 의미한다.

117) 김건식/노혁준/천경훈, 「회사법」 제5판(박영사, 2021), 510면 주 1).

118) 대법원 2003. 2. 26. 선고 2000다42786 판결.

제8절 주주대표소송에서의 화해

I. 분쟁해결 방법으로서 화해의 기능

1. 개 관

분쟁이 발생하는 경우 분쟁당사자의 대응전략은 5가지로 분류할 수 있다. 이를 '자신의 이익에 대한 관심'과 '상대방의 이익에 대한 관심'이라는 2개의 차원에서 나누어 살펴 볼 수 있는데, 이를 통상 '이원(二元) 관심 모델'(dual interest model)이라 한다.[119)]

전 략	주된 내용
회피(avoidance)	갈등의 존재를 무시하고 문제를 피하는 전략
수용(accommodation)	상대방의 요구를 그대로 수용하는 전략
대결(competition)	분쟁의 상대방을 이기는 것을 목표로 하는 전략
타협(compromise)	분쟁당사자가 상호 이익의 일부를 양보하여 중간적 합의로 해결하는 전략
협동(collaboration)	상호간의 요구가 함께 충족되는 해결을 모색하는 전략

자료: Grant T. Savage, et al., *Consider Both Relationships and Substance When Negotiating Strategically*, 3 Academy of Management Executive 37(1989).

물론 분쟁연구의 영역에서는 이상의 전략 중에서 협동전략이 양 당사자에게 만족도가 가장 높은 해결이라고 알려져 있다. 그리하여 보통의 법제도는 화해를 선호한다.[120)] 제도상으로 살펴보면, 화해는 분쟁의 비법률적인 해결방법이므로 엄격한 재판절차에 비하여 분쟁처리 방법상 제약이 없다. 화해는 소송

119) 이에 관하여 자세한 것은 윤홍근/박상현, 「협상게임: 이론과 실행전략」(인간사랑, 2010), 제5장 참조.

120) Stephen McG. Bundy, *The Policy in Favor of Settlement in an Adversary System*, 44 Hastings Law Journal 1, 3(1992).

의 양 당사자 간의 합의가 있어야만 가능한 것이다.[121] 국가 전체적으로 볼 때 화해가 대체적 분쟁해결제도(Alternative Dispute Resolution: ADR)의 하나로서 사인간의 분쟁을 해결하는 데 크게 기여한다는 사실을 부정하기 어렵다. 그러나 어떤 제도이든 밝은 면과 어두운 면을 모두 가지고 있는 것이 일반적이다. 이하에서는 화해의 순기능과 역기능을 각각 살펴보기로 한다.

2. 화해의 기능

(1) 순기능

분쟁해결의 방법으로서 화해는 다음과 같은 순기능을 가진다. 첫째, 화해의 일반적인 기능으로서 승패가 불투명한 경우에 원고와 피고측이 분쟁을 조기에 종결시킴으로써 소송에 드는 고충을 줄이는 효과가 있다.[122] 상고심의 절차까지 함께 감안한다면 제1심서부터 판결이 확정되기까지 상당히 긴 시간이 소요된다.[123] 주주대표소송을 통하여 분쟁을 해결하는 데에 장시간이 소요된다는 것은 한편으로 해결의 실효성을 떨어뜨림은 물론이고 회사의 경영을 불안정하게 만들 우려가 있다.[124] 화해가 이루어지면 덩달아 법원으로서도 종국판결까지 갈 필요가 없으므로 직무가 감소되어 부담이 줄어드는 측면도 있다.[125] 대표소송을 제기하고 수행하는 절차는 간단하지도 않고 많은 시간과 노력, 기타 비용을 필요로 한다는 점에서 화해는 분쟁을 조기에 종결시켜 비용을 절감하게 하는 효과가 있기에 소송의 당사자는 매우 경제적일 수 있다. 그리하여 비용이

---

121) 장태환, "재판상 화해에 관한 모색", 「성균관법학」 제16권 제1호(성균관대학교, 2004), 219면.

122) 미국의 초기 대통령이었던 아브라함 링컨(Abraham Lincoln)은 소송하지 말고 가능한 한 타협(compromise)하라고 권면한 바 있다. 설령 승소한 자(者)라고 하더라도 비용과 시간의 측면에서는 실질적인 패자(loser)일 수도 있다고 주장한 바 있다. Neary v. Regents of the Univ. of Cal., 834 P.2d 119, 123(Cal. 1992).

123) 제4장에서 언급한 바 있지만, 참고로 대법원 2013. 9. 12. 선고 2011다57869 판결을 다시 살펴보기로 한다. 이 사건은 2008년 신세계의 주주가 신세계의 이사를 상대로 서울중앙지방법원에 손해배상청구를 제기하였고, 수년이 지난 2013년에서야 대법원 판결로써 종결을 맺게 되었다. 무려 5년이 소요되었다.

124) 中根茂, "株主代表訴訟と和解", 「国士舘法研論集」 第6号(国士舘大学, 2005), 87頁.

125) Jill E. Fisch, *Rewriting History: The Propriety of Eradicating Prior Decisional Law Through Settlement and Vacatur*, 76 Cornell Law Review 589, 591 n.8(1990).

줄어들면 역으로 주주대표소송의 활성화에 보탬이 될 것이라는 주장[126]이 제기되기도 한다.

둘째, 화해는 당사자간에서 소송을 끝내고자 하는 '합의'(agreement)이다. 민사소송에서 그 당사자들이 소송의 결과에 대하여 납득하지 못하는 경우가 발생할 수 있다. 설상가상으로 종국판결에서 원고가 승소한다고 하더라도 피고가 임의로 손해배상을 이행하지 않는다면 회사로서는 법원의 판결과 집달관의 손을 빌려서 채무를 강제적으로 이행시킬 수밖에 없다. 그러나 강제집행이 항상 성공한다고는 할 수 없으므로 그 같은 강제집행이 주효하다고 볼 수 없다. 이에 대한 해결책으로서 회사가 손해를 확실하게 배상받기 위하여 피고의 재산에 손해배상청구권을 위한 담보권을 설정하거나 피고를 위한 보증인을 확보하는 것이 필요하다.[127] 이상의 사실은 설령 거액의 이행판결이 있다고 하더라도 그 실질은 공허하게 될 여지가 있음을 시사한다. 화해가 이루어졌다는 것은 외부적인 강요에 의한 것이 아니라 자발적인 의사에 의하여 분쟁을 해결하였음을 의미하는 것이므로 당사자로서 유감을 가질 수 없으며, 따라서 그 이행의 가능성이 높다는 장점이 있다.

(2) 역기능

화해를 지나치게 강조하여 그 적용을 확대하는 것은 다음과 같은 부정적인 효과를 초래할 수 있다. 첫째, 화해는 당사자간의 합의에 의한 분쟁의 조속한 해결을 내용으로 한다. 만약 화해의 과정에 사기나 강박에 의한 의사표시를 하는 등 당사자의 의사표시에 하자가 있을 가능성이 있다. 특히 제소전 화해의 경우에는 법원 밖에서 당사자간의 합의가 이루어지는 경우가 많아 의사표시에 하자가 발견될 우려가 크다. 화해가 성립되어 조서에 기재하면 확정판결과 동일한 효력을 가진다(민사소송법 제220조). 현행법상 화해조서의 효력을 다투기 위해서는 준재심절차에 따를 수밖에 없다는 점에서 당사자로서는 그 효력을 사법적으로 문제삼는 것이 용이하지 않다. 그리하여 구체적 타당성이 없거나 무효·취소사유가 있는 화해조서라 하더라도 어쩔 수 없이 그 내용대로 집행이 될 여

126) 김대연, "주주대표소송에서의 화해", 「상사판례연구」 제8집(한국상사판례학회, 1997), 472면.

127) 中根茂, 前揭論文, 87~88頁.

지가 있다.[128] 이처럼 화해가 일단 성립하는 경우에는 재심 이외에는 사실상 불복할 방법이 없는 것이다. 이러한 점에서 화해는 법치주의의 이념과 반하는 측면이 있을 뿐만 아니라 헌법 제27조에서 보장하는 기본권인 '재판받을 권리'를 침해할 수 있다.

둘째, 민사소송은 사적 분쟁을 공권에 의지하여 해결하는 제도이며, 법원의 판결은 미래의 사건에 대해서는 사실상 일종의 선례(先例)로서 공적인 의미를 지닌다.[129] 반면에 화해는 당사자 쌍방의 호양(互讓)에 의하여 성립되는 분쟁해결의 방법이다. 그러다 보니 법원이 내린 판결은 일종의 공공자원(public resource)으로서의 가치가 있지만 화해의 경우에는 그러한 가치를 찾을 수 없다.[130]

3. 소 결

화해는 분쟁을 자주적으로 해결하는 대표적인 분쟁해결 방식으로서 판결대안적이면서도 소송회피적인 성격을 지니고 있다.[131] 주주대표소송에서의 화해는 원고주주만 아니라 실질적인 권리주체인 회사, 그리고 원고 이외의 다른 주주에게도 영향을 크게 미친다. 한편, 상법은 주주의 부(富)가 침해되는 것을 금하기 위하여 이사의 책임을 면제하거나 감경하는 것을 엄격하게 규제하고 있다. 그러므로 화해의 일반론을 광범위하게 적용하여 대표소송의 형식적 당사자의 임의적인 처분에 맡겨 이사의 책임을 면제하거나 제한하는 것은 정의의 관념과 법률에 반할 수 있다. 그렇다고 해서 화해를 전면적으로 금지하는 것은 소송경제적 측면에서 바람직하지 않다. 따라서 일반적인 화해의 개념을 주주대표소송에 가감 없이 적용하기에는 무리가 있다. 이 때문에 주주대표소송의 당사자가 화해를 할 수 있는지가 문제되며, 만약 이용 가능하다면 어느 국면과 어느

128) 호문혁, "판결과 ADR 체계의 정립에 관한 연구", 「서울대학교 법학」 제53권 제1호(서울대학교, 2012), 578면.

129) Howard Slavitt, *Selling the Integrity of the System of Precedent: Selective Publication, Depublication, and Vacatur*, 30 Harvard Civil Rights－Civil Liberties Law Review 109, 155(1995).

130) Owen M. Fiss, *Against Settlement*, 93 Yale Law Journal 1073, 1085(1984).

131) 김미란, "주주대표소송상 주주의 화해에 관한 연구", 「홍익법학」 제17권 제3호(홍익대학교, 2016), 324면.

수준에서 허용되는지를 살펴 볼 필요가 있다.

Ⅱ. 주주대표소송에서 화해의 가부

1. 분 류

민사상의 분쟁을 소송을 통해 해결한다고 하더라도 그러한 해결이 당연히 당사자나 이해관계인 사이에 실질적인 형평에 부합하면서도 효율적으로 이루어져야 한다. 그러한 점에서 확정판결이 반드시 최선이라고 할 수 없다. 특히 주주대표소송이 그 고유한 기능을 제대로 발휘할 수만 있다면 그 소송의 당사자가 서로 양보를 통해 합의함으로써 분쟁을 해결하더라도 진정한 분쟁해결로서의 가치를 상실한다고 볼 수 없다.[132] 말하자면, 회사경영의 적법성을 확보하기 위해 이사의 위법행위를 억제하거나 주주가 적절하게 감독시정기능을 수행하기 위해서라면 주주대표소송에서의 당사자 혹은 기타의 이해관계인 사이의 화해도 의미 있는 일이라는 것이다.[133]

주주대표소송과 관련하여 상정할 수 있는 화해를 다음과 같은 여러 가지 기준으로 나누어 살펴 볼 수 있다. 먼저 시간적 요소로 분류하자면 대표소송을 제기하기 전의 화해인 제소전 화해와 소송계속 중에 하는 화해인 소송상 화해로 나눌 수 있다. 제소전 화해라 함은 후일 소송으로 번질 가능성이 있을 때 분쟁의 소송화를 방지하기 위하여 당사자가 미리 법원에 신청하여 행하는 화해를 의미한다. 소송상 화해는 소송이 계속하는 중에 당사자 쌍방이 소송물에 관하여 서로 양보하여 소송을 종료시켜 분쟁을 해결하는 방법이다. 제소전 화해와 소송상 화해를 통틀어서 재판상 화해라 하며, 확정판결과 동일한 효력이 인정되어 판결이 선고된 것과 꼭 같은 효과가 있다.[134] 요컨대, 재판상 화해는 "소송물의 처분·변경이라는 결과를 가져오거나 판결의 효력과 직결되는 행위"[135]

132) 호문혁, 앞의 논문, 578면.

133) 中根茂, 前揭論文, 87頁.

134) 대법원 판결에 따르면 "확정판결의 기판력은 소송물로 주장된 법률관계의 존부에 관한 판단에 미치는 것이므로 동일한 당사자 사이에서 전소의 소송물과 동일한 소송물에 대한 후소를 제기하는 것은 전소 확정판결의 기판력에 저촉되어 허용될 수 없다"(대법원 2016. 8. 30. 선고 2016다222149 판결).

이다. 재판외 화해는 재판 없이 당사자 서로간에 민법상 전형계약에 속하는 화해계약에 의해 분쟁을 종결시키는 화해를 의미한다. 이에는 계약자유의 원칙이 적용됨에 따라 그 내용과 관련하여 특별한 제약이 없고 방식에도 특별한 제한이 없다. 재판외 화해는 다시 대표소송을 제소하기 전의 화해와 제소 후의 화해로 나눌 수 있다.[136] 이 밖에 당사자를 기준으로 하여 원고주주와 피고이사 간의 화해와 회사가 주주대표소송에 참가한 것을 전제로 하여 회사와 피고이사 사이의 화해로 다시 나눌 수 있다.

주주대표소송에서의 화해 문제를 본격적으로 논하기 위해서는 다양한 국면으로 나누어 고찰할 필요가 있다. 기본적으로 재판상 화해와 재판외 화해로 나누는 한편 대표소송을 제기하기 전후(前後) 및 당사자 등에 의하여 다양한 조합(組合)이 탄생할 수 있다. 이하에서는 위와 같은 기준에 의한 분류를 종합적으로 채용하여 각 조합별로 주주대표소송에서의 화해가 가능한지를 살피고자 한다.

2. 원고주주와 피고이사 사이의 화해

(1) 소송상 화해

가. 상법상의 규정

상법 제403조 제6항은 주주대표소송이 계속 중인 경우에는 당사자인 원고는 법원의 허가를 얻지 아니하고는 화해를 할 수 없음을 규정하고 있다. 이 규정은 대표소송이 대위소송성과 대표소송성을 함께 가지면서 제3자의 법정소송담당의 형식으로 제기되는 소송이므로, 만약 원고주주가 화해를 하는 것은 회사의 권리를 주주가 임의적으로 처분하는 것과 다름없으므로 원칙적으로 화해를 할 수 없다는 것을 의미한다.[137] 원고주주와 피고이사 간의 야합에 따른 부당한 화해를 하는 경우에는 회사와 다른 주주의 이익이 침해되기 때문이다. 그

135) 서울남부지방법원 2010. 9. 7. 선고 2009가단45362 판결.

136) 장태환, “재판상 화해에 관한 모색”, 「성균관법학」 제16권 제1호(성균관대학교, 2004), 220면.

137) 장덕조, 「상법강의」 제4판(법문사, 2019), 589면. 대법원 판례에 따르면 “재판상 화해의 대상인 권리관계는 사적 이익에 관한 것으로서, 당사자가 자유롭게 처분할 수 있는 것이어야 하므로, 성질상 당사자가 임의로 처분할 수 없는 사항을 대상으로 한 … 재판상 화해는 허용될 수 없고, 설령 그에 관하여 … 재판상 화해가 성립하였더라도 효력이 없어 당연무효라고 할 것이다”(대법원 2012. 9. 13. 선고 2010다97846 판결).

러나 원고의 제소능력이나 소송수행 의욕의 결여와 같은 구체적인 사정을 고려하지 않은 채 일단 소를 제기하였으면 계속하여 소송을 진행하도록 강요하는 것은 가혹하다. 이에 상법은 법원의 허가를 조건으로 하여 대표소송의 화해를 예외적으로 인정하고 있는 것이다.[138)]

나. 비교법적 이해: 미국법의 경우

한국이 주주대표소송제도를 미국으로부터 수입을 하기는 하였지만, 그 운용상황은 양국에서 매우 두드러지게 차이가 나는 것이 현실이다. 예컨대, 미국에서 주주대표소송은 대개 화해로 종결된다고 할 정도로 화해가 널리 활성화되어 있는 반면에[139)] 한국에서는 그러한 화해가 있었다는 사례에 관하여 알려진 바 없다.[140)] 이처럼 주주대표소송에서의 화해와 관련해서는 한국과 미국의 경험이 대비되는 상황에 놓여 있다.

미국의 경우에는 연방민사소송규칙, MBCA와 뉴욕주 회사법 등은 대표소송의 화해는 법원이 정한 방법에 따라 다른 주주에게 통지(notice)한 후에 법원의 승인을 얻어야 한다고 규정하고 있다.[141)] 법원은 소(訴)에 비추어서 화해가 공정하고 충분한 경우에 한하여 승인한다.[142)] 이 같은 법원의 승인은 본안으로 다룰 만한 가치가 없는(meritless) 소송을 방지하는 데 도움이 된다.[143)] 미국이

---

138) John Matheson, *Restoring the Promise of the Shareholder Derivative Suit*, 50 Georgia Law Review 327, 350−351(2016).

139) Bernard Black et al., *Legal Liability of Directors and Company Officials Part 2: Court Procedures, Indemnification and Insurance, and Administrative and Criminal Liability (Report to the Russian Securities Agency)*, 2008 Columbia Business Law Review 1, 15(2008). 예일대학교 로마노 교수의 연구에 따르면 1960년대 후반부터 1987년까지 535개 공개기업을 대상으로 제기된 139개의 주주대표소송 중에서 83개가 화해로 종결되었다. Roberta Romano, *The Shareholder Suit: Litigation without Foundation?*, 7 Journal of Law, Economics & Organization 55, 58−61(1991).

140) 국내의 연구에 따르면 한국 최초의 주주대표소송인 1997년 제일은행 사건으로부터 2013년 12월까지 약 70건의 주주대표소송이 제기되었으며, 그 중에서 2건만이 소취하되었다고 한다. 황현영, 앞의 논문, 10~13면.

141) Fed. R. Civ. P. 23.1; MBCA §7.45; N.Y. Bus. Corp. L. §626(d).

142) Rosenfeld v. Bear Stearns & Co., 237 A.D.2d 199, 199, 655 N. Y S. 2d 473, 473(App. Div. 1997).

143) George W. Dent, Jr., *The Power of Directors to Terminate Shareholder Litigation: The Death of the Derivative Suit?*, 75 Northwestern Law Review 96, 138(1980).

한국 상법 제406조 제6항과 유사하게 법원의 개입을 인정하고 있다는 점이 특징이다.

미국법이 다른 주주에 대한 통지와 법원의 승인을 요건으로 하는 이유는 무엇인가? 대표소송의 화해가 전체 주주를 구속하기 위한 절차로서 다른 주주에 대한 통지를 통해 당사자가 아닌 주주가 소송에 참가할 기회를 보장하는 것이다. 동시에 법원이 심리(審理)에서 다른 주주들의 이익를 참작하여 내용상의 실질적 상당성을 확보하는 경우에서야 화해를 승인할 것을 요구하는 것이다. 이 같은 과정을 통해 법원은 부적절한 화해가 성립하는 것을 억제하여 회사 및 다른 주주의 이익의 보호를 도모하는 데 주력한다. 결국 법원은 소송 당사자와 서로 대립하는 다른 주주들의 이익 사이의 균형을 추구하는 것이 가능한 경우에 승인을 통해 화해에 기판력을 인정하는 것으로 이해된다.[144)]

다. 검 토

현행 상법은 대표소송에서 화해를 허용한다는 입장을 원칙적으로 고수하면서도 그로 인하여 야기될 수 있는 문제점을 해결하기 위한 방안으로서 법원의 허가를 요구하고 있다. 결국 현행 상법은 실질에 있어서는 화해를 허용하면서도 그 남용의 가능성을 우려하여 사법적 관여를 인정하는 것이다. 이는 미국의 입법에서도 동일하게 찾아 볼 수 있는 사항이다. 다만, 미국에서는 다른 주주에 대하여 통지할 것을 요건으로 하는 반면에 한국 상법은 이러한 요건을 정하고 있지 않고 있다. 그럼에도 불구하고 한국에서도 법원이 화해 여부를 결정함에 있어 원고주주 이외의 다른 주주의 이익을 보호할 수 있는지 여부를 당연히 들여다 볼 것으로 이해된다. 이처럼 한국 상법이 특정한 요건하에 화해를 허용하는 것은 다음과 같은 이유에서 타당하다.

첫째, 대표소송의 경우 주주는 회사의 권리에 바탕을 두고 이를 제기하는 자에 지나지 않으므로 원고주주에 의한 화해를 허용한다면 그 주주의 독단으로 회사의 권리의 전부 또는 일부를 처분하는 것을 인정하는 것과 다를 바 없다. 본래 화해는 실체법상 당사자가 자유로이 처분할 수 있는 권리관계만을 대상으로 한다는 기존의 법리에 비추어 보면 원고주주의 화해는 수용할 수 없다. 그러

144) Robbins v. Alibrandi, 127 Cal. App. 4th 438, 449(2005).

나 화해를 무조건적으로 봉쇄하는 것은 소송경제적으로 비효율적이다. 원고가 처한 구체적인 사정을 전혀 감안하지 않고서 일단 제기된 소를 무조건 계속하여 진행하게 하는 것은 상식에 반한다. 이에 법원의 허가를 받는 경우에 한하여 화해가 인정되는 절충적인 입장을 취하고 있는 것이다.

둘째, 상법 제400조에 따르면 이사의 회사에 대한 책임은 총주주의 동의로 면제하거나 정관에 의하여 면제할 수 있음을 규정하고 있다. 총주주의 동의가 있어야만 이사의 책임이 면제될 수 있다는 것은 공개회사의 경우에는 책임면제가 사실상 불가능하다는 것을 의미한다. 또한 이사가 고의 또는 중대한 과실로 손해를 발생시킨 경우와 제397조, 제397조의2 및 제398조에 해당하는 경우에는 정관으로도 이사의 책임을 면제할 수 없다. 이사의 책임면제는 주주의 부와 매우 밀접하게 연관되어 있는 까닭에 극히 예외적인 경우에만 인정하는 것이다. 말하자면, 주주대표소송의 원고와 피고 간의 임의적인 화해로 인하여 이사의 책임을 면제하는 효과를 가져 온다면 이는 상법 제400조를 면탈하는 것과 다를 바 없으므로 법원의 후견적인 개입을 요구하는 것으로 이해하여야 한다.[145]

(2) 제소전 화해

제소전 화해의 경우는 소송계속 전에 행하여지는 화해라는 점을 제외하고는 그 법적 성질, 요건, 방식 및 효과가 모두 소송상 화해와 동일하다.[146] 그러나 상법 제403조 제6항은 '소를 제기한 경우'라는 문구를 두고 있다는 점에서 소송상 화해를 전제로 하여 법원의 허가를 요구하는 규정에 지나지 않는다. 즉, 상법은 제소전 화해에 대해서는 규정을 두지 않고 있는 것이다. 따라서 원고가 되려고 하는 주주가 소송의 상대방인 피고로 하려고 하는 이사에 대하여 임의적으로 제소전 화해(민사소송법 제385조 이하)를 할 수는 없다. 주주는 대표소송을 제기할 권한을 보유하지만 회사의 권리를 처분할 위치에 있지 않기 때문이다. 설령 법원의 허가가 있더라도 제소전 화해는 법률상 가능하지 않는 것으로 읽힌다.

145) 송옥렬, 앞의 책, 1112면; 안성포, "이사의 면책에 관한 입법론적 고찰－책임면제와 화해를 중심으로－", 「상사법연구」 제22권 제2호(한국상사법학회, 2003), 97면.

146) 송상현/박익환, 「민사소송법」 신정 제7판(박영사, 2014), 497면.

(3) 재판외 화해: 소 취하의 경우

원고주주와 피고이사는 주주대표소송의 제기 전 또는 소송계속 중에 재판외 화해를 할 수 있다.[147] 원고주주와 피고이사 사이에 재판외 화해를 하면서 부수적으로 소를 취하(取下)하는 경우를 가정할 수 있다. 소 취하는 소송절차를 소 제기시에 소급하여 소멸시키는 행위에 지나지않기 때문에(민사소송법 제267조 제1항) 소송물 자체의 처분에 해당하지 않으므로 자유롭게 할 수 있는 것이 원칙이다.[148] 따라서 어느 대표소송이 취하되었다고 하더라도 다른 주주가 대표소송을 다시 제기할 수 있다. 이처럼 원고주주와 피고이사 사이의 재판외 화해는 원고 이외의 주주에 대해서 효력이 미치지 못한다.[149] 피고이사의 입장에서는 후소(後訴)가 예상되지 않는다는 확신이 있어야만 원고주주와의 재판외 화해에 응할 것으로 보인다.

상법은 주주대표소송의 당사자가 소 취하를 하는 경우에도 결과적으로는 이사의 책임을 면제하는 측면이 있다고 보아 법원의 허가를 요구하고 있다(제403조 제6항). 말하자면, 상법은 소 취하의 경우에도 소송상 화해와 동일하게 법원의 관여를 원칙으로 요구하는 것이다.[150] 다만, 원고주주가 재판외 화해에 따

147) 김효정, 앞의 논문, 276면, 279면. 이에 반하여 원고주주가 피고이사와 재판외 화해를 할 권능이 없다는 견해도 있다. 이 견해에 따르면 화해는 실질적 권리귀속주체의 권리를 처분하는 것이므로 법정소송담당자인 원고주주가 화해를 통해 권리를 처분할 수 없다는 것이다. 말하자면, 화해의 가부는 소송수행권자의 실체적 지위에 따라 개별적으로 판단될 사항이므로 상법에 명시적인 규정이 없음에도 불구하고 원고주주에게 화해권한을 인정한다는 것은 처분권주의에 반하는 것으로 풀이한다. 결국 이 견해는 재판상 화해와 동일한 논리에 근거하여 재판외 화해를 인정하지 않는다. 김홍수, "주주대표소송에 있어서의 화해", 「과학기술법연구」 제6집(한남대학교, 2000), 110~112면. 그러나 재판외 화해를 한다는 것은 민법상 화해계약을 체결하는 것을 의미할 뿐이다. 재판외 화해는 재판상 화해와는 달리 확정판결과 같은 효력을 가지지 않는다는 점에 비추어 양자는 구별하는 것이 합리적이라고 보여진다.

148) 유병현, "공동소송적 보조참가와 피참가인의 재심의 소 취하－대법원 2015. 10. 29. 선고 2014다13044 판결을 중심으로－", 「법학논총」 제29권 제2호(국민대학교, 2016), 274~275면.

149) 小林秀之/近藤光男(編), 「株主代表訴訟大系」(弘文堂, 1996), 247頁(池田辰夫 집필 부분).

150) 원고주주가 대표소송을 제기한 것은 일종의 공익권을 행사한 것이어서 그가 제소한 후에는 소송물을 자유롭게 처분하는 것을 내버려 둘 수 없다고 보아 원고주주에게 임의적으로 소 취하를 할 수 있는 권한을 인정할 수 없다는 견해가 있다. 이 견해는 결론에 있어서는 상법 제403조 제6항에 따른 법원의 허가 등과 같은 절차가 마련되는 것이 마땅하다는 주장으로 연결되어 있다. 김효정, 앞의 논문, 266~267면. 그러나 대법원 판례에서 보는 바와 같이 "소의 취하는 원고가 제기한 소를 철회하는 법원에 대한 단독적 소송

라 소 취하를 하고자 한다면 법원은 과연 원고주주로서 소를 취하할 필요가 있는 구체적 사정이 있는지, 그리고 그러한 사정이 정당한지 여부를 심리하되 회사의 이사에 대한 손해배상채권이 시효의 경과로 인하여 소멸할 우려가 있거나 사해통모성이 명백한 경우 등이 아니라면 그 허가결정을 엄격하게 하지 않아도 된다. 그러나 만약 주주가 항소심에서 소 취하를 하고자 하는 경우에는 회사와 다른 주주가 후소를 제기할 수 없다(민사소송법 제267조 제2항)는 문제가 발생하므로 법원은 엄격한 잣대에 의하여 허가 여부를 결정하여야 한다.[151)]

3. 회사와 피고이사 사이의 화해

(1) 소송상 화해

가. 상법상의 규정

주주대표소송에서 회사와 피고이사 간에 소송상 화해를 할 수 있을지를 살펴보기로 한다. 상법은 회사가 이사의 책임을 추궁하기 위하여 이사를 상대로 직접소송을 제기한 경우와 주주가 이사를 상대로 제기된 대표소송의 경우에 법원의 허가를 전제로 원고와 피고 사이의 화해가 가능함을 규정할 뿐이다(제403조 제6항). 이처럼 주주대표소송이 제기된 경우에 회사와 피고이사 사이에 화해가 가능한지에 관해서는 법률에 명시적인 규정이 없으므로 원칙적으로 부정적인 입장에 있는 것으로 풀이하여야 한다. 소송상 화해가 가능한지가 문제되기 위해서는 회사가 소송에 관여하는 것이 전제되어야 하지만 주주대표소송은 형식적으로 원고주주의 소송일 뿐 회사는 당사자가 아니기 때문이다. 그러나 상법에 따라 주주대표소송에서 회사가 원고측에 소송참가를 하는 경우에는 예외이다(제404조 제1항).

회사의 소송참가의 성격은 공동소송참가로 풀이되고 있다.[152)] 대표소송에서 회사가 원고측에 소송참가하는 경우 그 대표소송은 회사와 주주가 반드시 공동원고가 되어야 하는 고유필수적 공동소송에 해당하지 않는다. 단지 제3자

행위로서 소송물을 이루는 실체법상의 권리를 포기하는 것과 같은 처분행위와는 다르다"(대법원 1989. 7. 11. 선고 87다카2406 판결)는 점에서 위의 견해를 수용하기 어렵다.

151) 김효정, 앞의 논문, 267면; 법무법인 화우 송무그룹, 「기업소송실무(2)」 제5판(법무법인 화우, 2017), 55~56면.

152) 대법원 2002. 3. 15. 선고 2000다9086 판결.

가 공동소송인이 된 이상 원고들 사이에 판결이 합일적으로 확정되어야 할 필요성이 있는 유사필수적 공동소송의 성격을 지닐 뿐이다.[153] 그러므로 회사는 민사소송법 제67조 제1항에 따라 원고주주와 함께 일치된 의사로써 피고이사와 화해를 하는 수밖에 없다.[154] 그 경우 회사와 피고이사 사이의 화해는 원고주주와 피고이사 사이의 화해에 관한 상법 제403조 제6항의 적용을 받게 된다.

나. 비교법적 이해: 미국법의 경우

미국법상 주주대표소송에서 회사는 진정한 당사자임에도 불구하고 명목상 피고(nominal defendant)로서의 위치를 차지한다.[155] 주주대표소송이 제기되었다는 것은 회사가 자신의 명의로 이사를 상대로 책임을 추궁하는 소송을 제기하지 않았다는 것을 의미하기 때문에 원고주주와는 대척되는 지점에 서게 되는 것이다.[156] 따라서 주주대표소송에서 피고에는 이사와 회사가 존재한다. 이처럼 대표소송에서 회사가 변칙적인 지위(anomalous position)에 있다 보니 미국에서 화해는 원고주주와 피고회사 간에 이루어지는 것이 일반적이다.[157] 요컨대, 회사와 이사 모두가 주주대표소송의 피고인 까닭에 회사와 피고이사 사이의 화해는 원천적으로 가능하지 않다.

다. 검 토

주주가 일단 회사에 위법행위를 한 이사를 상대로 직접적으로 소를 제기할 것을 청구하였음에도 불구하고 회사가 이를 거절하거나 그러한 회복할 수 없는 손해가 생길 염려가 있는 경우에야 그 주주는 대표소송을 제기할 수 있다(제403조 제1항부터 제4항까지).

이처럼 회사와 원고주주가 입장이 서로 다른 만큼 상법 제403조 제6항과 제404조 제1항의 적용에 앞서 회사가 소송참가한 경우에의 화해는 회사와 피고

153) 참고로 서울중앙지방법원은 "상법상의 주주대표소송은 주주들 모두가 필수적으로 공동원고가 되어야 하는 고유필수적 공동소송은 아니고 단지 공동소송인이 된 원고들 사이에 그 승패를 일률적으로 하여야 할 필요성이 있는 유사필수적 공동소송의 성격을 가진다"고 판결한 바 있다(서울중앙지방법원 2008. 6. 20. 선고 2007가합43745 판결).

154) 김홍수, 앞의 논문, 109~110면.

155) Ross v. Bernhard, 396 U.S. 531, 538(1970).

156) George T. Washington, *Stockholder's Derivative Suits The Company's Role and a Suggestion*, 25 Cornell Law Review 361, 362(1940).

157) 이러한 경우에 해당하는 사건으로서는 Kahn v. Sullivan, 594 A.2d 48(Del. 1991) 등이 있다.

이사 사이의 담합의 가능성을 봉쇄하기 위해 원고주주가 주도하는 것이 바람직하다.

미국법상 주주대표소송에서는 회사가 피고의 위치에 있다는 점에서 한국 상법상 그것과는 차이가 너무 크기 때문에 상호 비교하기 어렵다. 즉, 한국에서의 화해는 원고주주와 피고이사 사이에 이루어지는 것이지만, 미국에서는 대표소송이 원고주주와 피고회사 사이에서 화해로 종결되는 경우가 많다는 점에서 단순한 비교는 지양되어야 할 것이다.

(2) 제소전 화해

주주대표소송에서 회사가 자발적으로 피고이사 사이에 행하는 화해는 원칙적으로 회사가 원고측에 소송참가한 경우에만 가능하다.[158] 원고주주가 대표소송을 제기한다고 해서 회사가 반드시 원고측에 소송참가한다는 보장이 없는 만큼 회사가 피고이사와 소송참가 전의 화해, 즉 제소전 화해를 할 수는 없다고 보아야 한다. 이에 대해서는 예외가 있다. 대법원 판례에 따르면 소송당사자 아닌 제3자도 재판상 화해의 당사자가 될 수 있으며, 이 경우 그 화해의 효력은 제3자에게도 미친다.[159] 따라서 회사가 소송참가를 하지 않은 경우[160]라 하더라도 주주가 피고이사와의 화해절차에 회사를 참가시켜 회사가 화해의 당사자가 되면 화해의 효력은 화해조서에 기재된 내용에 따라 회사에도 미친다.

(3) 재판외 화해: 소 취하의 경우

위에서 살펴본 바와 같이 대표소송에 회사가 원고측에 소송참가한 경우 그 대표소송은 유사필수적 공동소송의 성격을 지닌다. 대법원 판례에 따르면 “유사필수적 공동소송에서는 원고들 중 일부가 소를 취하하는 경우에 다른 공동소송인의 동의를 받을 필요가 없다.”[161] 이는 유사필수적 공동소송의 경우에는 각 당사자가 개별적으로 소를 제기할 수 있는 경우에 해당하므로 공동소송인 1인이 소를 취하하더라도 나머지 공동소송인이 불리하지 않다는 것을 의미한

158) 회사가 상법 제403조 제1항에 정한 주주의 제소청구에 따라 위법한 행위를 한 이사에게 손해배상청구를 하는 경우, 즉 직접 소송을 제기하는 경우에는 상법 제403조 제6항에 의하여 법원의 허가를 얻어 회사와 이사 간의 제소전 화해를 할 수 있다.

159) 대법원 1985. 11. 26. 선고 84다카1880 판결.

160) 회사측의 입장에서 보면 소송에 참가하지 않았으므로 제소 전에 해당한다.

161) 대법원 2013. 3. 28. 선고 2011두13729 판결; 대법원 2013. 3. 28.자 2012아43 결정.

다.[162] 회사가 주주대표소송에 공동소송참가를 한 상황에서 회사가 원고주주의 동의를 받지 않고서 피고이사 사이에 재판외 화해를 하고 부수적으로 자신의 소송을 취하를 하는 것은 가능하다. 다만, 이 경우에도 법원으로부터 소 취하에 대한 허가를 얻어야 한다(제403조 제6항). 회사의 소 취하가 있더라도 주주의 대표소송은 계속한다.

4. 소 결

상법상 주주대표소송에서 원고주주는 법원의 허가를 얻어야만 피고이사에 대하여 소송상 화해를 할 수 있다. 이처럼 상법이 화해에 법원 허가를 요건으로 하는 것은 주주대표소송이 대위소송적인 특성을 기반으로 하는 소(訴)라는 점에 비추어 화해당사자 사이의 부당한 화해를 방지하기 위한 것이다. 회사와 피고이사 사이의 소송상 화해의 경우에는 회사의 소송참가를 전제로 하여 원고주주와 함께 일치된 의사로써 하는 방법이 열려져 있기는 하지만 과연 이 유형의 화해를 할 것인지는 원고주주의 판단에 달려 있다. 대표소송을 제기하기 전의 시점에서 원고가 되려는 주주와 피고로 하려는 이사 사이의 화해 및 회사와 피고로 하려는 이사 사이의 화해는 가능하지 않다. 다만, 회사가 화해절차에 참가하는 경우에는 예외적으로 회사와 피고이사 사이에 화해를 할 수 있다. 재판외의 화해에 따른 소 취하는 원고주주와 피고이사 간 그리고 소송참가를 전제로 하여 회사와 피고이사 간에 모두 가능하며, 이 경우 법원의 허가를 얻어야 한다.

Ⅲ. 법원의 화해허가(승인) 기준

1. 논의의 전제

한국 상법 제403조 제6항에 따라 주주대표소송의 당사자는 법원의 허가를 얻어서 재판상 화해를 할 수 있다고 규정한 반면에 미국법은 앞서 살펴본 것처럼 원고주주의 화해신청이 있는 경우 다른 주주에게 통지한 후에 법원의 승인

162) 유병현, “공동소송적 보조참가와 피참가인의 소취하”, 「법학논총」 제33집 제3호(한양대학교, 2016), 155면.

을 얻어야 화해를 할 수 있다. 이처럼 한국과 미국에서 법원이 화해의 감시자로서 기능한다는 점은 동일하다. 이하에서는 한국 상법이 법원의 허가를 요구하는 제도를 미국을 모델로 하여 도입된 것으로 바라보는 견해[163]가 있는 만큼 한국과 미국에서 화해를 허가하거나 승인하는 기준을 살펴보고 이를 비교하기로 한다.

2. 한국의 경우

주주대표소송에서 화해신청에 대하여 법원이 허가를 하려면 어느 수준으로 화해내용을 심리하여야 하는지에 관하여 현행법은 전혀 언급하지 않고 있다. 법원이 실질적으로 심리를 한다고 하더라도 반드시 그 내용의 정당성이 확보되는지에 관해서도 분명하지 않다.[164] 게다가 국내에는 아직까지 소송상 화해로 종료된 주주대표소송이 있었는지에 관해서도 알려진 바가 없다. 사정이 이러하기 때문에 법원이 주주대표소송에서의 화해안에 대한 허가결정의 기준을 마련하고 있는지의 여부도 분명하지 않다. 그럼에도 불구하고 다행히 국내 학자들과 실무자들이 화해에 대한 법원의 허가결정의 기준을 실체적 영역과 절차적 영역으로 나누어서 다음과 같이 제시하고 있다.

먼저 화해허가결정을 위한 실체적 기준으로서 화해에 사해성이 있는지를 살펴보아야 한다. 즉, 법원은 피고이사의 위법의 내용과 과실의 정도 및 기여도 등과 같은 제반 사정을 고려하되 화해가 원고주주와 피고이사 사이의 통모에 의하여 회사의 손해배상청구권을 감쇄시키는지의 여부를 심리하여 그 허부를 결정하여야 한다.[165] 상법상 이사의 책임감면에 관한 규정(제400조)과 소송상 화해에 관한 규정(제403조 제6항)이 그 요건과 절차가 상이하고, 특히 법원이 허가를 통해 책임감면의 수준을 충분히 통제할 수 있기 때문에 법원의 화해결정으로 피고이사의 책임을 완전히 면제하는 것도 가능하다.[166]

---

163) 김홍수, 앞의 논문, 114~115면.

164) 안성포, 앞의 논문, 127면.

165) 법무법인 화우 송무그룹, 앞의 책, 55면; 오세빈, 앞의 논문, 212면.

166) 김효정, 앞의 논문, 282면; 최문희, "개정 상법상 책임제한 조항의 해석론 및 바람직한 실무운용 방안－책임제한의 결정주체 및 소송, 화해와의 관계를 중심으로－", 「상사법연구」 제31권 제2호(한국상사법학회, 2012), 377면. 이에 반하여 상법이 주주대표소송의

그 다음으로 법원의 화해허가결정을 위해서는 절차적인 공정성을 확보하여야 한다. 이는 다시 원고주주와 피고이사 사이에서 화해하는 경우와 회사와 피고이사 사이에서 화해하는 경우로 구분하고 각 경우에 대해 구체적인 기준이 제시되어 있다. 전자의 경우, 즉 주주대표소송의 당사자인 원고주주와 피고이사가 작성한 화해안을 법원에 제출하였다면 법원은 화해안의 내용을 검토하고 그 때까지 진행된 변론 및 증거조사의 결과를 검토하여 허가 여부를 결정하여야 한다. 추가적으로 필요하다면 당해 회사에서 주주를 적정하게 대표할 수 있는 자 또는 회사의 감사 등을 증인으로 소환하거나 사실조회 형식을 빌려 화해안에 대한 의견을 묻는 방법[167]으로 수렴한 다른 주주들의 의견을 바탕으로 결정하는 방식도 가능하다. 후자의 경우, 즉 소송계속 중에 회사가 원고측에 소송참가를 한 후 피고이사와 사이에 작성된 화해안을 법원에 제출하였다면 법원은 원고주주에게 화해안에 대한 동의 여부를 물은 다음 동의하는 경우에 한하여 화해를 결정하면 된다.[168]

3. 미국의 경우: 2017년 휴렛-패커드사 주주대표소송

2015년 7월 24일 캘리포니아 북부 연방지방법원은 휴렛-패커드사의 주주대표소송에서 주주와 회사 사이의 화해를 승인하였다.[169] 그러나 이 화해에 반대

화해와 관련하여 상법 제400조를 배제한다는 규정을 두지 않고 있으므로 피고이사의 책임을 전액 면하게 하는 것을 내용으로 하는 화해는 불가능하다는 견해가 있다. 오세빈, 앞의 논문, 212면. 그러나 상법 제403조 제6항이 화해의 적법성을 확보하기 위해 법원의 허가를 요건으로 하고 있다는 점에서 굳이 화해금액에 상한선까지 둘 필요는 없다고 본다.

167) 이와 관련하여 국내에는 다수의 학자들이 불공정한 화해를 방지하기 위하여 법원의 심리절차에 다른 주주와(또는) 회사를 참가시켜서 화해내용에 이의를 제기할 수 있는 길을 열어 두어야 한다는 입장을 개진하고 있다. 현행법에서 다른 주주의 소송참가가 허용되고 회사에 대한 소송고지를 의무화하고 있는 만큼 화해의 허가결정에 다른 주주와(또는) 회사의 관여가 어렵지는 않다는 것이다. 김대연, 앞의 논문, 491~492면; 김미란, 앞의 논문, 334~335면; 김홍수, 앞의 논문, 119면; 안성포, 앞의 논문, 127면. 화해는 소송경제적 측면에서 분쟁해결의 방법으로 의미를 지니고 있다. 그러므로 법원의 화해결정을 위해 다른 주주와(또는) 회사의 참가를 요구하는 것은 그 비용이 상당할 것으로 예상되므로 오히려 그로 인하여 화해 고유의 기능이 훼손될 수 있다는 비판이 제기될 수 있다.

168) 법무법인 화우 송무그룹, 앞의 책, 56면.

169) In re Hewlett-Packard Co. Shareholder Derivative Litigation, No. 3:12-cv-06003-CRB (N.D. Cal. July 24, 2015).

하는 어느 주주가 제1심 법원의 결정에 불복하여 제9 연방항소법원에 항소하였으나 2017년 11월 28일 동 법원은 원심의 결정에 문제가 없음을 확인하였다.[170] 이하에서 제9 연방항소법원의 결정을 중심으로 하여 화해의 승인기준을 살펴보고자 한다.

첫째, 당사자가 신청한 화해안과 관련하여 법원은 승인 여부를 결정할 광범위한 재량권을 가진다. 법원은 제기된 소송에 비추어 화해안이 "근본적으로 공정하고 적절하면서도 합리적이라면"(fundamentally fair, adequate, and resonable) 승인한다.[171] 여기서 공정하고 합리적이라는 것은 화해안이 부정한 담합(collusion)의 결과물이 아니라는 것을 의미한다. 이 과정에서 법원은 과연 화해안이 독립적이면서도 객관적인 협상(arm's-length negotiation)을 통해 공정하면서도 적절하게 얻어진 것인지의 여부를 평가하기 위하여 변호인이 숙련된 경험을 가지는지를 살펴본다.[172] 이상과 같은 화해의 공정성과 합리성에 대한 증명책임은 화해당사자가 부담한다. 만약 화해에 반대하는 자가 있는 경우 그는 소를 종료하는 것보다 계속하는 것이 더 가치가 있음을 증명하여야 한다. 이 경우에는 증명책임이 전환된다. 법원은 화해결정의 공정성과 합리성을 판단함에 있어서 경영판단의 원칙을 적용한다.[173] 적절성이라 함은 화해가 직접 소송을 제기한 원고 이외의 주주들을 적절하게 대표할 수 있어야 하며, 그 화해가 그로부터 영향을 받는 모든 사람의 최선의 이익이 되어야 한다는 것을 뜻한다.[174]

둘째, 법원은 화해를 승인하기 위하여 제반 사정을 고려하여야 한다. 그러

---

170) In re Hewlett-Packard Co. Shareholder Derivative Litigation, No. 15-16688, 9th Cir., 2017 U.S. App. LEXIS 24055.

171) 이는 미국에서 주주대표소송에서의 화해를 승인하는 일반적인 기준이다. Ralph C. Ferrara, Kevin T. Abikoff & Laura L. Gansler, Shareholder Derivative Litigation: Besieging the Board 14-14(2005).

172) 미국의 결정 중에는 화해 승인 여부를 고려함에 있어서 법원이 소송당사자의 숙련된 변호인의 판단에 의지할 권한이 있음을 밝힌 것도 있다. Canupp v. Liberty Behavioral Healthcare Corp., 447 Fed. Appx. 976, 977-978(11th Cir. 2011).

173) 이러한 고려사항은 이미 Officers for Justice v. Civil Serv. Comm'n, 688 F.2d 615, 625(9th Cir. 1982), cert. denied, 459 U.S. 1217, 103 S.Ct. 1219, 75 L.Ed.2d 456(1983)에서 제시된 바 있다. 제9 연방항소법원은 이상의 고려사항을 정리하여 이 결정에서 다시 제시한 것이다. 이와 동일한 취지의 주법원의 판결로서는 Nottingham Partners v. Dana, 564 A.2d 1089, 1102(Del. 1989) 등이 있다.

174) Ferrara, Abikoff & Gansler, *supra* note 171, at 14-7.

한 고려요소로서 원고의 승소 가능성, 소송을 계속 진행하는 데에 수반되는 위험, 비용, 곤란한 정도, 예상되는 기간, 화해금으로 제시된 금액의 규모, 그간 진행된 소송의 단계, 변호인의 경험과 의견 및 화해안에 대한 주주들의 반응 등을 제시하고 있다. 이 같은 여러 요소들을 고려하여야 한다는 것은 원고가 승소할 가능성 및 원고와 피고가 작성한 화해안의 내용을 상호 비교할 것을 주문하는 것을 의미한다. 원고가 부담하는 패소의 위험과 회사가 종국판결에서 승소하여 손해를 배상받는 데 걸리는 시간 등을 감안한다면 설령 승소하는 경우에 회사에 귀속될 것으로 예상되는 손해배상액의 규모가 화해에 따른 화해금보다 크더라도 당사자의 입장에서는 오히려 화해가 더 효율적일 수 있다는 것이다.175)

4. 소 결

대표소송의 화해는 원고주주만 아니라 권리주체인 회사를 비롯하여 원고 이외의 다른 주주에게도 영향을 크게 미친다. 이에 한국이나 미국은 사해적·공모적인 화해를 방지하기 위하여 주주대표소송에서의 화해과정에 법원의 관여를 동일하게 법정하고 있지만 미국의 경우가 한국의 경우보다 당사자가 신청한 화해안에 대하여 법원이 승인(허가) 여부를 결정함에 있어서 더 광범위한 재량권을 가지는 것으로 보인다. 특히 미국의 경우에는 화해안의 금전적인 상당성에 크게 주목하는 것으로 보인다. 미국 법원은 소송을 계속하는 경우 패소의 가능성 및 종국판결이 나오는 데 소요되는 시간으로 인하여 잃어버리는 금전의 시간적 가치까지 고려하여 화해에 대한 승인 여부를 판단하는 것이다. 이에 반하여 한국의 학설은 대표소송이 기본적으로 회사의 소송을 주주가 대위하는 것이라는 점에 근거하여 회사의 절차적 정당성을 강조하여 그것의 확보가 보장되어야만 법원의 허가가 가능하다는 입장이다.

사실 미국의 주주대표소송에서는 회사가 명목상 피고로서 스스로가 자신의 이익을 보호할 수 있는 위치에 있기 때문에 소송당사자 간의 화해에 관하여 비교적 관대한 접근이 가능한 것으로 이해된다. 그러나 소송상의 화해가 소송경제적 측면에서 조기종결 및 비용부담의 경감을 목적으로 활용되는 제도라는

175) Sean J. Griffith, *Correcting Corporate Benefit: How to Fix Shareholder Litigation by Shifting the Doctrine on Fees*, 56 Boston College Law Review 1, 23–24(2015).

점을 고려한다면 너무 절차가 복잡한 것은 바람직하지 않다. 한국에서 제시되고 있는 상대적으로 엄격한 기준은 원고주주가 화해를 하고자 하는 유인을 떨어뜨리는 부작용을 낳을 것이고, 이는 궁극적으로 주주대표소송의 경직성을 의미하여 오히려 제소하고자 하는 유인마저 축소시킬 여지가 있다.

제9절 판결의 효력과 소송비용의 부담

I. 판결의 효력

일반적인 민사소송의 경우 승소에 의해 보호받는 실제적 이익은 스스로 자신의 권리를 주장한 원고에게 귀속되지만, 대표소송에서는 판결의 효력은 회사에 귀속한다. 주주대표소송에서 원고주주는 회사의 대표기관적 지위에서 소를 수행하지만 그가 받은 판결은 본래의 실질적 이익주체로서 회사 자신이 판결을 받은 것과 동일한 효력을 가지므로 원고의 승소 또는 패소를 불문하고 그 기판력이 회사에 미치는 것이다.[176] 그 결과 판결이 원고주주는 물론이고 일종의 반사적 효력에 의하여 다른 주주를 구속함에 따라 다른 주주는 중복하여 동일한 주장을 할 수 없다.

II. 소송비용의 부담

1. 원고가 승소한 경우

가. 원 칙

주주가 자신의 돈과 노력을 투입하여 대표소송을 제기하였지만 소의 결과

176) 상법 제403조 제3항이 주주대표소송은 주주가 '회사를 위하여' 제기하는 소송으로 정의하고 있으므로 기판력의 주관적 범위가 확장되어, 원고주주에 대한 확정판결은 본래의 법적 이익주체인 회사에 효력이 미친다(민사소송법 제218조 제3항).

가 모두 회사에 귀속됨으로 인하여 주주가 제소하고자 하는 유인이 감소된다. 이러한 상황에서 대표소송에 들어간 소송비용마저 주주 스스로가 부담하여야 한다면 이는 너무 불합리하다. 다행히 한국은 소송에서 패한 당사자가 소송비용을 부담하여야 한다(민사소송법 제98조)는 패소자부담주의를 채택하고 있다.[177] 패소자부담주의가 엄격하게 적용된다면 설령 주주가 승소하더라도 피고이사가 일정한 자력을 갖추지 못한다면 주주는 소송비용을 현실적으로 돌려받을 수 없게 된다. 이에 상법은 "직접적인 이익 취득이 없는 주주가 소송에 소요되는 비용에 대한 걱정 없이 그 감시·통제 기능을 원활히 수행할 수 있도록"[178] 하기 위해 주주대표소송에서 승소한 원고가 회사에 대하여 소송비용 및 그 밖에 소송으로 인하여 지출한 비용 중 상당한 금액의 지급을 청구할 수 있음을 정하고 있다. 소송비용을 회사가 지급하면 회사는 패소한 이사에 대하여 구상권이 있다(제405조 제1항, 제542조의6 제6항).

나. '소송비용 및 그 밖에 소송으로 인하여 지출한 비용'의 범위

상법 제405조 제1항에서 소송비용을 지급청구할 수 있다고 명시적으로 규정하고 있다. 그렇다면 대표소송을 제기한 원고가 지출한 변호사보수를 지급청구할 수 있는가? 상법 제405조 제1항은 "청구 가능한 소송비용의 하나로 '변호사보수'를 명시적으로 규정하고 있지는 아니하나, 일반적으로 소송비용에는 소송을 위하여 지출한 변호사보수가 포함되는 점, 변호사보수는 주주대표소송에서 주주가 부담하는 비용 중 가장 많은 부분을 차지하고 있으므로, 만일 변호사보수가 소송 관련 비용에 포함되지 않는다고 해석하면 주주대표소송에 있어 회사에 소송 관련 비용을 부담시키는 취지가 몰각되게 될 것인 점 등에 비추어 보면, 위 규정에 정한 소송비용에는 변호사보수도 당연히 포함된다"고 할 것이다.[179]

주주대표소송이 공익적 소송으로서의 성격을 가지고 있는 까닭에 변호사

177) 이는 대륙법주의 국가의 공통된 원칙이라 할 수 있다. Rudolf B. Schlesinger et al., Comparative Law 837(5th ed., 1988). 미국의 경우 전통적으로 소송의 각 당사자가 각자의 소송비용을 스스로 부담하여야 하는 것이 원칙이다. 일반적으로 소송에서 패한 당사자는 승리한 반대당사자의 변호사보수를 부담하지 않는 것이다. Geoffrey C. Hazard, Jr. & MIchele Taruffo, American Civil Procedure: An Introduction 96(1993).

178) 서울동부지방법원 2016. 8. 11. 선고 2015가합108763 판결. 이 판시사항은 항소심인 서울고등법원 2017. 4. 7. 선고 2016나2064815 판결에서 그대로 인용되었다.

179) 서울동부지방법원 2016. 8. 11. 선고 2015가합108763 판결.

보수는 제소율(提訴率)과 직접적인 관련이 있다. 미국의 경우에는 변호사보수가 주주대표소송을 견인하는 역할을 한다는 주장[180]도 있다. 한국의 경우 민사소송 사건에 제공된 변호사의 법률서비스에 대한 보수는 착수금(initiation fee)과 성공보수(contingency fee)로 이루어져 있다. 성공보수는 *pactum de quota litis*라는 원칙에 따라 승소한 금액을 당사자와 변호사 간에 나눈다는 취지의 합의에 의거하여 소송이 종결된 후에 지급된다.[181] 변호사에게 소송을 위임하는 경우 착수금은 청구금액과 소송난이도에 따라 산정되는 것으로서 적어도 소송이 제기되는 순간까지 변호사에게 지급되어야 한다. 착수금을 지급할 수 없을 정도로 빈약한 재원을 가진 주주는 성공보수만을 지급하겠다는 방법으로 변호사에게 사건을 위임할 수 있어 가난한 주주도 유능한 변호사의 도움을 얻을 수 있다.[182] 변호사와 의뢰인 간에 성공보수를 약정하는 경우 소송의 승패에 관련된 위험은 일단 변호사가 먼저 부담한다. 따라서 변호사가 불성실한 변론을 할 경우에 그러한 변론으로부터 나오는 결과를 변호사 스스로가 감내할 수밖에 없다는 점에서 오히려 승소하기 위하여 열심히 노력하게 된다. 이 같은 성공보수의 순기능을 감안한다면 변호사와 의뢰인의 자유로운 계약에 의하여 지급하기로 한 성공보수를 청구할 수 있는 것으로 풀이하여야 한다.[183]

정리하자면, 상법 제405조 제1항에서 '소송비용 및 그 밖에 소송으로 인하

180) 이에 관하여 자세한 것은 Joy v. North, 692 F.2d 880(2d Cir. 1982) 참조. 심지어 미국에서는 주주대표소송을 장려하기 위하여 원고측 변호사에게 충분한 보수가 지급되어야 한다는 주장과 과도한 보수는 주주대표소송의 남용을 유발한다는 견해 사이의 논쟁이 있다. 이에 관하여 자세한 것은 John C. Coffee, Jr., *Understanding the Plaintiff's Attorney: The Implications of Economic Theory for Private Enforcement of Law Through Class and Derivative Actions*, 86 Columbia Law Review 669(1986) 참조.

181) Albert H. Choi, *Fee-Shifting and Shareholder Litigation*, 104 Virginia Law Review 59, 71(2018).

182) Hazard & Taruffo, *supra* note 177, at 96

183) 서울동부지방법원 2016. 8. 11. 선고 2015가합108763 판결("성공보수의 경우 패소 당사자로부터 승소판결에 의한 금액을 실제 지급받은 이후 그 보수가 지급되는 것이 일반적인 점, … 주주가 회사에 대하여 약정 변호사보수 상당액의 지급을 청구할 수 없다고 본다면 주주대표소송 및 주주의 비용지급청구권을 규정한 상법의 취지가 약화될 것으로 보이는 점, 주주와 변호사 사이의 과도한 보수 약정의 위험성을 예방하기 위하여 상법은 그 청구할 수 있는 금액을 '상당한 금액'으로 한정하고 있는 점 등에 비추어보면, 상법이 지급청구를 인정하고 있는 주주대표소송의 소송비용에는 약정에 의하여 부담하게 된 변호사보수 지급채무 역시 포함된다고 해석하는 것이 상당하다 할 것이다").

여 지출한 비용'의 문언을 해석함에 있어 "가급적이면 원고인 주주에게 경제적 손실이 없도록 그에게 지급될 수 있는 금액을 넓게 인정하는 것이 타당하므로, 원칙적으로 주주가 대표소송을 제기함에 있어 변호사와 약정한 변호사보수, 기타 필요비용의 모든 금액"[184]을 의미하는 것으로 보아야 한다. 그러나 소송비용의 패소자부담원칙은 "자신의 정당한 권리실행을 위하여 제소하거나 응소하려는 자가 패소할 경우의 변호사보수의 상환을 염려하여 소송제도의 이용을 꺼리게 될"[185] 우려가 있다. 이 같은 우려를 불식시키기 위하여 상법은 변호사보수 중 '상당한 금액'만을 소송비용에 산입하여 청구할 수 있도록 하고 있다. 마찬가지로 약정한 변호사보수도 터무니없이 과도할 여지도 있는 까닭에 "주주대표소송에서 승소한 주주가 회사에 청구할 수 있는 변호사보수 비용의 상당액[을] 약정 보수액을 기준으로 하여, 개별적·구체적인 소송에서 그 청구액, 당사자의 수, 사안의 난이도, 절차의 복잡한 정도(변론기일의 횟수, 제출한 소송자료의 내용, 증거조사의 내용, 사건이 진행된 기간 등), 소 제기 전에 취한 조치, 소송 결과 회사가 얻은 이익 등 여러 사정을 종합하여 그것이 변호사가 행한 소송수행의 대가로서 상당한가라는 관점에서 객관적으로"[186] 산정할 것을 주문하고 있다.[187]

2. 원고가 패소한 경우

대표소송에서 패소한 경우에는 원고 스스로가 소송비용을 부담하여야 한

184) 서울중앙지방법원 2008. 6. 20. 선고 2007가합43745 판결.

185) 헌법재판소 2008. 12. 26. 선고 2006헌마384 결정.

186) 서울고등법원 2017. 4. 7. 선고 2016나2064815 판결. 서울고등법원은 "이 사건 약정에서 변호사보수 지급기준으로 정한 전체 승소금액의 '4%' 중 '3%' 부분은 상법 제405조 제1항이 정하고 있는 '상당한 금액'이라고 봄이 타당하다"고 판단하였다.

187) 미국에서 대표소송의 경우에는 주로 성공보수만으로 변호사의 서비스에 대한 대가를 지불하겠다는 방식이 이용된다. 성공보수는 회복된 총재산이익의 30%를 넘는 경우도 있다. Charles S. Barquist, "米国における株主代表訴訟,"「国際商事法務」Vol. 22, No. 5(国際商事法研究所, 1994), 445頁. Perlman v. Feldmann 사건에서 법원은 성공보수는 회복된 총재산이익의 25%에서 50% 사이에서 일반적으로 정하여진다고 보았다(160 F. Supp. 310(D. Conn. 1958)). 미국 델라웨어주의 경우에는 Sugarland Indus. v. Thomas 사건에서 제시된 요소들을 기준으로 하여 변호사의 보수를 산정한다. 구체적으로는 손해배상액, 변호사가 투입한 시간과 노력, 사안의 난이도 및 소송 관련 우발적 요인, 그리고 변호사의 평판과 능력 등을 고려한다(420 A.2d 142, 149(Del. 1980)).

다. 주주가 악의인 경우에는 회사에 대하여 손해를 배상할 책임까지 진다(제405조 제2항). 여기서 '악의'라 함은 회사를 해할 것을 알고 부적당한 소송을 수행한 경우를 말한다.

제10절 승소시 강제집행

I. 논의의 범위

주주대표소송은 본디 주주가 회사에 사전제소청구를 하였음에도 불구하고 회사가 이사에 대한 제소를 거부한 결과 그가 직접 나서서 회사를 위하여 이사의 책임을 구하는 수단으로써 제기하는 것이다. 그러나 주주대표소송에서 판결의 기판력과 집행력이 회사에 확장된다. 원고가 승소한 주주대표소송의 판결문에는 주주가 원고로, 상대방인 이사가 피고로 각 표시되지만 주문에서는 "피고는 소외 甲 주식회사에게 금 ○○○원을 지급하라"는 형태로 패소한 피고가 회사에게 급부할 것을 명한다. 즉, 원고주주가 주주대표소송의 당사자이기는 하지만 판결주문의 급부명령은 제3자인 회사를 위하여 발하여지는 까닭에 소송담당자와 급부수령권자가 동일하지 않다는 특이한 구조를 형성한다.[188)]

주주대표소송이 제기되었다는 것은 애당초 이사에 대한 책임 추궁과 관련하여 회사와 원고주주가 입장을 달리하는 것을 의미하는 만큼 회사가 원고주주의 승소판결에 따라 강제집행을 신청할 것을 기대하기 어려운 경우도 많을 것이다. 이 때문에 원고주주가 승소판결을 통해 강제집행을 할 수 있는지가 주주대표소송제의 실효성 자체도 좌우할 수 있는 중요한 문제로서 관심을 끌고 있다.

188) 이덕기, "주주대표소송의 승소판결에 의한 강제집행절차", 「민사집행법연구」 제7권(한국민사집행법학회, 2011), 110~111면.

II. 학설과 판례의 동향

1. 개 관

주주대표소송에서 주주의 청구를 인용하는 판결이 확정되어 승소주주가 강제집행을 신청한 경우에 법원이 그러한 신청을 인정할 것인지의 문제, 즉 승소주주가 집행채권자가 될 수 있는지의 문제에 관하여 심층적으로 논의한 연구가 여럿 존재한다. 이들 연구를 살펴보면 원고주주의 집행신청을 긍정하는 견해와 이를 부정하는 견해로 나뉜다. 대법원 판례는 긍정설의 입장에 서 있다. 아래에서는 학설과 판례를 개괄적으로 살펴보기로 한다.

2. 학 설

(1) 긍정설

국내에서 주주가 집행권자가 될 수 있다는 견해가 주류를 이루고 있지만, 그 근거에 관해서는 의견을 달리한다. 먼저 강제집행은 집행권원에 표시된 당사자를 위하여 집행하는 것이 원칙이므로 대표소송의 원고로서 판결에 표시된 주주가 자기를 위해 집행문을 교부받아 집행채권자로서의 적격을 가질 수 있다는 견해[189]가 제시되어 있다. 즉, 주주대표소송에서는 채무명의에 표시된 변제수령권자가 실질적 당사자인 까닭에 회사는 집행당사자가 아니라는 것이다. 특히 집행력의 주관적 범위를 규정하고 있는 민사집행법 제25조는 집행권원에 표시된 당사자에게 집행력이 미치는 것은 물론이고 그 이외의 자에게도 집행력이 미치는 경우까지 규정하고 있으므로 원고주주에게 집행채권자로서의 지위가 인정된다는 것이다. 다만, 이 경우에 변제수령의 절차에 관하여는 민사집행법에서 전혀 단서를 찾을 수 없으므로 아래에서 살펴보는 제3자의 집행담당의 법리를 적용해야 한다는 것이다.[190]

---

189) 김효정, 앞의 논문, 323~326면; 최성호, "주주대표소송판결의 집행절차에 관한 연구", 「한양법학」 제20권 제3집(한양법학회, 2009), 240면.

190) 이 같은 견해의 변종(變種)으로 일본에서는 금전집행준용설이 있다. 이는 주주가 금전채권의 집행을 자기 이름으로 자기를 위해서 집행을 할 수는 있지만, 금전집행에 관한 규정을 준용하여 압류 및 환가를 실시하고 매득금은 주주가 아닌 회사에 교부해야 한다는

다음으로는 제3자의 소송담당이 허용되므로 실체법상 권리·의무의 귀속주체가 아닌 자가 집행당사자로서 집행절차를 담당하는 '제3자의 집행 담당'(Vollstreckungsstandschaft)이 가능하다는 견해[191]가 있다. 대표소송이 주주의 제3자소송담당의 유형에 속하는 만큼 실체법상 권리·의무의 귀속주체가 아닌 주주라 하더라도 자신의 이름으로 강제집행을 할 수 있는 적격이 부정될 수 없다는 것이다. 또한 민사집행법 제25조 제1항이 제3자소송담당의 경우에 제3자가 갖는 소송수행권에 집행력을 떠받치는 관리처분권까지 포함된 것을 선언하고 있다는 것을 이유로 들기도 한다.

마지막으로, 주주의 소송담당을 허용하면서 소송수행의 결과인 집행신청을 스스로 할 수 없게 된다면 소송만 존재하고 집행이 없는 사태를 초래하여 대표소송의 실효성이 추락하는 문제가 발생하므로 주주의 집행채권자로서의 적격을 인정하여야 한다는 견해[192]도 있다. 즉, 주주대표소송이 인정되는 한 그 취지를 살리기 위해서는 강제집행제도를 그 취지에 맞게 운용하여야 한다는 것이다.

(2) 부정설

국내에는 주주의 집행채권자적격을 부정하는 소수의 견해가 있다. 주주대표소송의 경우에는 주주에게 소송수행권만을 특별히 부여한 것이므로 법률의 명백한 규정이 없는 상태에서 급부수령권의 주체가 아닌 주주가 판결의 당사자이고 그에게 기판력이 미친다는 이유만으로 그의 집행채권자적격을 인정할 수는 없다는 것이다.[193] 이는 민사집행법상 명문의 규정이 없이 주주가 집행당사자로 강제집행을 신청할 수는 없다는 주장으로 요약된다.

일본의 경우에는 부정설을 뒷받침하는 많은 논거가 알려져 있다. 즉, 판결주문에서 표시되는 당사자는 회사와 이사이고, 그 중 채무명의로 표시된 집행

것을 내용으로 한다. 霜島甲一, "株主代表訴訟における强制執行の可否·方法", 「ジュリスト」 第1062号(有斐閣, 1995), 76頁 이하.

191) 이덕기, 앞의 논문, 116~117면; 이시윤, 「신민사집행법」 제8개정판(박영사, 2020), 71면.

192) 김상수, "판례평석: 주주대표소송과 강제집행 – 대법원 2014. 2. 19.자 2013마2316 결정", 「법과 기업 연구」 제5권 제3호(서강대학교, 2015), 176면; 천경훈, "2014년 회사법 판례회고", 「BFL」 제69호(서울대학교, 2015), 82면; 최영덕, "주주대표소송상 화해와 강제집행에 대한 소고", 「법학연구」 제19권 제2호(충남대학교, 2008), 127면.

193) 이정준, "주주대표소송의 승소판결에 의한 강제집행", 「민사집행법연구」 제7권(한국민사집행법학회, 2011), 72면.

채권의 주체는 회사라는 점, 대표주주를 집행채권자라 해도 그에게 배당수령자격이 인정되지 않는다는 점, 회사가 승소판결을 방치한다면 새롭게 대표이사의 책임이 발생하므로 그에 대해 대표소송을 제기하는 것도 역시 가능하기 때문에 설령 대표주주에게 집행채권자적격을 인정하지 않더라도 주주대표소송제도의 실효성이 손상될 우려가 없다는 점 등이 제시되어 있다.[194)]

3. 판 례

주주가 대표이사를 상대로 하여 주주대표소송으로 손해배상청구소송을 제기하여 승소한 결과 피고에게 회사에 손해배상금을 지급하라는 판결이 선고되고 확정된 사건에서 법원은 주주는 이 같은 확정판결의 원고로서 이를 집행권원으로 하여 대표이사를 상대로 채권압류 및 전부명령신청을 할 수 있는 집행채권자적격이 있다고 판단하였다.[195)] 이처럼 법원은 주주대표소송의 원고가 받은 확정판결의 집행력이 확정판결의 당사자인 그 원고와 다른 주주 모두에게 미치므로, 주주대표소송의 주주는 집행채권자가 될 수 있다는 입장이다.

Ⅲ. 검 토

대표소송에서 승소한 원고주주에게 집행채권자적격을 인정하는지의 여부에 관하여 학설이 나누어지는 것은 민사집행법에서 주주대표소송에 관하여 집행절차를 마련하지 않은 데에서 기인한다. 그러나 법률에 명문의 규정이 없다는 이유만으로 승소한 주주대표소송임에도 불구하고 주주의 집행채권자로서의 적격을 부정하는 경우에는 주주대표소송제도를 인정한 취지가 몰각된다. 설령 원고주주의 집행채권자적격을 부정한다고 하더라도 승소시에 회사가 권리실현을 위한 수단을 취하지 않거나 부적절한 수단을 취한다면 새롭게 대표소송을 제기할 수 있는 길이 열려져 있으므로 주주대표소송의 기능을 약화시키지 않는다는 것이 부정설의 근거이기는 하지만, 주주대표소송을 제기하는 것 자체가

194) 伊藤眞, "株主代表訴訟における訴訟法上の諸問題", 「東京大学法科大学院ローレビュー」 Vol. 2(東京大学法科大学院, 2007), 139~140頁.

195) 대법원 2014. 2. 19.자 2013마2316 결정.

복잡한 절차를 거쳐야 한다는 점에서 새로운 소를 제기하는 것을 쉽게 기대하기 어렵다는 한계가 있다. 만약 대표이사가 강제집행을 하지 않는다는 것을 이유로 하여 대표소송을 다시 제기하지 않은 경우에 주주마저 그 결과에 대한 강제집행을 하지 못하게 된다면 소송만 제기하고 집행이 없는 악순환이 무한반복될 여지도 있다. 이러한 점에서 주주에게 원고적격성과 아울러 집행적격성을 함께 부여할 필요가 있는데, 다행히 전자는 상법에 의하여 명문으로 규정되어 있으며 후자는 판례에 의하여 인정되고 있다.

제11절 재심의 소

대표소송에서 양 당사자인 원고와 피고가 공모하여 소송의 목적인 회사의 권리를 사해할 목적으로 판결하게 한 때에는 회사 또는 주주는 확정된 종국판결에 대하여 재심의 소를 제기할 수 있다(제406조 제1항). 재심의 소를 인정하는 주된 목적은 원고주주와 피고이사의 공모소송, 모해소송 내지 담합소송을 방지하는 데 있으므로 단순히 원고의 태만이나 경솔, 기타 불성실로 회사의 권리가 침해된 경우에는 재심의 소가 인정되지 않는다.

재심의 소의 취지를 고려한다면 사해판결에서 공모자는 재심의 소의 제기권을 가질 수 없다. 그리하여 원고인 소수주주를 제외한 회사 또는 다른 주주가 재심의 소제기권을 가진다. 소수주주권이 없는 단독주주도 재심의 소를 제기할 수 있다. 재심의 소에서는 제소 전의 절차를 거칠 필요가 없다. 기타 사항은 민사소송법에 따른다. 예컨대, 재심의 소는 재심을 제기할 판결을 한 법원의 전속관할로 하며(민사소송법 제453조 제1항), 당사자가 판결이 확정된 뒤 재심의 사유를 안 날부터 30일 이내에 제기하여야 하며, 만약 5년이 지난 경우에는 제기할 수 없다(민사소송법 제456조 제1항·제3항). 상법상 소송비용에 관한 규정(제405조)은 재심의 소에 여전히 적용된다.

제12절 벌 칙

대표소송에 관하여 부정한 청탁을 받고 재산상의 이익을 수수, 요구 또는 약속한 자는 1년 이하의 징역 또는 300만원 이하의 벌금에 처한다(제631조 제1항 제2호·제2항).

제7장

이사의 항변

제1절 논의의 범위

주식회사의 이사는 이사회의 구성원으로서 회사의 업무집행에 관해 다종다양한 결정에 참여한다(제393조 제1항). 이사는 그 결정을 함에 있어서 선량한 관리자의 주의를 다하여야 한다(민법 제681조; 상법 제382조 제2항).

기업에서의 경영판단 자체에는 모험과 위험이 수반되는 경우가 허다하다. 이사가 회사를 둘러싼 사회·경제환경상 장래의 변화를 완전 또는 정확하게 예측하는 것을 기대할 수 없다. 이 때문에 이사의 결정 내지 판단이 결과적으로는 성공하지 못하여 회사가 손해를 입었다고 해서 그러한 결정을 한 이사가 선관주의의무를 위반한 것으로 풀이하여 그 손해에 대한 배상책임을 부담시킨다면 회사의 업무집행에 있어서 이사의 행동을 위축시켜 회사의 발전에 장애를 초래할 수 있다. 때문에 그러한 경우에 이사의 업무집행에 관계된 경영판단이 회사의 업무집행 본연의 취지에 맞게 신중하게 이루어졌고 그 판단의 내용이 부적절하지 않다면 이사에게 선관주의의무 위반의 책임을 묻지 않는 것이 바람직하다.

주주대표소송에서 원고주주의 손해배상청구에 대하여 피고이사가 자신이 선관주의의무를 다하였다는 것을 증명하여 그 청구로부터 벗어날 수 있는 방법에는 어떠한 것이 있는가? 그러한 방법으로서 인정되는 것이 바로 이사 스스로가 경영판단의 원칙에 의하여 보호받는다는 것을 증명하면 된다. 따라서 경영판단의 원칙은 이사가 자신의 의무를 다하였는지에 대한 심사기준으로서 기능한다. 따라서 경영판단의 원칙의 적용 여부는 주로 주주가 이사를 상대로 회사를 위하여 그의 책임을 추궁하기 위해 대표소송을 제기한 경우에 대두되는 것이다.[1)]

본장에서는 원고가 이사의 선관주의의무 위반 등을 이유로 손해배상을 청구한 대표소송에서 이사가 자신의 의무를 다하였기에 책임이 없다는 항변으로써 원용되는 경영판단의 원칙에 관하여 살펴보기로 한다.

제2절 경영판단의 원칙의 의의 및 적용범위

I. 의 의

경영판단의 원칙은 미국의 판례법에서 발전되었지만, 1990년대 후반 이래 한국에서도 이 원칙을 적용한 판례가 여럿 있다. 미국과 마찬가지로 이 원칙은 이사의 주의의무 추론의 산물(corollary)로서 판례에 의하여 발전해 오고 있다.

한국에서의 경영판단의 원칙은 경영은 항상 위험(risk)을 내포하고 있기 때문에 이사가 상당한 주의를 기울여 경영판단을 하였지만 그 판단의 결과가 회사에 손해를 가한 경우에 그러한 결과를 초래한 것에 대하여 이사에게 책임을 부과하는 것이 가혹하다는 관념을 바탕으로 하고 있다. 이에 이사의 업무집행을 위한 (의사)결정을 함에 있어 신중한 과정을 통하여 결정하고 그 결정내용이 특히 부적당한 것으로 인정되지 않으면 그것을 행한 이사에게 선관주의의무를 위반하지 않은 것으로 보아 책임을 묻지 않는다는 것이다. 이처럼 이사의 업무집행과 관련하여 이사에게 광범위한 재량을 인정하되 사후책임(事後責任) 내지 결과책임(結果責任)을 부담하지 않도록 하자는 것을 경영판단의 원칙으로 부른다.[2)]

---

1) 홍석범, "경영판단의 원칙의 수용과 그 한계", 「인권과 정의」 Vol. 364(대한변호사협회, 2006), 33~34면.

2) 대법원 2011. 10. 13. 선고 2009다80521 판결("대표이사나 이사를 상대로 주식회사에 대한 임무 해태를 내세워 채무불이행으로 인한 손해배상책임을 물을 경우, 대표이사나 이사의 직무수행상 채무는 … 손해 등의 결과가 전혀 발생하지 않도록 하여야 할 결과채무가 아

Ⅱ. 적용범위

회사가 충분한 정보를 취득하고 합리적인 근거에 기인하여 경영판단을 행하되 그 과정에 법령위반이 없는 경우만이 경영판단의 원칙을 충족한다. 경영판단의 원칙이 애당초부터 적용되지 않는 대표적인 경우는 법령을 위반한 경우이다. 회사경영과 관련하여 이사의 권한이 넓어 광범위한 재량을 가지고 있다고 하더라도 법령을 위반한 것은 그러한 재량범위를 일탈한 것에 해당하기 때문이다. 그리하여 대법원은 "상법 제399조는 이사가 법령을 위반한 행위를 한 경우에 회사에 대하여 손해배상책임을 지도록 규정하고 있는데, 이사가 임무를 수행하면서 위와 같이 법령을 위반한 행위를 한 때에는 그 행위 자체가 회사에 대한 채무불이행에 해당하므로, 그로 인하여 회사에 손해가 발생한 이상 특별한 사정이 없는 한 손해배상책임을 면할 수 없고, 법령을 위반한 행위에 대하여는 원칙적으로 경영판단의 원칙이 적용되지 않는다"[3]고 판시하고 있다. "여기서 법령을 위반한 행위라고 할 때 말하는 '법령'은 일반적인 의미에서의 법령, 즉 법률과 그 밖의 법규명령으로서의 대통령령, 총리령, 부령 등을 의미하는 것인바, 종합금융회사 업무운용지침, 외화자금거래취급요령, 외국환업무·외국환은행신설 및 대외환거래계약체결 인가공문, 외국환관리규정, 종합금융회사 내부의 심사관리규정 등은 이에 해당하지 않는다."[4] 이와 같이 대법원이 법령의 범위를 제한하는 것은 경영판단의 원칙의 실효성을 확보하여 이사의 책임이 부당하게 넓게 인정되는 것을 방지하자는 데 그 목적이 있다.

이사가 법령 또는 정관에 위반한 행위를 하거나 임무를 해태하여 경영판단의 원칙에 의한 보호를 받지 못하여 "회사에 대하여 손해를 배상할 책임이 있는 경우에 손해배상의 범위를 정[한다 하더라도] … 제반 사정을 참작하여 손해분담의 공평이라는 손해배상제도의 이념에 비추어 손해배상액을 제한할 수 있다. 이때 손해배상액 제한의 참작 사유에 관한 사실인정이나 제한의 비율을 정하는

니라, 회사의 이익을 위하여 선량한 관리자로서의 주의의무를 가지고 필요하고 적절한 조치를 다해야 할 채무이므로, 회사에 … 손해가 발생하였다는 결과만을 가지고 곧바로 채무불이행사실을 추정할 수도 없다").

3) 대법원 2008. 4. 10. 선고 2004다68519 판결.

4) 대법원 2006. 11. 9. 선고 2004다41651,41668 판결.

것은, 그것이 형평의 원칙에 비추어 현저히 불합리한 것이 아닌 한 사실심의 전권사항이다."[5]

제3절 경영판단의 원칙의 취지

I. 기본취지

경영자의 기업가 정신(entrepreneurship)과 모험심이야말로 회사발전의 원동력이다. 기업가 정신과 모험심을 억제하는 것은 바람직하지 못하므로 이사가 그의 창의력을 충분히 발휘할 수 있도록 하기 위하여 이사에게 광범위한 재량권을 부여하고 있다. 이사의 경영판단에 따른 업무집행이 성공적으로 끝나지 않는 경우에는 회사가 손해를 입을 수 있다. 손해가 발생하였다는 단순한 이유로 이사가 주의의무를 위반한 것으로 보아 그 책임을 묻는다면, 회사의 업무집행에 있어서 이사의 행동을 위축시키는 결과를 낳게 될 것이며 이는 결국 회사에 바람직하지 않는 영향을 미치게 된다.[6] 그리하여 이사가 경영판단을 신중하게 하였고 그 내용이 부적당하고 생각되지 않는 경우에는 설령 그 경영판단으로 인하여 손해가 발생하였다 하더라도 그 이사에게 책임을 묻지 않는 것이며, 이사는 이를 주주대표소송에서 자신의 면책을 위한 항변으로 사용할 수 있다.

II. 부수적 효과

아무리 좋은 결정이라 하더라도 원하지 않는 결과를 낳을 수 있으며 또한 사후의 안목(hindsight)에서 판단하여 볼 때 비합리적인 것으로 평가될 수 있음을 기본적인 전제로 하여 경영판단의 원칙이 정립되고 있다.[7] 이처럼 회사에

5) 대법원 2019. 5. 16. 선고 2016다260455 판결.
6) 대법원 2005. 5. 27. 선고 2004다8128 판결.
7) Jeffrey J. Rachlinski, *A Positive Psychological Theory of Judging in Hindsight*, 65 University

손해가 발생하였음에도 불구하고 법원이 주주대표소송에서 이 원칙에 따른 이사의 면책 주장을 수용하게 되면 결국 주주가 그 손해를 부담하는 것으로 된다. 또한 경영판단의 원칙은 이사로 하여금 위험의 인수를 고무시키는 기능이 있기 때문에 유능한 사람을 이사로 영입하는 데 기여하게 된다.[8)]

제4절 경영판단의 원칙에 터잡은 이사의 항변

I. 판례의 흐름

이사가 주의의무를 성실하게 수행하였는지의 여부에 관한 판단은 유사한 상황에 있는 합리적인 인간이라는 기준에 따라 의사결정의 과정(process)을 중시하여 객관적으로 이루어진다.[9)] 이사의 업무집행에 관련한 의사결정을 다룬 여러 대법원 판례는 이사의 경영판단의 과정을 중심으로 검토한 것과 이사의 경영판단의 과정과 내용을 모두 검토하여 이사의 직무집행에 관한 선관주의의무 위반의 유무를 판단한 것으로 나누어진다.

II. 의사결정과정 관련 항변

대법원은 "이사는 회사에 대하여 선량한 관리자의 주의의무를 지므로, 법령과 정관에 따라 회사를 위하여 그 의무를 충실히 수행한 때에야 이사로서의 임무를 다한 것이 된다. 회사의 이사회가 어떤 안건에 관하여 충분한 정보를 수집·분석하고 정당한 절차를 거쳐 의사를 결정함으로써 그 안건을 승인하거나 또는 승인하지 않았다면, 그 의사결정과정에 현저한 불합리가 없는 한 그와 같

---

of Chicago Law Review 571, 621(1998).

8) S. Samuel Arsht, *The Business Judgment Rule Revisited*, 8 Hofstra Law Review 93, 97(1980).

9) Charles Hansen, *The Duty of Care, the Business Judgment Rule, and The American Law Institute Corporate Governance Project*, 48 Business Lawyer 1355, 1356-1358(1993).

이 결의한 이사들의 경영판단은 존중되어야 할 것이므로, 이 경우에는 이사회의 결의에 참여한 이사들이 이사로서 선량한 관리자의 주의의무 또는 충실의무를 위반하였다고 할 수 없다"[10]고 판시하고 있다. 결국 경영판단의 원칙은 의사결정을 함에 있어 이사의 준비성에 초점을 맞추고 있다. 이사의 의사결정에서 요구되는 정보는 그 상황에서 적절하다고 합리적으로 믿을 정도로 충분하면 된다. 대표소송에서 이사의 책임을 묻는 원고의 주장에 대해 이사는 그 스스로가 충분한 정보를 바탕으로 의사결정을 하였으므로 그 전제가 되는 사실의 인식에 대해서 부주의한 오류가 없었고 더 나아가 그 사실에 기인한 의사결정의 과정이 통상 기업인으로서 현저하게 불합리하지 않았기에 자신의 경영판단이 허용된 재량의 범위를 일탈한 것으로 볼 수 없어 이사의 선관주의의무 또는 충실의무를 위반하지 않았다는 식으로 항변할 수 있다.

Ⅲ. 의사결정과정 및 내용 관련 항변

"금융기관인 은행은 주식회사로 운영되기는 하지만, 이윤추구만을 목표로 하는 영리법인인 일반의 주식회사와는 달리 예금자의 재산을 보호하고 신용질서 유지와 자금중개 기능의 효율성 유지를 통하여 금융시장의 안정 및 국민경제의 발전에 이바지해야 하는 공공적 역할을 담당하는 위치에 있는 것이기에, 은행의 그러한 업무의 집행에 임하는 이사는 일반의 주식회사 이사의 선관의무에서 더 나아가 은행의 그 공공적 성격에 걸맞는 내용의 선관의무까지 다할 것이 요구된다."[11] 말하자면, 금융기관에 속한 이사는 그렇지 않는 회사에 속한 이사에 비하여 더 높은 수준의 주의의무를 부담한다. 이에 대법원은 "통상의 합리적인 금융기관의 임원이 그 당시의 상황에서 적합한 절차에 따라 금융기관의 최대이익을 위하여 신의성실에 따라 직무를 수행하였고 그 의사결정과정 및 내용이 현저하게 불합리하지 않다면 그 임원의 행위는 허용되는 경영판단의 재량범위 내에 있다고 할 것"[12]이어서 경영판단의 원칙에 의하여 회사에 대한 선량

10) 대법원 2019. 10. 31. 선고 2017다293582 판결.
11) 대법원 2002. 3. 15. 선고 2000다9086 판결.
12) 대법원 2015. 10. 29. 선고 2011다81213 판결.

한 관리자의 주의의무 내지 충실의무를 다한 것으로 본다는 입장이다. 이처럼 금융기관의 이사는 주주대표소송에서 의사결정과정과 그 내용까지 현저하게 불합리하지 않다는 것을 증명하여야만 선관주의의무를 위반하지 않은 것으로 되어 항변에 성공할 수 있다.

제5절 미국의 경영판단의 원칙과의 비교

I. 미국의 경영판단의 원칙의 법리

1. 연 혁

경영판단의 원칙(business judgment rule)은 1829년의 Percy v. Millaudon 사건[13]으로부터 기원한다.[14] 이 사건에서 루이지애나주 대법원은 이사는 신중한 자라도 범할 수 있는 경영판단상의 실수(mistake)에 대하여는 책임을 부담하지 않는다고 판시하였다.[15] 이 사건 이후 경영판단의 원칙은 법원에 의하여 보다 구체적으로 정돈되었다. 1853년 Hodges v. New England Screw Co. 사건[16]에서 로드 아일랜드주 대법원은 이사가 성실하고 또한 상당한 주의와 근면하게 행동하였음에도 불구하고 실수를 범하게 되었다면 그러한 실수의 결과에 대하여 책임을 부담하지 않는다는 입장을 피력하였다.[17] 이러한 입장은 1872년 Spering's Appeal 사건[18]에서 더욱 명확하게 되었다. 이 사건에서 펜실베이니아주 대법원은 "이사의 판단이 성실하게 이루어졌고 … 또한 그에게 수여된 권한과 재량권의 범위 내에서 행하여진 경우에 한하여 경영판단상의 실수가 어처구니가 없는

13) 8 Mart.(n.s.) 68(La.1829).

14) D. Gordon Smith, *The Shareholder Primacy Norm*, 23 Journal of Corporation Law 277, 309(1998).

15) Percy, at 77–78.

16) 3 R.I. 9(1853).

17) *Id.* at 18.

18) 71 Pa. 11(1872).

것으로 보일 정도로 중대한 것이어도 이에 대해서 이사는 책임을 부담하지 않는다"[19]라는 견해를 밝혔다. 이러한 입장은 그 후 연방법원에 의해 채용되어 인정되기에 이르렀다.[20]

위에서 살핀 바와 같이 미국에서 경영판단의 원칙은 19세기에 생성되었다. 이 당시는 자유방임주의(laissez-faire)의 이념이 팽배하였다.[21] 그리하여 각 개인이 전력을 다하여 개인적 이익을 추구한다면 그 결과로서 최대한의 사회적 이익을 가져온다고 생각한 것이다. 따라서 개인의 기업적 성취와 활동의 자유를 방임하고 간섭하지 않는 것이 당시의 경제 및 사회, 그리고 정치의 이념적 기초가 되었다.[22] 이러한 분위기는 사법부에도 영향을 미치게 되었다.[23] 따라서 경제활동에 대한 법적 규제는 필요악(必要惡)으로 생각하여 본질적으로는 경영조직에 혼란을 가져올 수도 있다고 보았다.[24] 이 당시의 사회와 법원은 개인의 기업가 정신과 모험심을 자유롭고 경쟁력 있는 경제사회 발전의 자양분으로 생각하였다. 이와 같은 기업가 정신과 모험심을 억제하는 것은 바람직하지 못하므로 이사가 그의 창의력을 충분히 발휘할 수 있도록 하기 위하여 이사에게 광범위한 재량권을 부여할 필요성이 인정되었으며 법원이 경영자의 행동을 견제하거나 검토하는 것에 신중하여야 한다고 생각하였다. 또한 법이 기업의 경영판단을 하는 자에 대하여 관대한 입장을 취하여, 그의 경영판단이 결과적으로 잘못되었다 하더라도 법률상 책임이라는 부담으로부터 벗어나게 할 필요성이 대두되었다.[25] 이처럼 당시의 사회적·경제적 요청에 따라 법원이 경영판단의 원

19) *Id.* at 24.

20) 이에 관한 판례의 예로서는 1887년 Witters v. Sowles, 31 F.1(C.C.D.Vt. 1887) 사건을 들 수 있다. 이 사건에 관하여 자세한 것은 홍복기, "미국회사법에 있어 이사책임의 구제제도", 연세대학교 법과대학 법률문제연구소 편「법률연구」제4집(삼영사, 1986), 231면 참조.

21) 19세기는 자유방임주의가 절정에 달하던 시기였다. 이 때문에 상인들은 지상천국을 만끽할 수 있었다. Lawrence M. Friedman/안경환 역,「미국법역사」(대한교과서주식회사, 1988), 201면, 543면.

22) 안경환 역, 위의 책, 201~203면; Morton J. Horwitz, The Transformation of American Law 1780－1860, at 101－108(1977).

23) Herbert Hovenkamp, *The Classical Corporation in American Legal Thought*, 76 Georgetown Law Journal 1593, 1609(1988).

24) 並木和夫,「會社法·証券去來法の研究—アメリカ法を中心にして」(中央經濟社, 1991), 109頁.

25) 안경환 역, 앞의 책, 649면; 近藤光男,「經營判斷と取締役の責任 —「經營判斷の法則」適用の檢討」(中央經濟社, 1994), 19~20頁; 並木和夫, 前揭書, 109頁.

칙을 수립하여 발전시킨 것이라 할 수 있다.

오늘날에는 경영판단의 원칙을 성문법으로 수용한 주(州)도 생겨나고 있다. 미국에서 경영판단의 원칙을 성문법으로 규정한 대표적인 예로서는 캘리포니아주[26]가 있다. 그러나 성문법화하는 것이 경영판단의 원칙을 적용함에 있어 유연성을 떨어뜨린다는 비판이 있다.[27] 때문에 알래스카주처럼 동 원칙의 성문법화에 동조하지 않는 주도 역시 존재한다.[28]

2. 기 능

미국 회사법상 이사는 경영판단의 원칙의 보호를 받는 결과 충분한 정보를 바탕으로 선의로 그리고 회사의 최선의 이익으로 된다는 진실된 믿음 속에서 경영상의 판단을 하였을 것이라는 추정(presumption)의 이익을 누리고 있다.[29] 이처럼 경영판단의 원칙은 이사가 선의로 회사를 위하여 행동하였다는 추정 아래 이사의 경영판단에 관한 책임을 면하게 하여 이사를 보호하자는 데 그 목적이 있다. 주주대표소송에 있어서 주주가 이러한 추정을 번복시키지 못한다면 그 소송은 각하된다. 이에 이사는 소송에서 경영판단의 원칙을 방어적으로 또는 공격적으로 사용할 수 있다.

경영판단의 원칙의 방어적 용법이란 원고주주가 피고이사의 경영판단이 악의 또는 중과실에 기인한다는 것을 증명하지 못함을 이유로 하여 피고측이 법원에다가 원고의 신청을 받아들이지 않을 것을 항변하는 경우를 말한다. 이는 경영판단의 원칙의 전통적인 용법이기도 하다.[30]

공격적 용법이란 주주가 회사에 제소청구를 하는 경우 회사는 이해관계가 없는 이사 등으로 특별소송위원회(special litigation committee)를 구성하고, 소송에서의 승리 가능성, 소송에 드는 비용과 배상금액, 소송이 회사의 평판이나 영

26) Cal. Corp. Code §7231(c).

27) Lynn M. LoPucki & Andrew Verstein, Business Associations: A Systems Approach 334(2021).

28) Fred W. Triem, *Judicial Schizophrenia in Corporate Law: Confusing the Standard of Care with the Business Judgment Rule*, 24 Alaska Law Review 23, 26(2007).

29) Aronson v. Lewis, 473 A.2d 805, 812(Del. 1984); Sinclair Oil Corp. v. Levien, 280 A.2d 717, 720(Del. 1971).

30) 相沢光江/山川万次郎/北沢義博/藤本美枝, 「株主代表訴訟―理論と実戦」(清文社, 1994), 148頁.

업활동에 미치는 영향 등을 고려하여 회사가 소송을 하지 않는 것이 회사의 최선의 이익을 확보하는 데 부합한다고 판단하고, 회사가 이 판단을 이유로 소송의 종결을 요구하는 것을 뜻한다.[31)]

Ⅱ. 한국과 미국의 경영판단의 원칙의 비교

1. 동일 또는 유사한 점

한국 대법원 판례상 경영판단의 원칙에 의하면 이사는 고도의 신중성에 의한 주의로서 신뢰할 수 있는 충분한 정보에 입각하여 조사와 검토를 수행하여 합리적으로 사실인식을 하고, 의사결정절차를 밟으며, 또한 그 절차를 통해 도출한 합리적인 내용으로 경영판단을 하여야 한다. 이사의 경영판단으로 인해 그의 선관주의의무 위반 여부가 문제되는 경우 법원은 이사의 경영판단에 대한 재량권을 존중하면서도 의사결정의 과정에 대해 실질적인 심사를 한다. 경우에 따라서는 내용까지도 실질적 심사를 한다. 이러한 대법원 판례상 경영판단의 원칙을 "역사와 문화로 만든 실[糸]로 짠 주단"[32)]과 같다는 평가를 받고 있는 미국법상 경영판단의 원칙과 비교할 때 동일하거나 상당히 유사한 점들이 발견된다.[33)] 그 예를 들어 보면 첫째, 한국과 미국이 경영판단의 원칙을 인정하는

---

31) 上揭書, 149頁.

32) Christopher Osakwe, *Book Review*, 62 Tulane Law Review 1507, 1508(1988).

33) 참고로 ALI 원칙 제4.01조에서 정하고 있는 이사와 임원의 주의의무와 경영판단의 원칙을 살펴보면 다음과 같다. 제4.01조(a)는 "이사나 임원은 회사에 대하여 성실하게, 회사의 최선의 이익에 합치하는 것으로 합리적으로 믿는 방법으로, 또한 통상의 신중한 자가 동일한 지위나 유사한 상황에서 합리적으로 기대되는 주의를 취하여 이사 또는 임원의 직무를 수행하는 의무를 부담한다"라고 규정하고 있다. 한편 제4.01조(c)에 따르면 성실하게 경영판단을 한 이사나 임원은 경영판단의 대상에 대하여 이해관계가 없고, 경영판단의 대상과 관련하여 그 상황에서 적절하다고 합리적으로(reasonably) 믿을 정도로 충분한 정보를 가지고 있어야 하며, 그 경영판단이 회사의 최선의 이익과 합치된다고 상당하게(rationally) 믿을 수 있는 경우 경영판단의 원칙이 적용되어 이사의 주의의무를 이행한 것으로 된다. 이처럼 미국에서 이사의 행위가 동 원칙에 의하여 보호를 받기 위해서는 경영상의 결정(business decision)이 있어야 하며; 이해관계가 없고(disinterestedness) 독립적이어야 하며(independence); 상당한 주의(due care)로서; 선의(good faith)이되; 재량권 남용이 없어야 한다(no abuse of discretion). 1 Dennis J. Block, Nancy E. Barton & Stephen A. Radin, The Business Judgment Rule, Fiduciary Duties of Corporate Directors 39(5th ed., 1998).

기본적인 배경에는 회사경영에는 항상 모험과 그것에 수반되는 일정한 위험이 존재하기 때문에 이사의 위험회피(risk-adverse)적 유인을 방지하는 것이 오히려 주주에게 이익이 된다는 공통된 인식이 있다.[34)]

둘째, 대법원 판례는 이사의 경영판단에서 허용되는 재량권의 일탈 또는 남용의 여부를 통상의 이사를 기준으로 하는데, 이는 미국에서 불법행위법의 영향으로 전통적으로 적용되고 있는 이사의 주의의무 위반의 기준인과 동일하다.[35)]

셋째, 대법원은 이사의 법령위반행위에 대해서는 경영판단의 원칙의 적용을 배제하는 한편 재량권의 일탈이 있는 경우는 경영판단의 원칙의 요건을 갖추지 못하여 주의의무 위반으로 다룬다. 미국의 경우에도 이사가 직접 법령을 위반한 경우[36)]와 회사가 법령을 위반한 경우[37)]에 이사의 고의 또는 중과실이 있다면 경영판단의 원칙이 적용되지 않아 이사의 의무위반이 성립한다. 미국법에서 이사의 재량권남용행위가 문제시되는 경우가 희소하긴 하지만[38)] 어쨌든 그러한 행위에 대해서는 경영판단의 원칙이 적용되지 않는 것은 분명하다.[39)] 또한 한국과 미국에서 이사가 충분한 정보에 기하여 회사의 최선의 이익을 위한 내린 의사결정인 경우에 각각 경영판단의 원칙이 적용된다는 점도 매우 유사하다.[40)]

넷째, 대법원 판례상 경영판단의 원칙을 이사의 선관주의의무의 하나의 요소로 파악한다는 점은 미국과 동일하다.[41)] 이사의 경영판단이 과연 경영판단의

34) Air Line Pilots Association v. UAL Corp., 717 F.Supp. 575, 582(N.D. Ill. 1989).

35) 미국의 경우 일찍이 뉴욕주 법원은 Hun v. Cary 사건에서 이사는 통상의 신중한 자(ordinarily prudent person)가 자기의 개인적 업무를 수행함에 있어서 사용하는 정도의 주의를 가지고 의무를 이행하여야 한다고 판시하였다(82 N.Y. 65(1880)). 주의의무의 부담주체를 결정하는 기준으로 통상의 이사(ordinary director)를 언급한 판결로는 Speer v. Dighton Grain, Inc., 229 Kan. 272, 624 P.2d 952(1981) 등이 있다.

36) Abrams v. Allen, 297 N.Y. 52, 74 N.E.2d 305(1947),

37) Miller v. American Telephone & Telegraph Co., 507 F.2d 759(3d Cir. 1974).

38) 1 Block, Barton & Radin, *supra* note 33, at 84. 이러한 경우가 희소한 것은 실제 매우 심각한 정도의 재량권남용행위에 대해서만 경영판단의 원칙이 적용되지 않기 때문이다. Warsaw v. Calhoun, 221 A.2d 487, 492–493(Del. 1966); David Rosenberg, *Galactic Stupidity and the Business Judgment Rule*, 32 Journal of Corporation Law 301, 304(2007).

39) Cramer v. General Tel. & Elecs. Corp., 582 F.2d 259, 275(3d Cir. 1978).

40) 김택주, “경영판단의 원칙의 적용요건(대법원 2005.7.15. 선고 2004다34929 판결)”, 「기업법연구」 제20권 제1호(한국기업법학회, 2006), 62면.

41) Moran v. Household International, 490 A.2d 1059, 1074(Del. Ch.), *aff'd* 500 A.2d 1346(Del. 1983); Stuart R. Cohn, *Demise of the Director's Duty of Care: Judicial Avoidance of*

원칙의 보호를 받을 수 있는지의 여부를 가늠함에 있어서 이사가 충분한 정보를 바탕으로 의사결정을 한 것인지를 평가한다는 것도 양국이 동일하다. 앞서 살펴본 것처럼 미국의 경우에는 이사가 자신의 경영판단을 위한 절차적인 요건을 충족한 후 그것이 회사의 최선의 이익과 합치된다고 상당하게(rationally) 믿은 경우에는 경영판단의 원칙에 의해 보호받는데, 미국법상의 '상당하게'는 대법원 판례상의 '신의성실에 따라' 내지 '현저하게 불합리하지 않다면'에 상응한다.[42)]

끝으로 대법원은 이사의 손해배상액을 제한할 수 있다는 입장을 취하고 있는데, 미국의 경우에는 입법적으로 손해배상책임의 제한을 명문화하는 경향이 있다.[43)]

이상과 같은 동일 내지 유사한 점이 있음에도 불구하고 여전히 대법원 판례상의 경영판단의 원칙은 중요한 부분에 있어서 미국의 경영판단의 원칙과는 구별되고 있다. 이하에서 이를 간단히 살펴보기로 한다.

2. 구별되는 점

(1) 이사의 경과실이 있는 법령위반의 경우 적용배제

미국법의 경우 고의(knowing and culpable)나 그에 가까운 정도의 중과실에 의한 위법행위는 경영판단의 원칙에 의한 보호를 받을 수 없다.[44)] 이는 이사의 주의의무 이행 여부를 판단함에 있어서 중과실(gross negligence) 기준을 채택하고 있는 것에 기인한다.[45)]

Standards and Sanctions Through the Business Judgment Rule, 62 Texas Law Review 591, 603(1983). 더 나아가 경영판단의 원칙을 미국법상 이사의 주의의무의 일부로 보는 견해도 있다. 이에 관하여 자세한 것은 David S. Ruder, *Duty of Loyalty — A Law Professor's Status Report*, 40 Business Lawyer 1383, 1385(1985) 참조.

42) 이와 같은 미국법상 상당성의 요건을 충족시키지 못하는 경영판단의 예로서는 확실한 설명이 불가능한 결정이나 무모한(reckless) 행동 등을 들 수 있다. 1 American Law Institute, Principles of Corporate Governance: Restatement and Recommendations 179－181(1994).

43) 최문희, 「이사의 손해배상책임의 제한」(경인문화사, 2007), 165~196면.

44) Di Tomasso v. Loverro, 250 App.Div. 206, 209, 293 N.Y.S. 912, 916－917(1937); Harry G. Hutchison, *Presumptive Business Judgment, Substantive Good Faith, Litigation Control: Vindicating the Socioeconomic Meaning of Harhen v. Brown*, 26 Journal of Corporation Law 285, 337(2001).

45) 신현탁, "이사의 의무위반과 경영판단원칙에 관한 미국의 판례법리 연구", 「경영법률」 제31집 제2호(한국경영법률학회, 2021), 123~124면.

한국의 경우 상법 제399조의 이사의 회사에 대한 책임은 제401조의 이사의 제3자에 대한 책임과는 달리 이사의 '고의 또는 과실'이라는 귀책사유를 명시하고 있어 손해배상의 일반기준인 과실책임의 원칙이 적용될 수밖에 없으며, 게다가 법령을 위반한 행위는 대개 고의·과실이 있을 것이므로 실제로는 이사가 법령을 위반하면 과실이 추정된다.[46] 만약 이사가 경과실에 의하여 법령을 위반하였다면 경영판단의 원칙의 적용이 원천적으로 배제될 수밖에 없다. 물론 이사의 임무해태에 따른 손해배상액의 산정에 있어서 그러한 경과실이 고려될 수 있는 여지는 있지만, 여하간 한국의 경우는 미국의 경우보다 경영판단의 원칙이 적용될 수 있는 대상범위가 협소하다.

(2) 증명책임의 재분배의 부존재

미국의 경영판단의 원칙은 일반적으로 "경영판단을 함에 있어서, 충분한 정보를 바탕으로 선의로 그리고 회사의 최선의 이익으로 된다는 진실한 믿음 속에서 경영상의 판단을 하였을 것이라는 추정"[47]으로 정의된다. 재량권 남용이 없는 경우 법원은 그 경영판단을 존중한다. 그러한 추정을 번복시키는 데 필요한 사실을 증명할 책임은 원고가 부담한다.[48]

미국법상 민사소송에서 추정의 번복을 위해서는 일반적으로 '증거의 우월'(preponderance of the evidence)이라는 증명방법이 적용된다.[49] 그러나 경영판단의 원칙을 번복하는 데 필요한 증거우월의 기준을 충족하려면 동 기준이

46) 이철송, 「회사법강의」 제29판(박영사, 2021), 794면.

47) Aronson v. Lewis, 473 A.2d 805, 812(Del. 1984).

48) *Id.*

49) 영미법상 민사소송과 형사소송에서의 증명의 정도를 도표로 나타내면 다음과 같다.

증명의 정도	확실성의 정도
절대적 확실성(absolute certainty)	100%
합리적으로 의심할 수 없을 정도(beyond reasonable doubt)	95%
상당한 이유(probable cause)	50% 초과
증거의 우월(preponderance of the evidence)	50% 초과
합리적 의심(reasonable doubt)	5%
합리적 용의(reasonable suspicion)	20%

출처: 민영성, "거증책임과 법률상의 추정", 「고시연구」 통권 제366호(고시연구사, 2004), 175면.

여타의 민사소송에서 요구하는 증거보다 더 높은 강도의 증거를 제출하여야 하므로[50] 증명책임은 원고측에게 심각한 부담(heavy burden)으로 작용한다.[51] 다른 비유적인 표현을 빌리자면, 경영판단의 원칙에 따른 추정을 깨트리는 것은 그리스 신화의 주인공이자 가장 힘이 센 헤라클레스 정도는 되어야 가능한 일(near-Herculean task)이다.[52] 요컨대, 경영판단의 원칙의 본질은 이 같은 '추정'에 있기 때문에 만약 어느 대표소송에서 주주가 이러한 추정을 번복시킬 만한 증명을 하지 못한 경우에는 법원은 그 소송을 종결시키게 되므로 결과적으로 이사는 책임을 면제받게 된다.[53] 이처럼 미국의 경영판단의 원칙은 상당한 정도로 절차법적인 기능이 강하다는 특징이 있다.

한국의 경우 이사의 책임을 추궁하기 위한 주주대표소송에서 원고인 주주가 이사의 주의의무 위반을 증명하여야 한다. 이 과정에서 미국법상 경영판단의 원칙에서 인정되고 있는 추정력은 존재하지 않는다. 이에 원고는 통상적인 손해배상소송에서 요구되는 정도의 증명을 하는 것으로 충분하다. 이사의 선관주의의무 위반은 이사의 과실이 증명된 것을 전제로 하므로 일단 선관주의의무 위반이 성립되었다면 현실적으로 이사가 자신의 무과실을 증명하여 책임을 면하기란 용이하지 않을 것이다.[54] 이상과 같이 대법원의 판례는 미국법상 경영판단의 원칙의 본질적인 요소인 추정력의 인정에 관해 입장을 달리하고 있으므로 양자는 그 성격이 판이하게 다를 수밖에 없다.[55]

---

50) R. Franklin Balotti & James J. Hanks, Jr., *Rejudging the Business Judgment Rule*, 48 Business Lawyer 1337, 1348(1993); Johneth Chongseo Park & Doo-Ah Lee, *The Business Judgment Rule: A Missing Piece in the Developing Puzzle of Korean Corporate Governance Reform*, Journal of Korean Law, Vol. 3, No. 2, at 15, 31(2003).

51) Lewis v. S.L. & E., Inc., 629 F.2d 764, 768(2d Cir. 1980).

52) In re Tower Air, Inc., 416 F.3d 229, 238(3d Cir. 2005). 이 판결은 미국법에서 원고주주가 경영판단의 원칙에 의한 추정을 번복시키는 방법에 관하여 자세히 설시하고 있다.

53) 박태현, "차입매수(Leveraged Buyout)에 있어서의 이사의 신인의무",「인권과 정의」Vol. 369 (대한변호사협회, 2007), 221면.

54) 김건식, "은행이사의 선관주의의무와 경영판단원칙",「민사판례연구」XXVI(박영사, 2004), 418면.

55) 이철송, 앞의 책, 793면; 최준선, 앞의 책, 593~594면. 한편, "경영판단의 법칙과 관련하여 '추정'을 논의하는 것은 배심제도가 존재하지 아니하는 우리나라에서는 의미가 없다"는 견해가 있다. 박찬주, "경영판단과 위험선호적 의사결정",「인권과 정의」Vol. 357(대한변호사협회, 2006), 146면. 그러나 이 견해는 수용하기 곤란하다. 왜냐하면 미국 회사법의 어

(3) 사법부의 사후심사

미국법상 경영판단의 원칙의 근거로서 법원이 경영상의 판단에 관한 전문적인 경험이나 지식이 부족하여 이사의 경영판단을 사후적인 심사로 대체할 수 없다는 점을 들기도 한다.[56] 즉, 심사능력도 없는 재판관이 경영판단을 사후판단하는 것은 종국에는 투자자의 이익에 반하게 된다는 것이다.[57] 이에 Minstar Acquiring Corp. v. AMF Inc. 사건[58]에서 법원은 노골적으로 경영판단의 원칙을 사법자제의 원칙(rule of judicial restraint)이라고 그 성격을 규정하기도 한다.[59]

한국에서 대법원 판례상 경영판단의 원칙에 따르면 법원은 이사의 경영판단상 재량권을 존중하면서도 이사의 주의의무 위반 여부를 판단하기 위하여 그러한 의사결정까지에 이르는 과정과 경우에 따라서는 실질적인 판단내용까지 심사를 한다.[60] 물론 대법원의 경영판단의 원칙은 경영판단의 내용보다는 그 절차적인 과정에 대한 심사에 좀 더 많은 비중을 두고 있는 것으로 보이기는 하지만, 어쨌든 간에 대법원 판례상 경영판단의 원칙은 경영판단의 내용까지도 심사의 대상으로 삼고 있다는 점에서 미국의 그것과는 근본적인 시각을 달리하고 있다.

머니 같은 법원(the Mother Court of corporate law)으로 인정되고 있는 델라웨어주 법원은 보통법(common law)과 대비되는 형평법(equity) 사건을 다루는 형평법법원(Court of Chancery)을 설치·운영하고 있으며, 동 법원에서는 배심제 없이 회사 관련 사건을 처리하고 있기 때문이다. 이처럼 배심제는 보통법상의 제도에 지나지 않는다. Kamen v. Kemper Fin. Servs., Inc., 908 F.2d 1338, 1343(7th Cir. 1990); Geoffrey C. Hazard, Jr. & Michele Taruffo, American Civil Procedure 128(1993).

56) Mills v. Esmark, 544 F.Supp. 1275, 1282 n.3(N.D. Ill. 1982): Robert N. Leavall, *Corporate Social-Reform, the Business Judgment Rule and Other Considerations*, 20 Georgia Law Review 565, 603(1986).

57) In re Caremark International Inc. Derivative Litigation, 698 A.2d 959, 967(Del.Ch. 1996).

58) 621 F.Supp. 1252(S.D.N.Y. 1985),

59) *Id.* at 1259.

60) 송종준, “이사의 경영책임에 대한 경영판단원칙의 적용상 과제－미국 판례법과의 비교검토를 중심으로－”, 「경영법률」 제27집 제4호(한국경영법률학회, 2017), 100면.

제8장

주식통모인수인에 대한 차액청구의 소

제1절 논의의 범위

신주발행은 회사가 그 성립 후에 직접 새로이 자금을 조달하기 위하여 이용하는 통상적인 방법이다. 이러한 신주발행은 정관으로 주주총회가 결정할 뜻을 정한 경우를 제외하고는 이사회의 결의에 의거하여 행해진다(제416조).

상법은 이사와 통모하여 현저하게 불공정한 발행가액으로 신주를 인수한 자는 회사에 대하여 공정한 발행가액과의 차액에 상당하는 금액을 지급토록 하고 있다(제424조의2 제1항). 만약 회사가 주식인수인에 대하여 차액을 청구하지 않는 경우에는 주주가 대표소송을 제기할 수 있다(제424조의2 제2항). 이처럼 주식통모인수인에 대하여 차액청구의 소로서 주주대표소송을 준용하는 것은 불공정가액의 신주발행에 대하여 직접 신주인수인에게 책임을 물어 회사와 주주의 손해보상에 만전을 기하기 위해서다. 본장에서는 신주의 통모인수인을 대상으로 제기하는 차액청구의 소로서 주주대표소송에 관하여 살펴보고자 한다.

제2절 신주발행의 종류

신주발행은 주식인수인의 출자를 수반하는 경우와 그렇지 않는 경우로 나누어지는데, 일반적으로 전자를 '통상의 신주발행'이라 하며 후자를 '특수한 신주의 발행'라고 한다. '통상의 신주발행'은 기존 주주가 종래 가지고 있던 주식의 수에 비례하여 우선적으로 배정하는 주주배정방식[1]과 신주를 주주 이외의 자에게 유상으로 배정하는 제3자배정방식이 있다.[2] '특수한 신주발행'은 문자 그대로 통상의 신주발행에 속하지 않는 발행을 의미하며, 이에 속하는 경우로는 전환주식의 전환(제346조 이하), 준비금의 자본금 전입(제461조), 주식배당(제462조의2), 전환사채의 전환(제513조 이하), 신주인수권부사채권자의 신주인수권 행사(제516조의2), 합병으로 인한 신주발행(제523조 제3호), 주식의 포괄적 교환(제360조의2), 주식분할(제329조의2) 등이 있다.

제3절 주식통모인수인의 차액지급책임의 의의

I. 취 지

회사가 성립 후에 주식을 발행하는 경우에는 정관의 규정 또는 주주총회의 정함이 없으면 이사회의 결의로 세부적인 사항을 정한다(제416조). 그 세부적인 사항 중의 하나가 신주의 발행가액이다. 신주발행가액을 시가(市價)보다 낮게 발행하여 특정한 주주에게 인수를 하게 하는 경우에는 다른 주주들이 보유한 주식의 순자산가치를 희석시키는 결과를 야기한다. 그러한 신주발행이 이사가 인수인으로 하여금 현저하게 불공정한 발행가액으로 주식을 인수하도록 하기 위해 사전에 모의한 결과 이루어졌다면 이에 대하여 인수인은 시가와 현저하게 불공정한 발행가액 사이의 차액을 납입하여야 하는 책임을 부담한다.

신주를 발행하는 경우에는 "발행가액 등을 반드시 시가에 의하여야 하는

1) 대법원 2008. 5. 8. 선고 2007두4490 판결.

2) "신주 등의 발행에 있어서 주주배정방식과 제3자배정방식을 구별하는 기준은 회사가 신주 등을 발행함에 있어서 주주들에게 그들의 지분비율에 따라 신주 등을 우선적으로 인수할 기회를 부여하였는지 여부에 따라 객관적으로 결정되어야 할 성질의 것"이다(대법원 2009. 5. 29. 선고 2007도4949 전원합의체 판결).

것은 아니다. 따라서 회사의 이사로서는 주주 배정의 방법으로 신주를 발행하는 경우 원칙적으로 액면가를 하회하여서는 아니 된다는 제약 외에는 주주 전체의 이익, 회사의 자금조달의 필요성, 급박성 등을 감안하여 경영판단에 따라 자유로이 그 발행조건을 정할 수 있다."[3] 만약 기존 주주만을 상대로 현저하게 불공정한 가액으로 신주를 발행한다고 하더라도 기존 주주가 보유한 구주(舊株)의 가치만이 균등하게 희석될 뿐이고 그러한 가치희석은 불공정한 가액으로 인하여 취득하는 이익과 상계되는 것에 지나지 않는다. 따라서 통모인수인의 차액지급의무를 인정하는 경우는 주주들이 보유한 주식의 가치가 희석화되는 것을 전제로 하고 있다는 점에서 기존 주주가 아닌 제3자에게 주식을 배정하는 경우에 발생한다.[4]

Ⅱ. 법적 성격

신주인수의 법적 성질은 상법상으로 사원관계의 발생을 목적으로 하는 입사계약이다.[5] 신주인수권을 배정받은 "주주는 회사에 대하여 주식의 인수가액에 대한 납입의무를 부담할 뿐 인수가액 전액을 납입하여 주식을 취득한 후에는 주주 유한책임의 원칙에 따라 회사에 대하여 추가 출자의무를 부담하지 않는"[6]다. 주식통모인수인의 경우에는 일단 주식의 인수가액에 대하여 전액을 납입한 후에도 불공정한 발행가액과 공정한 발행가액 사이의 차액을 지급하여야 하므로 회사의 자본금충실을 위해 추가적으로 출자를 하여야 하는 책임으로서의 의미를 가진다. 따라서 통모인수인의 차액지급책임은 주주유한책임의 원칙의 예외에 해당한다.

회사가 통모인수인의 책임을 면제하는 것은 가능하지 않다. 다만, 회사의 동의가 있으면 통모인수인이 지급할 차액과 주식회사에 대한 채권으로 상계하는 것은 가능하다(제421조 제2항).

---

3) 대법원 2009. 5. 29. 선고 2007도4949 전원합의체 판결(다수의견).
4) 이철송, 「회사법강의」 제29판(박영사, 2021), 933~934면.
5) 대법원 1989. 12. 22. 선고 88누7255 판결.
6) 대법원 2009. 5. 29. 선고 2007도4949 전원합의체 판결(다수의견).

통모인수인의 차액지급책임은 일반채권과 같이 10년이다. 예외적으로 상행위로 인한 주식인수의 경우에는 5년의 단기소멸시효가 적용된다(제64조). 이러한 차액지급책임에 대해서는 납입기일 다음 날부터 지연손해금이 발생하며, 원칙적으로 연 5%의 민사법정이율(민법 제379조)이 적용된다. 상행위로 인한 주식인수의 경우에는 연 6%의 상사법정이율(제54조)이 적용된다.[7] 이상과 같이 통모인수인이 책임을 부담한다고 하더라도 이는 이사의 회사 또는 주주에 대한 손해배상의 책임에 영향을 미치지 아니한다(제424조의2 제3항).[8] 따라서 통모인수인과 이사의 책임은 부진정연대책임관계에 있는 것이 아니라 상호 별개의 책임으로 이해하여야 한다.[9]

제4절 주식통모인수인에 대한 차액청구의 소

I. 당사자

주식통모인수인에 대한 차액청구의 소에서 원고는 회사이다. 피고는 '이사와 통모하여 현저하게 불공정한 발행가액으로 주식을 인수한 자'이다(제424조의2 제1항). 신주인수인이 책임을 부담하기 때문에 그가 설령 제3자에게 주식을 양도한다고 하더라도 여전히 차액지급의무를 부담한다. 만약 회사가 차액청구

7) 임재연, 「회사법 I」 개정7판(박영사, 2020), 668면.

8) 상법 제424조의2 제3항에서 이사의 주주에 대한 손해배상책임을 정하고 있는 것과 관련하여, 이 같은 책임을 추궁하기 위해 주주가 상법 제401조(제3자에 대한 책임)에 의한 소송을 할 수 있다는 주장이 있다(이철송, 앞의 책, 935면; 권기범, 「현대회사법론」 제8판(삼영사, 2021), 1117면). 그러나 주주가 이사의 악의 또는 중대한 과실로 인한 임무해태행위로 직접손해를 입은 경우에 한하여 상법 제401조에 의한 손해배상을 청구할 수 있다는 것이 현재의 대법원 판례(대법원 2012. 12. 13. 선고 2010다77743 판결)라는 점에 비추어 보면, 이사와 주식인수인 사이의 통모로 인하여 다른 주주가 입은 손해가 과연 대법원 판례에서 언급한 직접손해에 해당하는지에 대해서는 의문이다. 따라서 이사의 회사에 대한 책임만을 부담한다는 견해(홍복기/박세화, 「회사법강의」 제8판(법문사, 2021), 657면)가 타당하다.

9) 이철송, 앞의 책, 935면; 임재연, 위의 책, 667~668면.

를 게을리한다면 먼저 주주가 제소청구를 하였음에도 불구하고 회사가 소를 제기하지 않는 경우에 대표소송을 제기할 수 있다(제424조의2 제2항).

회사가 이사에 대하여 책임을 추궁하는 경우는 물론이고 주주가 대표소송을 제기하는 경우에 주식인수인의 이사와의 통모와 인수가액이 현저하게 불공정하다는 것은 회사와 원고주주가 각각 증명하여야 한다.

Ⅱ. 소의 원인

1. 이사와의 통모

주식인수인이 이사와 통모하여야 한다. 이사와 인수인이 현저하게 불공정한 발행가액으로 주식을 인수하는 것을 사전에 모의를 하여야 하므로 단순히 발행가액이 현저하게 불공정하다는 것을 알고 있는 주주에 대해서는 이러한 책임을 추궁할 수 없다.

2. 현저하게 불공정한 발행가액

인수인이 실제 납입한 인수가액(제421조)이 현저하게 불공정하여야 한다. '현저하게 불공정한 인수가액' 요건으로 인하여 단순히 발행가액을 낮게 한 것만으로 통모인수인의 책임이 발생하지는 않는다.[10] 하급심 판례에 따르면 "설령 신주의 발행가액이 기존 발행가액보다 낮았다고 하더라도 그것이 액면에 미달되거나 또는 그 발행조건이 주주들에게 불균등하여 회사의 지배구조에 영향을 미치지 아니한 것으로 보[인다면] … 신주의 발행가액이 기존 발행가액보다 낮다는 사유만으로는 신주발행 무효의 원인이 되는 이른바 '현저하게 불공정한 신주발행'에 해당한다고는 볼 수 없다"[11]는 것이다. 따라서 '현저하게 불공정한 인수가액'에 해당하기 위해서는 문자그대로 실제 인수가액이 공정가액보다 현저히 낮은 가액이어야 한다는 것을 의미한다. 상장회사의 주식처럼 시가가 있는 주식의 경우 공정한 가액을 산출하는 것이 비교적 용이하지만, 시가가 없는

10) 이철송, 앞의 책, 933면.

11) 서울고등법원 2008. 8. 11. 선고 2007나65674 판결.

주식의 경우에는 자산가치와 손익가치를 가중평균하는 방식 등으로 공정한 가액을 산출하여야 한다. 그 밖에 출자된 현물을 과대평가한 경우나 단주나 실권주를 매우 낮은 가액으로 제3자에게 인수시킨 경우에도 현저하게 불공정한 경우에 해당한다.

Ⅲ. 소의 효과

원고가 승소하는 경우 통모인수인은 인수한 시점에서의 공정한 가액과 현저하게 불공정한 발행가액 사이의 차액을 회사에 지급하여야 한다. 회사에 지급된 차액은 출자금으로서의 성격을 가지고 있는 이상 자본준비금으로 적립된다(제459조 제1항). 통모인수인이 차액을 지급할 책임을 부담한다는 것은 결과적으로 이사 사이에 통모가 있었음을 의미하게 되어 이사는 임무해태로 인한 손해배상책임을 부담하게 된다. 따라서 이사의 회사에 대한 책임을 묻기 위해서 회사가 직접소송을 제기하거나 그렇지 않는 경우에는 주주가 대표소송을 제기하는 것이 가능하다.

제9장

공여이익반환청구의 소

제1절 논의의 범위

상법은 회사가 주주의 권리행사와 관련하여 누구에게든지 재산상의 이익을 공여하는 것을 명시적으로 금지하고 이에 위반하여 이익을 얻은 자는 그 이익을 회사에 반환하도록 할 것을 정하고 있다(제467조의2). 상법이 이익공여를 금지하고 있음에도 불구하고 회사가 이익을 공여하였다면 이는 강행법규를 위반한 것이어서 그러한 행위는 무효이다. 따라서 공여받은 이익이 민법 제741조에 정한 부당이득에 해당하므로 공여받은 자는 그 이익을 부당이득으로 반환하여야 하나, 비채변제(민법 제742조)나 불법원인급여(민법 제746조)의 법리가 적용되어 반환의무가 없는 경우가 발생하는 것을 방지하기 위하여 상법이 회사의 반환청구권을 인정하고 있는 것이다.[1)]

반환청구의 당사자는 회사이다. 회사가 반환청구를 하는 것을 게을리한다면 소수주주가 대표소송의 방법으로 그 반환을 청구할 수 있다(제467조의2 제4항). 본장에서는 주주의 권리행사와 관련하여 이익을 공여받은 자에 대한 이익반환청구의 소로서 이용되는 주주대표소송에 관하여 살펴보고자 한다.

1) 이철송, 「회사법강의」 제29판(박영사, 2021), 1030면; 최준선, 「회사법」 제16판(삼영사, 2021), 414면.

제2절 이익공여금지의 입법배경과 취지

I. 이익공여금지의 입법배경

주주의 권리행사와 관련한 이익공여를 법으로 금지하고 이를 형사적으로 처벌하는 규범을 마련한 국가는 한국과 일본을 비롯하여 소수에 지나지 않는다.[2] 이는 총회꾼[3]이 한국과 일본에서 주로 활동하고 있다는 특이한 현실에 기인한다. 특히 일본은 이미 1934년부터 주주총회를 방해하는 자에 대한 규제조항을 두는 등 오래 전부터 이 분야에서 규제체제를 마련해 두고 있었다. 한국 상법은 일본의 입법을 모델로 하여 이익공여금지 규정을 두고 있다. 따라서 일본에서의 이익공여의 입법취지를 살펴보는 것은 현행 상법상 이익공여금지제도를 제대로 이해하는 데 필요하다.

일본의 구 상법은 1981년 이익공여금지 규정을 신설하기 이전부터 주주권 행사와 관련하여 부정한 청탁을 받고 재산상의 이익을 수수, 요구 또는 약속한 자를 처벌하는 규정을 두고 있었다(일본 구 상법 제493조).[4] 그러나 동 규정상의 '부정한 청탁'의 요건을 증명하기가 쉽지 않았다. 이에 형해화된 주주총회를 개선하여 그 적정화와 활성화를 도모하기 위하여 총회꾼을 근절하여야 한다는 목표를 설정하고 주주의 권리행사에 관한 이익공여를 사법적으로 금지하고(일본 구 상법 제294조의2 제1항),[5] 사법상 금지규정의 실효성을 확보하기 위하여 벌칙

---

2) 황남석, "주주에 대한 이익공여금지 규정의 적용범위－대법원 2017. 1. 12. 선고 2015다 8355·68362 판결－", 「법조」 Vol. 722(법조협회, 2017), 769면.

3) '총회꾼'(corporate extortionist; corporate racketeer)이라 함은 소수의 주식을 소유하면서 주주의 권리를 남용하여 주주총회의 의사진행을 방해하거나 방해할 것임을 시사하고 회사에 금품을 요구하거나 회사로부터 이익을 공여받고 회사에 유리한 방향으로 의사진행에 협조하는 자 또는 무리로 정의할 수 있다. 오늘날 총회꾼은 주주총회에서 여전히 모습을 드러내고 있으며, 심지어는 조직화된 것으로 보도된 바 있다(김연하, "'피라미드 주총꾼'을 아시나요," 「서울경제」(2016. 3. 4.자), 1면).

4) 한국 상법 제631조에 해당한다.

5) 河内隆史, "利益供与の禁止違反について", 「社団と証券の法理」(商事法務研究会, 1999), 21頁. 이는 한국 상법 제467조의2 제1항에 해당한다. 일본 구 상법 제294조의2는 2006년 시행된 회사법 제120조로 계승되어 현재에 이르고 있다.

으로서 이익공여죄를 마련하였다(일본 구 상법 제497조).[6] 한국 상법도 1984년 총회꾼을 퇴치하려는 목적으로 일본의 입법을 거의 그대로 계수하여 이익공여를 금지하고 있으며(제467조의2 제1항), 이를 형사적으로도 처벌하고 있다(제634조의2).

Ⅱ. 이익공여금지 규정의 취지

1. 서 언

위에서 살펴본 바와 같이 이익공여 금지는 총회꾼의 배제를 목적으로 도입된 제도이다. 말하자면, 이는 회사, 보다 구체적으로는 이사가 자신에게 부정적인 주주의 권리행사에 영향을 미치기 위하여 회사의 부담으로 이익을 공여하는 행위를 금지하는 것이다. 따라서 이익공여의 금지는 궁극적으로는 이사가 회사의 부담으로 경영자지배를 지속하려는 행위를 억지시키려는 의도가 반영되어 있다. 이하에서는 이익공여금지 규정의 진정한 입법취지에 관하여 학자들의 견해와 판례의 입장을 살펴보기로 한다.

2. 학 설

상법상 이익공여금지 규정인 제467조2의 입법취지를 둘러싸고 학자들의 견해가 다양하게 나누어져 있다. 이를 광범위하게 분류하면 다음의 3가지 학설로 정리된다. 첫째, 이 규정의 입법취지는 회사자산의 낭비 방지에 있다는 견해(제1설)[7]가 있다. 이 견해는 상법 제467조의2가 동 규정의 적용대상을 회사로 한정하고 있음에 주목하여야 한다고 강조한다. 즉, 동 규정은 회사 자체가 아닌 이사 또는 지배주주가 자기의 계산으로 이익을 공여하는 것을 금지하지 않고 있다는 것이다. 따라서 회사가 상대방이 총회꾼인지 아닌지를 불문하고 거래의

6) 이는 한국 상법 제634조의2에 해당한다. 일본 구 상법 제497조는 2006년 시행된 회사법 제970조에서 계승되어 현재에 이르고 있다.

7) 권재열, "상법상 이익공여죄에 관한 소고", 「법학연구」 제18권 제3호(연세대학교, 2008), 131~132면; 최준선, "주주권 행사와 관련한 이익공여금지 소고", 「성균관법학」 제27권 제1호(성균관대학교, 2015), 198면.

필요성과 가격의 상당성의 요건을 제대로 충족한다면 회사자산의 낭비가 없으므로 이익공여금지 규정에 저촉되지 않는다.

다음으로, 이 규정의 주된 입법취지는 회사자산을 이용하여 주주의 권리행사에 영향을 미치게 하는 것을 금지하여 주주총회에서의 주주권 행사의 공정성을 확보하는 데 있다는 견해(제2설)[8)]가 있다. 이 견해에 따르면 상법 제467조의2는 대가의 유무를 불문하고 이익의 공여를 금지하고 있으므로, 이익공여가 주주총회에서의 주주의 권리행사와 관계가 있는 것으로 인정되기만 하면 회사의 손해가 발생되었는지를 불문하고 이익공여금지 규정을 위반하는 것으로 된다.

마지막으로, 이 규정은 회사운영의 공정성·건전성을 확보하는 것을 주된 목적으로 한다는 견해(제3설)[9)]가 있다. 즉, 이 규정은 주주로 하여금 자신의 권리를 정당하게 행사하도록 함으로써 회사지배의 왜곡을 방지한다는 것이다. 이 견해에서는 상법 제467조의2가 회사의 손해발생 유무를 불문하고 적용된다는 점에서 제2설과 유사하지만, 주주총회에서의 의결권 행사는 물론이고 주주총회 밖에서의 권리를 행사하는 데 대한 이익공여에도 적용된다는 점[10)]에서는 제2설과 구별된다.

3. 판 례

1984년 상법 제467조의2가 신설되었지만, 한국 대법원의 판단의 근거가 되거나 재판에서 다투어진 것은 비교적 최근의 일이다. 대법원의 최초의 판단은

8) 정준우, "상법상 이익공여금지규정의 주요쟁점 검토－최근의 대법원 판례를 중심으로－", 「상사판례연구」 제30집 제2권(한국상사판례학회, 2017), 19면; 최기원/김동민, 「상법학신론(상)」 제20판(박영사, 2014), 1001면; 홍복기/박세화, 「회사법강의」 제8판(법문사, 2021), 367면.

9) 김선정, "주주의 권리행사에 관한 이익공여의 금지－소위 총회꾼의 횡포에 대한 법적 대응－", 「개발논총」 제2집(동국대학교, 1992), 26면. 이 밖에 강대섭, "주주권 행사에 관한 이익공여와 주주총회 결의의 효력－대법원 2014. 7. 11.자 2013마2397 결정－", 「상사법연구」 제34권 제1호(한국상사법학회, 2015), 244면; 김진오, "정관에 위반한 사전투표기간(事前投票期間) 연장 및 의결권행사와 관련한 위법한 이익공여(利益供與)를 주주총회결의의 하자사유로 인정할 수 있는지 여부(2014. 7. 11.자 2013마2397 결정: 공2014하, 1572)", 「대법원판례해설」 제101호(2014 하)(법원도서관, 2015), 114면도 이 견해의 범주에 포함될 수 있다.

10) 정대익, "주주행동주의의 법적 한계", 「경영법률」 제27권 제2호(한국경영법률학회, 2017), 272면.

2014년에 나왔다. 2014년 어느 가처분에 대한 이의 사건에서 대법원은 사전투표를 직접 행한 주주에게 재산상의 이익을 공여한 것은 상법 제467조의2가 금지하는 이익공여에 해당한다는 취지로 결정(이하 '2014년 결정'으로 줄임)한 바 있다.[11] 이 결정이 나온 지 2년 반 정도가 지난 시점인 2017년 어느 부당이득금·약정금 등 반환청구 사건에서 대법원은 이 사건에서의 임원추천권은 주식매매약정에 정한 계약상의 특수한 권리일 뿐 주주의 자격에서 가지는 공익권이나 자익권이라고 볼 수는 없어 상법 제467조의2 제1항에 정한 주주의 권리에 해당하지 않는다고 판결(이하 '2017년 판결'로 줄임)하였다.[12]

이상의 2014년 결정에서 회사가 의결권이라는 주주의 권리를 행사하는 것에 영향을 미치기 위한 의도로 우선예약권과 상품권을 교부하였을 뿐만 아니라 그 액수도 사회통념상 허용되는 범위를 넘어서므로 이는 상법이 금지하는 주주의 권리행사와 관련된 이익공여에 해당한다고 보았다. 동 결정은 그 이익제공으로 인하여 회사에 어떠한 손해를 야기하였는지의 여부는 전혀 문제삼지 않고 있어 적어도 제1설을 채택하지 않은 것은 분명하다. 2017년 판결에서 상법 제467조의2상 "'주주의 권리'란 법률과 정관에 따라 주주로서 행사할 수 있는 모든 권리를 의미"한다고 판시한 것으로 보아 제3설을 염두에 두고 있는 것으로 이해된다.

4. 검 토

1981년 일본 구 상법은 이익공여금지 규정인 제294조의2를 제2편 회사의 '제4장 주식회사'에서 '제4절 회사의 계산'의 표제어(標題語) 아래에 위치하였다. 그 조문의 입법의 취지도 회사자산의 낭비 방지에 있는 것으로 알려져 있다.[13] 한국 상법도 이익공여금지 규정을 일본의 구 상법과 마찬가지로 '제4장 주식회사'에서 '제7절 회사의 회계'의 표제어 아래에 두고 있다. 입법연혁과 조문의 위치를 감안한다면 1984년에 한국이 일본으로부터 이익공여금지 규정을 계수할

11) 대법원 2014. 7. 11.자 2013마2397 결정.

12) 대법원 2017. 1. 12. 선고 2015다68355·68362 판결.

13) 垣口克彦, "利益供与罪に関する一考察 一 商法497条の罪質解明とその適用範囲の明確化のために",「阪南論集 社会科学編」第33巻 第4号(阪南大学, 1998), 218~219頁.

당시 상법 제467조의2가 주식회사의 회계 차원에서 회사자산의 낭비를 방지하는 것을 입법의 주된 취지로 삼았음이 분명하다. 특히 한국 상법 제467조의2는 제2항이 "특정의 주주에 대하여 유상으로 재산상의 이익을 공여한 경우에 있어서 회사가 얻은 이익이 공여한 이익에 비하여 현저하게 적은 때"에도 이익공여로 추정한다고 정하고 있고, 아울러 제3항이 이익공여를 한 경우 그 이익을 회사에 반환할 것을 정하고 있다는 것은 그 입법의 취지가 회사자산의 낭비를 방지하는 데 있음을 뒷받침하고 있다.[14)]

또한 한국 상법 제634조의2는 제467조의2의 실효성을 담보하기 위하여 일본 구 상법 제497조[15)]를 계수하여 이익공여죄를 규정하고 있다. 이는 연혁적으로 상법 제467조의2의 입법취지와 제634조의2의 보호법익이 동일하거나 유사할 수밖에 없음을 시사한다. 상법 제634조의2는 형벌법규이므로 범죄의 구성요건을 명확하게 규정하여야만 수범자에 대하여 예측 가능성을 부여하여 일반예방효과를 거둘 수 있고 더 나아가 법관의 자의에 의한 법집행을 방지할 수 있다.[16)] 따라서 상법 제467조의2의 보호법익을 제2설처럼 주주총회에서의 주주권 행사의 공정성 확보 또는 제3설처럼 회사운영의 공정성·건전성을 확보하는 데 있다고 풀이하는 것은 구성요건의 명확화라는 법리에 반하기 때문에 수긍할 수 없다. 다시 말하자면, 상법 제467조의2가 실제로 적용되는 사례가 확장된다면 당연히 상법 제634조의2가 적용되는 경우도 확장될 수밖에 없는데,[17)] 이는 법률을 개정하여 확장적용을 수용하지 않는 한 죄형법정주의에서 파생되는 명확성 원칙에 반하게 된다는 것이다.[18)] 따라서 상법 제294조의2의 입법취지는 회사자산의 낭비를 제어하는 데 있음이 분명하므로 제1설이 타당하다.

---

14) 최준선, 앞의 논문, 198~199면.

15) 일본 구 상법 제497조는 이익공여금지 규정을 위반하는 행위에 대해 "항상 즉시 형사 제재를 행사하려고 하는 것이 아니라 그 전단계(前段階)의 법적 조치로 금지규정 위반의 사법상(私法上)의 효과를 정하여 이익공여행위의 억제를 도모하고 있다." 垣口克彦, 前揭論文, 219頁.

16) 대법원 2006. 5. 11. 선고 2006도920 판결.

17) 이효경, "이익공여금지규정을 둘러싼 제 문제－최근 일본에서의 논의를 중심으로", 「경영법률」 제24집 제1호(한국경영법률학회, 2013), 20~22면.

18) 최준선, 앞의 논문, 199면.

제3절 공여이익반환청구의 소

I. 당사자

공여이익반환청구의 소의 원고는 회사이다. 여기서 '회사'라 함은 권리행사를 하거나 할 주주가 보유하는 주식을 발행한 회사(이하 '발행회사'로 줄임)를 의미한다. 회사가 이익을 제공한 주체인 까닭에 공여된 이익에 대한 반환청구를 하여야 하지만 만약 이를 게을리하면 소수주주가 대표소송을 제기할 수 있다.

공여이익반환청구의 소의 피고는 이익공여의 상대방, 즉 이익의 수령자이다. 문언적으로 살피면 이익의 수령자에는 이익공여의 주체 이외의 모든 자가 포함된다. 자연인은 물론이고 법인 및 권리능력 없는 사단도 이익공여의 상대방으로 될 수 있다.[19] 아래에서 살피는 것과 같이 이익공여는 주주권의 행사와 관련되어야 하므로 이익공여의 상대방은 주주인 것이 통상적이다.

II. 소의 원인

1. 회사의 재산상 이익의 공여

(1) 이익공여의 주체

이익공여의 주체는 회사이다. 이익공여금지행위의 대상이 되는 행위는 주주의 권리행사와 관련하여 회사의 계산으로 재산상의 이익을 '공여'하는 것이다. 여기서의 '공여'는 상대방에게 득이 될 것이라는 의사로써 하는 재산의 교부, 즉 어떤 물건이나 이익 따위를 상대편에게 돌아가도록 하는 것을 뜻한다.[20] 그 전형적인 형태는 금전 또는 물품을 교부하는 행위이다.[21] 설령 주주에게 이익공여를 약속하였지만 이익공여가 실제로 행해지지 않은 경우에는 반환할 이

---

19) 田畑了, "利益供与をめぐる法的諸問題", 「法学論集」 第3巻(愛知学院大学, 2001), 540頁.

20) 鈴木敬夫, "会社犯罪をめぐる諸問題－1981年日本商法改正に關連して－", 「상사법연구」 제4권(한국상사법학회, 1986), 347~348면; 田畑了, 上揭論文, 541頁.

21) 田畑了, 上揭論文, 513頁.

익이 없어 소를 제기할 수 없다.[22)]

(2) '회사의 계산으로' 하는 이익공여

이익은 '회사의 계산으로' 공여되어야 한다. 이익공여의 손익이 실질적으로 회사에 귀속되어야 한다는 것이다. 따라서 제3자가 회사를 위하여 이익을 공여한 경우에는 이에 해당하지 않는다. 예컨대, 재선임을 바라는 이사가 자기의 계산으로 주주의 이사선임권의 행사와 관련하여 이익을 공여한 경우에는 이익공여죄에 의해서는 처벌되지 않는다.

이익공여가 누구의 명의로 이루어지는지는 불문한다.[23)] 설령 임원이나 지배인 등이 개인적으로 금원을 지출하였다고 하더라도 실질적으로는 지출된 금원을 회사가 보전한 경우라면 회사의 계산으로 이익공여가 이루어진 것이다.[24)]

2. 주주의 권리행사 관련 공여

(1) '주주의 권리'의 범위

상법 제467조의2 제1항의 '주주의 권리'에는 법률과 정관에 따라 주주로서 행사할 수 있는 모든 권리가 다 포함된다. 학계에서는 대체적으로 회사에 대한 계약상의 특수한 권리는 여기서 말하는 주주의 권리에 포함되지 않는다고 풀이한다.[25)] 2017년 판결의 입장도 예외가 아니다. 이 경우 그 법률이 반드시 상법에 한정되어야 하는 것도 아니다. 따라서 법률 내지 정관에 의하여 인정된 주주의 공익권·자익권은 모두 이에 포함된다. 현실에 있어서는 주주의 권리 중에서 주주총회에서의 질문권과 의결권의 행사가 가장 흔하게 이익공여의 대상이 되겠지만, 대표소송 등 각종의 소제기권, 이익배당청구권, 주주제안권, 회계장부열람청구권, 주식매수청구권, 잔여재산분배청구권 등도 그 대상에서 벗어나지 않는다.

---

22) 주주에게 이익공여를 약속하였지만 제대로 실현되지 않았다고 해서 그 주주가 이행을 청구하는 것도 허용되지 않는다. 田畑了, 上揭論文, 524頁.

23) 田畑了, 上揭論文, 539頁.

24) 김선정, 앞의 논문, 26면.

25) 권재열, 앞의 논문, 138면; 김선정, 앞의 논문, 31면; 정준우, 앞의 논문, 20면; 황남석, 앞의 논문, 770면.

(2) 주주의 권리행사 관련성

상법은 '행사와 관련하여'의 요건과 관련하여 그 행사의 방법을 명시하지 않고 있다. 주주권의 행사가 정당한지의 여부도 불문한다.[26] 주주의 권리행사의 구체적인 모습은 아마도 주주가 적극적으로 자신의 권리를 행사하거나 의사진행에 협력하는 경우 및 소극적으로 행동하는 경우, 즉 발언을 삼가거나 총회에 출석하지 않는 것 등을 예상할 수 있다. 단순히 주식을 취득하는 것만으로는 주주의 권리행사라고 볼 수는 없다. 하지만 의사진행이 원활하게 되도록 협력한다는 차원에서 자사의 주식을 취득하지 말 것을 요구하면서 이익을 공여하는 것은 주주의 권리행사와 관련된 것으로 보인다.[27]

3. 이익공여의 추정

주주의 권리행사에 관하여 이익공여를 증명하는 것은 매우 어려운 일이다. 이에 상법 제467조의2 제2항은 특정주주에게 무상으로 재산상의 이익을 공여한 경우에는 주주의 권리행사에 관하여 이루어진 것으로 추정하고 있다. 이 같은 증명책임의 전환으로 인하여 회사 또는 주주는 이익반환청구권을 용이하게 행사할 수 있다. 이익반환청구를 위해 회사 혹은 대표소송의 원고인 주주(제467조의2 제4항)는 공여된 이익이 무상으로 제공되었다는 것 혹은 반대급부에 비하여 현저하게 과대하였음을 증명하면 족하다. 이 경우 회사가 얻은 이익을 회사가 공여한 재산상의 이익과 비교하여 현저하게 적은지의 여부는 객관적인 잣대에 의하여 판단되어야 한다.[28]

Ⅲ. 소의 효과

원고가 승소하는 경우 피고는 공여받은 이익 전부를 회사에 반환하여야 한

26) 송호신, "상법상 회사관련범죄에 대한 연구－벌칙조항의 활성화 방안을 중심으로－"(한양대학교 박사학위 논문, 2002), 163면.

27) 久留島隆, "株主の權利行使に關する利益供与の禁止", 「横浜経営研究」第Ⅲ巻 第2号(横浜国立大学, 1982), 29頁.

28) 上揭論文, 30~31頁.

다. 공여받은 현물을 소비한 경우라면 공여 당시의 시가 상당액을 반환하여야 한다. 회사가 이익을 공여하면서 대가를 받았다면 그 대가를 반환하여야 한다. 피고의 이익반환과 회사의 대가반환은 동시이행관계에 있다.

제 2 편

다중대표소송론

제1장

다중대표소송제도의 약사(略史)

제1절 논의의 범위

구 상법의 주주대표소송 규정(제403조)은 단독회사를 염두에 두고 마련되었다. 구 상법에 따르면 지배·종속관계에 있는 회사에서 지배회사의 이사는 지배회사에 대해, 종속회사의 이사는 종속회사에 대해 각각 별개의 독립적인 직무권한을 가지므로 임무해태의 책임도 각각의 회사에 대하여 부담한다.[1)]

한국경제의 여러 가지 특징 중의 하나가 오래 기간 동안 다수의 기업집단[2)]에 의해 경제발전이 주도되어 왔다는 점을 들 수 있다. 거시적인 측면에서 기업집단이 국가경제의 발전에 기여하여 왔다는 순기능이 존재하는 것은 분명하지만, 자회사를 통한 지배주주의 일탈행위는 계속적으로 사회·경제적인 문제로 다루어져 왔다. 이와 같은 한국의 경제현실상의 문제점을 인식하여 미국 등 여러 국가에서 인정되고 있는 다중대표소송, 즉 주주가 자신이 보유하는 주식을 발행한 회사 이외의 자회사 내지 손자회사 등의 이사를 상대로 제기하는 대표소송을 도입 내지 인정하려는 움직임이 지속적으로 노정되었다. 특히 1990년대 후반부터 주로 미국의 논의를 한국에 소개하면서 주주대표소송 원고적격의 확

1) 김동석, "주주의 대표소송과 중복대표소송", 「경영법률」 제10집(한국경영법률학회, 2000), 382면.
2) '기업집단'의 개념은 「독점규제 및 공정거래에 관한 법률」(이하 '공정거래법'으로 줄임) 제2조 제2호에 정의되어 있다.

대에 관한 논의가 다수 제기되었다.[3] 그 후 여러 차례에 걸쳐 학계는 물론이고 정부와 국회에서의 논의가 있었지만 번번이 입법으로 연결되지는 못하였다. 그러다가 마침내 2020년 12월에서야 다중대표소송의 도입을 내용으로 하는 상법 개정안이 국회를 통과하여(법률 제17764호) 현재 시행되고 있다. 본장에서는 2020년 개정상법에 이르기까지 통사(通史)적 관점에서 다중대표소송이 신설되기 전까지의 과정에 관하여 간단히 살펴보고자 한다.

제2절 2020년 개정상법 이전

I. 정부와 국회의 입법시도

2000년에 들어서면서 다중대표소송의 가장 단순한 유형인 이중대표소송의 도입 내지 현행법하에서의 허부의 문제를 진지하게 다루기 시작하였다. 말하자면, 지배회사[4]의 주주는 '그가 소유하는 주식을 발행한 회사'가 아닌 종속회사[5]의 이사에 대하여 그 책임을 추궁하는 소송[6]을 제기할 수 있는지에 관하여 논의[7]

3) 한국에서 대표소송 원고적격의 확대에 관한 논의는 1990년대 후반 무렵부터 간헐적으로 제기되었다. 그에 관한 1990년대의 문헌으로서는 권병민, "지배·종속관계에 있는 회사의 주주대표소송－미국회사법을 중심으로－", 「사회과학연구」 제7집(광주대학교, 1997), 121면 이하; 이태종, "미국 회사법상의 이중대표소송", 「재판실무연구」 제2권(수원지방법원, 1997), 497면 이하; 허덕회, "미국회사법상 주주의 중복대표소송에 관한 연구", 「학술논문집」 제46집(건국대학교 대학원, 1998), 261면 이하 등이 있다.

4) 이하에서 '지배회사'의 개념에는 상법 제342조의2 제1항에 규정한 모회사를 포함한다.

5) 이하에서 '종속회사'의 개념에는 상법 제342조의2 제1항에 규정한 자회사를 포함한다.

6) Note, *Suits by a Shareholder in a Parent Corporation to Redress Injuries to the Subsidiary*, 64 Harvard Law Review 1313, 1313(1951).

7) 2000년 이후 이중대표소송을 주요 대상으로 하여 논의한 문헌으로서는 김대연, "지배·종속회사에서의 대표소송", 「상사법연구」 제19권 제2호(한국상사법학회, 2000), 441면 이하; 김대연, "주식의 포괄적 교환 및 이전과 대표소송", 「상장협」 제46호(한국상장회사협의회, 2002), 156면 이하; 김동석, 앞의 논문, 381면 이하; 김동훈, "다중대표소송에 대한 고찰", 「21세기 한국상사법의 진로－내동 우홍구박사 정년퇴임기념논문집」(내동우홍구박사정년퇴임기념논문집 간행위원회, 2002), 63면 이하; 김동훈, "주주대표소송의 이용범위 확대",

가 이루어졌다.[8)] 그러나 이러한 논의가 채 성숙되기도 전에[9)] 2003년 8월 서울고등법원은 이중대표소송을 인정하는 판결을 내린 바 있다.[10)] 동 판결에서 서울고등법원은 그간 제시되었던 국내외 학자들의 견해를 나름대로 정리하고 평가한 것을 바탕으로 하여 이중대표소송을 인정하였다.[11)] 동 판결이 나온 이후 2003년 11월 국제통화기금(IMF)은 한국 정부와의 연례협의에서 기업지배구조 개선을 위한 방안으로 이중대표소송을 비롯한 다중대표소송의 도입을 권고하였다.[12)]

2004년에는 시민단체가 재벌의 지배구조의 개선을 목적으로 이중대표소송을 제기하려는 움직임도 있었다.[13)] 그 이후에는 이를 법률적으로 도입하기 위한 상법개정안이 몇 차례 국회에 제출되기도 하였으나 최종적인 입법으로 연결되지는 못하였다.[14)] 그러다가 2012년 하반기 대통령 선거에 출마한 새누리당의 박근혜 후보는 소수주주 보호 차원에서 다중대표소송의 도입을 공약으로 제시하였으며, 대선에서 승리하여 2013년 2월 하순에 출범한 박근혜 정부는 이 공약의 실천 차원에서 다중대표소송의 도입을 위한 논의를 본격적으로 진행하였다. 특히 재벌개혁의 수단으로서 이미 폐지된 출자총액제한제도의 부활을 주장하는

「외법논집」 제13집(한국외국어대학교, 2002), 151면 이하; 김재형/최장현, "이중대표소송의 인정근거(Brown v. Tenney, 155 Ill. App. 3d 605)", 「상사판례연구」 제15집(한국상사판례학회, 2003), 261면 이하; 여하윤, "미국 회사법상의 이중대표소송(Double Derivative Suit)에 관한 연구"(서울대학교 석사학위논문, 2003) 등이 있다.

8) 이러한 관심을 조장하게 된 것에는 입법적 노력도 한몫하였다. 예컨대, 1999년 2월 공정거래법의 개정으로 순수지주회사의 설립이 제한적으로 허용되었다. 지주회사의 설립을 위해서는 주식의 교환과 이전이 용이하게 이루어질 필요가 있었기에 금융지주회사법은 2000년 10월 주식교환·이전제도를 도입하였다. 상법도 2001년 개정에서 주식의 포괄적 교환과 이전에 관한 규정을 새로 두었다.

9) 김동훈, 앞의 논문, 182면.

10) 서울고등법원 2003. 8. 22. 선고 2002나13746 판결.

11) 위 판결. 이 판결은 대법원에서 파기되었다. 대법원 2004. 9. 23. 선고 2003다49221 판결.

12) 「동아일보」(2003년 11월 24일자), B3면.

13) 「한겨레」(2004년 3월 25일자), 31면.

14) 2009년 이후 상법상 이중대표소송제도의 도입을 발의한 대표적인 법률안으로서는 이상민 의원안과 홍재형 의원안이 있었다. 국회 법제사법위원회 [진정구 전문위원 소관], 「법률안 검토보고 모음집(Ⅱ) 2009. 2.~2010. 12.」(법제사법위원회, 2011), 699면 이하. 그러나 이중대표소송의 도입안은 2012년 4월부터 시행된 개정상법에 최종적으로 편입되지 않았다.

한편, 만약 이 제도가 부활되지 않는 경우 다중대표소송을 도입하여야 한다는 주장도 제기되었다.[15] 이같이 다중대표소송의 도입에 관한 논의가 활발해짐에 따라 여당과 야당의 의원이 각각 대표발의한 여러 다중대표소송 도입안이 국회에 제출되었다.

아울러 2013년 6월 14일 법무부의 주관으로 「기업지배구조 상법개정 공청회」가 개최되었다. 동 공청회에서는 독립적 사외이사, 집중투표, 전자투표 및 다중대표소송에 관련된 규정들의 정부(법무부) 개정시안이 공개되었다. 천경훈 교수가 발표한 자료에 의하면 "종속회사 이사에 의해 자행된 의무위반 내지 위법행위로부터 지배회사 주주를 보호할 필요성 및 종속회사 이사의 의무위반 내지 위법행위를 규제할 공익적 필요를 고려"하여 다중대표소송을 도입하기로 하였음을 밝히고 있다.[16] 그러나 이상과 같이 다중대표소송을 도입하고자 하는 노력이 있었음에도 불구하고 입법으로 연결되지는 못하였다. 그 후에도 여러 차례 다중대표소송의 도입을 내용으로 하는 상법개정안이 국회에 제출되었지만 제19대 국회가 임기만료됨에 따라 일괄 폐기되었다.[17] 제20대 국회가 2016년 5월 30일 새롭게 출범한 이래 다중대표소송의 도입을 주된 내용으로 하는 여러 상법개정안[18]이 국회에 제출되었지만 여야(與野) 간 이견으로 인하여 입법으로

15) 이건묵, "출자총액제한제도의 재도입 논의와 쟁점", 「이슈와 논점」 제378호(국회입법조사처, 2012), 4면.

16) 천경훈, "전자투표, 다중대표소송", 「기업지배구조 상법개정 공청회」자료집(법무부, 2013), 55면.

17) 구체적으로 살펴보면, 2013년 3월 25일 새누리당의 이명수 의원이 대표발의한 상법 일부개정법률안(의안번호: 4246), 같은 해 4월 5일 민주통합당의 김영주 의원이 대표발의한 상법 일부개정법률안(의안번호: 4397), 같은 해 9월 13일 진보정의당의 서기호 의원이 대표발의한 상법 일부개정법률안(의안번호: 6822)을 비롯하여 2014년 2월 6일 민주통합당의 이상민 의원이 대표발의한 상법 일부개정법률안(의안번호: 9291)과 2015년 5월 12일 새정치민주연합의 우윤근 의원이 대표발의한 상법 일부개정법률안(의안번호: 15220)이 다중대표소송의 도입을 제안하였지만 제19대 국회가 문을 닫는 바람에 폐기되었다.

18) 구체적으로는 2016년 7월 4일 더불어민주당의 김종인 의원 등 122인의 의원이 발의한 상법 일부개정법률안(의안번호: 645), 2016년 8월 8일 국민의당 채이배 의원 등 20인이 발의한 상법 일부개정법률안(의안번호: 1463), 그리고 같은 해 9월 2일 정의당 노회찬 의원 등 10인이 발의한 상법 일부개정법률안(의안번호: 2091), 같은 해 11월 3일 더불어민주당 이종걸 의원 등 10인이 발의한 상법 일부개정법률안(의안번호: 3254), 2017년 2월 14일 바른정당 오신환 의원 등 10인이 발의한 상법 일부개정법률안(의안번호: 5633), 같은 해 6월 23일 이훈 의원 등 10인이 발의한 상법 일부개정법률안(의안번호: 7566) 등이 있었다.

연결되지 못하였다.[19)]

2020년 5월 30일 제21대 국회가 출범한 후에도 여전히 다중대표소송의 신설을 내용으로 하는 법안이 계속적으로 국회에 제출되었다.[20)] 정부도 같은 해 8월 31일 국회에 상법개정안을 제출하였다. 여기서 주목하여야 할 점은 과거 법안이 정부가 제출한 법안과 큰 차이가 없었다는 점이다. 그러나 이미 제20대 국회에서 여러 상법개정안을 검토하는 과정에서 소송의 남용을 우려한 나머지 일본 회사법상의 다중대표소송과 독일의 대표소송제도를 대안으로 삼으려 했던 움직임[21)]이 있었지만 제21대 국회에 제출된 정부안은 물론이고 국회의원들이 대표발의한 여러 상법개정안은 과거 국회에서 있었던 논의를 망각하고 있다는 점이 특징이었다.[22)] 국회 안건조정위원회는 여러 상법개정안을 병합하여 심사한 결과 그간 제출된 상법개정안에 대한 대안을 마련하였으며, 이 대안이 2020년 12월 9일 국회를 통과하고 12월 20일에 시행됨에 따라 다중대표소송제도가 정식 도입되었다.

---

19) 백지수/정영일, "다중대표소송제 2월 처리 사실상 무산 … 여야 막후 설전", 「머니투데이」(2017. 7. 27.자)(인터넷판)("국회 법제사법위원회는 27일 오전 법안심사 제1소위원회를 개최하고 상법 개정안 등에 대한 심사를 진행했지만 다중대표소송제 등에 대한 여야 양측의 첨예한 입장 차이로 합의에 이르지 못했다. 심의 과정에서 자유한국당과 바른정당 의원들은 퇴장한 것으로 알려졌다").

20) 구체적으로는 2020년 6월 17일 더불어민주당의 박용진 의원 등 12인이 발의한 상법개정안(의안번호: 631), 같은 해 7월 6일 더불어민주당의 김주영 의원 등 11인이 발의한 상법 일부개정법률안(의안번호: 1466), 같은 해 9월 28일 정의당의 배진교 의원 등 10인이 발의한 상법 일부개정법률안(의안번호: 4288), 같은 해 10월 6일 더불어민주당의 박주민 의원 등 13인이 발의한 상법 일부개정법률안(의안번호: 4406) 등이 있었다.

21) 당시 법무부 차관은 "이번에는 우선 다중대표소송 관련해서 일본식으로, 100% 자회사 지분을 갖고 있는 모회사에 대해서만 도입하는 방안을 조문화하고 검토하고 있는 것으로 알고 있는데요"라고 발언한 바 있다(국회사무처, 제349회(임시회) 법제사법위원회회의록(법안심사제1소위원회) 제2호(2017년 2월 27일, 5면). 당시 법원행정처 차장은 일본식 모델 이외에도 "독일 법을 모델로 해 가지고, 독일 법에는 대표소송을 제기하기 위해서는 사전에 법원의 사전 심사 및 허가를 받도록 되어 있어서 저희가 증권 관련 집단소송법을 참조를 해서 법원의 허가 요건을 추가한 대안을 2안으로 만들어 봤습니다"라는 발언이 국회회의록에 게재되어 있다(위의 자료, 6면).

22) 이에 반하여 여전히 "다중대표소송의 남용의 가능성을 우려하여 다중대표소송의 도입을 제한하여야 한다고 주장하는 것은 주주의 권리를 보호하여야 한다는 측면에서 받아들이기 어렵다"는 견해도 있다(원동욱, "다중대표소송의 도입에 관한 법적 연구", 「법학논총」 제44권 제3호(단국대학교, 2020), 216면).

Ⅱ. 학계에서의 도입 주장

구 상법 제403조는 현행 상법과 마찬가지로 대표소송을 규정하고 있다. 지배회사 주주가 종속회사 이사에 대해서 대표소송을 제기할 수 있는 원고적격을 인정하는가의 여부는 입법정책의 문제이다. 그러한 맥락에서 몇몇 학자들은 엄격한 문리적 해석과는 달리 구 상법하에서도 이중대표소송을 인정하거나 새롭게 도입하여야 한다면서 다음과 같은 견해를 제시한 바 있다.[23]

첫째, 종속회사의 이사가 저지른 부정을 종속회사 스스로가 그 책임을 추궁하여 시정하는 것이 마땅한 일이지만 지배회사 스스로가 그 이사에 대한 책임추궁에 소극적이거나 곤란하다면 원고적격의 범위를 확대하여 지배회사 주주에 의한 이중대표소송을 인정함으로써 종속회사의 손해를 회복시킬 수 있다는 주장[24]이 있었다. 사실상 100% 종속회사인 경우 또는 지배회사가 종속회사에 대하여 가지는 지분율이 높을수록 종속회사의 다른 주주가 대표소송을 제기하는 데 필요한 원고적격을 갖추기가 어려워지기 때문에 지배회사의 주주가 나서서 종속회사 이사의 부정행위를 억제해야 할 필요성이 있다는 것이다.[25] 이 같은 입장에서 이중대표소송을 인정한다면 미국처럼 지배회사 및 종속회사의 이사회에 대한 제소청구요건을 도입하여야 한다는 주장까지 제시하는 학자와 실무자도 있었다.[26]

둘째, 기업집단 전체를 지배하는 지배회사의 지배주주에 대한 견제세력으로서 그 회사의 소수주주를 보호하기 위하여 이중대표소송을 인정하자는 견해가 있다. 더 나아가 이 견해는 지배·종속관계가 없는 경우에도 복수의 기업에

---

23) 다중대표소송의 도입에 대한 찬반의견과 그 자세한 근거에 관해서는 최정식, “상법상 이중대표소송 도입의 필요성에 대한 검토”, 「법학연구」 제57집(한국법학회, 2015), 258~260면; 황현영, “기업지배구조 개선을 위한 상법 개정안의 쟁점별 검토－제20대 국회 논의를 중심으로－,” 「증권법연구」 제18권 제3호(한국증권법학회, 2017), 24~25면에 요약되어 있다.

24) 정응기, “대표소송의 주체”, 「법학연구」 제26권 제2호(충남대학교, 2015), 166면.

25) 위의 논문, 166면.

26) 김대연, “지배·종속회사에서의 대표소송”, 「상사법연구」 제19권 제2호(한국상사법학회, 2000), 470~471면; 이태종, “미국 회사법상의 이중대표소송”, 「재판실무연구」 제2권(수원지방법원, 1997), 510면; 정동윤, “주주의 대표소송－실무상의 문제점을 중심으로 하여－”, 「사법논집」 제2집(법원행정처, 1972), 365면.

공통의 지배자가 있으면 이중대표소송을 인정하자는 주장[27]도 제기되었다.

셋째, 종속회사 이사의 부정행위를 억제하고 피해를 입은 주주들에 대한 보상을 위하여 이중대표소송을 인정하여야 한다는 견해가 있었다. 그러나 원고적격과 관련해서는 의견이 다시 나누어진다. 단순대표소송에서의 원고적격이 요구하는 지주율을 이중대표소송에서도 동일하게 갖추어야 한다는 견해[28]와 단독주주권으로 하자고 주장하는 견해[29]가 있었다. 국회의원이 발의한 여러 상법개정안을 살펴보면 다중대표소송이 허용되는 지배·종속관계의 기준과 관련하여 상법상의 모자회사기준을 그대로 쓰자는 개정안, 100% 완전모자회사관계에 한정하자는 개정안, 상법상의 모자회사기준을 완화하여 적용하자는 개정안 등이 있었다.[30] 이 밖에 미국처럼 주식교환으로 지배회사의 주주가 된 경우에도 자회사의 실질적 소유자로 보아 원고적격을 인정하자는 견해[31]도 있었다.

넷째, 이중대표소송을 인정할 현실적인 필요성에 덧붙여 한국 상법이 미국법상 주주의 대표(대위)소송제도를 도입하였다는 점을 고려하여 미국에서 판례에 의해 인정되어 온 이중대표소송을 미국법과 동일한 근거에 의해 인정하자는 견해[32]도 있었다.

Ⅲ. 사법부의 입장

1. 개 관

비록 하급심이기는 하지만 사법부가 단순대표소송의 한계를 인식하고 이

27) 김동훈, “주주대표소송의 이용범위 확대”, 「외법논집」 제13집(한국외국어대학교, 2002), 182면.
28) 김재형/최장현, 앞의 논문, 280~281면.
29) 김대연, “주식의 포괄적 교환 및 이전과 대표소송”, 「상장협」 제46호(한국상장회사협의회, 2002), 170면; 김동석, “주주의 대표소송과 중복대표소송”, 「경영법률」 제10집(한국경영법률학회, 2000). 398면.
30) 2016~2017년 국회에 제출된 다중대표소송 도입을 내용으로 하는 여러 상법개정안에서의 지배회사의 종속회사에 대한 지분요건에 관해서는 김재형/조형래, “2016년 이후 다중대표소송에 관한 의원발의안의 비교－실효성 분석을 중심으로－”, 「기업법연구」 제31권 제3호(한국기업법학회, 2017), 241~242면; 천경훈, “다중대표소송 재론”, 「법학연구」 제28권 제1호(연세대학교, 2018), 97면에 정리되어 있다.
31) 김대연, 앞의 논문, 170면; 김동훈, 앞의 논문, 77면.
32) 여하윤, 앞의 논문, 48면.

중대표소송의 허부에 관해 직접적으로 입장을 표명한 바 있다. 즉, 서울고등법원은 2003년 판결에서 상법 제403조가 규정한 주주에는 지배회사의 주주까지 포함되는 것으로 해석하였다. 이처럼 종속회사의 법인주주인 지배회사 이외에 그 지배회사의 주주도 종속회사를 위하여 대표소송을 제기할 수 있다고 보았다. 또한 동 법원은 일반적인 소송이 가지는 손해회복기능과 의무위반행위 억제력을 확장하여 이중대표소송을 인정하고 이를 통해 지배회사 및 그 주주의 손해를 경감하는 효과를 기대할 수 있다고 판단하였다. 그러나 대법원에서는 원심판결 중 이중대표소송을 인정하여 피고가 패소한 부분을 파기하였다. 이하에서 원심(서울고등법원)의 판결과 대법원 판결을 소개하기로 한다.

2. 원심 판결[33)]의 소개 및 의의

(1) 사실관계의 개요

H사는 염전개발업 등을 주된 목적으로 설립된 법인이지만 현재 S사가 발행한 주식의 약 81%를 소유한 지주회사일 뿐 특별히 영위하는 사업이 없었다. H사가 발행한 주식 총수의 29%를 가진 원고(X)는 H사의 종속회사인 S사의 대표이사로 재직하였던 피고(Y)에 대하여 그의 업무상 횡령으로 인한 손해의 배상을 청구하기 위하여 대표소송을 제기하였다.

(2) 판결의 요지

서울고등법원은 지배회사의 주주로 있는 자가 종속회사의 이사로 재직하였던 자에 대한 소송이 가능하다는 판단 아래 Y의 업무상 횡령에 대한 X의 손해배상청구를 인용하였다. 동 법원이 지배·종속회사 간에 이중대표소송을 허용할 것인가의 여부에 관한 판결요지를 소개하면 다음과 같다.

먼저 서울고등법원은 현행 상법하에서 원고적격을 확대하여 이중대표소송을 허용할 수 있는가에 관해서는 논란의 여지가 있다고 보았다. 왜냐하면 "우리 상법 제403조가 대표소송을 제기할 수 있는 자를 '발행주식 총수의 100분의 1 이상에 해당하는 주식을 가진 주주'로 한정하고 있어 그 '주주'의 개념에 '회사인 주주의 주주' 즉 지배회사의 주주까지 포함되는지에 관련하여" 분명하지 않

33) 서울고등법원 2003. 8. 22. 선고 2002나13746 판결.

다고 판단하였기 때문이다. 이와 관련하여 동 법원은 현재 이중대표소송의 허부에 관한 그간의 비판적 견해로서 이중대표소송이 '주식 동시소유의 원칙'에 반한다는 주장과 지배회사 주주의 지배회사 이사회에 대한 제소청구가 거절당하는 경우에야 그 지배회사 이사의 책임추궁이 가능하다는 주장이 있음을 소개하였다.

그러나 서울고등법원은 지배·종속회사 관계에서 제소청구 또는 단순대표소송만으로는 지배회사의 주주가 입은 손해를 제대로 회복할 수 없다는 입장이었다. 그 이유로서 다음의 3가지를 들고 있었다. 지배회사 이사회에 대한 제소청구 또는 지배회사 이사를 상대로 한 대표소송만을 인정하는 경우에는 첫째, 종속회사 이사의 부정행위로 인하여 지배회사가 입은 간접적인 손해액을 평가하기가 용이하지 않으며, 둘째, 종속회사가 발행한 주식을 여러 회사가 나누어 소유하고 있는 상황에서 각 지배회사마다 대표소송을 제기한다면 소송을 남발하는 결과를 초래할 수 있으며, 셋째, 지배회사 및 종속회사의 경영권을 모두 가지고 있는 경영진이 종속회사를 이용하여 부정행위를 함으로써 책임을 회피할 위험이 있다는 것이다. 이처럼 "종속회사의 경영진이나 주주들이 여러 가지 이유로 이사들의 종속회사에 대한 부정행위를 시정하지 못하는 경우가 있을 수 있는바, 이러한 경우 이중대표소송을 인정함으로써 종속회사 이사들의 부정행위를 억제할 수 있는 효과를 기대할 수 있고, 종속회사의 손해는 종국적으로 지배회사 주주의 손해로 귀속되므로 이중대표소송을 통하여 종속회사의 손해를 회복함으로써 간접적으로 지배회사 및 지배회사 주주의 손해를 경감하는 효과를 기대할 수 있다"고 하여 이중대표소송의 필요성을 제시하였다.

동 법원은 이상과 같은 이중대표소송의 필요성에 비추어 상법 제403조에 규정한 대표소송을 제기할 수 있는 주주의 개념에 '지배회사의 주주'를 포함하는 것으로 해석하여 X의 이중대표소송을 인정하였다. 그리하여 동 법원은 지배회사 H사의 주주인 X가 종속회사 S사의 대표이사였던 Y의 위법행위에 대하여 S사를 위한 대표소송으로써 그 손해배상을 직접 청구할 수 있다고 판시하였다.

3. 대법원 판결[34]

대법원은 "어느 한 회사가 다른 회사의 주식의 전부 또는 대부분을 소유하여 양자간에 지배종속관계에 있고, 종속회사가 그 이사 등의 부정행위에 의하여 손해를 입었다고 하더라도, 지배회사와 종속회사는 상법상 별개의 법인격을 가진 회사이고, 대표소송의 제소자격은 책임추궁을 당하여야 하는 이사가 속한 당해 회사의 주주로 한정되어 있으므로, 종속회사의 주주가 아닌 지배회사의 주주는 상법 제403조, 제415조에 의하여 종속회사의 이사 등에 대하여 책임을 추궁하는 이른바 이중대표소송을 제기할 수 없다"면서 원고의 상고를 모두 기각하였다.

제3절 2020년 개정상법상의 다중대표소송제도

구 상법하에서는 다중대표소송이 인정되지 않았다. 구 상법에서 허용되는 것은 단순대표소송에 한하였다. 결국 이를 도입하기 위해서는 입법절차를 거쳐야 하는 까닭에[35] 여러 상법 개정안이 국회에 제출된 바 있었던 것이다. 그러다가 2020년 12월 9일에서야 마침내 다중대표소송제도가 신설된 상법 개정안이 국회를 통과하였다.

현행 상법하에서는 자회사가 상장회사인지의 여부와는 상관없이 원고주주에 대해 상법 제403조 제1항 또는 제542조의6 제7항이 적용되는지에 따라 원고적격이 정해진다. 상법 제406조의2 제1항은 비상장회사의 경우 모회사의 발행주식총수의 100분의 1 이상을 가진 주주가 자회사의 이사를 상대로 하는 대표소송을 제기할 수 있음을 규정하고 있다. 상장회사의 경우에는 원고적격을 6개월 전부터 계속하여 상장회사의 발행주식총수의 1만분의 50 이상의 주식을 가

---

34) 대법원 2004. 9. 23. 선고 2003다49221 판결.

35) 서울중앙지방법원 2016. 12. 16. 선고 2012가합62849 판결("현행 상법상 이중대표소송은 인정되지 아니한다 …. 입법자가 이를 입법할 의무가 있는지 여부에 따라 원고들이 입법부작위를 이유로 헌법소원으로 다투는 것은 별론으로 하고 …").

진 주주에게 다중대표소송을 제기할 수 있는 길을 열어 놓고 있다(제542조의6 제7항). 더 나아가 다중대표소송 전단계에서의 제소청구를 자회사에만 하는 것으로 정하고 있다(제406조의2 제1항). 이처럼 모회사의 주주는 모회사가 자회사의 주주로서 제소를 할 것인지를 묻지 않고 바로 자회사를 상대로 제소할 것을 청구할 수 있도록 설계되어 있다. 또한 현행 상법 제342조의2가 "다른 회사의 발행주식의 총수의 100분의 50을 초과하는 주식을 모회사 및 자회사 또는 자회사가 가지고 있는 경우 그 다른 회사는 이 법의 적용에 있어 그 모회사의 자회사로 본다"고 규정하고 있어 모회사의 주주가 손자회사의 이사는 물론이고 경우에 따라서는 모회사와 자회사가 합산하여 50%를 초과한 지분을 가진 계열회사의 이사를 상대로 대표소송을 제기하는 길이 열려져 있다.

상법에 따른 다중대표소송 규범이 소송법상의 여러 절차와 연계되어 있다는 점과 상법상 '회사'는 별도의 규정이 없는 한 국내회사만을 가리킨다는 점에 비추어 다중대표소송의 대상이 되는 자회사 또는 손자회사는 한국 상법에 따라 설립된 회사에 한한다. 말하자면, 외국에 설립된 자회사나 손자회사의 이사에 대해서는 모회사의 주주가 대표소송을 제기할 수 없다.

제2장

다중대표소송제도의 입법례와 운영동향

제1절 논의의 범위

다중대표소송과 관련하여 세계적으로 공통된 기준이 없다 보니 각국의 입법례가 다양한 모습을 취하고 있다. 미국은 오랜 기간 다중대표소송을 인정해 온 대표적인 국가이며, 일본은 엄격한 조건하에 다중대표소송을 도입하여 운영하고 있다. 2007년 홍콩 종심법원(香港終審法院)이 다중대표소송의 제기를 허가한 이후부터 영국 법원도 긍정적인 입장을 드러내고 있다. 다중대표소송제도가 한국 상법에 편입된 이상 다른 국가에서 다중대표소송이 어떻게 운영되는지를 살펴볼 필요가 있다. 이에 본장에서는 다수 국가를 대상으로 입법례와 실제 운영된 경험사례를 소개하기로 한다.

제2절 미국의 입법례와 운영동향

I. 서 언

미국에서는 상당한 기간 동안 이중대표소송을 인정하는 판례와 그렇지 않은 판례가 공존하였다. 전자는 지주회사 체제에서 단지 법인격이 별도로 존재한다는 사실이 위법행위를 시정하는 데 장애가 되는 것을 크게 우려함과 동시에 자회사에서 발생한 손해가 최종적으로 모회사 주주의 부담이 된다는 점을 고려하여 다중대표소송을 인정하고 있으며, 후자의 입장에서는 지배회사의 주주가 종속회사의 주식을 직접적으로 소유하고 있지 않으므로 인정할 수 없다는 것이다.

다중대표소송의 유형에는 가장 일반적인 이중대표소송을 비롯하여 삼중대표소송(triple derivative suit), 사중대표소송(quadruple derivative suit) 등이 있다.[1) 구체적으로 살펴보면, 1985년 Gaillard v. Natomas Co. 사건에서 캘리포니아주 항소법원은 "'이중대표소송'이란 지주회사 내지 모회사의 주주가 그 회사를 대신하여 자회사를 위해 소의 원인(cause of action)을 강제하기 위해 제기하는 소송으로 정의된다. 지주회사 내지 모회사는 자회사가 가지는 소의 원인에 대한 파생적 권리를 가진다는 점에서 사실상 주주는 자회사를 위하여 대표소송을 유지하게 되는 것이다"[2)]라고 판시한 바 있다.[3)] 이 밖에 미국에서는 삼중대표소송, 즉 이른바 손자회사(second-tier subsidiary)를 위하여 제기하는 대표소송도 발견되기도 한다. 삼중대표소송의 예로서는 Fischer v. CF&I Steel Corp. 사건[4)]과 Kaufman v. Wolfson 사건[5)] 등이 있다. 심지어는 미국에서는 사중대표소송[6)]도 제기된 적도 있었다.

다중대표소송을 인정하는 판례에서도 그 인정근거에 관하여는 견해가 일치되지 않았다. 말하자면, 지배회사 주주가 종속회사 이사의 책임을 추궁하는 대표소송이 가능하다는 근거에 관해서는 다양한 이론구성이 제시되어 있는 실정이다. 특히 이중대표소송의 요건과 관련하여 제소주주가 지배회사와 종속회

---

1) Sternberg v. O'Neil, 550 A.2d 1105, 1107 n.1(1988).

2) 173 Cal. App. 3d 410, 419, n.7(1985).

3) 이 밖에 델라웨어주 대법원은 1988년 Sternberg v. O'Neil 사건에서 이중대표소송을 모회사 또는 지주회사의 주주가 종속회사를 위해 제기하는 대표소송으로 정의하였다. 550 A.2d 1105, 1107 n.1(1988). 동 법원은 1993년 Rales v. Blasband 사건에서도 이중대표소송을 "종속회사에 속하는 소의 원인에 대하여 손실회복을 구하는 지배회사 주주의 소송"으로 정의하였다. 634 A.2d 927, 932(Del. 1993).

4) 599 F. Supp. 340(S.D.N.Y. 1984).

5) Kaufman v. Wolfson, 132 F. Supp. 733(S.D.N.Y. 1955).

6) Carlton Investments v. TLC Beatrice Int'l Holdings, Inc., Del. Ch., C.A. No. 13950, mem. op. (1996).

사 쌍방에 제소청구를 행할 필요가 있는지의 여부 및 지배회사와 종속회사가 동시에 다중대표소송의 당사자가 되는지와 주식동시소유의 요건과 계속소유의 요건이 적용되는지가 문제되었다.[7] 이하에서는 미국에서의 다중대표소송의 연혁과 성문법의 동향을 살펴본 후에 이중대표소송에 관한 판례의 흐름을 정리하고자 한다.[8]

II. 다중대표소송의 연혁

미국의 경우 초기의 주회사법(州會社法)은 회사가 다른 회사의 사원이 되는 것을 금하였다. 그러므로 당연히 회사가 다른 주식회사의 주식을 소유할 수 없는 것으로 이해되었다. 이러한 주식소유금지를 우회적으로 회피하기 위한 방법으로서 미국에서는 트러스트(trust)를 통한 기업결합이 이용되었다.[9] 이러한 상황에서도 거의 모든 주의 정부가 특권으로 철도회사에 한하여 다른 회사의 주식을 소유하는 것을 인정하였다.[10] 그러다가 1889년 뉴저지주 회사법이 회사가 다른 회사의 주식을 소유하는 것을 명문으로 인정하였으며 그 후 각 주의 제정법도 뉴저지주 회사법과 같은 내용을 규정하게 되었다.[11] 한편, 1890년 셔먼법(Sherman Act)이 제정되어 트러스트에 의한 기업결합이 금지되면서 지주회사가 일반적인 기업결합의 수단으로서 등장하게 되었다.[12]

미국에서 다중대표소송의 연혁적 기원은 1879년 Ryan v. Leavenworth, Atachison & Northwestern Railroad Co. 사건[13]으로 거슬러 올라간다. 이 사건에

7) 山田泰弘, 「株主代表訴訟の法理—生成と展開—」(信山社, 2000), 264頁.

8) 다중대표소송에 관한 미국법의 동향에 관한 논의는 주로 上揭書, 263~272, 281~282頁에 근거하였다.

9) Morton J. Horwitz, The Transformation of American Law 1870－1960: The Crisis of Legal Orthodoxy 80(1992).

10) *Id.* at 88. 이 밖에 Alfred D. Chandler, Jr., The Visible Hand: The Managerial Revolution in American Business 122－143(1977) 참조.

11) Horwitz, *supra* note 9, at 83.

12) 김동훈, "주주대표소송의 이용범위 확대," 「외법논집」 제13집(한국외국어대학교, 2002), 172면.

13) 21 Kan. 365, Reports of Cases Argued and Dertermined in the Supreme Court of the State Kansas 270(1879). 이 사건은 지방자치단체가 소유한 철도회사 A사의 주식이 철도회사 B사에 양도된 후에, B사의 주주 X가 A사 이사의 책임을 추궁한 것이다.

서는 지배회사가 지방자치단체로부터 종속회사의 주식을 취득하였지만, 해당 주식양도는 주법에 의해 무효로 판시되었다. 따라서 지배회사는 해당 지방자치단체의 이름으로 종속회사의 주식을 소유할 수밖에 없었다. 다만, 지배회사와 종속회사 간에 형평법상의 주식소유관계를 바탕으로 지배회사 주주가 종속회사의 손해에 대한 회복을 인정하였다.[14]

Ⅲ. 성문법의 동향

1969년 MBCA 제7.40조는 명부상의 주주(record owner) 또는 법의 작용(operation of law)에 의해 명부상의 주주로부터 주식을 양도받은 자만을 한정하여 대표소송제기권을 인정하였다. 그러나 이른바 증권업자명의(street name)에 의한 주식소유 내지 명목상 주식소유의 빈도가 증가하면서 1984년 개정을 통해 MBCA는 주식의 수익적 소유자(beneficial owner)에게도 대표소송제기권을 인정하는 것으로 바뀌었다.[15] 이를 모델로 하여 다수의 주가 명문으로 수익적 소유자가 대표소송의제기권을 가지는 것으로 규정하고 있다.[16] 이처럼 MBCA와 주법(州法)은 대표소송 제기권을 주식의 수익적 소유자에게 인정하고 판례에 의하여 주식교환 전후에 소송을 제기한 지배회사 주주를 수익적 소유자로 판단하고 있어 미국법상 다중대표소송은 성문법에 충돌될 우려가 없다.[17]

게다가 ALI 원칙 제7.02조의 주석(註釋)은 지배회사가 종속회사에 대하여 적어도 사실상의(*de facto*) 지배로 인한 이익을 향유하고 있는 경우에 한하여 이중대표소송을 인정하는 관행이 생겨나고 있는 것으로 보고 있다.[18] 또한 ALI의 원칙 제7.02조(a)(2)는 대표소송을 제기한 주주는 원칙적으로 판결시점까지 계

14) 조동관, "회사기회의 법리와 이중대표소송에 관한 미국의 판례", 「법조」 통권 제608호(법조협회, 2007), 292면; 山田泰弘, 前揭書, 259~260頁.

15) 1 American Bar Association, Model Business Corporation Act Annotated §7.40 official comment 1.a(3d ed., 1985).

16) Edward Brodsky & M. Patricia Adamski, Law of Corporate Officers and Directors: Rights, Duties and Liabilities §9:03(1993).

17) 山田泰弘, 前揭書, 281頁.

18) 2 American Law Institute, Principles of Corporate Governance: Analysis and Recommendations, Pt. VII §7.02 Comment 41(1994).

속하여 주식을 소유하여야 하지만, 계속적으로 지분증권을 소유하지 못한 것이 소지인의 본의에 의하지 않은 회사의 행위에 대한 결과였고, 동시에 대표소송이 주주의 지위를 종료시킨 회사의 행위에 앞서 제기되었거나 또는 해당 주주가 소송을 제기할 수 있는 기타의 자보다도 주주의 이익을 적절히 대표할 수 있다고 법원이 판단한 경우는 예외적 대표소송의 원고적격을 가진다고 규정하고 있다. 이는 ALI가 주식동시소유의 요건을 완화한 것이기는 하지만, 지배회사 주주에 의한 종속회사 이사에 대한 대표소송은 원칙적이기보다는 예외적인 시각에서 인정한다는 것을 보여준다.

IV. 이중대표소송 관련 판례의 동향

1. 이중대표소송의 절차확정 관련 판례의 전개

(1) 시기의 구분

이중대표소송의 절차확정과 관련한 판례법이 전개된 과정을 다음과 같이 3가지 단계로 나눌 수 있다. 제1단계는 1938년 United States Lines v. United States Lines Co. 사건이 있기 이전까지의 시기이다. 이 시기에서는 이중대표소송은 지배·종속회사 간에 지배관계가 존재하는 것을 바탕으로 양 회사의 법인격을 부인하여 하나의 회사로 보거나 지배회사 주주에 의한 구제가 종속회사의 위법을 시정하고 손해를 회복하기 위한 유일한 수단인 점을 근거로 하여 인정되었다.

제2단계는 1938년 United States Lines v. United States Lines Co. 사건으로부터 이중대표소송이 보다 명확하게 된 1950년대까지의 시기이다. 이 시기에는 법인격부인론을 바탕으로 하여 이중대표소송을 인정하는 판례가 완전히 사라진 것은 아니었다. 그러나 United States Lines 사건에서는 법인격 부인을 정당화할 수 있을 정도로 손해가 발생한 회사와 그 주식을 보유한 회사 사이에 지배관계가 없었다. 그럼에도 불구하고 이 사건에서 법원은 양사를 지배하는 자가 공통이라는 점을 근거로 하여 이중대표소송을 인정하였다. 이 사건을 계기로 하여 이중대표소송의 성질, 즉 양사에의 제소청구가 어떠한 의미를 가지고 있는지,

손해가 발생한 회사와 그 주식을 보유한 회사 사이에 지배관계가 존재하는 것을 요건으로 하는 의미는 무엇인지 등이 문제로 대두되었다.

제3단계는 이중대표소송이 정립되어 가면서 그에 관한 논의가 기타의 소송절차까지로 확대된 1960년 이후의 시기이다. 제3단계에서는 이중대표소송을 인정하면서도 시효 등 부수적인 문제를 논의의 대상으로 삼고 있다.[19)]

(2) 이중대표소송의 생성기: ~1930년대까지

이 시기에는 정의와 형평의 관념에서 이중대표소송을 인정하지만 그것을 뒷받침할 법적 절차는 구비되지 못하였다. 이 시기에 이중대표소송의 주요 판례로서는 다음의 것이 있다.

먼저 1913년 Martin v. D. B. Martin Co. 사건[20)]에서 델라웨어주 형평법원은 지배회사와 종속회사의 법인격이 다르다고 하여도 법인격을 부인할 수 있는 경우에 한하여 지배회사 주주에 의하여 실질적으로 구제를 받을 수 있어야 하며, 그러한 범위 내에서 이중대표소송을 인정할 수 있다는 취지의 판결을 내렸다. 즉, 지배회사가 종속회사의 주식 전부를 소유하고, 동일한 사업을 공동으로 실시하고, 지배회사가 종속회사를 위해서 자금을 조달하고, 이사나 임원이 양사에서 겸임하고 있고, 종속회사가 지배회사의 사업 도구로 되어 있는 경우에는, 지배회사 주주의 권리보호 및 종속회사의 위법행위에 대한 시정을 위해서는 종속회사를 지배회사의 대리인으로 취급하거나 양사를 동일한 것으로 취급하는 것이 가능하기 때문에 지배회사 주주의 제소권한을 인정하였다.[21)]

그 다음으로 1917년 뉴욕지방법원 항소부의 Holmes v. Camp 사건[22)]이 있다. 이 사건에서 뉴욕지방법원 항소부는 오직 정의가 제대로 작동되기 위해서는(solely to set the machinery of justice in motion) 지배회사 주주가 종속회사에 대신하여 그 이익을 위해서 대표소송(representative action)을 제기할 수 있어야 한다고 판시하였다.

위의 판례를 검토할 경우 이 시기의 판결은 ① 형식상 법인격이 별개로 존

19) 山田泰弘, 前掲書, 265~266頁.

20) 10 Del Ch. 211, 88 A. 612(1913).

21) 이 사건에 관한 사실관계를 비롯한 자세한 설명은 김정호, “이중대표소송에 대한 연구”, 「경영법률」 제17집 제1호(상권)(한국경영법률학회, 2006), 224~225면 참조.

22) 180 A.D. 409; 167 N.Y.S. 840(1917).

재한다고 하더라도 실질적으로 하나의 기업처럼 운영된 결과 종속회사에 발생한 손해가 지배회사 주주에게도 손해를 야기하는 경우 및 ② 지배회사 주주에게 그 손해배상청구소송을 인정하지 않으면 여타의 구제수단이 존재하지 않게 되어 위법행위를 시정할 수 없고 그로 인하여 손해를 방치하는 결과가 될 수 있다는 것을 근거로 지배회사 주주에 의한 다중대표소송의 제기를 인정해야 한다고 하였다.[23] 그러나 이상의 판례는 이중대표소송을 인정하여야 하는 당위성을 제시하기는 하였지만 절차적으로 그것을 뒷받침하지는 못하였다. 예컨대, 이중대표소송에서 지배회사 주주는 지배회사 및(또는) 종속회사 중에 양쪽 모두 또는 어느 한쪽에 제소청구를 하여야 하는지와 지배회사 또는 종속회사의 어느 쪽이 소송당사자가 되어야 하는지에 관하여 일관성을 유지하지는 못하였다. 예컨대, Martin 사건에서는 종속회사가 소송당사자로 되어 있지 않았지만 Holmes 사건에서는 지배회사가 소송당사자로 되어 있었다.

그 후의 1922년 Busch v. Mary A. Riddle Co. 사건[24]에서 델라웨어주 연방지방법원은 Holmes 사건은 대표소송에 대한 당사자요건에 대한 예외적인 사건으로 보았다. 동 법원은 위법행위의 시정을 위해 지배회사 주주에게 종속회사의 문제에 대해 제소권한을 인정하기 위해서는, 손해가 발생한 회사의 주식을 소유한 지배회사가 소송당사자여야 하기 때문에 지배회사 주주의 제소권한은 인정할 수 없다고 판시하였다. 한편, 1932년 Schneider v. Greater M. & S. Circuit 사건[25]에서 뉴욕주 지방법원은 이중대표소송에서 지배회사는 명목적인 당사자에 불과하므로 설령 소송당사자로 되어 있지 않아도 별 문제가 없다고 판단하여 당 사건에서 지배회사의 소송당사자로서의 적격이 완전하지 않음에도 불구하고 지배회사 주주에게 제소권한을 인정하였다.

(3) 이중대표소송의 정립기: 1938년 United States Lines 사건부터 1950년대까지

1938년 United States Lines v. United States Lines Co. 사건[26]에서 제2 연방

23) 山田泰弘, 前揭書, 266頁.
24) 283 F. 443(D.C. Del. 1922).
25) 144 Misc. 534, 259 NY S319(1932).
26) 96 F. 2d 148(2d Cir. 1938).

순회항소법원은 손해를 입은 회사와 그 주주인 회사가 만약 손해를 야기한 자에 의해 지배되고 있다면 이중대표소송이 정당화된다고 판시하였다.[27] 이 사건 이후 이중대표소송을 제기하기 위해서는 지배회사의 주주가 지배회사와 종속회사의 쌍방에 제소청구할 것을 요구하는 판례가 나타났다. 예컨대, 1941년 Birch v. McColgan 사건[28]에서 캘리포니아주 연방지방법원은 지배회사 및 종속회사에 시정조치를 취하도록 청구하고, 그것이 부당하게 거절된 경우에 한하여 지배회사 주주가 이중대표소송을 제기하는 것을 인정하였다. 1942년 Wachsman v. Tobacco Products Corp. 사건[29]에서 제3 연방순회항소법원은 종속회사의 자산관리를 위해서 지배회사 주주의 대표소송제기권을 인정하지만 이 사건에서 원고인 지배회사 주주는 종속회사의 이사회에 대하여 제소청구를 하지 않았기 때문에 이중대표소송의 제기를 인정할 수 없다고 판시하였다.

1944년 Goldstein v. Groesbeck 사건[30]에서 제2 연방순회항소법원은 이중대표소송을 지배회사가 종속회사에 대해 가지고 있는 신인관계상의 권리행사를 하지 않는 경우에 지배회사에 대신하여 지배회사의 수익자인 지배회사 주주가 그 권리를 행사하는 것으로 정의하고 있다. 즉, 종속회사와 지배회사의 주주사이에는 이중의 신임관계가 형성되는 것으로 파악하였다. 그러면서 동 법원은 이중대표소송을 위해서는 지배회사 주주가 지배회사 및 종속회사에 제소청구를 하여야 한다고 판시하였다.[31]

이상과 같이 이 시기에도 절차적 요건의 구비보다는 법인격 부인을 근거로 한 이중대표소송을 인정한 판례가 완전히 사라진 것은 아니었지만,[32] 지배회사

27) 이 사건에 관한 자세한 설명은 김정호, 앞의 논문, 232~235면 참조. 그 밖에 손해가 발생한 회사와 그 주식을 소유한 회사 간에 지배관계가 없어도 해당 2개의 회사가 불법행위자에 의해서 지배되고 있는 것을 근거로 이중대표소송을 인정한 판례로서는 Kaufman v. Wolfson, 132 F. Supp. 733(S.D.N.Y. 1955)이 있다. 이 사건에 관한 자세한 설명은 조동관, 앞의 논문, 298~299면 참조.

96 F. 2d 148(2d Cir. 1938).

28) 39F. Supp. 358(S.D. Cal. 1941).

29) 42 F. Supp. 174(N. J. 1941), affirmed in 129 F. 2d 815(3d Cir. 1942).

30) 142 F. 2d 422(2nd cir. 1944).

31) 이 사건에 관한 자세한 설명은 김정호, 앞의 논문, 239~242면 참조.

32) 이 시기에 법인격부인론을 바탕으로 이중대표소송을 인정한 판례의 일례로서는 Piccard v. Sperry Corp., 30 F. Supp. 171(S.D.N.Y. 1939)이 있다.

주주가 먼저 지배회사에 대하여 종속회사의 주주로서의 권한을 행사할 것을 청구하고 종속회사에 대해서도 제소청구를 하여 그 제소청구가 받아들여지지 않는 경우에 지배회사 주주가 종속회사의 이사에 대하여 이중대표소송을 제소할 권한을 획득하는 것으로 입장이 정립되었다.[33]

(4) 이중대표소송의 성숙기: 1960년 이후

이중대표소송의 절차가 정립되어 가면서부터 다양한 소송절차적인 논의가 부수적으로 제기되었다. 예컨대, 1971년 In re Penn Central Securities Litigation 사건[34]에서 펜실베이니아주 연방지방법원은 이중대표소송에서 종속회사는 당해 회사가 입은 손해에 대한 청구 부분에 있어서 필수적인 당사자라는 점에서 소송참가를 할 수 있다고 판시하였다.

1987년 Brown v. Tenney 사건[35]에서 일리노이주 항소법원은 일리노이주에는 이중대표소송의 선례가 없음에도 불구하고 형평의 관점에서 그 소송을 인정하여야 한다고 판시하였다.[36] 한편, Untermeyer v. Valhi, Inc. 사건[37]에서 뉴욕주 연방지방법원은 지배회사의 주주가 종속회사의 주식을 소유하지 않는 경우에는 이중대표소송의 원고적격을 가질 수 없다고 판시하였다.[38] 이 밖에 지배회사 주주가 종속회사의 채무자에 대한 채권지급청구를 위해 제기한 이중대표소송에 의해 시효가 중단되는지를 다룬 사건도 있었다.[39]

2. 주식동시소유 및 계속소유의 요건 관련 판례

주식의 교환으로 인하여 모회사 및 자회사가 성립하는 경우 이중대표소송

33) 이러한 입장은 그 후 계속적으로 지지되고 있다. 예컨대, Fischer v. CF&I Steel Corp. 599 F. Supp. 340(S.D.N. Y. 1984) 참조.

34) 335 F. Supp. 1026(E. D. Pa. 1971).

35) 508 N. E.2d 347(Ill. App. 1 Dist. 1987).

36) 이 사건에 관한 자세한 설명은 조동관, 앞의 논문, 295면 참조. 동 법원은 이중대표소송에 관하여 그간에 나온 연방법원과 다른 주의 판례를 부수적인 법원(法源)으로 삼아 이중대표소송을 인정하였다. 김재형/최장현, "이중대표소송의 인정근거(Brown v. Tenney, 155 Ill. App. 3d 605)", 「상사판례연구」 제15권(한국상사판례학회, 2003), 262~263면.

37) 665 F. Supp. 297(S.D.N.Y. 1987).

38) 이 사건에 대하여 자세한 것은 김정호, 앞의 논문, 229~231면; 이태종, "미국 회사법상의 이중대표소송", 「재판실무연구」 제2권(수원지방법원, 1997), 499면 참조.

39) Roadside Stations, Inc v. 7 HBF, LTD., 904 S. W. 2d 927, 931(Tex. App. Fort worth 1995).

의 원고적격을 인정함에 있어 주식동시소유의 요건 및 계속소유의 요건을 충족하여야 하는지가 문제된다. 이를 2가지로 나누어 고찰하기로 한다.

먼저 어느 회사(A)에서 위법행위로 인해 손해가 발생한 이후에 다른 회사(B)와 주식교환이 이루어져 당해 회사(A)가 다른 회사(B)의 종속회사(C)로 된 경우를 가정하여 보자. 위법행위가 발생한 당시 주주였던 자가 자신이 소유하고 있던 주식이 다수결에 의하여 교환할 수밖에 없었다면 그는 자연스럽게 지배회사(B)의 주주가 된다. 다음으로, 어느 회사(D)의 이사에 대한 대표소송을 진행하고 있는 동안에 제3의 회사(E)와 주식의 포괄적 교환이 이루어지는 경우를 가정할 수 있다. 이 때 당해 회사(D)는 제3의 회사(E)의 완전모회사로 그리고 제3의 회사가 완전자회사로 되었다면 당해 회사(D)의 주주였던 자는 완전모회사(E)의 주주로 된다. 전자의 경우에는 주식동시소유의 요건을 충족시키지 못하지만 당해 주주가 이중대표소송의 원고적격을 가질 수 있는지가 문제되며, 후자의 경우에는 주주가 대표소송에서 계속소유의 요건을 충족시키지 못함에 따라 원고적격을 상실하게 되는지가 문제된다.[40)]

대표소송이 제기되기 전에 이루어진 주식교환이 이중대표소송의 원고적격에 어떠한 영향을 미치는지를 다룬 주요한 판례로서 1982년 Schreiber v. Carney 사건[41)]이 있다. 이 사건에서 델라웨어주 고등법원은 ① 주식교환에 의해 지배회사(B)의 주주가 되었다는 점에서 주식교환으로 종속회사(C)로 편입된 회사(A)의 주주가 더 이상 아닌 까닭에 주식동시소유의 요건을 충족시키지 못하며, 그 결과 엄밀하게는 이중대표소송의 원고적격을 가질 수 없지만, ② 이와 같은 요건은 단지 소송 제기를 위해서 주식을 매입하는 것과 그러한 주식 매입 전에 제소하는 것을 방지하려는 데 그 취지가 있다는 점을 고려하여 만약에 당해 주주가 투자를 계속하고 있다면 주식의 실질적 소유자(equitable owner)로서 제소권한이 인정되며, 또한 ③ 계속하여 지배회사의 주주이므로 주식의 실질적 소유자로 인정할 수 있어 원고적격이 있으며, ④ 종속회사로 편입된 회사(A)와 종속회사(C)는 실질상 동일체라고 판시하였다.

그 다음으로 대표소송 제기 후의 주식교환이 이루어진 경우 제소주주의 제

40) 山田泰弘, 前揭書, 275~276頁.
41) 447 A. 2d 17, 22(Del. Ch. 1982).

소권이 상실되는지를 다룬 판례로서는 1985년 Gaillard v. Natomas Co. 사건[42]이 있다. 이 사건을 살펴보면, 어느 회사(D)의 주주가 다른 회사(E)의 완전자회사로 되기 직전에 대표소송을 제기하였는데, 그 주주가 완전모회사의 주주가 된 이후에도 원고적격을 유지할 수 있는가가 문제되었다. 이 사건에서 캘리포니아주 항소법원은 ① 당해 주주가 이사의 위법행위시는 물론이고 자신이 대표소송을 제기할 때 어느 회사(D)의 주주였다는 점에서 당해 대표소송이 요구하는 주식동시소유의 요건을 충족하였으며, ② 그 후 이루어진 주식교환은 당해 주주의 '자발적 의사로' 소송계속 중에 주식을 양도(교환)한 것이 아니라는 점, ③ 주식교환 후에도 지배회사의 주식을 계속 소유하고 있다는 점, ④ 지배회사가 소송의 필수적인 당사자(indispensable party)라는 점을 근거로 하여 당해 주주는 형평법상의 주식소유자로서 제소권한을 소유하고 있다고 판시하였다. 1992년 Blasband v. Rales 사건[43]에서도 제3 연방순회항소법원은 주주대표소송 제기 후에 합병되어 지배회사의 주주가 된다고 하더라도 그 주주가 지배회사의 주식을 보유하고 있다는 점에서 그 소송에 대해 계속하여 재산적 이해관계가 있는 까닭에 원고적격을 유지한다고 판시하였다.[44]

이처럼 미국의 판례는 대표소송 제기 이전에 주식교환이 실행된 경우에는 당해 주주가 투자를 계속하고 있는 것을 근거로 하여 주식교환 전의 회사와 주식교환 후의 회사를 실질적으로 동일체로 보거나 당해 주주를 실질적인 주식소유자로 보아 그가 이중대표소송을 제기하는 것을 인정하고 있다.[45] 대표소송이 제기된 후에 주식교환이 이루어진 판례에서는 새롭게 설립된 지배회사가 해당 대표소송에 관여할 기회가 실질적으로 보장되어 있으면 그 소를 제기한 주주의 원고적격을 인정하는 것으로 판시하고 있다.[46]

---

42) 173 Cal. App. 3d 413, 219 Cal. Rptr. 74(Cal. App. 1 Dist. 1985).

43) 971 F. 2d 1034(3d Cir. 1992).

44) 이 사건에 관한 자세한 설명은 조동관, 앞의 논문, 300~301면 참조.

45) Christopher M. Harvey, *Mergers and Double Derivative Actions: The New Frontier in Derivative Standing*, 38 Villanova Law Review 1194, 1218(1993).

46) 山田泰弘, 前揭書, 276~279頁.

3. 검토 및 요약

(1) 이중대표소송의 실체적 정당화 근거

미국의 판례를 살펴 볼 때 이중대표소송을 정당화하는 근거를 주로 형평성이나 정의의 관념에 의지하고 있다. 이들을 정리하면 다음과 같다.[47] 먼저 이중대표소송의 인정근거로서 신인관계론(fiduciary theory)이 제시되기도 한다.[48] 예컨대, Goldstein 사건에서 보는 바와 같이 지배회사의 주주와 종속회사 간의 관계는 종속회사와 지배회사의 관계 및 지배회사 주주와 지배회사의 관계로 이루어져 있으므로 결국 종속회사와 지배회사의 주주 사이에는 이중의 신인관계가 형성된다는 것이다. 즉, 지배회사는 당해 회사의 주주에 대해 신인의무를 부담하고 종속회사는 지배회사에 대해 신인의무를 부담하므로 종속회사가 지배회사의 수탁자로서 행위를 하여야 하는 의무를 위반한 것에 대해 책임을 강제하기 위하여 이중대표소송을 인정한다는 것이다.[49] 이에 대해서는 지배회사가 신인의무를 위반한 경우 그 회사의 주주는 지배회사에 대하여 직접적으로 책임을 추궁할 수 있음에도 불구하고 간접적인 효과가 있는 대표소송을 제기하는 것을 설명하기 힘들며, 또한 이 이론에 의하면 종속회사의 이사의 의무위반이 있는 경우에도 지배회사를 비롯하여 지배회사의 주주가 개별적으로 직접 소권을 가지므로 소송이 증가하게 될 우려가 있다는 비판이 있다.[50]

---

47) 이중대표소송의 인정 및 그 이론적 근거에 관한 미국 문헌은 그다지 많지 않다. 판례를 평석한 소수의 문헌이 있을 뿐 이중대표소송을 체계적으로 정리한 자료를 발견하기 어렵다. 때문에 미국에서의 이중대표소송의 이론적 근거를 정리한 것으로는 Painter 교수와 Locascio의 문헌이 거의 전부라고 할 수 있다. 이들이 각자 정리한 이중대표소송의 인정 여부에 관한 학설은 주로 미국법의 특성상 법원이 판례에서 이중대표소송의 인정 내지 부정과 관련하여 제시한 논거들을 추출한 것에 지나지 않는다. David W. Locascio, *The Dilemma of the Double Derivative Suit*, 83 Northwestern University Law Review 729(1989); William H. Painter, *Double Derivative Suits and Other Remedies With Regard to Damaged Subsidiaries*, 36 Indiana Law Journal 143(1961). 미국에서도 다중대표소송을 부정하는 논거도 소수이지만 존재한다. 그 구체적인 논거로서 대체수단존재설, 주식동시소유의 원칙 위배설 등이 소개되어 있다. 김정호, 앞의 논문, 254~258면; 안수현, "이중대표소송과 원고적격－대법원 2004. 9. 23. 선고 2003다49221 판결 공 2004. 11. 1.(213), 1702－", 「상사판례연구」 VI권(박영사, 2006), 112~113면.

48) 신인관계론의 범주에 속하는 것으로 특정이행이론(specific performance theory)이 있다. 특정이행이론에 관해서는 안수현, 위의 논문, 111면; Locascio, *supra* note 47, at 753 참조.

49) *Id.* at 751.

50) *Id.* at 751－752. 한편, 지배회사가 종속회사와의 신인관계상 가지고 있는 권리를 행사하

둘째, 법원이 법인격부인론에 근거하여 이중대표소송을 정당화한 경우도 있다. 즉, Martin 사건에서 보는 바와 같이 지배·종속회사가 사실상 일체화하여 하나의 기업(one entity)으로 취급한다면 이중대표소송은 실질적으로 보통의 대표소송과 다름없다는 견해이다.[51] 그러나 본래 법인격부인론은 엄격하면서도 다양한 요건을 충족하여야만 인정되는 매우 예외적으로 인정되는 이론이라는 점에서 동 이론에 바탕을 두어 이중대표소송을 인정하는 것은 이중대표소송을 허용하지 않는 것과 동일한 결과를 초래할 것이라는 비판이 제기될 수 있다.[52]

세 번째는 이중대표소송의 정당화 근거로서 종속회사를 지배회사의 '단순한 대리인'(mere agent) 혹은 '도구'(instrumentality)로 간주하는 이론을 제시하기도 한다. 말하자면, 종속회사는 지배회사의 과업(課業)을 수행하는 데 필요한 일종의 대리인 혹은 도구에 지나지 않기 때문에 이중대표소송을 인정할 수 있다는 것이다.[53] 그러나 법인격부인론의 근거를 도구이론에서 찾는 경향이 있음을 고려한다면[54] 이 논거는 법인격부인론의 범주 내에 포함될 수 있다.

지 않은 경우에 지배회사와 신인관계에 있는 지배회사 주주가 그 권리의 행사를 하는 것은 왜 가능한지에 대해서는 견해가 다시 2가지로 나누어진다. 이와 관련하여 이중대표소송을 ① 지배회사 주주가 지배회사 이사에게 청구하는 소송과 ② 지배회사 주주가 종속회사 이사에 대해 제기하는 개인소송을 종합한 것이라고 설명하는 견해가 있다. 종속회사에 손해가 발생하여 지배회사의 지분가치가 감소하고 있는데, 지배회사가 종속회사 주주로서 가지고 있는 대표소송제기권을 행사하지 않는 경우에는, 지배회사 주주가 종속회사 이사에 대한 직접적인 손해배상청구소송과 지배회사 이사에 대해 대표소송의 제기를 요구하는 소송을 모두 제기할 수 있다. 말하자면, 종속회사의 손해에 대해 이중으로 손해를 회복하는 것을 피하여야 하는 현실적인 요청 때문에 이중대표소송이 인정되었다고 설명하는 것이다. 이 밖에도 지배회사 이사는 지배회사의 자산관리를 위하여 종속회사를 적정하게 감독·운영할 의무가 있다는 것을 근거로 하는 견해가 있다. 이 견해는 지배회사(이사회)가 부당하게 제소청구를 거절한다면 그 거절 자체가 신인의무 위반이 되며, 지배회사의 자산인 종속회사 자산의 유출(지분가치의 하락)을 회복하기 위해서 지배회사 주주는 지배회사가 가지고 있는 소권을 이용할 수 있다고 보며, 이를 이중대표소송의 근거로 삼고 있다. 山田泰弘, 前揭書, 274頁.

51) 이중대표소송의 이론적 근거를 법인격부인론으로부터 직접 혹은 간접적으로 찾는 추가적인 사건으로서는 Schneider v. Greater M. & S. Circuit, Inc., 144 Misc. 534, 541, 259 N.Y. Supp. 319, 328 (Sup. Ct. 1932); Sabre v. United Traction & Electric Co.,225 Fed. 601 (D.R.I. 1915) 사건 등이 있다.

52) Locascio, *supra* note 47, at 745; Painter, *supra* note 47, at 147-148.

53) Locascio, *id.* at 752-753; Painter, *id.* at 149.

54) Adolf L. Berle, Jr., *The Theory of Enterprise Entity,* 47 Columbia Law Review 343, 348(1947).

넷째, 동일지배론(common control theory)에 근거하여 이중대표소송을 정당화하기도 한다. 예컨대, United States Lines 사건에서 보는 바와 같이 동일한 이사 내지 경영진에 의하여 지배회사와 종속회사가 지배되고 있는 경우에는 이중대표소송을 인정하자는 것이다. 그러나 이 견해에서는 어느 정도의 지분율을 가져야만 다른 기업을 지배하는 상태에 있다고 판단할 수 있는지에 관한 기준을 설정하기 어렵다는 문제가 남아 있다.[55)]

(2) 이중대표소송의 절차적 정당화 근거

미국 판례는 대표소송 제기 전에 주식교환이 이루어진 경우 Schreiber 사건에서처럼 지배회사의 주주는 현실의 주식교환에 관계없이 손해발생시부터 손해가 발생한 회사의 주식의 형평법상의 소유자라는 논리에 따라 주식동시소유요건을 간접적으로 충족시키는 것으로 이론구성을 하고 있다. 제소 후에 주식교환이 이루어진 경우에 제소주주의 원고적격을 유지할 수 있는지와 관련하여, Gaillard 사건과 Blasband 사건에서처럼 주식교환 후에 지배회사의 주식을 계속 소유하고 있고 지배회사가 소송에 계속하여 참가하고 있다면 형평법상 주식소유자로 인정되어 계속소유의 요건을 충족한다는 논리를 펴고 있다.[56)] 이는 미국의 주법이 주식의 실질소유자도 대표소송의 원고적격을 가진다는 규정에 영향을 받은 것으로 보인다.[57)]

(3) 제소청구요건의 유지 근거

대표소송의 구조를 이용하여 회사로부터 단지 변호사비용을 받아 내는 것을 목적으로 하는 이른바 위협소송이 대표소송제도의 발전과 함께 많이 나타나게 되었다. 위협소송으로 인하여 발생하는 비용은 회사의 자산을 잠식하는 결과를 낳게 되며 이는 궁극적으로 주주의 부(富)를 감소시키게 된다. 이에 법률상 주주대표소송을 제기하기에 앞서서 이사회에 대하여 제소청구를 할 것을 강제하고 있다.[58)] 제소청구를 받은 이사회는 주주의 청구가 과연 법원에서 다룰

55) Locascio, *supra* note 47, at 748－749; Painter, *supra* note 47, at 150－155.

56) 山田泰弘, 前揭書, 280頁.

57) 이에 관하여는 제1편 제4장 제2절 Ⅱ 1 (3) 참조.

58) Note, *Demand on Directors and Shareholders as a Prerequisite to a Derivative Suit*, 73 Harvard Law Review 746, 748(1960).

만한 가치가 있는가의 평가와 아울러 그 청구가 회사의 최선의 이익에 부합하는지를 결정하여야 한다.[59] 이사회가 주주의 뜻에 동의하여 소(訴)의 제기를 직접 적절하게 행하는 경우에는 주주는 당연히 대표소송을 제기할 수 없다. 그렇지 않는 경우에는 주주가 대표소송을 제기할 수 있다.

United States Lines 사건 등에서 판시한 바와 같이 이중대표소송이 인정되기 위해서는 지배회사 주주는 지배회사와 종속회사에 대해 제소청구를 하여야 한다.[60] 이처럼 미국 법원은 원칙적으로 이중대표소송을 인정함에 있어서도 단순대표소송과 마찬가지로 제소청구요건을 충족할 것을 요구하고 있다.[61] 말하자면, 이중대표소송을 제기함에 앞서 지배회사의 주주가 제소청구할 것을 요구하는 것은 주주의 대표소송이 원칙적으로 회사 내의 모든 구제수단이 소진이 된 후에 제기되어야 한다는 사실에 근거를 두고 있는 것이다.

제3절 일본의 입법례와 운영동향

I. 판례의 동향

1. 개 관

일본에서는 단독주주도 이사의 책임을 추궁하는 대표소송을 제기할 수 있다. 일본의 구 상법상 주주대표소송제도는 이사의 의무위반에 대한 억제효과를

59) Michael P. Dooley & E. Norman Veasey, *The Role of the Board in Derivative Litigation: Delaware and the Current ALI Proposals Compared*, 44 Business Lawyer 503, 504(1989).

60) 제소청구의 방법은 원고주주가 먼저 지배회사의 이사회에 제소청구를 하고 만약에 그 청구가 거부되면 손해를 직접 입은 종속회사의 이사회에 대하여 청구하여야 한다. 권병민, "지배·종속관계에 있는 회사의 주주대표소송—미국회사법을 중심으로—", 「사회과학연구」 제7집(광주대학교, 1997), 132면.

61) 예컨대, 주식동시소유의 요건 및 계속소유의 요건의 충족 여부가 문제가 된 Schreiber 사건, Gaillard 사건과 Blasband 사건에서도 제소청구요건은 당연히 요구되었다. Mark G. Graham, *Delaware Post—Merger Derivative Suit Standing and Demand Requirements: Professional Management Associates, Inc. v. Coss*, 25 Iowa Journal of Corporation Law 631, 850—651(2000).

법적으로 담보한다는 목적을 충분히 완수하고 있었으며, 다른 외국과 비교하여도 손색이 없다는 점에서 소송경제상으로도 우수한 제도라고 평가받았다. 게다가 담보제공제도를 운용하여 주주권의 행사를 부당하게 제한하지 않으면서도 주주대표소송제기권을 남용하는 것을 성공적으로 방지하였다는 평가도 있다.[62]

한편, 한국의 공정거래법에 해당하는 「사적 독점의 금지 및 공정거래의 확보에 관한 법률」(私的獨占の禁止及び公正取引の確保に關する法律)(이하 '독점금지법'으로 줄임)의 1997년 개정에서 그때까지 원칙적으로 금지했던 순수지주회사를 해금하였다. 이에 따라 순수지주회사와 종속회사의 관계를 둘러싸고 다양한 문제가 제시되었다. 이중대표소송 내지 다중대표소송을 인정할 것인지의 여부도 그러한 문제 중에 하나로 떠올랐다.[63] 2001년에는 이중대표소송의 인정 여부 문제를 직접적으로 다룬 지방법원의 판례가 처음으로 나왔다.[64] 이하에서는 이중대표소송의 인정 여부에 관한 현재까지 알려져 있는 유일한 판례와 입법동향을 검토하고자 한다.

2. 판례의 내용

도쿄 지방재판소 2001년의 판례의 내용은 다음과 같다.[65] N은행(니혼코우쿄우은행, 日本興業銀行)의 주주였던 X 등 2명(원고, 이하 'X 등'으로 줄임)은 1999년 동 은행의 이사·감사 등 86명(이하 'Y 등'으로 줄임)을 피고로 하여 주주대표소송을 제기하였다. X 등은 86명의 피고가 자신의 의무를 위반하였다는 것을 이유로 N은행이 입은 손해에 대해 Y 등이 배상책임이 있다고 주장하였다. 그러던 중 N은행은 후지은행(富士銀行), 다이치강교은행(第一勸業銀行)과 공동으로 주식이전의 방법에 따라 2000년 9월 「주식회사 미즈호 홀딩스」(이하 'M사'로 줄임)를 설립하였다.[66] 이로 인하여 N은행은 M회사의 완전자회사가 되었다. 그 결과 X 등이 M사의 주주가 됨으로써 N은행의 주주라는 지위를 상실하였다. 이

62) 山田泰弘, 前揭書, 245頁.

63) 上揭書, 247頁.

64) 山田泰弘, "結合企業と代表訴訟(1)", 「高崎経済大学論集」 第45巻 第2號(高崎経済大学, 2002), 69頁.

65) 東京地方裁判所 2001年 3月 29日 判決.

66) 이로써 니혼코우쿄우은행과 후지은행 및 다이치강교은행이 합병함에 따라 자산기준으로 140조엔 규모의 세계최대은행이 탄생하였다.

에 피고 Y 등은 원고 X 등이 2000년 9월에 M사가 설립되어진 날에 N은행의 주주라는 지위를 상실했기 때문에 주주대표소송의 원고적격을 상실하였다고 주장하고 소송의 기각을 주장하였다.

도쿄 지방재판소는 일본 구 상법 제267조 제1항이 주주대표소송을 제기할 수 있는 자를 "6개월 전부터 계속 주식을 소유하고 있는 주주"로 규정하여 원고적격을 한정하고 있는데, 여기서 '주주'란 문맥상으로는 피고인 이사가 속한 회사의 주주라고 해석하고 있다고 판시하였다. 또한 동 재판소는 일본 구 상법 제267조 제1항의 법률적 문맥에 반하여 원고의 당사자 적격의 유지를 인정한다고 해석해야 할 특별한 이유도 없다고 판시하면서 본 사건의 소송은 부적법하므로 기각하였다.67)

3. 검 토

일본의 경우 주주의 대표소송제기권은 주주에게 인정된 공익권의 일종으로서 그 성격은 회사에 의한 이사의 책임추궁을 주주가 대신하여 행한다는 점과 회사의 이사에 대한 소권을 주주가 대신하여 행한다는 점, 그리고 주주에 의한 회사의 업무집행에 대한 감독시정권의 행사라는 점을 복합적으로 가지고 있는 것으로 해석되었다.68)

일본의 구 상법은 한국 상법 제542조의6 제6항과 마찬가지로 6개월 전부터 계속 주식을 소유하고 있는 주주에게 주주대표소송의 원고적격을 부여하고 있다(일본 구 상법 제267조 제1항).69) 이러한 보유기간의 기산점은 주식을 취득한 날이 아니라, 회사에 대한 관계에서 주주라는 것을 대항할 수 있는 날－예컨대 기명주주인 경우에는 주주명부에 주주로서 기재된 날－을 기준으로 한다. 회사에 대하여 이사의 책임을 추궁하는 소송을 제기하는 데에는 제소를 청구한 날로부터 역산하여 6개월간 계속 주주였던 점이 필요하다. 만약 원고가 제소한 이

67) 이 판례는 일본의 주주대표소송에 있어서 원고의 주주자격 상실에 관한 사건으로도 알려져 있다. 三浦州夫, "株主代表訴訟における原告の株主資格の喪失と訴訟承継について", 「会社法·金融取引法の理論と實務—河合伸一判事退官·古稀記念—」(商事法務, 2002), 88頁.

68) 田邊光政, "株式移転により完全親会社の株主となった者と子会社取締役に對する代表訴訟の原告適格", 「現代ビジネス判例—企業行動の新指針—」『現代ビジネス判例』編輯委員會 編(法律文化社, 2003), 128頁.

69) 현행 일본 회사법 제847조 제1항과 동일한 내용이다.

후 구두변론 종결 전에 소유주식 전부를 매각하거나 다른 방법으로 주주권을 이전하였다면 원고적격을 상실하므로 법원은 소를 기각하여야 한다.[70] 도쿄 지방재판소는 이 같은 일본 구 상법의 규정을 충실하게 해석한 것으로 보인다.

Ⅱ. 학계에서의 논의

과거 일본 학자들은 다음과 같은 근거를 제시하면서 단순대표소송의 원고적격을 규정한 일본 구 상법 제267조를 확대해석하는 방법으로 이중대표소송을 인정하자고 주장한 바 있다. 이 같은 학자들의 견해를 간단히 정리하기로 한다.

첫 번째 견해는 지주회사의 주주는 자회사의 경영활동에 의해 자신의 출자가 위험을 받을 수 있음에도 불구하고 그가 자회사의 경영활동을 감시·감독하는 것이 가능하지 않다는 인식을 바탕으로 한다. 예컨대, 순수지주회사와 자회사의 관계에서는 오히려 순수지주회사의 주주의 권리가 줄어들 수 있음은 물론이고 지배회사가 자회사 이사의 책임에 대한 추궁을 해태할 우려가 있어 순수지주회사의 주주에게 자회사 이사의 책임을 추궁할 수 있는 이중대표소송을 인정해야 한다는 것이었다.[71] 이 견해는 이중대표소송을 인정하여야 할 법리적 근거라기보다는 입법정책적 이유를 제시한 것으로 보인다. 또한 이 견해에 대해서는 단순히 제소의 해태 가능성만으로는 지배회사의 주주가 종속회사의 이사를 상대로 제기하는 대표소송을 법리적으로 설명하기는 충분하지 않다는 비판이 있었다.[72]

두 번째 견해는 순수지주회사와 완전자회사의 경우에는 지배회사와 종속회사가 경제적으로 완전한 재산적 일체관계에 있다고 보는 데서 출발한다. 이 견해는 순수지주회사와 완전자회사의 관계에서 전자가 발행한 주식의 일정비율을 보유한 주주는 후자가 발행한 주식의 일정비율을 실질적으로 보유하는 것이라는 점에서 순수지주회사의 주주는 그 완전자회사의 이사에 대해서 대표소송

---

70) 相沢光江/山川万次郎/北沢義博/藤本美枝, 「株主代表訴訟—理論と実戦」(清文社, 1994), 11頁.

71) 近藤光男, "株主代表訴訟の現状と問題點", 「月刊 民事法情報」142号(民事法情報センター, 1998), 7頁.

72) 山田泰弘, 前揭書, 309~310頁 참조.

을 제기할 수 있는 것으로 해석해야 한다는 것이었다.[73] 그러나 이중대표소송의 인정근거를 자회사 주식에 대한 모회사 주주의 실질적인 소유관계에서 구하는 경우에는 굳이 순수지주회사로 한정할 필요가 없다는 비판이 있었다. 즉, 사업지주회사와 그 완전자회사 사이에서도 완전한 재산적 일체성을 발견할 수 있기 때문에 고유의 사업활동을 행하는 사업지주회사의 주주가 완전자회사의 이사에 대하여 제기하는 대표소송이 배제되어야 할 이유는 없다는 비판이 있었던 것이다.[74]

셋째, 지배회사가 대주주로서 종속회사의 경영진을 선임·감독할 수 있는 것은 지배회사의 주주가 실질적으로 종속회사의 이사에 대하여 복위임관계에 있기 때문으로 보는 견해가 있었다. 이 견해에서 따르면 대표소송이 수임자의 위임자에 대한 의무위반을 이유로 하여 그의 책임을 추궁하는 수단이라는 법리를 복위임관계에 투영하여 지배회사 주주가 자회사 또는 손자회사와 같은 종속회사의 이사에 대하여 책임추궁을 할 수 있다는 것이다.[75] 그러나 이 견해는 이사와 회사의 관계를 회사의 법인격을 중심으로 법률구성을 하고 있는 일본 구 상법을 비롯하여 학계에서의 통설과는 입장을 달리한다는 단점이 있었다. 일본 구 상법과 학자들은 이사는 회사의 수임자일 뿐(일본 구 상법 제254조 제3항), 그것을 뛰어넘어 주주와 이사의 관계를 법률상 위임으로 받아들이지 않고 있다.[76]

Ⅲ. 입법동향

1. 기존 논의

일본 구 상법은 대표소송제기권을 단독주주권으로 하되 6개월 전부터 계속 주식을 소유하고 있는 주주에게 원고적격을 부여하였다(일본 구 상법 제267조 제1항). 1997년 순수지주회사의 설립이 허용됨에 따라 이중대표소송 내지 다중대표소송을 인정할 것인지 여부가 현안으로 떠올랐다.[77]

---

73) 畠田公明, “純粋持株会社と株主代表訴訟”, 「ジュリスト」1140号(有斐閣. 1998), 19頁.
74) 田邊光政, 前揭論文, 132~133頁.
75) 山田泰弘, 前揭書, 310頁.
76) 田邊光政, 前揭論文, 135頁.
77) 山田泰弘, 前揭書, 247頁.

이와 관련하여 법무성(法務省) 민사국참사관실(民事局參事官室)은 1998년 7월 8일부로 시행한 의견조회 「친자회사법제 등에 관한 문제점」(親子會社法制等に關する問題點)의 제1편 제2항 2(3)에서 다중대표소송을 포함한 자회사에 관련된 회사법상의 소송을 지배회사 주주가 제기할 수 있는가라는 문제에 대해 의견을 구하였다. 다중대표소송의 입법화에 적극적인 의견이 다수를 차지하였고, 소극적인 의견도 적지 않았다.[78]

이 의견을 바탕으로 법무장관의 자문기관인 법제심의회상법부회(法制審議會商法部會)가 발표한 「상법 등의 일부를 개정하는 법률안 요강안」(商法等の一部を改正する法律案要綱案)을 작성하였으며, 이 안에 입각하여 국회에서 1999년과 2001년에 다중대표소송을 입법화하려 시도하였으나 실패하였다. 이 시기에 일본 국회에서 다중대표소송이 입법화되지 못한 것은 지배회사의 주주가 지배회사의 이사에 대해 책임을 추궁하는 대표소송만으로 지배회사의 주주는 충분히 보호될 수 있는 것으로 보았기 때문이다.[79]

한편, 도쿄 지방재판소의 판례와 마찬가지로 기존에는 원고가 주주대표소송을 제기한 후 주식교환으로 주주의 지위를 상실한 경우에는 기각하여야 한다는 것이 일본에서의 일반적인 견해였다.[80] 이에 이를 입법적으로 해결하는 것이 최선이라 판단하여, 일본은 회사법제의 현대화를 목표로 2005년 제정되어 2006년부터 시행된 일본의 회사법은 주식교환 등의 경우에 원고적격이 계속 유지되는 쪽으로 규정을 마련하였다. 이를 구체적으로 살펴보면, 회사법 제851조 제1항에 의하여 책임추급 등의 소를 제기한 주주는 그 소송의 계속 중에 주주의 지위를 더 이상 유지하지 못하게 된 경우에도, 그 주주가 당해 회사의 주식교환 또는 주식이전에 의해 당해 회사의 완전모회사의 주식을 취득한 때와 당해 회사가 합병에 의해 소멸하는 회사로 되는 합병에 의해 합병으로 설립하는

---

78) 上揭書, 248頁.

79) 1998년에 공개된 通商産業省「現経済産業省」商法研究会는「친자회사법제 등에 관한 문제점」(親子会社法制等に關する問題點)에서 "지배회사의 주주는 종속회사의 관리·감독을 포함하여 지배회사의 사업 전체에 대하여 지배회사의 이사에 위임한 것이므로, 만약 이사가 그 임무를 해태하여 종속회사에 관하여 회사법상 소송을 제기하지 않는 경우에는 그 자체가 선관주의의무 위반을 구성하므로 당해 지배회사의 이사의 책임을 추궁하는 것으로 충분하다"는 의견을 제시한 바 있다. 山田泰弘, 前揭論文, 76頁.

80) 元木伸,「株式交換·移転制度の逐条解説」(中央経済社, 2000), 25頁; 三浦州夫, 前揭論文, 94頁.

회사 또는 합병 후 존속하는 회사 또는 그 완전모회사의 주식을 취득한 때에는 계속하여 소송을 수행할 수 있다. 이상의 규정은 소송계속 중에 주주가 당해 회사의 완전모회사의 주주가 아니게 된 때와 합병에 의해 설립하는 회사 또는 합병 후 존속하는 회사 또는 그 완전모회사의 주주가 아니게 된 때에도 준용된다(일본 회사법 제851조 제2항·제3항)[81]

2. 회사법상 다중대표소송

(1) 중간시안

1999년과 2001년 이중대표소송의 입법 시도 이후에도 학계에서는 이중대표소송의 도입 여부에 대하여 다양한 논의가 전개되었다.[82] 그러다가 법무성의 법제심의회회사법제부회(法制審議会会社法制部会)는 2011년 11월 16일 회사법의 개정을 목표로 하는 '회사법제의 재검토에 관한 중간시안(제1차안)'을 공표하였다. 그 중간시안에서 회사법제의 재검토와 관련하여 기업지배구조의 본연의 자세와 모자회사에 관한 규범 등이 논의되었는데, 특히 후자의 일환으로서 모회사 주주의 보호 차원에서 다중대표소송의 도입 여부에 관한 안(案)을 2가지로 제시하였다. A안에 따르면 다중대표소송을 인정하되 원고를 100% 모회사의 주주로 한정하는 한편, 주식의 계속소유요건을 두어서 제소청구 6개월 전부터 계속적으로 소유하는 경우에 한하였다. 이 밖에 모회사 총주주의 의결권의 100분의 1 이상의 주식을 소유하는 소수주주에게 인정할 것인지와 모회사 주주의 공동의 이익이 되지 않는 것이 분명하게 인정되는 경우에 모회사 주주의 제소청구를 인정하지 않을 것인지도 검토하기로 하기로 하였다.

이에 반하여 B안은 다중대표소송의 제도를 도입하지 않는 것을 내용으로 하였다. 다만, 모회사 주주의 보호의 관점으로부터 모자회사에 관한 규제를 재검토하는 것과 관련하여 예컨대, 다음과 같은 사항을 설계할 것인지를 더 검토하기로 하였다. 즉, 모회사의 이사회가 그 직무로서 자회사의 이사의 직무집행

---

81) 이에 관한 자세한 논의는 이창렬, "일본의 새로운 회사법에서의 주주대표소송－2005년도 개정내용과 관련 학설 및 판례를 중심으로－", 「외국사법연수논집(28)」 재판자료 제116집(법원도서관, 2008), 714~717면 참조.

82) 그러한 문헌으로는 志村直子, "二段階 (多段階) 代表訴訟", 「商事法務」 1909号(商事法務, 2010), 23頁 이하 등이 있다.

에 대해 감독을 실시하는 취지의 명문의 규정을 마련하는 것으로 하거나, 자회사의 이사 등의 책임의 원인이 되는 사실에 의해서 모회사에 손해가 생겼을 경우 모회사가 해당 책임을 추궁하기 위한 필요한 조치를 취하지 않을 때에 모회사의 이사가 그 임무를 게을리한 것이라고 추정하는 것으로 하는 등에 관해서는 더 많은 검토를 하기로 한다는 것이었다.[83]

(2) 현행 회사법

중간시안은 각계의 의견수렴(public comment)과 추가 논의를 거쳐 최종적으로 다중대표소송을 도입하기로 하되, 완전모회사의 주주가 완전자회사가 입은 손해에 한정하기로 하였다. 그리하여 현행 회사법은 다중대표소송과 관련하여 다음과 같이 규정하고 있다. 즉, 다중대표소송의 청구권자는 완전모회사의 주주이면서 총 의결권의 100분의 1 이상 또는 발행주식 총수의 100분의 1 이상을 가진 주주에 한하며, 완전모회사가 공개회사인 경우에는 6개월 이상 주식을 계속하여 소유하고 있는 자여야 한다(일본 회사법 제847조의3). 자회사 이사의 행위로 인하여 최종적인 완전모회사에 손해가 발생해야 한다는 요건도 있다. 추가적으로 모든 자회사의 이사에 대하여 완전모회사의 주주가 제소할 수 있는 것이 아니라 책임 발생의 원인사실이 발생할 당시 주식의 장부가액 기준으로 완전모회사 총자산의 5분의 1을 초과하는 중요한 자회사의 이사에 대해서만 인정한다.

다중대표소송을 제기하려는 자는 자회사에 대해 제소청구를 하여야 하되(일본 회사법 제847조의3 제1항) 60일 내에 자회사가 이사를 상대로 책임추궁의 소를 제기하지 않는 경우에 대표소송을 제기할 수 있다(일본 회사법 제847조의3 제7항). 다만, 위 기간 내에 회복할 수 없는 손해가 발생할 우려가 있는 경우에는 즉시 소를 제기할 수 있다(일본 회사법 제847조의3 제9항). 만약 피고 측에서 원고주주가 부정한 이익을 도모할 목적을 갖고 있음을 증명하게 되면 법원은 소 각하 판결을 해야 한다.[84]

---

83) 法務省民事局参事官室, 「会社法制の見直しに関する中間試案」(2011), 10~13頁.

84) 水島治, “特定責任追及の訴えにおける最終完全親会社等の損害に関する一考察－会社法847条の 3 第 1 項第 2 号の解釈をめぐって－”, 「武蔵大学論集」 第63巻 第2·3·4号(武蔵大学, 2016), 39頁.

제4절 영국의 입법례와 운영동향

영국에서 다중대표소송이 가능한지의 여부를 다룬 최초의 공식적인 것으로 Universal Project Management Services Limited v. Fort Gilkicker Limited & Others 사건[85)]이 있다.[86)] 이 사건에서는 2006년 회사법이 대표소송을 도입하였음에도 불구하고 영국의 보통법하에서 다중대표소송이 인정되었는지의 여부와 만약 인정되었다면 다중대표소송을 허가하여야 하는지의 여부가 문제되었다. 잉글랜드와 웨일즈 고등법원의 형평법부(England and Wales High Court(Chancery Division))은 Fort Gilkicker Limited('FG')의 모든 주식을 보유한 유한책임조합(Limited Liability Partnership: LLP)의 주주인 Universal Project Management Services Limited('UPMS')가 사업기회를 유용한 FG의 이사를 상대로 대표소송을 제기하는 것을 허용하였다.

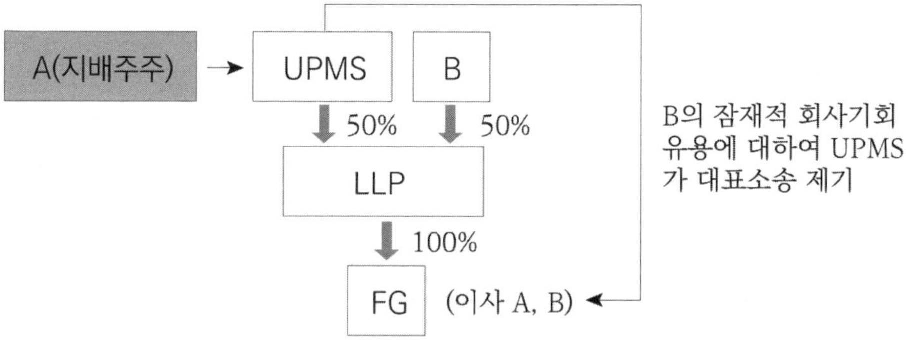

85) EWHC 348 (Ch), [2013] All ER (D) 313 (Feb).

86) 소송구조적으로 보면 다중대표소송의 범주에 포함되지만 다중대표소송이 허가되어야 하는지를 전혀 문제삼지 않은 소수의 사건이 존재한다고 알려져 있다. 그러한 사건으로는 Wallersteiner v. Moir (No. 2) [1975] 1QB 373 CA; Halle v. Trax [2000] BCC 1020; Trumann Investment Group v. Societe General SA [2002] EWHC 2621; Airey v. Cordell [2006] EWHC 2728 등이 있다고 한다. Victor Joffe, et al., Minority Shareholders: Law, Practice, and Procedure 83(4th ed., 2011). 이러한 사실은 뒷부분에서 소개하는 홍콩의 Waddington 사건의 판결에서 언급되어 있다는 점이 이채롭다.

이 사건에서 Briggs 판사는 영국 의회가 회사에 관련된 보통법상의 모든 대표소송을 명시적으로 폐기한 적이 없다는 의견을 개진하였다. 따라서 영국 보통법하에서 이중대표소송은 여전히 활용 가능한 제도라는 점을 분명히 하면서, 자회사(FG)의 이사(B)가 불법행위를 하였지만 그 회사의 주식을 100% 보유하고 있는 모기업(LLP)의 지배주주가 당해 이사(B)인 경우에는 그 모기업이 소송을 제기하는 것을 기대하기란 사실상 어려우므로, 최종적으로 모기업의 다른 주주인 UPMS의 소 제기는 가능하다는 것이다. 결과적으로 이 사건을 통해 대표소송의 원고적격은 확대된 것이다. 특히 동 법원은 영국과 같은 보통법적 전통을 가진 홍콩에서 다중대표소송이 인정되었다는 사실[87]을 매우 중요한 논거로 삼아 영국에서도 동일하게 보통법상 다중대표소송을 인정한 점이 특징이다.

제5절 홍콩의 입법례와 운영동향

I. 다중대표소송 인정 판례

홍콩은 2005년 대표소송을 회사조례(Companies Ordinance)[88]에 처음 도입하였다. 2005년 회사조례 제168BC조가 회사의 사원(member)이 대표소송을 제기할 수 있는 것으로 규정한 바 있었다. 구체적으로는 영국법과 마찬가지로 법원의 허가(leave)가 있는 경우에 대표소송을 제기할 수 있도록 하였다. 하지만 이 규정이 다중대표소송을 인정하는지에 관하여 전혀 명시한 바는 없었지만, 보통법에 따라 다중대표소송을 제기할 수 있는지에 관해서는 논란이 있었다. 그런 상황에서 미국 이외의 보통법 국가로서는 처음으로 다중대표소송을 인정한 판결이 나왔다. Waddington Limited v. Chan Chun Hoo Thomas and Others 사건[89]이

87) Waddington Ltd. v. Chan Chun Hoo Thomas & Others [2008] (FACV No. 15 of 2007).

88) Company Ordinance는 홍콩의 회사법으로서 홍콩에 설립된 회사의 운영에 있어 전반적인 사항에 대하여 규정하고 있다.

89) Waddington Ltd. v. Chan Chun Hoo Thomas & Ors [2008] HKCU 1381.

바로 그 것이다.

이 사건의 주요 사실관계를 살펴보면 다음과 같다. Waddington Limited (‘Waddington’)는 Playmates Holdings Limited(‘Playmates Holdings’)의 주식 6.5%를 보유한 소수주주이다. Playmates Holdings는 Playmates International Limited (‘Playmates International’)를 완전자회사로 두고 있었으며, Playmates International은 그 산하에 다시 Profit Point Limited(‘Profit Point’)와 Autoestate Limited (‘Autoestate’)를 각각 완전자회사로 두고 있었다.

이 사건에서 피고 중의 1인인 Chan Chun Hoo Thomas(‘Thomas’)는 Playmates Holdings의 회장이자 상임이사이면서, 그 자회사와 손자회사의 이사를 겸하고 있었다. Thomas의 부정행위로 인하여 Profit Point와 Autoestate가 손해를 입게 되었다. 이에 Playmates Holdings의 소수주주인 Waddington은 동 회사의 손자회사인 Profit Point와 Autoestate가 입은 손해에 대하여 두 회사를 위해 대표소송을 제기하였으며, 법원에서는 이러한 유형의 대표소송이 허용되는지의 여부가 문제되었다. 이처럼 이 사건에서는 완전모회사의 소수주주(Waddington)가 완전자회사의 완전자회사, 즉 이른바 완전손자회사(wholly-owned sub-subsidiary)의 이사(Thomas)를 상대로 하는 삼중대표소송을 제기할 수 있는지의 여부가 다투어졌다.

홍콩의 최상급법원인 종심법원(終審法院)은 불법행위자가 지배하고 있는 회사의 경우에 대표소송을 허용하지 않는다면 잠재적인 부당성(potential injustice)이 발생할 수 있다고 판단하여, 보통법에 따른 다중대표소송을 만장일치로 인정하였다. 더 나아가 성문법상의 대표소송과는 달리 다중대표소송은 보통법상 인정될 수 있기 때문에 원고가 일응의 사건(*prima facie* case)임을 증명하는 것으로 충분하므로 굳이 법원으로부터 허가를 받을 필요가 없다고 판시하였다. 또한 동 법원은 성문법상 대표소송과 보통법상의 대표소송이 공존하다 보니 양자가 혼동되고 기준이 복잡하다는 이유로 법 개정을 권고하였다.

Ⅱ. 2012년 회사조례

2012년 7월 홍콩의 입법기관인 입법회(Legislative Council)는 회사조례를 거의 전면적으로 개정하였다.[90] 동 회사조례는 2012년 8월 관보에 게재되었으며, 2014년부터 시행되고 있다.[91] 동 회사조례는 회사 혹은 연계회사(associated company)의 사원은 법원의 허가를 받으면 대표소송을 제기할 수 있는 것으로 규정하고 있다. 여기서 연계회사는 법인단체(body corporate)[92]의 자회사 혹은 지주회사 또는 지주회사의 자회사를 의미하고 있어, 결과적으로 개정 회사조례에 의하여 홍콩에서는 다중대표소송이 성문법상으로 허용된 것이다.

90) Ord. No. 28 of 2012.

91) Linklaters Business Services, Twenty Five Essential Things to Know about the New Companies Ordinance 1, 1(2012).

92) 법인단체에는 홍콩영역 내외에 설립된 모든 회사가 이에 해당한다.

제3장 다중대표소송제도 검토

제1절 논의의 범위

2020년 다중대표소송의 도입안이 국회에 제출된 후부터 재계에서는 이 개정사항이 입법으로 연결되는 것에 대하여 강력하게 반발한 바 있다.[1] 이 같은 반대에도 불구하고 다중대표소송제도의 도입 건이 같은 해 12월 국회 본회의를 통과하여 시행되고 있다.

국내의 연구나 관련 문헌들은 대체적으로 다중대표소송의 전형(典型)을 미국법에서 찾고 있다. 그리고 성문법으로 다중대표소송을 도입한 대표적인 국가가 일본이다. 이처럼 오랜 기간 대표소송을 인정해 온 대표적인 국가가 미국이라는 점과 한국과 일본이 법체계가 유사하다는 점 때문에 미국법 및 일본법과의 비교연구가 국내에서 다수를 차지하고 있는 것으로 보인다.[2] 그러나 정작

1) 최혜령/강성휘/허동준, "재계 "경제3법 보류를" 여 "정기국회서 처리"… 입장차만 확인," 「동아일보」(2020. 10. 15.자), A8면.

2) 미국법과의 비교연구의 예로서는 김재형/최장현, "이중대표소송의 인정근거(Brown v. Tenney, 155 Ill. App. 3d 605)", 「상사판례연구」 제15권(한국상사판례학회, 2003); 김정호, "이중대표소송에 대한 연구", 「경영법률」 제17권 제1－1호(한국경영법률학회, 2006); 남현숙/최준선, "이중대표소송에 관한 델라웨어 최고법원 판결연구－Lambrecht v. O'NEAL 3A.3d 277(Del.Supr.2010)－", 「성균관법학」 제26권 제4호(성균관대학교, 2014); 손영화, "미국법상 이중대표소송의 도입가능성에 관한 연구", 「법과 정책연구」 제5집 제1호(한국법정책학회, 2005); 최정식, "상법상 이중대표소송 도입의 필요성에 대한 검토", 「법학연구」 제57집(한국법학회, 2015) 등을 들 수 있다.

미국법과 일본법이 한국의 대표소송의 도입과 운영의 모범이 되기에는 관련 제도상의 차이가 크게 존재한다. 이에 본장에서는 개정상법에 편입된 다중대표소송제도와 관련하여 비교법적인 측면에서 비판적으로 살펴보고자 한다.

제2절 원고적격 관련 검토

I. 주주평등 위반 우려

비상장회사를 전제로 할 때 단순대표소송에서 주주가 이사를 상대로 제소하기 위해서는 최소 1% 주식을 보유하여야 한다. 이를 달리 표현하자면 이사에 대한 영향력이 1%에 머무르는 주주가 단순대표소송에서 원고적격을 가지는 것이다. 만약 어느 회사(A)가 다른 비상장회사(B)의 주식 51%를 보유하는 비상장 모회사인 경우 상법에 따르면 A가 발행한 주식총수의 1% 이상을 보유하면 B의 이사를 상대로 하여 제소가 가능하지만, 그 모회사의 주주가 자회사 및 그 이사에 대한 영향력은 산술적으로 0.5%를 조금 초과할 뿐이다. B에게는 그가 51%의 주식을 보유한 비상장 자회사(C)가 있다면 A의 1% 주주의 C에 대한 영향력은 현저히 떨어진다. 말하자면, 모회사(A)의 주주가 자회사(B)와 손자회사(C)에 대한 영향력은 미미한 수준에 머무르는 것이다. 이런 상황에서 B의 주주가 B의 이사를 상대로 제소하기 위해서는 최소 1% 주식을 보유하여야 한다. 이는 결과적으로 복수의 회사로 구성되는 기업집단에 속하는 모자회사가 있는 경우 자회사의 간접주주에 불과한 모회사의 주주를 자회사 혹은 손자회사의 주주보다 특별히 우대하는 것과 다를 바 없다.[3)]

게다가 대표소송이 대위소송과 대표소송으로서의 성격을 가진다는 점에 비추어 볼 때 다중대표소송에서 모회사의 주주가 자회사 혹은 손자회사의 다른 주주들을 대표할 수 있는 위치에 있는 것으로 볼 수 있을지 의문이다. 여기서 A

3) 천경훈, “다중대표소송 재론”, 「법학연구」 제28권 제1호(연세대학교 법학연구원, 2018), 94~95면.

가 상장회사라고 가정할 때 A가 발행한 주식총수 중 0.5%를 가진 주주에게 6개월의 보유기간을 추가적으로 요구하는 것만으로 그가 C의 다른 주주를 대표할 수 있는 대표적절성을 갖추었다고 풀이하기에는 충분하지 않는 것이다. 이와 관련하여 다중대표소송에서 "지배회사의 주주는 본인의 소송권을 행사하는 것이 아니라 지배회사의 소송권을 대위하여 행사하는 것이므로, 지분율을 단순히 계산하여 비교하는 것은 소송권의 대위행사라는 취지에서 볼 때 적합하지 않다고 본다"는 견해[4]와, 다중대표소송이 회사의 권리를 실현하기 위하여 제기하는 것이라는 점에서 주주가 회사에 대해 갖는 영향력의 크기에 상관없이 행사할 수 있도록 해야 한다는 견해[5]가 있기는 하지만, 상법이 그 남용을 우려하여 일정한 지분율을 가진 소수주주에게만 단순대표소송의 제기를 허용하고 있다는 점, 즉 회사에 대하여 특정한 수준의 영향력을 행사할 수 있을 정도의 주식을 보유한 주주에게 단순대표소송제기권을 인정하고 있다는 점[6]에 비추어 보면 위의 견해에 수긍하기 어렵다. 더 더욱이 일본은 단순대표소송은 단독주주권이지만 다중대표소송의 원고적격에 대해서는 그 남용을 고려하여 오히려 그 요건을 현저히 가중시키고 있어 한국과는 정반대의 입장을 취하고 있다.

Ⅱ. 모회사 주주와 자회사 주주 사이의 이익충돌 우려

판례에 의하여 다중대표소송을 인정하는 미국의 경우 지배·종속회사의 동시상장을 기피하는 경향이 있다. 그 이유를 나누어 살펴보기로 한다. 첫째, 지주회사와 자회사가 동시상장하는 경우 주식시장에서 지주회사를 가치평가할 때 지주회사와 자회사의 합산이익이 실제보다 과대평가되는 이른바 더블 카운팅(double counting) 이슈가 발생하여 실적을 왜곡시킬 우려가 있다.[7] 그러므로 실적 왜곡은 자본시장에 대한 신뢰를 떨어트릴 수 있어 동시상장은 허용되지 않

4) 원동욱, "다중대표소송의 도입에 관한 법적 연구", 「법학논총」 제44권 제3호(단국대학교, 2020), 220면.

5) 고일훈, "다중대표소송제도의 방향성－미국과 일본의 이론적 근거에 대한 논의를 바탕으로－", 「일감법학」 제38호(건국대학교, 2017), 280면.

6) 이철송, 「회사법강의」 제29판(박영사, 2021), 834면.

7) 박선호, 「지주회사: 지주회사 베타 급락의 의미는?」(메리츠종금증권 리서치센터, 2013), 9면.

아야 한다는 것이다. 둘째, 미국의 지주회사(지배회사) 체제하에 다수의 기업이 존재하는 기업집단을 살펴보면 지주회사가 자회사(종속회사)의 출자지분을 100% 보유하는 것이 일반적이다.[8] 지주회사가 자회사의 발행주식총수를 모두 보유하면 자회사가 상장될 수 없는 것은 당연하다.[9] 결국 비상장된 자회사는 상장된 지주회사를 통하여 자본시장으로부터의 압력과 평가에 직면하게 된다.[10] 셋째, 지배·종속회사가 동시상장되면 독특한 지배구조로 인하여 이익충돌의 문제가 발생할 위험이 커져[11] 소송에 휘말릴 우려가 높아진다. 징벌적 손해배상제도와 집단소송제도가 정착된 미국에서 소송위험은 회사의 존망(存亡)에 직결되기 때문에 이를 미연에 방지할 필요가 있다.

한국에서는 지주회사와 자회사가 동시상장되는 경우가 많다.[12] 지주회사와 자회사가 동시상장된 경우 지주회사는 그 자체가 속한 자본시장으로부터 영향을 받게 되지만 자회사는 그 자체가 속한 자본시장은 물론이고 지주회사가 속한 자본시장으로부터도 자유롭지 못하다. 말하자면, 자회사는 다층적인 자본시장의 압력에 직면하게 되는 것이다. 다중대표소송도 이와 같은 맥락에서 부정적인 평가를 받을 수 있다. 다중대표소송이 허용됨에 따라 자회사의 주주가 동 회사 이사의 행위에 대한 책임추궁을 원하지 않음에도 불구하고 지주회사의

8) 예컨대, 2015년 8월 구글(Google)은 알파벳(Alphabet)을 완전지주회사로 설립한 후 나스닥 시장에서 그 주식을 스스로 상장폐지하고 대신에 알파벳의 주식을 상장시켰다. 구글의 지주회사 체제로 전환하는 과정에 관해서는 Bret N. Bogenschneider & Ruth Heilmeier, *Google's "Alphabet Soup" in Delaware,* 16 Houston Business and Tax Law Journal 1, 3−10(2016) 참조.

9) 김우진, "지주회사 하나에 집중, 단일 상장 통해 지배논란을 풀자", 「Dong−A Business Review」 Vol. 161(동아일보사, 2014)[http://dbr.donga.com(2021. 4. 10. 최종방문)].

10) 미국처럼 완전지주회사와 그 자회사로 구성되어 전자만 상장된 경우만을 예를 들어 보기로 한다. 자회사의 발행주식총수를 지주회사가 소유한다는 것은 자회사 자체가 속한 자본시장이 존재하지 않는다는 것을 의미한다. 따라서 자회사는 완전지주회사가 속한 자본시장으로부터 영향을 받기 때문에 단층적인 압력에 노출될 뿐이다.

11) 천경훈 교수는 알파벳과 구글의 예에서 보는 것처럼 지주회사가 자회사의 지분을 전부 보유하도록 한 것은 경제적 권리와 지배권 사이의 괴리가 발생하는 것을 막고, 이익충돌과 사익편취의 가능성을 봉쇄하는 데 그 이유가 있음을 논하고 있다. 천경훈, "실질적 의미의 기업집단법, 그 현황과 과제", 「경제법연구」 제15권 3호(한국경제법학회, 2016), 32~33면.

12) 예컨대, 2018년 5월 현재 주식회사 한진칼은 주식회사 진에어가 발행한 주식총수의 60%를 보유한 지주회사인데, 한진칼과 진에어는 모두 유가증권시장상장법인이다(주식회사 한진칼, 「대규모기업집단 소속회사에 대한 현황 공시」(2018. 5. 31.) 참조).

주주가 종속회사의 이사를 상대로 소를 제기하는 경우가 발생할 수 있다.[13] 이는 자회사의 주주가 아닌 자가 자회사의 의사결정에 개입하는 것과 다를 바 없어 지배회사의 주주와 종속회사의 주주 간의 이익충돌을 야기할 수 있다.[14]

Ⅲ. 법인격부인론과의 충돌

1. 검토 대상

다중대표소송은 지배회사와 종속회사 간 주식소유의 관계를 바탕으로 하여 지배회사 주주가 종속회사 이사의 부정행위로 인한 손해회복을 위한 수단이다. 이 때문에 다중대표소송은 필연적으로 지배회사와 종속회사 간의 법인격 부인을 전제로 한다.[15] 여기서 어떤 기준에서 지배회사와 종속회사를 정의할 것인지가 문제되는데, 대개의 경우 종속회사가 발행한 주식을 지배회사가 보유하는 규모를 그 기준으로 삼는 것이 일반적이다. 이와 관련하여 상법은 기존의 모자회사 관계를 배경으로 하여 모회사의 주주에게 자회사의 이사를 상대로 한 다중대표소송의 제기권을 인정하는 입장이다.

2. 미국법의 입장

(1) 법인격 부인: 실증적 연구의 소개

미국법상 '법인격 부인'(piercing the corporate veil)이라 함은 법형식 그대로

13) 예컨대, 지주회사에서의 경영권분쟁의 일환으로 지주회사의 어느 주주가 자회사 주주의 의사와는 상관없이 지주회사의 주주이면서 자회사의 이사인 자를 상대로 그의 책임을 묻는 소송을 제기하는 것을 상정할 수 있다.

14) 천경훈, 앞의 논문(주 3), 94~95면. 미국의 경우 어느 상장회사가 특정 사업 부문을 분할하여 자회사를 만든 후 이를 증시에 상장시키는 분리공개(carve out)가 이루어지기도 한다. 당초와는 달리 지배회사와 종속회사가 동시상장하는 경우로 변화하게 된다. 이 경우 지배구조상 다양한 이슈가 제기될 수 있음이 지적되고 있다. Jeffrey W. Rubin, *When Parent and Subsidiary Are Public*, New York Law Journal (November 20, 2006).

15) 정응기, "대표소송의 주체", 「법학연구」 제26권 제2호(충남대학교, 2015), 166~167면; Melvin A. Eisenberg, *Megasubsidiaries: The Effect of Corporate Structure on Corporate Control*, 84 Harvard Law Review 1577, 1612~1613(1971); Note, *Suits by a Shareholder in a Parent Corporation to Redress Injuries to the Subsidiary*, 64 Harvard Law Review 1313, 1313(1951).

법인의 존재를 인정하는 것이 사기적 행위나 불법행위를 허용하는 것 등에 해당한다면 당해 사안에 한하여 법인의 존재를 부정하고 법형식상 법인이 행한 행위를 주주 자신의 행위로 인정하는 법리를 말한다. 법인격 부인론은 법인격의 현저한 악용에 대항하는 법리이기 때문에 악용되지 않는 경우에는 적용되지 않는다. 예를 들면, 주주가 1인만 있는 회사라 하더라도 주주와 회사는 다른 인격을 가지므로 1인 주주만이 회사를 소유한다는 것 또는 주주의 책임을 유한하게 할 목적으로 회사를 설립한다는 것 등은 사업형태로서 주식회사를 선택하는 데 있어서 중요한 이유에 해당하므로 단순히 이 같은 이유가 존재한다는 것만으로는 법인격부인론이 적용되는 것은 아니다.[16]

미국에서 법인격 부인은 대체적으로 폐쇄회사와 기업집단에 대해서만 제한적으로 적용되고 있다.[17] 이에 관련된 통계적 수치를 문헌을 통해서 살펴보면, 미국에서는 법인격 부인이 한국에 비하여 상대적으로 쉽게 이루어진다는 것을 알 수 있다. 미국에서의 주요 실증연구를 살펴보기로 한다.

1991년 발표된 톰슨(Thompson) 교수의 실증적 연구에 따르면 1960년대 이전부터 1980년대까지 법인격 부인을 소의 원인으로 제시한 것으로 알려진 총 1,583건의 사건 중에서 법인격을 부인한 판결이 무려 636건에 달하여 40.18%의 비중을 차지하였다.[18] 법인격 부인을 인정하는 가장 주된 이유는 회사가 지배주주의 도구(instrumentality)이거나 주주(채무자)의 분신(alter ego)인 경우로 집계되었다.[19] 법인격이 부인된 사건의 빈도는 해마다 달랐기 때문에 특별하게 주목할 만한 일관된 경향을 보이지는 않았다고 한다.[20] 연방법원 차원에서 법인격이 부인된 경우가 41.42%였으며, 주법원의 경우는 39.34%에 달하였다. 델라웨어주 법원에서는 11건의 관련 소송을 다루었는데, 그 중에서 법인격이 부인된 사건이 전혀 없었다.[21]

---

16) Sam F. Halabi, *Veil−Piercing's Procedure*, 67 Rutgers University Law Review 1001, 1010(2015).

17) Robert B. Thompson, *Piercing the Corporate Veil: An Empirical Study*, 76 Cornell Law Review 1036, 1047(1991).

18) *Id.* at 1048.

19) *Id.* at 1063.

20) *Id.* at 1048−1049.

21) *Id.* at 1051.

2008년에는 톰슨 교수의 실증적 연구방법론을 차용한 후속연구[22]가 발표되었다. 동 연구에 따르면 1986년부터 1995년까지 10년 동안 법인격 부인을 할 것인지의 여부가 논란이 된 228건의 사건 중 법인격이 부인된 사건이 81건이었는데 비율로는 35.53%에 달하였다.[23] 법인격 부인의 주된 근거는 톰슨 교수의 연구결과와 차이가 없었다. 연방법원 차원에서 법인격이 부인된 경우가 38.30%였으며, 주법원의 경우는 31.03%였다. 선행연구와 마찬가지로 이 연구에서도 법인격이 부인된 사건의 빈도는 해마다 들쑥날쑥하였기에 일관성을 도출할 수 없었다고 평하고 있다.[24]

2010년에 후속연구[25]가 새롭게 발표되었다. 동 연구도 선행연구에서 사용된 방법론을 그대로 수용하여 이루어졌다. 연구대상 기간은 1996년부터 2005년까지였다. 이 기간 동안 법인격 부인이 쟁점이 된 사건 236개를 골라 분석한 결과 법인격 부인의 법리를 적용한 사건이 64개에 그쳤다. 비율로는 27.12%에 달하였다.[26] 선행연구와 마찬가지로 회사가 지배주주의 도구로 이용되거나, 주주의 분신역할을 하거나 또는 법인격이 형해화된 경우에 법인격이 부인되었음이 밝혀졌다.[27] 연방법원 사건으로서 법인격이 부인된 경우가 23.68%였으며, 주법원 사건의 경우는 30.33%였다. 동 연구를 선행연구와 함께 10년 주기로 살펴보면 약간의 차이가 있기는 하지만, 대체적으로 법인격을 부인하는 비율이 줄어들고 있는 것을 알 수 있다.[28] 델라웨어주의 경우 3개 사건에서 법인격 부인의 가부가 다투어졌지만, 법인격이 부인된 경우는 전혀 없었다.[29]

---

22) Lee C. Hodge & Andrew B. Sachs, *Piercing the Mist: Bringing the Thompson Study into the 1990s*, 43 Wake Forest Law Review 341(2008). 이 실증연구에서는 미국 각 주(州)에서 법인격이 부인된 사건의 수(數)를 개별적으로 집계하지는 않았다.

23) *Id.* at 349.

24) *Id.* at 349−350.

25) Richmond McPherson & Nader Raja, *Corporate Justice: An Empirical Study of Piercing Rates and Factors Courts Consider When Piercing the Corporate Veil*, 45 Wake Forest Law Review 931(2010).

26) *Id.* at 944.

27) *Id.* at 957.

28) *Id.* at 944−946.

29) *Id.* at 949.

(2) 다중대표소송: 델라웨어주의 동향

델라웨어주의 경우 1988년에서야 델라웨어주 대법원이 다중대표소송을 처음으로 인정하였다.[30] 이처럼 델라웨어주가 다중대표소송을 도입한 것은 시기적으로 비교적 늦었다는 점이 특색이며,[31] 오늘날에도 델라웨어주에서 다중대표소송이 관련된 판례는 희소하다.[32] 델라웨어주의 경우에는 다중대표소송 판례라 하더라도 전통적으로 완전모자회사 간의 관계에 대해서만 인정하고 있다는 점에 주목할 필요가 있다.[33] 즉, 델라웨어주 대법원은 다중대표소송이 태생적으로 법인격 부인의 법리와 충돌의 여지가 있지만, 완전모자회사의 경우에는 지배·종속회사가 사실상 일체이므로[34] 법인격의 부인을 통해 하나의 기업(one entity)으로 취급할 수 있어 다중대표소송을 인정한다는 식으로 읽힌다.[35] 이처럼 완전모자회사를 이해관계가 완전히 일치하는 기업으로 바라본다면[36] 다중대표소송은 실질적으로는 단순대표소송과 다름없게 된다.[37]

사실 다중대표소송은 법논리적으로 살펴 볼 때 모회사의 주주가 모회사의 이익을 위하여 권한을 행사하는 것이기는 하지만, 경우에 따라서는 모회사의

---

30) 델라웨어주 대법원이 다중대표소송을 인정한 최초의 판례는 Sternberg v. O'Neil, 550 A. 2d 1105 (Del. 1988)이다. 델라웨어주 대법원이 다중대표소송을 인정하기 이전의 시점에서도 델라웨어주 형평법원(Court of Chancery)이 법인격을 부인하여 이중대표소송을 인정한 판례가 있었다. 그 대표적인 예가 Martin v. D. B. Martin Co., 10 Del Ch. 211, 88 A. 612(1913)이다. 이 판결에 관하여는 제2편 제2장 제2절 Ⅳ (2) 참조.

31) 藤田真樹, "多重代表訴訟制度を巡る問題－親会社少数株主の機能－", 「彦根論叢」 第402号(滋賀大学経済学会, 2014), 6頁.

32) *Cochran v. Stifel Financial Corp., No. 17,350, Court of Chancery of the State of Delaware, New Castle, March 8, 2000*, 26 Delaware Journal of Corporation Law 311, 338(2001).

33) Edward P. Welch et al., Folk on the Delaware General Corporation Law: Fundamentals GLC－1244(2019 ed., 2019).

34) Sagarra Inversiones, S.L. v. Cementos Portland Valderrivas, S.A., 34 A.3d. 1074, 1079(Del. 2011).

35) David W. Locascio, *The Dilemma of the Double Derivative Suit*, 83 Northwestern University Law Review 729, 743－744(1989).

36) 미국 연방대법원은 Copperweld Corp. v. Independence Tube Corp. 사건(467 U.S. 752, 771(1984))에서 완전모자회사 간에는 '이해의 완전한 일치'(a complete unity of interest)가 존재한다고 표현한 바 있다.

37) 김정호, "회사법상의 특별이해관계", 「경영법률」 제26집 제4호(한국경영법률학회, 2016), 160면.

이익과 자회사의 이익 혹은 자회사의 주주의 이익과 상충될 여지[38]도 있다. 이에 델라웨어주 법원은 다중대표소송의 제기가 모회사와 자회사의 이익에 부합하는지에 관하여 엄격한 증명을 요구하는 차원에서 완전모자회사 간에서만 인정하는 것이다. 본래 법인격 부인의 법리는 엄격하면서도 다양한 요건을 충족하여야만 인정되는 예외적인 법리라는 점에서 동 법리에 바탕을 두어 다중대표소송을 인정하는 것은 다중대표소송을 매우 제한적으로 운용하겠다는 취지가 반영되어 있다.[39]

3. 한국 상법과의 비교

(1) 기초사실

법률적으로 모회사와 자회사는 법인격을 달리한다. 한국에서는 모자회사, 심지어 완전모자회사라고 해서 무조건적으로 법인격이 부인되는 것은 아니다.[40] 그러나 상법에 따르면 자회사가 모회사 주주의 청구에도 불구하고 자회사의 이사를 상대로 직접소송을 제기하지 않는 경우에야 모회사 주주의 대표소송이 인정된다. 모회사 주주가 대표소송의 원고적격을 가진다는 것은 사실상 자회사의 주주와 모회사의 주주를 차별하지 않겠다는 의도가 반영되어 있다. 구 상법하에서 대법원 판례가 이중대표소송을 불허하면서 그 근거로서 "지배회사와 종속회사는 상법상 별개의 법인격을 가진 회사"[41]라는 점을 제시하고 있는 만큼 현행 상법이 다중대표소송을 인정함으로 인하여 모자회사 간에 법인격이 부인되는 것과 다름이 없다. 따라서 다중대표소송제도의 시행으로 인하여 어느 회사가 대상회사의 주식 50%를 초과하여 보유하는 경우 그 어느 회사와

38) 예컨대, 모회사가 자회사에 대하여 담보제공과 같은 사항을 부당하게 지시한 경우에 자회사가 변호사에 의뢰하여 독자적으로 검토한 것을 바탕으로 하여 모회사의 지시에 따르지 않아 자회사의 부가 유출되는 것을 막았다고 가정하자. 그럼에도 불구하고 자회사의 이사가 모회사의 지시에 따르지 않은 것을 이유로 그가 주주총회에서 해임을 당할 위험이 있다. 이처럼 근원적으로 모회사 및 그 주주와 자회사 및 그 주주 사이에 이익충돌의 우려가 존재한다.

39) Mark M. Graham, *Delaware Post-Merger Derivative Suit Standing and Demand Requirements: Professional Management Associates. Inc. v. Coss*, 25 Journal of Corporation Law 631, 649–650(2000).

40) 대법원 2006. 8. 25. 선고 2004다26119 판결.

41) 대법원 2004. 9. 23. 선고 2003다49221 판결.

그 대상 회사가 하나의 기업으로 간주되는 효과가 있다. 이에 반하여 다중대표소송은 모회사의 주주가 자회사를 위하여 소송을 담당하는 것에 지나지 않으므로 소송의 결과는 자회사에 귀속되는 것이어서 독립된 법인격을 부인하는 것은 아니라는 견해[42]가 있다. 그러나 이 견해는 ① 소송의 결과가 일단 자회사에 귀속하더라도 그 영향은 그 주주인 모회사까지 확산된다는 점과 ② 자회사 이사에 대한 제소권을 모회사 주주에게 확장한다는 것은 자회사와 모회사가 단일한 법인에 속한다는 것을 암암리에 전제하고 있다는 점에서 수긍하기 어렵다.

(2) 법인격부인의 예외성 관련

한국에서의 '법인격부인론'은 회사가 존속하는 중에 그 회사의 형식적 독립성을 관철하는 것이 오히려 정의와 형평의 이념에 반한다고 인정되는 경우 등에 예외적으로 회사의 법인격을 해당 법률관계에 한하여 부인하는 것을 의미한다. 이 법리를 적용하는 것은 회사가 그 사원(주주)과는 별개로서 가지는 법인성 및 주주가 자산의 주식인수가액을 한도로 부담한다는 주주유한책임의 원칙을 정면으로 부정하는 것으로 된다.[43] 이처럼 이 법리는 형평적인 측면에서 특정한 사안의 해결을 위한 열쇠가 되는 법리로서 오늘날 판례·학설상 인정되어 오고 있다. 법인격부인론의 근거로 신의성실의 원칙(민법 제2조 제1항)과 회사의 법인격의 개념에 내재하는 한계(상법 제169조)에서 찾는 견해 등이 제시되고 있는데, 판례는 전자를 근거로 하고 있음을 밝히고 있다.[44]

일반적으로 회사와 그 사원이 별개의 인격을 가지는 이상 법인격부인론을 안이하게 적용하는 것은 피하고 가능한 한 현행 법률을 탄력적으로 해석하여 구체적으로 타당한 결론을 이끌어 내기 위하여 노력하여야 한다. 이러한 노력에도 불구하고 타당한 해결이 곤란한 예외적인 경우에만 법원은 이 법리를 적용하고 있다. 이와 같은 법인격 부인의 법리의 보충성으로 인하여 기존의 법제도나 종래의 사법이론으로 해결할 수 없는 경우에 최후의 수단으로서 적용되고

---

42) 천경훈, 앞의 논문(주 3), 92~93면. 이와 관련하여 모회사 주주의 다중대표소송은 모회사의 주주가 모회사를 대위하여 제기하는 소송이라고 하면서도 본래의 자회사의 주주에게 인정되던 원고적격을 모회사의 주주에게 확장하는 것이라는 주장(원동욱, 앞의 논문, 218면, 220면)도 있다.

43) 송옥렬, 「상법강의」 제11판(홍문사, 2021), 710면.

44) 대법원 2001. 1. 19. 선고 97다21604 판결; 대법원 2008. 9. 11. 선고 2007다90982 판결.

있는 것이다.[45] 이를 좀 더 자세하게 살펴보기로 한다.

법인격부인론을 공식적으로 적용한 것은 1974년 서울고등법원의 보증채무금 등에 관한 판결[46]이며 대법원이 이 법리를 사건에 적용한 것[47]이 1988년이니까 비교적 역사가 일천한 편에 속한다. 법인격부인론이 적용되는 사례는 대개 회사의 법인격이 '형해'(形骸)에 지나지 않는 경우와 법인격이 법률의 적용을 회피하기 위해서 '남용'되고 있는 경우로 나누어진다.[48] 이상에서 살핀 바와 같이 한국에서의 법인격 부인의 구체적인 근거를 미국법과 비교하여 보더라도 양국 간에 큰 차이가 없다. 이는 아마도 법인격부인론이 미국법의 영향을 받았기 때문으로 짐작한다.[49]

대법원 판례에 따르면 "해당 회사가 그 법인격의 배후에 있는 회사를 위한 도구에 불과하다고 보려면, 원칙적으로 문제가 되고 있는 법률행위나 사실행위를 한 시점을 기준으로 하여 두 회사 사이에 재산과 업무가 구분이 어려울 정도로 혼용되었는지 여부, 주주총회나 이사회를 개최하지 않는 등 법률이나 정관에 규정된 의사결정절차를 밟지 않았는지 여부, 해당 회사 자본의 부실 정도, 영업의 규모 및 직원의 수 등에 비추어 볼 때 그 해당 회사는 이름뿐이고 실질적으로는 배후에 있는 회사를 위한 영업체에 지나지 않을 정도로 형해화되어야 한다."[50] 법인격의 형해화에는 해당되지 않더라도 "그 배후에 있는 회사가 해당 회사의 법인격을 남용한 경우 그 해당 회사는 물론 배후에 있는 회사에 대하여도 해당 회사의 행위에 대한 책임을 물을 수 있으나, 이 경우 채무면탈 등의 남용행위를 한 시점을 기준으로 하여, 배후에 있는 회사가 해당 회사를 자기 마음대로 이용할 수 있는 지배적 지위에 있고, 그와 같은 지위를 이용하여 법인제도를 남용하는 행위를 할 것이 요구되며, 그와 같이 배후에 있는 회사가 법인제도를 남용하였는지 여부는 앞서 본 법인격 형해화의 정도 및 거래 상대방의 인식

---

45) 송옥렬, 앞의 책, 712면.
46) 서울고등법원 1974. 5. 8. 선고 72나2582 판결.
47) 대법원 1988. 11. 22 선고 87다카1671 판결.
48) 대법원 2013. 2. 15. 선고 2011다103984 판결.
49) 손창일, "미국 회사법상의 법인격 부인론 연구", 「경영법률」 제21집 제1호(한국경영법률학회, 2011), 23면.
50) 대법원 2013. 2. 15. 선고 2011다103984 판결.

이나 신뢰 등 제반 사정을 종합적으로 고려하여 개별적으로 판단"[51]한다. 다만, 법인격 남용의 경우에는 당해 회사의 "법인격이 배후자에 대한 법률적용을 회피하기 위한 수단으로 함부로 이용되거나, 채무면탈, 계약상 채무의 회피, 탈법행위 등 위법한 목적달성을 위하여 회사제도를 남용하는 등의 주관적 의도 또는 목적이 인정"[52]되어야 한다. 법인격의 형해화 여부를 판단하기 위해서는 여러 가지 엄격한 요건을 종합적으로 고려하여야 한다는 것은 실제 법인격 부인이 널리 인정되기 어렵다는 것을 뜻한다. 또한 법인격의 남용에 해당되어 법인격을 부인하기 위해서는 주관적 의도를 증명하여야 하는데,[53] 이러한 증명이 사실상 용이하지 않다는 점도 한국에서의 법인격 부인이 만만치 않은 작업임을 시사한다.[54]

새로운 제도를 도입하여 시행함에 있어서 기존의 관련 법리까지 함께 변경하여야 한다면 이는 비용이 많이 들어 공감대를 이끌어 내기가 쉽지 않다. 예컨대, 법인격을 부인하는 것이 극히 어렵다면 법인격부인론에 터잡은 새로운 제도를 도입·시행하기가 곤란하다는 이야기이다. 미국에서는 법인격 부인이 상대적으로 용이한 반면에 한국에서는 그러하지 않다. 이 때문에 한국에서 다중대표소송제도가 도입·시행됨에 따라 기존의 법인격부인론을 수정하여야 하는 상황에 놓여져 있다. 말하자면, 상법에서 다중대표소송의 도입·시행으로 말미암아 법인격부인론의 확대적용을 피할 수 없으며,[55] 아울러 법인격부인론의 확대적용으로 인하여 신의성실의 원칙과 같은 이른바 '일반조항으로의 도피'가 심화되면[56] 법적 안정성의 침해 문제가 새롭게 대두될 것이다.[57]

---

51) 대법원 2013. 2. 15. 선고 2011다103984 판결.

52) 대법원 2010. 2. 25. 선고 2007다85980 판결.

53) 법인격 남용에 기한 법인격부인론을 민법상 사해행위취소(제406조 제1항)와 유사한 성격을 가진 법리로 본다면 법인격부인론에서도 사해의사에 상당하는 주관적 요건이 요구되는 것으로 읽힌다. 신병동, "법인격남용론의 적용요건에 관한 판례 법리의 유형론적 고찰", 「가천법학」 제9권 제1호(가천대학교, 2016), 137면.

54) 장덕조, 「상법강의」 제3판(법문사, 2019), 242면.

55) 최준선, 「회사법」 제16판(삼영사, 2021), 588면.

56) 정구태, "우리 법체계하에서 법인격부인론의 올바른 자리매김을 위한 관견－대법원 2001. 1. 19. 선고 97다21604 판결－", 「민사법연구」 제22집(대한민사법학회, 2014), 235면.

57) 김건식, "법인격과 법인격 부인법리－우리 판례를 중심으로－", 「BFL」 제69호(서울대학교, 2015), 32면.

(3) 완전모자회사의 독립된 법인격 관련

기업집단에서 기업을 수직계열화하면 모회사(특히 지주회사)에 최소한도의 조직만을 두고 그 산하(傘下)에 다양한 사업분야를 자회사의 형식으로 거느리면서 각 자회사로 하여금 책임경영을 유도하여 자원을 효율적으로 배분할 수 있다. 자회사로서는 특정 분야에 정통한 경영자가 기업의 경량화된 조직구조(lean structure)를 통해 합리적이고 신속한 의사결정을 내릴 수 있다. 기업이 합병하는 경우에는 임금 및 인사제도의 통일과 기업문화의 융화 등의 과제를 해결하는데 상당한 시간이 소요되지만, 기업을 수직계열화하여 당초 합병대상이었던 회사를 산하회사로 둠으로써 합병과 같은 소기의 효과를 얻을 수 있다. 또한 지주회사방식은 법인격 독립의 원칙에 의해 어느 특정한 자회사에서 발생한 과도한 손실이 지주회사 및 여타 자회사로 이전되는 것을 막아 위험의 전염(risk contagion)을 최소화할 수 있는 장점도 있다.[58]

델라웨어주 판례에서 다중대표소송이 완전모자회사에 한하여 적용되는 것은 결국 이들 간의 법인격을 부인하는 것을 전제로 하고 있다. 법인격 부인의 법리가 적용되는 전형적인 예는 모자회사간의 법률관계이기는 하지만,[59] 한국에서는 법인격부인론이 모자회사, 더 나아가 완전모자회사라고 해서 무조건적으로 적용되는 것은 아니다. 말하자면, 어느 회사가 다른 회사의 주식을 모두 보유한다고 해서 양자 간에서의 법인격 부인이 정당화되는 것은 아니다. 단순히 지배력의 보유만으로는 충분하지 않다는 것이다. 왜냐하면 "친자회사는 상호간에 상당 정도의 인적·자본적 결합관계가 존재하는 것이 당연하므로, 자회사의 임·직원이 모회사의 임·직원 신분을 겸유하고 있었다거나 모회사가 자회사의 전 주식을 소유하여 자회사에 대해 강한 지배력을 가진다거나 자회사의 사업 규모가 확장되었으나 자본금의 규모가 그에 상응하여 증가하지 아니한 사정 등만으로는 모회사가 자회사의 독자적인 법인격을 주장하는 것이 자회사의 채권자에 대한 관계에서 법인격의 남용에 해당한다고 보기에 부족"[60]하기 때문

58) 이재형, 「지주회사의 본질과 정책과제」(한국개발연구원, 2000), 54~55면.

59) 황남석, "모자회사간 법인격부인의 요건: 대법원 2006. 8. 25. 선고 2004다26119 판결", 「저스티스」 통권 제100호(한국법학원, 2007), 281면.

60) 대법원 2006. 8. 25. 선고 2004다26119 판결.

이다. 따라서 완전모자회사에서 법인격이 부인되기 위해서는 위에서 살펴본 엄격한 기준을 충족하여야 한다. 적어도 완전모회사가 자신의 사업의 일부로서 완전자회사를 운영한다고 할 정도로 완전한 지배력을 행사한 결과 완전자회사가 독자적인 의사 또는 존재를 상실하고 있어야만 완전모자회사 간의 법인격이 부인되는 것이다. 구체적으로는 완전모자회사 간의 재산과 업무를 비롯하여 대외적인 기업거래활동 등이 명확히 구분되지 않아 서로 혼용되어 있다는 등의 객관적 징표와 완전모회사에 대한 법률의 적용을 회피하기 위한 수단으로서 자회사의 법인격이 사용되거나 채무면탈이라는 위법한 목적을 달성하기 위해 회사제도를 남용하는 등의 주관적 의도 또는 목적이 인정되어야만 완전모자회사 간의 법인격이 부인될 수 있는 것이다.[61] 이처럼 대법원 판례가 '완전한 지배력의 행사'를 매우 엄격하게 해석하는 결과 한국 내의 완전지주회사 및 완전자회사가 별개의 독립된 법인격을 인정받아 각자의 영업을 영위할 수 있는 것이다. 이상과 같이 그동안 한국 판례가 기업집단을 매우 제한적인 경우에 한하여 하나의 회사로 간주하므로 기업을 하는 자의 입장에서는 선택 가능한 기업지배구조 형태의 폭이 크다는 장점이 있다.

"기업집단의 공동목표에 따른 집단이익의 추구가 사실적, 경제적으로 중요한 의미를 갖는 경우"도 있을 수 있기는 하지만 "그 기업집단을 구성하는 개별 계열회사도 별도의 독립된 법인격을 가지고 있는 주체로서 그 각자의 채권자나 주주 등 다수의 이해관계인이 관여되어 있고, … 기업집단의 집단이익과 상반되는 고유이익이 있을 수 있는 점"[62]을 감안하면 현행 다중대표소송제도에 의하여 기업집단에서의 복수기업을 사실상 단일기업으로 취급하는 것을 지지하기는 곤란하다. 특히 모회사와 자회사가 사실상 동일한 회사로 인정되는 효과가 발생하게 되면, 그동안 계열회사에 대한 지원을 배임죄의 대상으로 취급하여 온 관행[63]을 어떻게 극복할지도 문제된다. 게다가 법논리적으로 살펴 볼 때 모회사의 주주가 모회사를 대위하여 모회사의 이익을 위해 대표소송을 제기하는 것이므로 모회사의 주주가 자회사의 이익 혹은 자회사 주주의 이익을 무시하고

61) 위 판결.

62) 대법원 2013. 9. 26. 선고 2013도5214 판결.

63) 위 판결.

모회사의 이익만을 추구한다면 자회사 혹은 그 주주와 충돌될 여지는 상존한다.[64] 요컨대, 이 같은 단일기업으로의 과도한 간주는 기업집단의 존재의의를 무색하게 하는 부작용을 낳는다.

제3절 주주의 제소청구 관련

대표소송은 이사의 임무해태로 인하여 주주가 간접적으로 손해를 봄에 따라 회사가 행사할 권한을 적법한 절차를 거쳐 주주가 소를 제기하는 것이다. 이처럼 대표소송제기권은 본래 임무해태를 한 이사에 대하여 회사가 직접 소송을 제기할 수 있는 권한으로부터 파생하여 주주에게 인정된다. 때문에 주주대표소송을 제기하기 앞서 감사에 대하여 회사를 위하여 이사를 상대로 소송을 제기하여 줄 것을 청구하여야 한다(제403조 제1항). 만약 이러한 제소청구에도 불구하고 회사가 소를 제기하지 않는 경우에서야 주주가 대표소송을 제기할 수 있다(제403조 제3항). 결국 주주대표소송은 회사가 활용 가능한 모든 구제수단을 다 동원한 후에서야 회사를 주주가 대위하는 최후적인 수단인 것이다. 이를 다중대표소송에 적용하면 다음과 같은 구조에 의하여 모회사 주주가 자회사 이사를 상대로 대표소송을 제기할 수 있게 된다. 즉, 지배회사(이사회)가 부당하게 제소청구를 거절한다면 그 거절 자체가 지배회사 이사의 의무위반으로 되며, 지배회사의 자산을 구성하는 종속회사 자산이 유출된 것(지분가치의 하락)을 회복하기 위해 지배회사 주주는 지배회사가 가지고 있는 소권(訴權)을 이용하는 것이 허용되는 것이다.

주주대표소송이 회사의 의사형성기능에 대해 부종성(Subsidiarität)을 띤다는 점에서 제소청구를 요구하는 것은 당연하다. 이는 기존의 단순대표소송이 그러

---

64) 예컨대, 자회사의 가치를 떨어뜨려 싼 가격에 모회사의 경영권을 탈취하고자 하는 모회사 주주가 있다고 할 때 그는 자회사 혹은 자회사 주주의 이익과 상관없이 자회사의 이사를 상대로 소송을 제기하는 것을 가정할 수 있다. 이는 회사의 이사가 소송을 당하였다는 사실만으로 그 회사의 주식가치가 떨어질 것이라는 경험칙에 바탕을 두고 있다.

하듯이 제소청구절차를 거치는 동안 위협소송을 걸러 낼 수 있게 되어 부당한 소송으로부터 피고를 보호할 필요가 있기 때문이다.

그러나 상법상 다중대표소송제도는 이상과 같은 대표소송의 특성을 간과하는 누를 범하고 있다. 이를 미국의 경우와 비교하여 살펴보기로 한다. 미국의 경우 모회사의 주주가 자회사의 주주를 상대로 소송을 제기하기에 앞서서 ① 자회사의 주주인 모회사(실질적으로는 그 이사회에 대하여)에게 자회사 이사를 상대로 하는 대표소송을 제기할 것과 ② 자회사에 대하여 자회사 이사를 상대로 직접소송을 제기할 것을 요구하였음에도 불구하고 모회사가 대표소송을 제기하지 않거나 자회사가 직접소송을 제기하지 않는 경우에 한하여 모회사 주주가 자회사 이사를 상대로 대표소송을 제기할 수 있는 반면에[65] 한국 상법상 다중대표소송제도는 모회사의 주주가 모회사의 제소의사를 묻지도 않은 채 바로 자회사에게 제소할 것을 청구하도록 함으로써 대표소송의 최후수단성을 인정하지 않고 있다. 결국 상법은 자회사에 대한 제소청구만을 인정한 일본의 입법과 유사한 형태를 취하고 있지만, 일본에서도 이에 관한 비판이 많이 있음[66]에 주목하여야 한다.

정리하자면, 자회사의 주주인 모회사가 어떤 이유로든 간에 자회사의 이사를 상대로 한 대표소송을 제기하지 않음에도 불구하고 모회사의 주주가 모회사의 의사를 전혀 묻지 않은 채 자회사에만 제소청구할 것을 요구하는 것은 모회사의 제소해태를 그냥 간과하겠다는 측면이 있다.[67] 이처럼 상법이 모회사 주주가 자회사의 이사를 상대로 소송을 바로 제소하도록 길을 열어 두는 것은 모회사의 주주가 모회사의 이사회가 해야 할 업무를 확실한 근거 없이 가로채는 것과 다를 바 없다는 비판에 직면하게 된다. 게다가 자회사에 대해서만 제소청구를 하는 경우 자회사로서는 제소청구한 모회사의 주주가 청구적격을 가지는지의 여부를 확인하는 것 자체가 어려워질 여지도 있다.[68]

---

65) Blasband v. Rales, 971 F.2d 1034, 1050 (3d Cir. 1992).

66) 일본 회사법상 다중대표소송의 제소를 위한 전단계에서 이루어지는 제소청구요건에 대한 비판적인 견해는 김경일, “일본에서의 다중대표소송 제도의 쟁점에 대한 논의와 그 시사점”, 「상사법연구」 제37권 제1호(한국상사법학회, 2018), 259~260면에 자세히 소개되어 있다.

67) 황근수, “다중대표소송의 제도적 수용과 실무적 적용방안에 관한 고찰”, 「법학논총」 제40권 제2호(전남대학교, 2020), 165면.

68) 김경일, 앞의 논문, 261면.

에필로그

□ 주주대표소송의 일반론

상법(회사법)상 주주대표소송은 미국법에 그 기원을 두고 있다. 상법은 소유와 경영의 분리를 전제로 하여 일반적인 경우 주주는 회사의 경영에 직접 참여하지 않는 것을 기본적인 모델로 삼고 있다. 상법이 인정하는 지배구조에 따라 이사회가 경영상 의사결정을 하고 대표이사가 이를 집행한다. 하지만 주주와 이사의 기능과 역할의 분리로 인하여 이사는 주주를 위하여 성실하게 일할 법률상의 의무를 부담하지만 이사는 자신의 권한을 남용하거나 의무를 게을리하여 주주의 이익을 해할 가능성이 항상 존재한다. 주주대표소송은 이러한 이사의 의무위반에 대응하기 위하여 창출된 것이다. 따라서 주주대표소송은 주로 이사의 책임을 추궁하기 위한 제도로 인식되고 있다. 이처럼 주주대표소송은 의무위반행위를 이유로 회사에 대한 손실회복의 책임을 이사에게 묻을 수 있는 주요한 수단인 까닭에 이사의 의무위반행위를 억제하는 기능을 수행한다.

대표소송제도는 종주국이라 할 수 있는 미국을 비롯하여 일본, 영국 등 다양한 국가에서 성문법적으로 도입한 상태이다. 보통법 국가에서 주주가 다중대표소송을 제기하기 위해서는 사전적으로 법원의 허가 혹은 승인을 받아야 한다는 점이 특색이다. 한국 상법상 주주대표소송은 그 실질에 있어서 주주가 회사의 대표기관적인 지위에서 소송을 수행하는 것이면서도 원고주주가 받은 판결의 효력이 회사에 확장되는 특징을 지니고 있다고 풀이한다. 그리하여 주주대표소송은 타인인 회사를 위하여 법률에 의하여 원고적격을 부여받는 이른바 제3자의 소송담당의 성격을 지니고 있다. 보통법 국가처럼 주주대표소송을 제기하기 위하여 법원의 허가가 있어야 하는 것은 아니다.

□ 주주대표소송의 당사자와 제소전 단계

이사가 정보의 비대칭 상태를 이용하여 주주의 비용으로 자신의 사적인 이익을 추구하는 경우 주주와 이사 사이에 이익충돌이 발생하게 되며, 그 경우 주주가 이사를 상대로 책임을 묻기 위해서는 여러 정보가 필요할 수밖에 없다. 이에 상법은 주주에게 이른바 정보요구에 관한 권능을 인정하고 있다. 구체적으로는 주주는 특정한 요건을 충족한다면 회사의 정관, 주주총회의 의사록, 주주명부, 사채원부를 비롯하여 이사회 의사록 및 회계장부를 열람·등사를 청구할 수 있는 권리를 행사할 수 있다.

상법은 남용 가능성을 우려하여 대표소송을 제기할 수 있는 권한을 소수주주에게 부여하고 있다. 비상장회사의 경우 발행주식총수의 100분의 1 이상을 가진 주주가 이사를 상대로 하는 대표소송을 제기할 수 있다. 상장회사의 경우에는 원고적격을 6개월 전부터 계속하여 상장회사의 발행주식총수의 1만분의 1 이상의 주식을 가진 주주에게 대표소송을 제기할 수 있는 길을 열어 놓고 있다. 주주대표소송에서 피고의 대표적인 예는 의무를 위반한 전직 혹은 현직 이사이다. 이 밖에 이사회의 결의에 찬성한 이사와 업무집행지시자 등도 피고가 될 수 있다.

주주대표소송은 회사 대신 주주가 원고로 나서는 만큼 회사 내의 모든 구제수단이 소진이 된 후에 제기되어야 한다. 주주가 대표소송을 제기하기 위해서는 원칙적으로 먼저 회사에 대하여 이유를 기재한 서면으로 이사의 책임을 추궁할 소의 제기를 청구하여야 한다. 이 경우 감사가 회사를 대표한다는 규정에 따라 그가 제소청구의 상대방이 된다. 감사가 제소청구를 받은 날로부터 30일 이내에 소송을 제기하지 아니한 때에는 제소를 청구하였던 소수주주는 직접 회사를 위하여 소를 제기할 수 있다. 예외적으로 30일의 기간이 경과된 후에 소를 제기하는 것이 회사에 회복할 수 없는 손해를 가져다 줄 염려가 있는 경우에는 회사에 대한 제소청구 없이 또는 청구를 했더라도 30일 동안을 기다릴 필요 없이 즉시 제소가 가능하다. 그러므로 이사가 회사의 재산을 은닉하거나 무자력으로 될 경우 또는 이사에 대하여 가지는 회사의 채권이 시효에 걸리거나 회사에 대한 이사의 책임이 해제되는 경우 등은 즉시 제소가 가능하다.

□ 주주대표소송의 절차

주주대표소송은 회사의 본점소재지를 관할하는 지방법원에 전속한다. 주주대표소송의 소가는 1억원으로 정해져 있다. 1심에서 패소한 피고가 항소하거나 상고하더라도 소가는 마찬가지로 1억원이다. 민사소송법상의 중복제소금지 법리가 적용되므로 회사가 이사의 책임을 추궁하기 위하여 제기한 소가 계속 중인 상황에서 주주가 대표소송을 제기한다면 그러한 대표소송은 부적법 각하된다.

주주대표소송에서의 담보제공제도는 민사소송법상 소송비용의 담보제공제도에 비하여 담보되는 대상이 더 넓다는 점에서 양자는 구별된다. 그러나 민사소송법상 담보제공의 방법 및 취소에 관한 절차는 상법상 담보제공제도에도 준용되므로 주주대표소송에서의 담보제공에 관한 요건을 해석함에 있어서 민사소송법에 많이 의지할 수밖에 없다.

상법상 대표소송을 제기한 주주는 소를 제기한 후 지체없이 회사에 대하여 소 제기 사실을 고지하여야 한다. 주주대표소송에서 회사의 소송참가는 소송을 부당하게 지연시켜 법원의 부담을 증가시키지 않는 한 허용된다. 소송참가는 타인 간에 계속 중인 소송에 제3자가 자신의 권리와 이익을 보호하기 위해 당사자로서 또는 당사자에 준하는 지위에서 관여하는 것을 의미하며, 주주대표소송에서 회사의 참가 여부의 결정주체는 감사이다. 주주대표소송에서 회사가 원고측에 소송참가하는 것은 원고주주와 피고이사 간의 공모소송으로 인하여 회사에 손해가 발생하는 것을 방지하기 위해서이다.

당초 주주대표소송을 제기한 주주가 사망하거나 소멸한 경우에는 그 대표소송은 종료하여야 하지만, 승계인이 원하는 경우에는 소를 계속할 수 있는 기회가 보장되어야 한다. 또한 대표소송을 제기한 주주가 자신이 소유한 주식을 모두 양도하는 경우 그 주식의 양수인이 상법상 지주율 요건을 갖춘다면 참가승계가 가능한 것으로 풀이하여야 한다.

상법상 주주대표소송에서 원고주주는 법원의 허가를 얻어야만 피고이사에 대하여 소송상 화해를 할 수 있다. 이처럼 상법이 화해에 법원허가를 요건으로 하는 것은 대위소송적인 특성을 반영하고 있는 주주대표소송에서 화해 당사자

사이의 부당한 화해를 방지하기 위해서이다. 회사와 피고이사 사이의 소송상 화해는 회사의 소송참가를 전제로 하여 원고주주와 함께 일치된 의사로써 할 수 있다. 대표소송 제기 전의 시점에서 원고가 되려는 주주와 피고로 하려는 이사 사이의 화해 및 회사와 피고로 하려는 이사 사이의 화해는 가능하지 않다. 다만, 회사가 화해절차에 참가하는 경우에는 예외적으로 회사와 피고이사 사이에 화해를 할 수 있다. 재판외의 화해에 따른 소 취하는 원고주주와 피고이사 사이 그리고 소송참가를 전제로 하여 회사와 피고이사 사이에 모두 가능하며, 이 경우 법원의 허가를 얻어야 한다.

대표소송에서 승소할 경우 그 소송의 결과로써 발생한 손해의 회복은 그 성질상 당연히 회사에 귀속된다. 대표소송을 제기한 원고주주가 승소한 때에는 패소한 피고이사가 민사소송법에 따라 소송비용을 부담한다. 반대로 대표소송의 원고주주가 패소한 경우에는 스스로가 소송비용을 부담하여야 한다. 민사집행법은 대표소송에 관하여 집행절차를 마련하지 않고 있지만 원고주주가 주주대표소송에서 승소하였음에도 불구하고 그의 집행채권자로서의 적격을 부정한다면 주주대표소송을 인정하는 취지마저 몰각되므로 그가 집행채권자가 될 수 있다고 보아야 한다.

□ 이사의 항변: 경영판단의 원칙

대법원 판례상 경영판단의 원칙은 이사의 선관주의의무를 구체화한 것으로서 그 의무의 내용이나 그 의무위반 여부에 대한 심사기준으로서 기능한다. 동 원칙의 인정근거는 회사의 업무집행과 관련하여 이사에게 광범위한 재량을 허용하되 이사가 회사경영에 있어서 위험을 수반한 혁신적인 행동을 할 것을 조장하는 데에 있다. 다만, 대법원은 경영판단의 원칙상의 기준을 충족하기 위해서는 이사가 충분한 정보를 취득하고 합리적인 절차를 밟아서 경영판단을 행하되 그 의사결정 과정 등에 이사의 법령위반, 충실의무 위반 및 중과실이 없어야 한다.

대법원 판례상의 경영판단의 원칙은 미국법상의 경영판단의 원칙과 동일하거나 유사한 점이 상당수 존재한다. 예컨대, 통상의 이사를 기준으로 중과실 유무에 따라 주의의무 위반을 판단한다는 점, 이사의 법령위반 및 재량권남용에 대해서는 경영판단의 원칙에 의한 보호를 받지 못한다는 점, 그리고 손해배상액의 사후적인 제한이 가능하다는 점 등이 바로 그것이다.

그러나 대법원 판례상의 경영판단의 원칙은 이사의 경영판단을 번복하기 어려운 정도의 추정력을 인정하지 않고 있을 뿐만 아니라 법원의 사후심사를 억제하지 않고 있어서 미국법상의 경영판단의 원칙과는 그 본질에 있어서는 양상을 전혀 달리하고 있다. 또한 대법원 판례상의 경영판단의 원칙은 이사가 법령을 위반한 경우에는 미국의 경우보다 보호대상이 되는 범위가 협소하다. 이에 대법원 판례상 경영판단의 원칙은 결과책임의 배제를 위해 그 요건으로서 충분한 정보를 바탕으로 절차에 따라 이사의 독립적이고 합리적인 의사결정 과정과 내용을 요구하는 것에 지나지 않으므로 미국의 경영판단의 원칙과는 별개의 독특한 원칙으로 이해하는 것이 바람직하다.

□ 다중대표소송제도의 시행

비상장회사의 경우 모회사의 발행주식총수의 100분의 1 이상을 가진 주주가 다중대표소송을 제기할 수 있다. 상장회사의 경우에는 원고적격을 6개월 전부터 계속하여 상장회사의 발행주식총수의 1만분의 50 이상의 주식을 가진 주주에게 다중대표소송을 제기할 수 있다.

현행 상법상 다중대표소송제도는 다음과 같은 문제점을 야기한다. 첫째, 상법상의 다중대표소송제도는 자회사의 주주에 비하여 모회사 주주를 우대하고 있고 모회사 주주가 모회사의 의사를 묻지 않고서도 자회사에 제소청구할 수 있게 하여 모회사 주주가 전제자(專制者)여도 무방한 것으로 취급하고 있다. 둘째, 지배회사와 종속회사가 동시상장이 된 경우에 지배회사의 주주에 의하여 제기되는 대표소송은 지배회사와 종속회사 간의 이익충돌을 야기할 수 있다.

셋째, 다중대표소송을 도입한다는 것은 지배회사와 종속회사의 법인격을 부인하여 단일한 기업으로 취급하는 것과 다름없는데, 한국에서의 법인격부인론은 엄격한 조건하에서만 적용되는 매우 이례적인 현상이다. 이 때문에 다중대표소송이 도입·시행됨에 따라 최우선적으로 법인격부인론을 대하는 태도부터 전면적으로 수정하여야 한다. 또한 다중대표소송의 도입·시행으로 복수의 기업을 하나의 기업으로 간주하게 되면 선택 가능한 기업지배구조 형태의 폭이 줄어든다는 단점이 있다. 본래 경제적 효율성 제고 차원에서 형성된 기업집단을 법적으로 하나의 기업으로 간주하여 규제하자는 것은 너무 가혹한 일이다.

참고문헌

■ 국내 문헌 ■

[단행본]

권기범, 「현대회사법론」 제8판(삼영사, 2021)

김건식/노혁준/천경훈, 「회사법」 제5판(박영사, 2021)

김홍기, 「상법강의」 제6판(박영사, 2021)

류시창, 「회사법」(법문사, 2017)

박길준/손주찬/양승규/정동윤, 「개정상법축조해설」(박영사, 1999)

박임출, 「전자증권법의 이해」(율곡출판사, 2020)

법무법인 화우 송무그룹, 「기업소송실무(2)」 제5판(법무법인 화우, 2017)

서헌제, 「사례중심체계 회사법」(법문사, 2000)

송상현/박익환, 「민사소송법」 신정 제7판(박영사, 2014)

송옥렬, 「상법강의」 제11판(홍문사, 2021)

오성근, 「회사법」 제2판(박영사, 2021)

윤홍근/박상현, 「협상게임: 이론과 실행전략」(인간사랑, 2010)

이시윤, 「신민사소송법」 제13판(박영사, 2019)

______, 「신민사집행법」 제8개정판(박영사, 2020)

이시윤/조관행/이원석, 「판례해설 민사소송법」 제2판(박영사, 2014)

이재형, 「지주회사의 본질과 정책과제」(한국개발연구원, 2000)

이철송, 「회사법강의」 제29판(박영사, 2021)

임재연, 「회사법 Ⅰ」 개정7판(박영사, 2020)

______, 「회사법 Ⅱ」 개정7판(박영사, 2020)

장덕조, 「상법강의」 제3판(법문사, 2019)

정동윤, 「상법(상)」 제6판(법문사, 2012)

정동윤/유병현/김경욱, 「민사소송법」 제7판(법문사, 2019)

정찬형, 「상법강의(상)」 제21판(박영사, 2018)
최기원/김동민, 「상법학신론(상)」 제20판(박영사, 2014)
최문희, 「이사의 손해배상책임의 제한」(경인문화사, 2007)
최완진, 「기업지배구조법」(한국외국어대학교 지식출판원, 2016)
최정식, 「증권집단소송법의 이해」(삼영사, 2008)
최준선, 「회사법」 제16판(삼영사, 2021)
홍복기/박세화, 「회사법강의」 제8판(법문사, 2021)

Lawrence M. Friedman/안경환 역, 「미국법역사」(대한교과서주식회사, 1988)

[논문]

■ **학술논문**

강대섭, "이사의 책임과 경영판단의 원칙", 「상사판례연구」 제12집(한국상사판례학회, 2001)
강대섭, "주주권 행사에 관한 이익공여와 주주총회 결의의 효력－대법원 2014.7.11. 자 2013마2397 결정－", 「상사법연구」 제34권 제1호(한국상사법학회, 2015)
______, "보조참가의 이익", 「법학연구」 제24권 제4호(경상대학교, 2016)
강수미, "소송계속 중 당사자의 사망에 따른 소송관계－판례를 중심으로－", 「저스티스」 통권 제174호(한국법학원, 2019)
강헌, "상법상 주식매수청구권제도의 문제점", 「상사법연구」 제21권 제2호(한국상사법학회, 2002)
고일훈, "다중대표소송제도의 방향성－미국과 일본의 이론적 근거에 대한 논의를 바탕으로－", 「일감법학」 제38호(건국대학교, 2017)
권병민, "지배·종속관계에 있는 회사의 주주대표소송－미국회사법을 중심으로－", 「사회과학연구」 제7집(광주대학교, 1997)
권오성, "소수주주권에 관한 상장회사 특례규정의 문제점－보유기간을 중심으로", 「성신법학」 제10호(성신여자대학교, 2011)
권재열, "이중대표소송의 허부에 대한 비교법적 검토－서울고등법원 2003. 8. 22. 선고 2002나13746 판결을 대상으로 하여－", 「비교사법」 제11권 제2호(한국비교사법학회, 2004)
______, "상법상 이익공여죄에 관한 소고", 「법학연구」 제18권 제3호(연세대학교, 2008)

______, “모회사의 이사에 대한 자회사의 실권주 배정에 관련된 몇 가지 쟁점의 검토 – 대법원 2013. 9. 12. 선고 2011다57869 판결을 대상으로 하여 –”, 「선진상사법률연구」 통권 제65호(법무부, 2014)

______, “주주대표소송제도의 개선방안 – 관련 판례의 취지를 감안하여 –”, 「증권법연구」 제16권 제2호(한국증권법학회, 2015)

권혁재, “민사재판과 요건사실론”, 「법조」 제59권 제3호(법조협회, 2010)

김건식, “주주대표소송의 활성화와 관련된 몇 가지 문제점 – 일본의 경험을 참고로 하여 –”, 「서울대학교 법학」 제37권 2호(서울대학교, 1996)

______, “은행이사의 선관주의의무와 경영판단원칙”, 「민사판례연구」 XXVI(박영사, 2004)

______, “법인격과 법인격 부인법리 – 우리 판례를 중심으로 –”, 「BFL」 제69호(서울대학교, 2015)

김경일, “일본에서의 다중대표소송 제도의 쟁점에 대한 논의와 그 시사점”, 「상사법연구」 제37권 제1호(한국상사법학회, 2018)

김교창, “상장회사의 특례에 관한 2009년 개정상법의 논점”, 「인권과정의」 통권 제396호(대한변호사협회, 2009)

김대연, “주주대표소송에서의 화해”, 「상사판례연구」 제8집(한국상사판례학회, 1997)

______, “주주대표소송에서의 원고적격”, 「비교사법」 제5권 제1호(한국비교사법학회, 1998)

______, “지배·종속회사에서의 대표소송”, 「상사법연구」 제19권 제2호(한국상사법학회, 2000)

______, “주식의 포괄적 교환 및 이전과 대표소송”, 「상장협」 제46호(한국상장회사협의회, 2002)

______, “은행 이사의 주의의무와 손해배상책임(제일은행 주주대표소송사건)”, 「상사판례연구」 제13집(한국상사판례학회, 2002)

김동석, “주주의 대표소송과 중복대표소송”, 「경영법률」 제10집(한국경영법률학회, 2000)

김동훈, “주주대표소송의 이용범위 확대”, 「외법논집」 제13집(한국외국어대학교, 2002)

______, “다중대표소송에 대한 고찰”, 「21세기 한국상사법의 진로 – 내동 우홍구박사 정년퇴임기념논문집」(내동우홍구박사정년퇴임기념논문집 간행위원회, 2002)

김미란, “주주대표소송상 주주의 화해에 관한 연구”, 「홍익법학」 제17권 제3호(홍익대학교, 2016)

김상규, “주주의 대표소송에 관한 소고–당사자를 중심으로–”, 「법학논총」 제25집 제3호(한양대학교, 2008)

김상균, “주주대표소송에서의 소송참가”, 「민사소송」 Ⅳ(한국민사소송법학회지, 2001)

김상수, “판례평석: 주주대표소송과 강제집행–대법원 2014. 2. 19.자 2013마2316 결정”, 「법과 기업 연구」 제5권 제3호(서강대학교, 2015)

김선정, “주주의 권리행사에 관한 이익공여의 금지–소위 총회꾼의 횡포에 대한 법적 대응–”, 「개발논총」 제2집(동국대학교, 1992)

김순석, “결합기업의 회사법상 쟁점에 관한 검토”, 「상사법연구」 제32권 제1호(한국상사법학회, 2013)

______, “이사 등의 자기거래”, 「기업법연구」 제31권 제1호(한국기업법학회, 2017)

김연미, “의결권 포괄위임의 효력—대법원 2014. 1. 23. 선고 2013다56839 판결과 관련하여—”, 「기업법연구」 제28권 제4호(한국기업법학회, 2014)

김일룡, “공동소송적 보조참가인의 소송법상 지위에 관한 고찰”, 「서울법학」 제24권 제1호(서울시립대학교, 2016)

김재형/조형래, “2016년 이후 다중대표소송에 관한 의원발의안의 비교–실효성 분석을 중심으로–”, 「기업법연구」 제31권 제3호(한국기업법학회, 2017)

김재형/최장현, “이중대표소송의 인정근거(Brown v. Tenney, 155 Ill. App. 3d 605)”, 「상사판례연구」 제15권(한국상사판례학회, 2003)

김정호, “이중대표소송에 대한 연구”, 「경영법률」 제17집 제1호(상권)(한국경영법률학회, 2006)

______, “회사법상의 특별이해관계”, 「경영법률」 제26집 제4호(한국경영법률학회, 2016)

______, “조직재편과 대표소송의 원고적격”, 「법학연구」 제29권 제4호(연세대학교, 2019)

김지환, “주주대표소송에서의 이사의 책임–대구고등법원 2012. 8. 22. 선고 2011나2372 판결–”, 「선진상사법률연구」 통권 제62호(법무부, 2013)

______, “다중회계장부열람청구권에 관한 소고”, 「기업법연구」 제34권 제4호(한국기업법학회, 2020)

김진오, “정관에 위반한 사전투표기간(事前投票期間) 연장 및 의결권행사와 관련한 위법한 이익공여(利益供與)를 주주총회결의의 하자사유로 인정할 수 있는지 여부(2014. 7. 11.자 2013마2397 결정: 공2014하, 1572)”, 「대법원판례해설」 제101호(2014하)(법원도서관, 2015)

김택주, “경영판단의 법칙－미국 판례를 중심으로－, ”「상사재판의 전개와 법이론」(상사판례연구회, 1996)

______, “경영판단의 원칙의 적용요건(대법원 2005. 7. 15. 선고 2004다34929 판결)”, 「기업법연구」 제20권 제1호(한국기업법학회, 2006)

김홍기, “주주대표소송 판례의 동향과 그 연구”, 「부산대학교 법학연구」 제48권 제1호(부산대학교, 2007)

김화진, “삼성물산과 제일모직의 합병”, 「선진상사법률연구」 통권 제72호(법무부, 2015)

김흥수, “주주대표소송에 있어서의 화해”, 「과학기술법연구」 제6집(한남대학교, 2000)

남현숙/최준선, “이중대표소송에 관한 델라웨어 최고법원 판결연구－Lambrecht v. O'NEAL 3A.3d 277(Del.Supr.2010)－”, 「성균관법학」 제26권 제4호(성균관대학교, 2014)

노혁준, “주식담보와 의결권의 포괄위임—대법원 2014. 1. 23. 선고 2013다56839—”, 「대한변협신문」 제488호(대한변호사협회, 2014)

______, “주주 지위의 변동과 회사소송의 원고 적격”, 「기업법연구」 제30권 제4호(한국기업법학회, 2016)

문상일, “주식회사 이사책임법리에 관한 최근 논의 동향”, 「경제법연구」 제18권 제3호(한국경제법학회, 2019)

문영화, “회계장부 등의 열람 및 등사의 허용을 명하는 가처분의 집행기간－대법원 2017. 4. 7. 선고 2013다80627 판결－”, 「법조」 통권 733호(법조협회, 2019)

민영성, “거증책임과 법률상의 추정”, 「고시연구」 통권 제366호(고시연구사, 2004)

민정석, “합병 반대주주의 주식매수청구권의 법적 성격과 주식매수대금에 대한 지연손해금의 기산점－대상판결: 대법원 2011. 4. 28. 선고 2009다72667 판결－”, 「BFL」 제48호(서울대학교, 2011)

민형기, “주주의 대표소송”, 「회사법상의 제문제(하)」 재판자료 제38집(법원행정처, 1987)

박영길, “주주의 대표소송”, 「기업환경의 변화와 상사법」 춘강 손주찬 교수 고희기념논문집(삼성출판사, 1993)

박정국, “우리나라 주주대표소송의 현황과 문제점 및 개선방안에 관한 소론－소제기권자에 관한 논의를 중심으로－”, 「홍익법학」 제14권 제2호(홍익대학교, 2013)

______, “자신의 의사에 반하여 주주의 지위를 상실한 경우 주주대표소송의 원고적격

상실 여부－대법원 2018. 11. 29. 선고 2017다35717 판결을 중심으로－",「상사판례연구」 제33집 제2권(한국상사판례학회, 2020)
박찬주, "경영판단과 위험선호적 의사결정",「인권과 정의」 Vol. 357(대한변호사협회, 2006)
_______, "이행의 소에서의 당사자적격",「민사소송」 제14권 제2호(한국민사소송법학회, 2010)
박철희, "증권관련집단소송의 분배절차",「BFL」 제8호(서울대학교, 2004)
박태현, "차입매수(Leveraged Buyout)에 있어서의 이사의 신인의무",「인권과 정의」 Vol. 369(대한변호사협회, 2007)
손성규/오윤숙/배창현, "기업의 소송제기 공시에 대한 시장반응과 감사인의 대응",「회계학연구」 제40권 제1호(한국회계학회, 2015)
손영화, "미국법상 이중대표소송의 도입가능성에 관한 연구",「법과 정책연구」 제5집 제1호(한국법정책학회, 2005)
_______, "다중대표소송제도의 도입에 관한 쟁점사항 검토",「경제법연구」 제12권 2호(한국경제법학회, 2013)
_______, "주주의 열람청구권에 대한 일고찰",「상사법연구」 제35권 제1호(한국상사법학회, 2016)
손창일, "미국 회사법상의 법인격 부인론 연구",「경영법률」 제21집 제1호(한국경영법률학회, 2011)
송옥렬, "기업경영에서 법치주의의 확산－외환위기 이후 회사법의 발전을 중심으로－",「서울대학교 법학」 제55권 제1호(서울대학교, 2014)
송종준, "이사의 경영책임에 대한 경영판단원칙의 적용상 과제－미국 판례법과의 비교검토를 중심으로－",「경영법률」 제27집 제4호(한국경영법률학회, 2017)
신병동, "법인격남용론의 적용요건에 관한 판례 법리의 유형론적 고찰",「가천법학」 제9권 제1호(가천대학교, 2016)
신현탁, "이사의 의무위반과 경영판단원칙에 관한 미국의 판례법리 연구",「경영법률」 제31집 제2호(한국경영법률학회, 2021)
안동섭, "주식의 입질",「고시계」 통권 제374호(고시계사, 1988)
안성포, "이사의 면책에 관한 입법론적 고찰－책임면제와 화해를 중심으로－",「상사법연구」 제22권 제2호(한국상사법학회, 2003)
_______, "주주대표소송과 원고적격성",「비교사법」 제12권 제1호(한국비교사법학회, 2005)

안수현, “이중대표소송과 원고적격－대법원 2004. 9. 23. 선고 2003다49221 판결 공 2004. 11. 1.(213), 1702－”, 「상사판례연구」 VI권(박영사, 2006)

양동석, “대표소송에 있어서 회사의 피고이사측에 보조참가”, 「기업법연구」 제18권 제2호(한국기업법학회, 2004)

양석완, “주주의 대표소송에 관한 연구”, 「제주대학교 논문집(인문·사회과학편)」 제33집(제주대학교, 1991)

______, “주주의 대표소송·대위소송”, 「신세기 회사법의 전개(신세기 회사법의 전개 우전이병태교수 화갑기념논문집)」(대전서적, 1996)

염미경, “이중대표소송의 도입에 관한 고찰”, 「비교사법」 제13권 4호(한국비교사법학회, 2006)

오성근, “주주대표소송에 관한 소고－상법과 영국의 회사법제와의 비교를 중심으로－”, 「상사법연구」 제29권 제2호(한국상사법학회, 2010)

원동욱, “다중대표소송의 도입에 관한 법적 연구”, 「법학논총」 제44권 제3호(단국대학교, 2020)

유병현, “공동소송적 보조참가와 피참가인의 재심의 소 취하－대법원 2015. 10. 29. 선고 2014다13044 판결을 중심으로－”, 「법학논총」 제29권 제2호(국민대학교, 2016)

______, “공동소송적 보조참가와 피참가인의 소취하”, 「법학논총」 제33집 제3호(한양대학교, 2016)

윤재윤, “미국의 민사소송법상 사전개시제도(Discovery)의 운영현황과 우리의 도입가능성”, 「외국사법연수논집[11]」 재판자료 제65집(법원행정처, 1994)

이건묵, “출자총액제한제도의 재도입 논의와 쟁점”, 「이슈와 논점」 제378호(국회입법조사처, 2012)

이덕기, “주주대표소송의 승소판결에 의한 강제집행절차”, 「민사집행법연구」 제7권(한국민사집행법학회, 2011)

이상면, “비교법학적 방법론”, 「서울대학교 법학」 제24권 제1호(서울대학교, 1983)

이승희. “개정상법과 회사지배구조－이사와 회사 간의 이익충돌방지의 강화 문제를 중심으로”, 「기업지배구조리뷰」 제59권(한국기업지배구조원, 2011)

이정준, “주주대표소송의 승소판결에 의한 강제집행”, 「민사집행법연구」 제7권(한국민사집행법학회, 2011)

이종훈, “SOC사업 프로젝트금융의 활성화방안에 관한 연구”, 「부산대학교 법학연구」 제50권 제2호(부산대학교, 2009)

이창렬, “일본의 새로운 회사법에서의 주주대표소송－2005년도 개정내용과 관련 학설 및 판례를 중심으로－”, 「외국사법연수논집(28)」 재판자료 제116집(법원도서관, 2008)

이철송, “상장회사를 위한 회사법적 특례의 체계적 개선에 관한 제언”, 「상사법연구」 제31권 제2호(한국상사법학회, 2012)

이태종, “미국 회사법상의 이중대표소송”, 「재판실무연구」 제2권(수원지방법원, 1997)

이형근/구대훈, “주식매수청구권”, 한국상사법학회 편 「주식회사법대계(Ⅰ)」 제3판(법문사, 2019)

이효경, “이익공여금지규정을 둘러싼 제 문제－최근 일본에서의 논의를 중심으로”, 「경영법률」 제24집 제1호(한국경영법률학회, 2013)

이희성, “우리나라와 독일에서 근로자의 직업의 자유”, 「노동법논총」 제7집(한국비교노동법학회, 2005)

임재연, “상장회사 주주의 소수주주권 행사 요건－서울중앙지방법원 2010카합3874 결정에 관하여－”, 「대한변협신문」(2011년 2월 21일자)

장재형, “법정소송담당과 중복소제기 금지의 통일적 법리”, 「법학연구」 제19집 제1호(인하대학교, 2016)

장태환, “재판상 화해에 관한 모색”, 「성균관법학」 제16권 제1호(성균관대학교, 2004)

정구태, “우리 법체계하에서 법인격부인론의 올바른 자리매김을 위한 관견－대법원 2001. 1. 19. 선고 97다21604 판결－”, 「민사법연구」 제22집(대한민사법학회, 2014)

정대익, “주주행동주의의 법적 한계”, 「경영법률」 제27권 제2호(한국경영법률학회, 2017)

정동윤, “주주의 대표소송－실무상의 문제점을 중심으로 하여－”, 「사법논집」 제2집(법원행정처, 1972)

정상민, “대표소송의 원고적격과 소송상의 신의칙”, 「인권과정의」 Vol. 491(대한변호사협회, 2020)

정영철, “판례로 본 주주대표소송”, 「법학연구」 제18권 제1호(연세대학교, 2008)

정응기, “대표소송의 주체”, 「법학연구」 제26권 제2호(충남대학교, 2015)

정준우, “주주대표소송의 원고적격에 관한 쟁점사항 검토”, 「기업법연구」 제19권 제2호(한국기업법학회, 2005)

______, “개정상법상 상장법인 특례규정의 적용과 그 한계”, 「한양법학」 제22권 제4집(한양법학회, 2011)

______, “자본시장법상 상장법인 특례규정의 정합성 검토(Ⅰ)－법체계적 정합성을 중심으로－”, 「선진상사법률연구」 통권 제61호(법무부, 2013)

______, “상법상 이익공여금지규정의 주요쟁점 검토－최근의 대법원 판례를 중심으로－”, 「상사판례연구」 제30집 제2권(한국상사판례학회, 2017)

조동관, “회사기회의 법리와 이중대표소송에 관한 미국의 판례”, 「법조」 통권 제608호(법조협회, 2007)

조민제/김영심, “소수주주권 행사에 관한 상법과 증권거래법상의 특례규정의 관계”, 「법조」 통권 제568호(법조협회, 2004)

천경훈, “2014년 회사법 판례회고”, 「BFL」 제69호(서울대학교, 2015)

______, “실질적 의미의 기업집단법, 그 현황과 과제”, 「경제법연구」 제15권 3호(한국경제법학회, 2016)

______, “다중대표소송 재론”, 「법학연구」 제28권 제1호(연세대학교, 2018)

______, “상장회사의 소수주주권 행사요건”, 「상사판례연구」 제32집 제3권(한국상사판례학회, 2019)

최건호, “주주대표소송과 회사의 참가－대법원 2002. 3. 15. 선고 2000다9086 판결－”, 민사판례연구회 편 「민사판례연구」, XXVI(박영사, 2004)

최문희, “피고 이사에 대한 회사의 지원행위에 관한 연구－일본의 논의를 참고로 하여－”, 「상사법연구」 제23권 제2호(한국상사법학회, 2004)

______, “2009년 개정 상장회사 특례규정의 검토”, 「BFL」 제35호(서울대학교, 2009)

______, “개정 상법상 책임제한 조항의 해석론 및 바람직한 실무운용 방안－책임제한의 결정주체 및 소송, 화해와의 관계를 중심으로－”, 「상사법연구」 제31권 제2호(한국상사법학회, 2012)

______, “판례에 나타난 주주대표소송의 절차법적 논점－주주의 제소청구 요건을 중심으로－”, 「선진상사법률연구」 통권 제82호(법무부, 2018)

최민용, “주주의 회계장부열람등사권”, 「경영법률」 제23권 제2호(한국경영법률학회, 2013)

최성호, “주주대표소송판결의 집행절차에 관한 연구”, 「한양법학」 제20권 제3집(한양법학회, 2009)

______, “보조참가인의 참가이익의 기준에 관한 연구”, 「법학연구」 통권 제36집(전북대학교, 2012)

최영덕, “주주대표소송상 화해와 강제집행에 대한 소고”, 「법학연구」 제19권 제2호(충남대학교, 2008)

______, “주주대표소송에서 회사의 소송법상 지위”, 「법학연구」 제20권 제1호(충남대

학교, 2009)
최정식, "상법상 이중대표소송 도입의 필요성에 대한 검토", 「법학연구」 제57집(한국법학회, 2015)
최준선, "주주권 행사와 관련한 이익공여금지 소고", 「성균관법학」 제27권 제1호(성균관대학교, 2015)
피정현, "주주대표소송에서 회사의 소송참가", 「원광법학」 제25권 제1호(원광대학교, 2009)
허덕회, "미국회사법상 주주의 중복대표소송에 관한 연구", 「학술논문집」 제46집(건국대학교 대학원, 1998)
호문혁, "판결과 ADR 체계의 정립에 관한 연구", 「서울대학교 법학」 제53권 제1호(서울대학교, 2012)
홍복기, "미국회사법에 있어 이사책임의 구제제도", 연세대학교 법과대학 법률문제연구소 편 「법률연구」 제4집(삼영사, 1986)
홍석범, "경영판단의 원칙의 수용과 그 한계", 「인권과 정의」 Vol. 364(대한변호사협회, 2006)
황근수, "다중대표소송의 제도적 수용과 실무적 적용방안에 관한 고찰", 「법학논총」 제40권 제2호(전남대학교, 2020)
황남석, "모자회사간 법인격부인의 요건: 대법원 2006. 8. 25. 선고 2004다26119 판결", 「저스티스」 통권 제100호(한국법학원, 2007)
______, "주주에 대한 이익공여금지 규정의 적용범위 – 대법원 2017. 1. 12. 선고 2015다8355·68362 판결 –", 「법조」 Vol. 722(법조협회, 2017)
황현영, "주주대표소송 활성화를 위한 법적 과제", 「기업법연구」 제27권 제4호(한국기업법학회, 2013)
______, "기업지배구조 개선을 위한 상법 개정안의 쟁점별 검토 – 제20대 국회 논의를 중심으로 –", 「증권법연구」 제18권 제3호(한국증권법학회, 2017)

鈴木敬夫, "会社犯罪をめぐる諸問題 – 1981年日本商法改正に關連して –", 「상사법연구」 제4권(한국상사법학회, 1986)

■ **학위논문**

강위두, "한국 상법에 있어서의 영미 회사법의 계수에 관한 연구"(동아대학교 박사학

위논문, 1980)
김지환, "주식회사의 지배구조에 관한 연구"(성균관대학교 박사학위논문, 1998)
김효정, "주주대표소송에 관한 연구－국내 및 국제소송상의 쟁점을 중심으로－"(연세대학교 박사학위논문, 2017)
송호신, "상법상 회사관련범죄에 대한 연구－벌칙조항의 활성화 방안을 중심으로－"(한양대학교 박사학위 논문, 2002)
여하윤, "미국 회사법상의 이중대표소송(Double Derivative Suit)에 관한 연구"(서울대학교 석사학위논문, 2003)
오세빈, "주주대표소송의 실무상 문제점에 관한 연구"(한양대학교 박사학위논문, 2016)
이태종, "주주의 대표소송에 관한 연구－사문화와 남소의 방지를 위한 절차를 중심으로－"(서울대학교 박사학위논문, 1997)

[보고서]

권종호, 「감사와 감사위원회제도」(한국상장회사협의회, 2004)
노혁준, 「주요국가의 기업규제 개혁법제에 관한 비교법적 연구(Ⅲ)－영국－」 비교법제연구 08－02(한국법제연구원, 2008)
노혁준/강동욱/이완근, 「회사소송제도의 개선을 위한 연구」 2012년도 법무부 연구용역 과제보고서(서울대학교, 2012)
이승희, 「1997~2017 주주대표소송 제기 현황과 판결 분석」 경제개혁리포트 2018－3호(경제개혁연구소, 2018)

■ 동양 문헌 ■

[단행본]

加藤良三/吉田直/田中裕明, 「株式會社法の理論 2」(中央經濟社, 1995)
近藤光男, 「經營判斷と取締役の責任―「經營判斷の法則」適用の検討」(中央經濟社, 1994)
並木和夫, 「會社法·証券去來法の研究―アメリカ法を中心にして」(中央經濟社, 1991)
北沢正啓, 「会社法」 第五版(青林書院, 1998)
山田泰弘, 「株主代表訴訟の法理―生成と展開―」(信山社, 2000)
森本滋 編, 「比較会社法研究―21世紀の会社法制を模索して」(商事法務, 2003)
上柳克郎/鴻常夫/竹内昭夫 編, 「新版注釈会社法(6)」(有斐閣, 1987)
相沢光江/山川万次郎/北沢義博/藤本美枝, 「株主代表訴訟―理論と実戦」(清文社, 1994)

小林秀之/近藤光男(編),「株主代表訴訟大系」(弘文堂, 1996)
新谷勝,「会社訴訟·仮処分の理論と実務」 第2版(民事法研究会, 2011)
元木伸,「株式交換·移転制度の逐条解説」(中央経済社, 2000)
通商産業省 産業政策局産業資金課 編,「株主代表訴訟の現狀と課題」 別册 商事法務 No. 173(商事法務研究会, 1995)
坂本三郎 編著,「立案担当者による平成26年改正会社法の解説」 別册 商事法務 No. 393 (商事法務, 2015)

[논문]

■ **학술논문**

髙木康衣, "最近の判例における会計帳簿閲覧請求の拒絕をめぐる問題",「九州国際大学法学論集」 第15巻 第3号(九州国際大学, 2009)
古川朋子, "株式移転と株主代表訴訟の原告適格",「早稲田法学」 79巻 2号(早稲田大学法学会, 2004)
久留島隆, "株主の權利行使に關する利益供与の禁止",「横浜経営研究」第Ⅲ巻 第2号(横浜国立大学, 1982)
近藤光男, "株主代表訴訟の現狀と問題點",「月刊 民事法情報」 142号(民事法情報センター, 1998)
吉本健一, "取締役の義務と責任",「昭和商法学史 岩崎稜先生追悼論文集」 倉沢康一郎／奥島孝康 編(日本評論社, 1996)
藤田真樹, "多重代表訴訟制度を巡る問題－親会社少数株主の機能－", 「彦根論叢」 第402号(滋賀大学経済学会, 2014)
山田泰弘, "株主代表訴訟の法的構造と会社および原告株主の地位—会社の訴訟参加と和解の考察を通して—",「名古屋大学法政論集」 171号(名古屋大学, 1997)
______, "結合企業と代表訴訟(1)", 「高崎経済大学論集」 第45巻 第2号(高崎経済大学, 2002)
______, "国際的潮流から見た日本の株主代表訴訟制度—特に株主代表訴訟の原告適格を巡って—",「立命館法学」 314号(立命館大學, 2007)
三浦州夫, "株主代表訴訟における原告の株主資格の喪失と訴訟承繼について",「会社法·金融取引法の理論と實務—河合伸一判事退官·古稀記念—」(商事法務, 2002)
三浦治, "組織再編行為と株主代表訴訟の原告適格 － 二〇一二年「会社法制の見直しに

関する要綱」を受けてー",「札幌法学」24巻 2号(札幌大学, 2013)
霜島甲一, "株主代表訴訟における强制執行の可否·方法",「ジュリスト」第1062号(有斐閣, 1995)
宣偉華, "中国における株主代表!訴訟の現状及び問題点"(アジア株主代表訴訟セミナー~変革期を迎えた株主代表訴訟の沿革と実情~参考資料),「ICD NEWS」第36号(法務省法務総合研究所国際協力部, 2008)
小林一于, "親子会社関係における株主代表訴訟の原告適格",「山口経済学雑誌」50巻 6号(山口大学, 2002)
水島治, "特定責任追及の訴えにおける最終完全親会社等の損害に関する一考察－会社法847条の 3 第 1 項第 2 号の解釈をめぐってー",「武蔵大学論集」 第63巻 第2·3·4号(武蔵大学, 2016)
垣口克彦, "利益供与罪に関する一考察──商法４９７条の罪質解明とその適用範囲の明確化のために",「阪南論集　社会科学編」第33巻 第4号(阪南大学, 1998)
伊藤眞, "株主代表訴訟における訴訟法上の諸問題",「東京大学法科大学院ローレビュー」Vol. 2(東京大学法科大学院, 2007)
田邊光政, "株式移転により完全親会社の株主となった者と子会社取締役に對する代表訴訟の原告適格",「現代ビジネス判例─企業行動の新指針─」『現代ビジネス判例』編輯委員會 編(法律文化社, 2003)
畠田公明, "純粋持株会社と株主代表訴訟",「ジュリスト」1140号(有斐閣. 1998)
田畑了, "利益供与をめぐる法的諸問題",「法学論集」第3巻(愛知学院大学, 2001)
竹内昭夫, "株主の代表訴訟",「法学協会雑誌100周年記念論文集」第三巻(有斐閣, 1984)
中根茂, "株主代表訴訟と会社の訴訟参加",「国士舘法研論集」第5号(国士舘大学, 2004)
______, "株主代表訴訟と和解",「国士舘法研論集」第6号(国士舘大学, 2005)
志村直子, "二段階（多段階）代表訴訟",「商事法務」1909号(商事法務, 2010)
眞田芳憲, "基礎法学と比較法",「比較法の方法と今日的課題」(中央大学出版部, 1990)
澤木敬郎, "法の繼受",「外國法と日本法」(岩波書店, 1966)
澤山裕文, "日米の会社法における株主の会社情報の収集権",「専修総合科学研究」24号(専修大学, 2016)
土田亮, "株主代表訴訟制度の法構造",「名城法学」第53巻第1号(名城大学, 2003)
______, "組織再編行為無効の訴えにおける株主の原告適格",「大宮ローレビュー」5号(大宮法科大学院大学, 2009)

______, "株主訴訟の原告適格と名義書換", 「名城法学」 60巻 別冊(名城大学, 2010)
河内隆史, "利益供与の禁止違反について", 「社団と証券の法理」 (商事法務研究会, 1999)

Charles S. Barquist, "米国における株主代表訴訟", 「国際商事法務」 Vol. 22, No. 5(国際商事法研究所, 1994)

[보고서]

葉玉匡美, 「会社法制のあり方に関する研究報告－ドイツにおける会社法制の運用実態と比較して－」(21世紀政策研究所, 2011)
______, 「多重代表訴訟についての研究報告―米・仏の実地調査を踏まえて―」(21世紀政策研究所, 2012)

■ 서양 문헌 ■

[단행본]

Adolf A. Berle & Gardiner C. Means, The Modern Corporation and Private Property (1932)
Dennis J. Block, Nancy E. Barton & Stephen A. Radin, The Business Judgment Rule, Fiduciary Duties of Corporate Directors (5th ed., 1998)
Arthur M. Borden & Joel A. Yunis, Going Private (2006)
Edward Brodsky & M. Patricia Adamski, Law of Corporate Officers and Directors: Rights, Duties and Liabilities (1993)
Alfred D. Chandler, Jr., The Visible Hand: The Managerial Revolution in American Business (1977)
Steven Donley & Nigel P. Kent, Directors and Officers Liability: A Review of Exposures and Coverages Available under D&O Policies (2008)
Frank H. Easterbrook & Daniel R. Fischel, The Economic Structure of Corporate Law (1991)
Ralph C. Ferrara, Kevin T. Abikoff & Laura L. Gansler, Shareholder Derivative Litigation: Besieging the Board (2005).
Geoffrey C. Hazard, Jr. & Michele Taruffo, American Civil Procedure: An Introduction (1993)

Melissa Hofmann, The Statutory Derivative Action in Australia: An Empirical Review of its Use and Effectiveness in Australia in Comparison to the United States, Canada and Singapore (2005)

Morton J. Horwitz, The Transformation of American Law 1780–1860 (1977)

______, The Transformation of American Law 1870–1960: The Crisis of Legal Orthodoxy (1992).

William A. Klein & John C. Coffee, Jr., Business Organization and Finance: Legal and Economic Principles (5th ed., 1993)

Robert C. Kyle, Property Management (6th ed. 2000).

Henry S. Maine, Village–Communities in the East and West; Six Lectures Delivered at Oxford (3rd ed., 1881)

Lynn M. LoPucki & Andrew Verstein, Business Associations: A Systems Approach (2021).

Rudolf B. Schlesinger et al., Comparative Law (5th ed., 1988)

Edward P. Welch et al., Folk on the Delaware General Corporation Law: Fundamentals (2019 ed., 2019)

Franklin S. Wood, Survey and Report Regarding Stockholders' Derivative Suits (1944)

Korad Zweigert/Hein Kötz, Einfuehrung in die Rechtsvergleichung, Bd.1(1971)

[논문]

■ 학술논문

S. Samuel Arsht, *The Business Judgment Rule Revisited*, 8 Hofstra Law Review 93(1980)

Henry W. Ballantine, *Abuses of Shareholders Derivative Suits: How Far Is California's New Security for Expenses Act Sound Regulation?*, 37 California Law Review 399(1949)

R. Franklin Balotti & James J. Hanks, Jr., *Rejudging the Business Judgment Rule*, 48 Business Lawyer 1337(1993)

Harald Baum & Dan W. Puchniak, *The Derivative Action: An Economic, Historical and Practice–Oriented Approach*, in The Derivative Action in Asia: A Comparative and Functional Approach 1(Dan W. Puchniak, Harald Baum & Michael Ewing–Chow eds., 2012)

Adolf L. Berle, Jr., *The Theory of Enterprise Entity*, 47 Columbia Law Review 343(1947)

Sarah Biddulph & Pip Nicholson, *Expanding the Circle: Comparative Legal Studies in Transition*, in Examining Practice, Interrogating Theory: Comparative Legal Studies in Asia Penelope 9(Penelope (Pip) Nicholson & Sarah Biddulph eds., 2009)

Bernard Black et al., *Legal Liability of Directors and Company Officials Part 2: Court Procedures, Indemnification and Insurance, and Administrative and Criminal Liability (Report to the Russian Securities Agency)*, 2008 Columbia Business Law Review 1(2008)

Dennis J. Block, Stephen A. Radin & Michael J. Maimone, *Derivative Litigation: Current Law Versus The American Law Institute*, 48 Business Lawyer 1443(1993)

Bret N. Bogenschneider & Ruth Heilmeier, *Google's "Alphabet Soup" in Delaware*, 16 Houston Business and Tax Law Journal 1(2016)

Stephen McG. Bundy, *The Policy in Favor of Settlement in an Adversary System*, 44 Hastings Law Journal 1(1992)

Henry N. Butler, *The Contractual Theory of the Corporation*, 11 George Mason University Law Review 99(Summer 1989)

Ralph M. Carson, *Current Phases of Derivative Actions Against Directors*, 40 Michigan Law Review 1125(1942)

Albert H. Choi, *Fee-Shifting and Shareholder Litigation*, 104 Virginia Law Review 59(2018)

John C. Coffee, Jr., *Regulating the Market for Corporate Control: A Critical Assessment of the Tender Offer's Role in Corporate Governance*, 84 Columbia Law Review 1145(1984)

______, *Understanding the Plaintiff's Attorney: The Implications of Economic Theory for Private Enforcement of Law Through Class and Derivative Actions*, 86 Columbia Law Review 669(1986)

John C. Coffee, Jr. & Donald E. Schwartz, *The Survival of the Derivative Suit: An Evaluation and a Proposal for Legislative Reform*, 81 Columbia Law Review 261(1981)

Stuart R. Cohn, *Demise of the Director's Duty of Care: Judicial Avoidance of Standards and Sanctions Through the Business Judgment Rule*, 62 Texas Law Review

591(1983)

James D. Cox, Compensation, *Deterrence, and the Market as Boundaries for Derivative Suit Procedures*, 52 George Washington Law Review 745(1984)

Kenneth B. Davis, Jr., *The Forgotten Derivative Suit*, 61 Vanderbilt Law Review 387(2008).

Deborah A. DeMott, *Demand in Derivative Actions: Problems of Interpretation and Function,* 19 UC Davis Law Review 461(1986)

______, *Down the Rabbit–Hole and into the Nineties: Issues of Accountability in the Wake of Eighties–Style Transactions in Control*, 61 George Washington Law Review 1130(1993)

George W. Dent, Jr., *The Power of Directors to Terminate Shareholder Litigation: The Death of the Derivative Suit?*, 75 Northwestern Law Review 96(1980)

Michael P. Dooley & E. Norman Veasey, *The Role of the Board in Derivative Litigation: Delaware and the Current ALI Proposals Compared*, 44 Business Lawyer 503(1989)

Frank H. Easterbrook & Daniel R. Fischel, *Corporate Control Transactions*, 91 Yale Law Journal 698(1982)

Malaika M. Eaton & Leonard J. Feldman & Jerry C. Chiang, *The Continuous Ownership Requirement in Shareholder Derivative Litigation: Endorsing a Common Sense Application of Standing and Choice–of–Law Principles*, 47 Willamette Law Review 1(2010)

Edward J. Eberle, *The Method and Role of Comparative Law*, 8 Washington University Global Studies Law Review 451(2009)

Melvin A. Eisenberg, *Megasubsidiaries: The Effect of Corporate Structure on Corporate Control*, 84 Harvard Law Review 1577(1971)

______, *The Modernization of Corporate Law: An Essay for Bill Cary*, 37 University of Miami Law Review 187(1983)

Jill E. Fisch, *Rewriting History: The Propriety of Eradicating Prior Decisional Law Through Settlement and Vacatur*, 76 Cornell Law Review 589(1990)

Daniel R. Fischel, *The Demand and Standing Requirements in Stockholder Derivative Actions*, 44 University of Chicago Law Review 168(1976)

Daniel R. Fischel & Michael Bradley, *The Role of Liability Rules and the Derivative Suit in Corporate Law: A Theoretical and Empirical Analysis*, 71 Cornell Law Review 261(1986)

Owen M. Fiss, *Against Settlement*, 93 Yale Law Journal 1073(1984)

Mark M. Graham, *Delaware Post−Merger Derivative Suit Standing and Demand Requirements: Professional Management Associates. Inc. v. Coss*, 25 Journal of Corporation Law 631(2000)

Sean J. Griffith, *Correcting Corporate Benefit: How to Fix Shareholder Litigation by Shifting the Doctrine on Fees*, 56 Boston College Law Review 1(2015)

Christopher M. Harvey, *Mergers and Double Derivative Actions: The New Frontier in Derivative Standing*, 38 Villanova Law Review 1194(1993)

Sam F. Halabi, *Veil−Piercing's Procedure*, 67 Rutgers University Law Review 1001(2015)

Charles Hansen, *The Duty of Care, the Business Judgment Rule, and The American Law Institute Corporate Governance Project*, 48 Business Lawyer 1355(1993)

Christopher L. Heftel, *Corporate Governance in Japan: The Position of Shareholders in Publicly Held Corporations*, 5 University of Hawaii Law Review 135(1983)

Lee C. Hodge & Andrew B. Sachs, *Piercing the Mist: Bringing the Thompson Study into the 1990s*, 43 Wake Forest Law Review 341(2008)

George D. Hornstein, *The Death Knell of Stockholders' Derivative Suits in New York*, 32 California Law Review 123(1944)

______, *The Shareholder's Derivative Suit in the United States*, 1967 Journal of Business Law 282(1967)

J.A.C. Hetherington, *Fact and Legal Theory: Shareholders, Managers, and Corporate Social Responsibility*, 21 Stanford Law Review 248(1969)

Herbert Hovenkamp, *The Classical Corporation in American Legal Thought*, 76 Georgetown Law Journal 1593(1988)

Harry G. Hutchison, *Presumptive Business Judgment, Substantive Good Faith, Litigation Control: Vindicating the Socioeconomic Meaning of Harhen v. Brown*, 26 Journal of Corporation Law 285(2001)

William F. Johnson, *Mills Acquisition Co. v. Macmillan, Inc.: Corporate Auctions Now Require Sharper Supervision by Directors*, 39 American University Law Review

721(1990)

William M. Lafferty & W. Leighton Lord III, *Toward a Relaxed Summary Judgment Standard for the Delaware Court of Chancery: A New Weapon against "Strike" Suits*, 15 Delaware Journal of Corporation Law 921(1990)

Robert N. Leavall, *Corporate Social－Reform, the Business Judgment Rule and Other Considerations*, 20 Georgia Law Review 565(1986)

David W. Locascio, *The Dilemma of the Double Derivative Suit*, 83 Northwestern University Law Review 729(1989)

John A. MacKerron, *Shareholder Derivative Litigation and the Nexus of Contracts Corporation*, 40 Kansas Law Review 679(1992)

John Matheson, *Restoring the Promise of the Shareholder Derivative Suit*, 50 Georgia Law Review 327(2016)

Richmond McPherson & Nader Raja, *Corporate Justice: An Empirical Study of Piercing Rates and Factors Courts Consider When Piercing the Corporate Veil*, 45 Wake Forest Law Review 931(2010)

Note, *Suits by a Shareholder in a Parent Corporation to Redress Injuries to the Subsidiary*, 64 Harvard Law Review 1313(1951)

______, *Demand on Directors and Shareholders as a Prerequisite to a Derivative Suit*, 73 Harvard Law Review 746(1960)

______, *The Demand and Standing Requirement in Stockholder Derivative Actions*, 44 University of Chicago Law Review 168(1976)

______, *Discovery Abuse Under the Federal Rules: Causes*, 92 Yale Law Journal 352(1982)

______, *Shareholder's Derivative Suits and Shareholders' Welfare: An Evaluation and a Proposal*, 77 Northwestern University Law Review 856(1983)

Christopher Osakwe, *Book Review*, 62 Tulane Law Review 1507(1988)

William H. Painter, *Double Derivative Suits and Other Remedies With Regard to Damaged Subsidiaries*, 36 Indiana Law Journal 143(1961)

Johneth Chongseo Park & Doo－Ah Lee, *The Business Judgment Rule: A Missing Piece in the Developing Puzzle of Korean Corporate Governance Reform*, Journal of Korean Law, Vol. 3, No. 2(2003)

Joon Park, *Internationalization of the Korean Securities Market*, 7 International Tax & Business Lawyer 3(1989)

Roswell B. Perkins, *The Genesis and Goals of the ALI Corporate Governance Project*, 8 Cardozo Law Review 661(1987)

Bert S. Prunty, Jr., *The Shareholders' Derivative Suit: Notes on its Derivation*, 32 New York University Law Review 980(1992)

Jeffrey J. Rachlinski, *A Positive Psychological Theory of Judging in Hindsight*, 65 University of Chicago Law Review 571(1998)

Roberta Romano, *The Shareholder Suit: Litigation without Foundation?*, 7 Journal of Law, Economics & Organization 55(1991)

David Rosenberg, *Galactic Stupidity and the Business Judgment Rule*, 32 Journal of Corporation Law 301(2007)

Jeffrey W. Rubin, *When Parent and Subsidiary Are Public*, New York Law Journal (November 20, 2006)

David S. Ruder, *Duty of Loyalty — A Law Professor's Status Report*, 40 Business Lawyer 1383(1985)

Rodolfo Sacco, *Legal Formants: A Dynamic Approach To Comparative Law*, 39 American Journal of Comparative Law 1(1991)

Donald E. Schwartz, *In Praise of Derivative Suits: A Commentary on the Paper of Professors Fischel and Bradley*, 71 Cornell Law Review 322(1986)

Howard Slavitt, *Selling the Integrity of the System of Precedent: Selective Publication, Depublication, and Vacatur*, 30 Harvard Civil Rights－Civil Liberties Law Review 109(1995)

D. Gordon Smith, *The Shareholder Primacy Norm*, 23 Journal of Corporation Law 277(1998)

Hanna Surmatz, *Corporate Governance Regulation for Public Benefit Foundations in Europe*, in Advances in Corporate Governance: Comparative Perspectives 111(Helmut K. Anheier & Theodor Baums eds., 2020)

Carol B. Swanson, *Corporate Governance: Sliding Seamlessly into the Twenty－First Century*, 21 Journal of Corporation Law 417(1996)

Robert B. Thompson, *Piercing the Corporate Veil: An Empirical Study*, 76 Cornell Law

Review 1036(1991)

Fred W. Triem, *Judicial Schizophrenia in Corporate Law: Confusing the Standard of Care with the Business Judgment Rule*, 24 Alaska Law Review 23(2007)

Julian Velasco, *Structural Bias and the Need for Substantive Review*, 82 Washington University Law Quarterly 821(2004)

George T. Washington, *Stockholder's Derivative Suits The Company's Role and a Suggestion*, 25 Cornell Law Review 361(1940)

Kenju Watanabe, *Control Transaction Governance: Collective Action and Asymmetric Information Problems and Ex post Policing*, 36 Northwestern Journal of International Law & Business 45(2016)

■ 학위논문

Nickolay M. Gantchev, The Costs of Shareholder Activism: Evidence from a Sequential Decision Model (unpublished doctoral dissertation, University of Pennsylvania, 2011)

[기타 자료]

David Kershaw, The Rule in Foss v Harbottle is Dead; Long Live the Rule in Foss v Harbottle, (LSE Law, Society and Economy Working Papers 5/2013, 2013)

찾아보기

[ㄱ]

감사·감사위원회에 대한 보고의무 50
감시의무 51
강제집행 201
개별재무제표 82
경영판단의 원칙 208
계속소유의 요건 106
공동대표이사 45
공동소송참가설 164
공여이익반환청구의 소 234
공익권 18
관할 145
구조적 편견 16

[ㄷ]

다중대표소송 5, 242
다중회계장부열람청구권 81
단순대표소송 4
단일대표소송 4
담보제공제도 148
당연승계 174
대규모 재산의 차입 38
대위소송 21
대표권의 남용 45
대표권의 제한 43
대표이사의 권한 39
대표이사의 대표권 41
대표이사의 업무집행권 41
도구이론 264
동일지배론 265

[ㅁ]

무임승차문제 25

[ㅂ]

법계 27
법원의 화해허가 192
법의 작용 15
법인격부인론 264, 282
법정소송담당 19
별도재무제표 82
보조참가 167
보통법계 국가 30
부대사소 29
부종성 292
비교 7
비교법 7

[ㅅ]
사법부의 사후심사 221
사법자제의 원칙 221
삼중대표소송 5
상환주식 113
선관주의의무 47
성공보수 199
소가 143
소송고지 155
소송목적의 값 146
소송비용의 부담 197
소송상 화해 184
소송승계 172
소송참가 158
손해전보기능 22
신인관계론 263
신주발행 222

[ㅇ]
악의의 소명 152
업무집행지시자 122
연결재무제표 82
영업비밀 62
영업의 자유 57
원고적격 89
위임장경쟁 25
위임장대결 25
위임장행사 24
위협소송 90
의무위반억제기능 22
이사의 경업금지 57
이사의 기회유용금지 58
이사의 비밀유지의무 61
이사의 자기거래제한 59
이사의 정보접근권 39
이사회 결의사항 37
이사회 의사록 69
이사회 출석의무 49
이사회에 대한 보고의무 50
이사회의 직무감독권 39
이익공여금지 229
이익공여의 추정 236
이중대표소송 5
임의적 소송담당 19

[ㅈ]
자유방임주의 214
자익권 18
재심의 소 205
재판외 화해 188
적대적 인수합병 26
전래소송 21
정보의 비대칭 68
제3자의 소송담당 19
제3자의 집행 203
제소전 화해 187
제소청구 124
주식 질권자 97
주식동시소유의 요건 105
주식매수청구권 114
주식통모인수인 223
주식통모인수인에 대한 차액청구의 소 225
주주명부 72

주주의 권리 235
주주평등 279
중복제소금지 147
중요한 자산의 처분 및 양도 37
증거개시제도 86
증명책임의 재분배 219
지배인의 선임 38
지점의 설치·이전 또는 폐지 38
직접소송 17
집단행동문제 25

[ㅊ]
착수금 199
착취소송 90
총회꾼 229
충실의무 54

[ㅌ]
특정승계 177

[ㅍ]
파산선고 117
파생소송 21
판결의 효력 197
평이사 53
피고적격 120

[ㅎ]
현저하게 불공정한 발행가액 226
화해 179
회계장부 76
회사소권 29
회사정보수집권 68
회사조례 275
회사지배권시장 24

[저자 약력]

권 재 열

연세대학교 법과대학 졸업(법학사)
연세대학교 대학원 법학과 졸업(법학석사)
캘리포니아대학교(버클리) 법과대학원 졸업(LL.M.)
조지타운대학교 법과대학원 졸업(S.J.D.)
법무부 상법 특별위원회 위원
대법원 재판연구관

(현) 경희대학교 법학전문대학원 교수/원장
한국상사판례학회 회장

주요 저서 및 역서
「한국 회사법의 경제학」 제2판(정독, 2019)
「회사법－사례와 이론」 제6판(박영사, 2019)(공저)
「자본시장법－사례와 이론」 제4판(박영사, 2019)(공저)
「미국 모범회사법」(법무부, 2016)(역서)
「미국 회사법－델라웨어 주」(법무부, 2014)(역서)

주주대표소송론

초판 발행 2021년 4월 28일

지은이 권재열
펴낸이 김중용

총괄기획 박노일·최준규
편 집 심성보·김인숙

펴낸곳 도서출판 **정독**
경기도 고양시 일산서구 하이파크로 113, 102－204
등록 제406－2014－000093호

전 화 070)7550-3758 팩 스 02)718-8554
홈페이지 www.jeongdok.co.kr 이메일 pnc@pncmedia.co.kr
ISBN 979-11-90899-80-2 93360

정 가 25,000원